911 × 911

EDITION PORSCHE MUSEUM

911
×
911

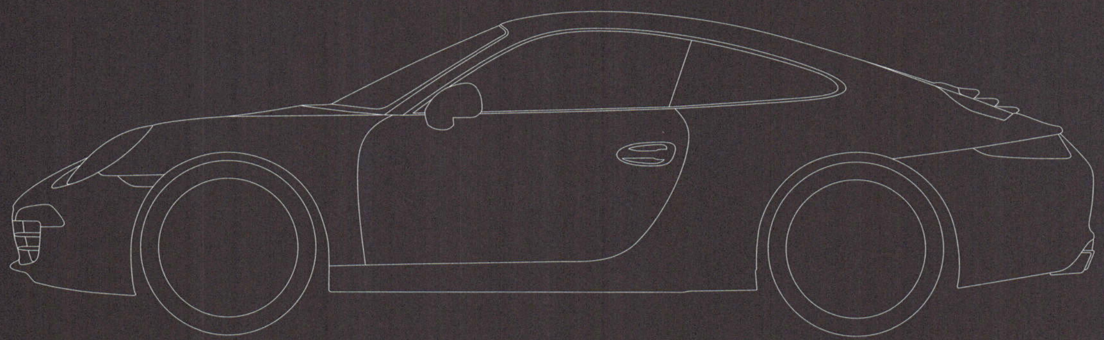

VORWORT

Bereits seit über einem halben Jahrhundert steht der Porsche 911 für eine gelungene Synthese aus Sportlichkeit und Alltagstauglichkeit. Von Generation zu Generation wurde der Bereich zwischen diesen beiden Polen immer weiter verbreitert und optimiert. Dies war die Basis für den jahrzehntelangen Erfolg unserer Sportwagen-Ikone. Der Neunelfer stellt wie kein anderes Modell das Gesicht und den Markenkern von Porsche dar. Alles was einen Porsche ausmacht, findet man in diesem Sportwagen-Klassiker in konzentrierter, purer Form. Er ist auch für unsere anderen Baureihen die zentrale Referenz. Ob 718, Cayenne, Panamera oder der Macan – in jedem Modell steckt die DNA des 911.

Oliver Blume
Vorstandsvorsitzender der Dr. Ing. h.c. F. Porsche AG

FOREWORD

For over half a century, the Porsche 911 has stood for a successful synthesis of sportiness and practical everyday use. From generation to generation, the range between these two poles has been continually broadened and optimised. This has formed the basis for the decades long success of our iconic sports car. More than any other model, the 911 represents the face and the core essence of the Porsche brand. Everything that makes up a Porsche can be found in a highly concentrated and pure form in this classic sports car. It is also the central reference for our other model series. Whether the 718, Cayenne, Panamera or Macan – the DNA of the 911 is embodied in every model.

Oliver Blume, *President of the Executive Board Dr. Ing. h.c. F. Porsche AG*

PRÉFACE

Depuis plus d'un demi-siècle, la Porsche 911 réussit une synthèse parfaite entre sportivité et polyvalence au quotidien. De génération en génération, le champ des possibles ouvert entre ces deux extrêmes n'a cessé de s'enrichir et de s'améliorer, créant les conditions d'un succès jamais démenti au fil des décennies. Plus qu'aucun autre modèle, la 911 incarne le visage et l'âme de la marque Porsche. Tout ce qui fait l'identité d'une voiture Porsche authentique se retrouve sous une forme épurée et concentrée dans cette voiture de sport légendaire. Véritable icône, elle constitue la référence absolue pour toutes nos gammes de voitures. 718, Cayenne, Panamera ou Macan – chaque modèle porte en lui l'ADN de la 911.

Oliver Blume, *Président du Directoire Dr. Ing. h.c. F. Porsche AG*

PREFACIO

Desde hace más de medio siglo, el Porsche 911 representa una síntesis perfecta entre deportividad y utilidad cotidiana. De generación en generación, ha ido ampliándose y optimizándose el área entre ambos polos. Esta es la base del éxito conseguido por nuestro icono deportivo durante décadas. El 911 simboliza, como ningún otro modelo, la imagen y el espíritu de la marca Porsche. En este clásico deportivo se funden todas las características que definen a un modelo Porsche en su estado más puro y concentrado. Además, el 911 es la referencia central para las otras gamas de modelos. Ya se trate de los modelos 718, Cayenne, Panamera o Macan – todos ellos llevan el ADN del 911.

Oliver Blume, *Presidente del Comité Ejecutivo de Dr. Ing. h.c. F. Porsche AG*

前言

半个多世纪以来，保时捷911始终代表着将运动性能与日常实用性成功融合的典范。随着车型的更新换代，运动性能和日常实用性这两种特性不断优化，之间的选择范围也不断扩大，从而形成了几十年来保时捷标志性跑车辉煌成就的基础。相比其他任何车型，911更能体现保时捷品牌的形象和核心理念。一切构成保时捷的元素均以高度凝练和纯粹的方式融于这款经典跑车上。并且，911也是其他保时捷车系的重要参考。无论718、Cayenne、Panamera还是Macan – 911基因无处不在。

奥博穆 保时捷全球执行董事会主席

ПРЕДИ-СЛОВИЕ

Уже на протяжении более полугода новый Porsche 911 символизирует собой самый удачный синтез черт спортивного автомобиля и удобства в каждодневном использовании. От поколения к поколению постоянно проводилась работа по оптимизации характеристик и расширению диапазона между этими двумя полюсами. Именно это и послужило основой успеха нашего культового спортивного автомобиля на протяжении десятилетий. Новая модель 911-го — как никакая другая представляет лицо и самую суть Porsche. Все, что отличает автомобили Porsche, присутствует у этой классической модели спортивного автомобиля в концентрированной и чистой форме. Этот автомобиль также служит эталоном для других модельных рядов компании. Будь то 718, Cayenne, Panamera или Macan — в каждой модели присутствует ДНК 911-го.

Оливер Блюме, председатель правления компании Dr. Ing. h.c. F. Porsche AG

S GO 4002

S-Z

»WENN MAN JEDOCH ETWAS SCHAFFT, DAS DIE ZEIT ÜBERLEBT, DAS VON DER EXZENTRIZITÄT BESTIMMTER EPOCHEN UNBERÜHRT BLEIBT, ETWAS ZEITLOSES ALSO, IST DAS DIE HÖCHSTE ERRUNGENSCHAFT.«

PROF. DR. ING. H.C. FERRY PORSCHE

PORSCHE 911

Seit über fünf Jahrzehnten gilt der Porsche 911 als Automobilikone und der Sportwagen schlechthin. Denn der 911 ist viel mehr als ein Auto. Er ist ein Kultobjekt, das den Puls von Automobilliebhabern auf der ganzen Welt bereits im Stand in die Höhe treibt. Und er ist seit 50 Jahren das Herzstück der Marke Porsche. Das Geheimnis seines Erfolgs hat die Porsche Werbeabteilung Mitte der Siebziger Jahre ebenso treffend wie zeitlos formuliert: »Keiner braucht ihn. Jeder möchte ihn.« Eine Aussage, die bis heute nichts von Ihrer Gültigkeit verloren hat, sofern man auch nur einen Tropfen Benzin im Blut hat. In der Welt der Automobile ist der Porsche 911 einzigartig. Wie kein anderes Fahrzeug vereint er scheinbare Gegensätze wie Sportlichkeit und Alltagstauglichkeit, Tradition und Innovation, Exklusivität und soziale Akzeptanz oder Design und Funktionalität. Ferry Porsche hat die außergewöhnliche Vielseitigkeit seines Meisterstücks auf den Punkt gebracht: »Der 911 ist das einzige Auto, mit dem man von einer afrikanischen Safari nach Le Mans, dann ins Theater und anschließend auf die Straßen von New York fahren kann.« Kein Wunder, dass jede der inzwischen sieben 911-Generationen ihre ganz eigene Erfolgsgeschichte geschrieben hat. Über 800.000 Neunelfer wurden seit seiner Präsentation auf der Frankfurter IAA 1963 produziert. Kein anderer Sportwagen auf der Welt hat jemals mehr Automobilfreunde begeistert. Der Grund liegt nicht zuletzt auch in der Variantenvielfalt der Baureihe: Ob als Coupé, Cabriolet oder Targa, als Carrera, Turbo oder GT3 – Porsche bietet seinen Kunden traditionell eine Vielzahl von Versionen, die jeden Fahrertypus glücklich machen.

Das Erlebnis 911 beginnt schon beim Einsteigen: Ganz gleich in welcher 911-Generation man gerade sitzt, das vertraute Elfer-Gefühl stellt sich unmittelbar ein. Aus einer ergonomisch perfekten Sitzposition blickt der Fahrer auf fünf Rundinstrumente, eine tiefliegende Fronthaube wird von zwei markanten Kotflügeln begrenzt, mit denen sich der Scheitelpunkt jeder Kurve perfekt anvisieren lässt. Das Zündschloss sitzt links vom Lenkrad und startet den Sechszylinder im Heck. Schon von weitem erkennen Fans den 911 am akustischen Herzschlag seines Triebwerks, das jeder Generation den so typischen Klangcharakter verleiht. Ob luft- oder wassergekühlt, der drehfreudige Boxermotor ist seit jeher das Herz des Elfers. Ein einzigartiger Sound gepaart mit kraftvollem Schub von hinten

ergeben eine Verbindung, die in der Welt des Automobils ohne Beispiel ist. Und das ohne schlechtes Gewissen des Fahrers, denn der 911 galt zu jeder Zeit als Vorreiter in Sachen Verbrauch und Emission. Auch die Zuverlässigkeit des Porsche-Boxers gilt in Sportwagenkreisen als legendär und trägt maßgeblich zur Alltagstauglichkeit und Langlebigkeit des 911 bei. Nicht zufällig fahren noch heute zwei Drittel aller jemals gebauten Porsche. Auch Sportwagen können nachhaltig sein, können Vernunft und Leidenschaft vereinen.

Kaum ein anderer Sportwagen ruft solche Emotionen bei Besitzern und Fans hervor wie der Porsche 911. Der eigene Porsche ist für Autoenthusiasten auch immer die Erfüllung eines Traums. Wohl jeder kleine Junge hat sich schon einmal die Nase an der Seitenscheibe eines Elfers plattgedrückt. »Wenn ich mal groß bin… dann möchte ich auch einen großen Porsche« lautet eine Werbeanzeige aus dem Jahr 1974. Und wenn man Kinder bittet einen Sportwagen zu zeichnen, kommt fast immer etwas wie ein 911 heraus. Vielleicht ist dies auch einer der Gründe, warum sich das Modell trotz aller Exklusivität einer ausgesprochen hohen gesellschaftlichen Akzeptanz erfreut. Egal ob als Ur-Elfer oder Neufahrzeug: Ein Porsche 911 erzeugt auf der ganzen Welt Begeisterung. Inmitten automobiler Uniformität schwimmt er gegen den Strom, war immer anders als andere Automobile. Und das aus Tradition, schließlich reicht sein Stammbaum über den Porsche 356 bis zum Volkswagen zurück. Nicht zufällig ist der Kofferraum vorne und der Boxermotor im Heck platziert.

Gerade angesichts dieses Stammbaums hat es der Porsche 911 am Anfang nicht gerade leicht gehabt. Immerhin war der Typ 356 bereits zu Lebzeiten zur Legende geworden. Als Nachfolger sollte der 911 daran anschließen, aber technisch auf dem aktuellen Stand, oder besser noch, seiner Zeit voraus sein. Und größer sollte er sein, damit trotz 2+2 Innenraumkonzept auch noch ein Golfbesteck im Kofferraum Platz findet. In aller Konsequenz wagten die Porsche-Techniker daher einen konstruktiven Neuanfang. Für den Typ 901, so die interne Konstruktionsnummer, wurden Rahmen und Fahrwerk nicht etwa vom 356 übernommen, sondern völlig neu konstruiert. Dem Kofferraum zuliebe wurden vorne Platz sparende Radaufhängungen nach dem McPherson-Prinzip vorgesehen, hinten wurde die veraltete Pendelachse durch eine Schräglenkerachse ersetzt. Beim Antrieb fiel die Wahl auf ein ebenfalls neu entwickeltes Aggregat: Unter der Leitung des Neffen von Ferry Porsche, Ferdinand Piëch, entstand ein luftgekühlter Sechszylinder-Boxermotor mit Axialgebläse, Trockensumpfschmierung und zwei obenliegenden Nockenwellen, der in seiner Grundform bis ins Jahr 1998 weitergeführt wurde.

Am 12. September 1963 war der große Tag gekommen und Porsche präsentierte einen Prototypen des 901 auf der Frankfurter Automobilmesse. Bis zum serienreifen Fahrzeug war es jedoch noch ein weiter Weg. Der erste in Serie produzierte Typ 901 verließ die Zuffenhausener Produktionshalle erst ein Jahr später am 14. September 1964. Zuvor stand im September 1964 noch der Pariser Automobilsalon auf dem Programm, um den Porsche 901 auch auf dieser wichtigen Messe zu präsentieren. Die Ausstellung bescherte Porsche jedoch ein unerwartetes Hindernis: Die erstaunte Porsche-Geschäftsleitung erreichte der Einspruch des französischen Herstellers Peugeot, der hinsichtlich der Typenbezeichnung 901 auf eine Verletzung des französischen Urheberrechts und Warenzeichen-

schutzes hinwies. Die Verwirrung war groß, denn bei der Modellbezeichnung, die sich bei Porsche traditionell an der jeweiligen Konstruktionsnummer orientiert, hatte die Entwicklungsabteilung auch im Fall des Typ 901 eine akkurate Recherche geleistet. Einzig ein ostdeutscher Lastwagenproduzent benutzte die Bezeichnung 901, was man jedoch als unproblematisch ansah. Doch Peugeot berief sich darauf, schon seit 1929 dreistellige Ziffernfolgen mit einer Null in der Mitte zu verwenden und daher in Frankreich einen rechtlichen Schutz für alle ähnlichen Zahlenreihen zu besitzen. Und so blieb Porsche nichts anderes übrig, als den 901 umzubenennen. Aus der Null wurde kurzerhand eine Eins und der Name 911 war geboren. Der Rest ist Geschichte.

Ein wichtiger Bestandteil des Mythos 911 ist zweifellos das zeitlose Design der Baureihe. Mit ihm gelang dem 28-jährigen F. A. Porsche der ganz große Wurf. Die gleichermaßen emotionale wie funktionale Form bildete Anfang der Sechziger Jahre erstmals eine Brücke zwischen Automobil- und Produktdesign, welche in der Designwelt jener Zeit noch strikt getrennt waren. Im Ur-911 destillierte F. A. Porsche die Design-DNA von Porsche zu einem meisterlichen Konzentrat. Er kreierte ein unverwechselbares Markendesign, welches bis heute für alle Porsche-Baureihen identitäts- und erfolgsstiftend ist. Die archetypische Form wirkt wie eine organische Skulptur, die ihn auch ohne Porsche-Schriftzug aus jedem Blickwinkel sofort als 911 identifizieren lässt. Und während keiner der inzwischen sieben 911-Generationen unterlagen die Porsche-Designer der Versuchung, sich von modischen Trends verlocken zu lassen. Stattdessen wurde das Design in einer behutsamen Evolution weiter entwickelt und die eigene Identität stets bewahrt. Dabei war es immer eine Selbstverständlichkeit, dass die Form der Funktion folgt. Stilistische Effekthascherei war dem Porsche 911 stets fremd. Während fünf Jahrzehnten hat er sich diese Eigenschaft erhalten. Sein Design war zu jeder Zeit modern, aber nie modisch – so wie es sich für einen echten

Klassiker gehört. Damit folgt er bis heute dem Credo seines Schöpfers F. A. Porsche, dessen Maxime war: »Gutes Design muss ehrlich sein.«

Aber nicht nur beim Design, auch bei der Technik ging der 911 eigene Wege. Statt mit lauter Designsprache sollte er nämlich durch technische Brillanz überzeugen. Während der letzten fünf Dekaden erfanden die PorscheIngenieure aus Zuffenhausen und Weissach den 911 immer wieder neu. Mit Innovationen wie dreiteilige Sicherheitslenkung (1963), Targa-Überrollbügel (1965), innenbelüftete Scheibenbremsen (1966), Front- und Heckspoiler (1972), abgasseitig geregelte Turboaufladung (1974), feuerverzinkte Karosserie (1975), Ladeluftkühler (1977), digitale Motorelektronik (1983), Tiptronic (1989), Aluminium-Fahrwerk (1993), Abgas-Kontrollsystem OBD II (1995), Keramik-Bremsscheibe (2001), Doppelkupplungsgetriebe (2008) oder Siebengang-Schaltgetriebe (2011) erwies sich der 911 immer wieder als technologisch richtungweisend. Viele der im Porsche 911 erstmals eingesetzten Ideen und Technologien haben ihren Ursprung auf der Rennstrecke. Schließlich war der 911 dem Leistungsprinzip schon immer verpflichtet und der Rennsport sein wichtigstes Prüflabor. Von Beginn an war er auf allen Rennkursen der Welt zuhause und erwies sich als ein ebenso vielseitiges wie zuverlässiges Siegerfahrzeug. Dabei war er nur selten das leistungsstärkste Fahrzeug im Starterfeld. Immer aber das effizienteste. Typisch Porsche eben. Kein Wunder, dass gut zwei Drittel der inzwischen 30.000 Porsche-Rennsiege auf das Konto des 911 gehen.

Der – ganz nebenbei – über die Jahre zum meistgebauten Rennsportwagen der Welt wurde.

Kein anderes Automobil auf der Welt kann auf eine so lange Tradition und Kontinuität zurückblicken wie der Porsche 911. In der Welt der Sportwagen gilt er sozusagen als Ur-Meter. Das Ergebnis der inzwischen 50-jährigen Evolution ist ein Automobil, das dem Attribut »perfekt« sehr nahe kommt. Mit einer neuen Generation des 911, intern 991 genannt, führt Porsche die Sportwagen-Ikone in die Zukunft. Denn das »Ende der Geschichte« ist in Zuffenhausen noch lange nicht erreicht. Den Herausforderungen der Zukunft begegnet Porsche mit dem gleichen Pioniergeist, der das Unternehmen seit 1948 groß gemacht hat. Neben den innovativen Technologien ist der Mensch allerdings der wichtigste Erfolgsfaktor. Kunden, Fans und Mitarbeiter verbindet bei Porsche eine besondere Leidenschaft: Die Freude am sportlichen Fahren und Denken. Dies ist eine Antriebskraft, die auch in ferner Zukunft noch stärker als alle 911-Motoren sein wird – egal ob mit Benzin-, Hybrid- oder Elektroantrieb.

PRO
91
fiawec.com
adidas
PORSCHE
Mobil 1
MICHELIN
PRO

"IT IS THE PINNACLE OF ACHIEVEMENT TO CREATE SOMETHING THAT SURVIVES THE TEST OF TIME, IS IMMUNE TO THE ECCENTRICITY OF CERTAIN EPOCHS – IN OTHER WORDS, HAS A TIMELESS CHARACTER."

PROF. DR. ING. H.C. FERRY PORSCHE

PORSCHE 911

For over half a century now, the Porsche 911 has been revered as an iconic automobile and the very epitome of the sports car. After all, the 911 is much more than simply a motor vehicle. It's a cult object that raises the heartbeat of car enthusiasts all over the world even before it gets into gear. And for the last five decades it's been the essence of the Porsche marque. As long ago as the mid-seventies, Porsche's advertising department summed up the secret of its success succinctly and timelessly: "No-one needs it. Everyone wants it." A statement that for anyone with an ounce of gasoline in their veins is as true today as it ever was. In the automobile world the Porsche 911 is one of a kind. It reconciles apparent contradictions such as sportiness and everyday practicality, tradition and innovation, exclusivity and social acceptance, or design and functionality like no other car before or since. It was Ferry Porsche who put his finger on the extraordinary versatility for which his masterpiece is renowned: "The 911 is the only automobile that you could use to compete in the East African Safari or at Le Mans, drive to the theater, or thread through New York city traffic." It's no wonder each of the seven 911 generations has written its own personal success story. More than 800,000 911s have been produced since it was first unveiled at the Frankfurt IAA Motor Show in 1963. No other sports car in the world has ever managed to fascinate more automobile fans. One of the chief reasons for its popularity is undoubtedly the enormous diversity on offer: Porsche buyers can traditionally choose from several different variants to satisfy the desires of any type of driver – from Coupé, Cabriolet, and Targa to Carrera, Turbo, and GT3.

The 911 experience begins the minute you get on board: no matter which 911 generation you take a seat in, that familiar 911 feeling immediately takes a hold of you. From the ergonomically perfect cockpit five circular instruments are conveniently located within your field of vision and the low bonnet with two distinctive fenders lets you kiss the apex of every bend. The ignition switch, situated left of the steering wheel, starts the rear-mounted six-cylinder engine. Even from a distance, the heartbeat of the 911's engine, which gives each generation that typical sound, is instantly recognizable to its admirers. Whether air or water-cooled, this free-revving boxer has been the 911's vital organ from the outset. Its unique melody coupled with a powerful thrust from behind forms a symbiosis unmatched by any other automobile. And the 911's habitual pioneering role when it comes to fuel consumption and emissions means the driver doesn't even need to feel guilty about it. The reliability of the

Porsche boxer is equally legendary among sports car freaks and one of the key factors behind the 911's everyday practicality and durability. It is no coincidence that two thirds of all Porsches ever built are still on the road today. Sustainable sports cars are already a reality – and common sense and sexiness no longer have to be mutually exclusive.

There can't be many other sports cars that arouse such powerful emotions in owners and devotees alike as the Porsche 911. Being able to afford a Porsche is any automobile enthusiast's dream come true. There's probably not a single small boy anywhere who hasn't pressed his nose against the side window of a 911 at least once in his life. "When I grow up ... I want a Porsche, too," was an ad back in 1974. And if you ask a child to draw a picture of a sports car, it almost invariably looks something like a 911. Perhaps that's one of the reasons why this model enjoys such high social acceptance in spite of its reputation for exclusivity. From the prototype 911 to a brand new 991, a Porsche 911 captivates drivers the world over. Resisting the pressure for automotive uniformity, it swims against the tide and has been at pains to set itself apart from other cars from the day it first appeared on the scene. It can claim a long tradition with a pedigree stretching back to the Porsche 356 and even earlier to the Volkswagen. It's not by chance that the trunk is at the front and the boxer engine at the rear. Life wasn't easy for the fledgling Porsche 911 – precisely because of this pedigree. After all, the 356 model had been extolled as a legend in its own time. The 911 was intended to be its logical successor – technically state-of-the art, or better still ahead of its era. It was also meant to be bigger – big enough for a set of golf clubs to fit easily inside the trunk regardless of the 2+2 seat configuration. The engineers responsible at Porsche had the courage to come up with a totally revolutionary concept. The frame and chassis of the 901 (the new model's internal design number) were not inherited from the 356, for instance, but completely redesigned. For the sake of trunk space, especially compact wheel suspensions using the McPherson principle were envisaged at the front while at the rear the outdated floating axle was replaced with a modern semi-trailing arm type. When it came to the powertrain, the development team likewise opted to develop a new drive from scratch. Under the supervision of Ferdinand Piëch, the nephew of Ferry Porsche, an air-cooled six-cylinder boxer engine with an axial blower, dry sump lubrication system, and two overhead camshafts was realized. It remained basically unchanged until 1998.

On September 12, 1963, the big day finally arrived: Porsche unveiled the prototype of the 901 at the Frankfurt Motor Show. However, it was still a long way off from maturity for series production and the first mass-produced 901 didn't roll off the production line in Zuffenhausen until a year later on September 14, 1964. The Paris Motor Show was staged in September 1964, too, providing an excellent opportunity to present the Porsche 901 at

a key trade fair. The campaign suffered an unexpected setback after the exhibition doors had closed again: the Porsche management were astonished to receive an objection from Peugeot, the French manufacturer, regarding an infringement of French copyright and trademark protection regulations by the 901. A great deal of confusion was caused because Porsche traditionally derives the model name from the design number, and the R&D department had carried out its customary careful research prior to christening the 901. The only other firm to use the name 901 was a truck maker in East Germany, which nobody expected to be a problem. In spite of this, Peugeot asserted that it had been using three-digit numbers with a zero in the middle since 1929 and that it held exclusive rights to all similar model names in France. Porsche was left with no alternative but to change the name of the 901. Without further ado, the zero was transformed into a one and the 911 was born. The rest is history.

The timeless design of the 911 series is undoubtedly a vital element of the myth. It was what gave F.A. Porsche his big breakthrough at the age of just 28. It blends emotion with functionality – tearing down the previously rigid barrier that existed between automobile and product design up until the early sixties. In the prototype 911 F.A. Porsche distilled the Porsche design DNA down to a superb essence. He created an inimitable brand style which has remained a linchpin of the identity and success of all Porsche series to this day. The archetypal form resembles an organic

S-DS 6511
S-DS 6460
The Classics.
PORSCHE

sculpture, and the 911 is instantly recognizable as such from any angle even without the Porsche logo. And the Porsche designers responsible for the seven 911 generations so far have been consistently indifferent to passing fads. On the contrary, the design has been continuously evolved taking great care to preserve its unique identity. "Form follows function" has been a natural guiding principle throughout. Superficial styling has always been foreign to the Porsche 911 – a dogma that has meanwhile been upheld for five whole decades. Its design is modern but never trendy – the mark of a true classic that refuses to change with the wind. It staunchly defends the credo of its creator F. A. Porsche, who was convinced that "Good design must be honest."

The 911 has consistently gone its own way not only in terms of design but also with regard to technology. Not noisy design language but rather technical brilliance has been its most persuasive argument. In the course of the last fifty years the Porsche engineers in Zuffenhausen and Weissach have regularly reinvented the 911. With innovations like the three-spoke safety steering wheel (1963), Targa roll bar (1965), internally ventilated disk brakes (1966), front and rear spoilers (1972), exhaust gas turbocharger (1974), hot-dip galvanized body shell (1975), intercooler (1977), Digital Motor Electronics (1983), Tiptronic (1989), aluminium chassis (1993), On-Board Diagnosis (OBD) II (1995), ceramic brake disks (2001), dual clutch transmission (2008), or seven-speed manual transmission (2011) the 911 has repeatedly set new technological benchmarks. Many of the ideas and technologies that made their debut in the Porsche 911 were conceived on the race track. The 911 has always been committed to the performance principle and motor racing is its most important test lab. From the very beginning, it has been at home on circuits all over the world, earning itself a reputation as a versatile and reliable winning vehicle. It has only rarely been the most powerful car in the field but it was invariably the most efficient – a Porsche through and through. It comes as no surprise to learn that a good two thirds of Porsche's tally of 30,000 race victories to date were notched up by the 911, which incidentally is the all-time top-selling motor racing car internationally.

No other automobile in the world can look back on such a long tradition or similar continuity as the Porsche 911. It is widely held to be the "mother" of all sports cars. The outcome of its 50-year evolution process is a vehicle that comes very close to perfection. The new generation of the 911 with the internal design number 991 has made this iconic racing car fit for the future. The story of the Zuffenhausen manufacturer is far from finished. Porsche is confronting tomorrow's challenges with the same pioneering spirit that has made the company what it is ever since 1948. Alongside innovative technologies human beings are a particularly critical success factor. Customers, devotees, and staff all share a special passion for sporty driving and thinking that distinguishes them from the masses. It's a driving force that will remain more powerful than any 911 engine – whether gasoline, hybrid, or electric – even in the distant future.

turbo
S OL 9095

« ARRIVER À CRÉER QUELQUE CHOSE QUI RÉSISTE AU TEMPS ET QUI RESTE INSENSIBLE AUX EXCENTRICITÉS DU MOMENT, QUELQUE CHOSE D'INTEMPOREL DONC, C'EST LE SUMMUM. »

PROF. DR. ING. H.C. FERRY PORSCHE

PORSCHE 911

Depuis plus de cinq décennies, la Porsche 911 est une icône de l'automobile, l'incarnation même de la voiture de sport. En réalité, la 911 est bien plus qu'une voiture. C'est un objet de culte qui fait vibrer les amoureux de l'automobile aux quatre coins du monde. Depuis un demi-siècle, elle est le cœur même de la marque Porsche. Dès le milieu des années 1970, le département marketing de Porsche avait su résumer avec justesse le secret de son succès intemporel : « Personne n'en a besoin. Tout le monde la veut. » Une formule qui s'applique toujours à tous les férus de belles voitures... Dans le monde de l'automobile, la Porsche 911 est à part. Elle conjugue les extrêmes comme aucune autre : sportivité et utilisation au quotidien, tradition et innovation, exclusivité et acceptation sociale ainsi que design et fonctionnalité. Ferry Porsche avait souligné la polyvalence exceptionnelle de son chef d'œuvre : « La 911 est la seule voiture avec laquelle on peut passer d'un safari en Afrique à une course au Mans, puis aller au théâtre et enfin circuler dans les rues de New York ». Rien d'étonnant, donc, à ce que chacune des sept générations de la 911 ait écrit d'aussi beaux chapitres de son histoire. Depuis son lancement au Salon international de Francfort de 1963, plus de 800 000 modèles ont été produits. Aucune autre sportive au monde n'a su combler autant d'amateurs de belles voitures. Ce succès tient en grande partie à la diversité des modèles proposés : la 911 existe en Coupé, Cabriolet, Targa, Carrera, Turbo ou GT3. Depuis toujours, Porsche propose à ses clients plusieurs versions pour faire le bonheur de tous, indépendamment des goûts et des préférences.

Dès que l'on s'installe dans une 911, la magie opère. Quelle que soit la génération, on a immédiatement la sensation familière d'être au volant d'une 911. L'ergonomie est parfaite et le regard du conducteur se porte sur cinq cadrans et sur un long capot délimité de part et d'autre par deux ailes proéminentes qui permettront de viser les points de corde lors des passages de courbes. La clé de contact s'insère à gauche du volant et lance les six cylindres placés à l'arrière. Même à distance, les fans reconnaissent la 911 au timbre de son bloc moteur. Chaque génération a sa propre sonorité. Qu'il soit refroidi par air ou par eau, la 911 est depuis toujours animée par un boxer impatient de monter dans les tours et qui vous colle au siège à l'accélération avec cette sonorité si particulière. Malgré ce tempérament sportif, les heureux propriétaires de 911 n'ont aucune raison d'avoir mauvaise conscience car la 911 a toujours eu une longueur d'avance en matière de consommation et d'émissions. En outre, tous les amateurs de sportives connaissent la fiabilité légendaire du boxer Porsche, ce qui contribue largement à faire de la 911 une voiture parfaitement adaptée

au quotidien. Ce n'est pas un hasard si deux tiers des Porsche construites sont encore en circulation. Ainsi, sportivité peut aussi rimer avec durabilité, tout comme raison rime avec passion.

Rares sont les sportives qui suscitent autant d'émotions que la 911 chez leurs propriétaires ou leurs fans. Pour tous les amateurs de belles voitures, posséder une Porsche, c'est transformer un rêve en réalité. Qui n'a jamais plaqué son nez contre la vitre d'une 911 ? « Quand je serai grand, moi aussi j'aurai une Porsche », affirmait une publicité de 1974. Lorsque l'on demande à des enfants de dessiner une voiture de sport, presqu'à chaque fois, on retrouve les traits d'une 911. C'est peut-être l'une des raisons pour lesquelles malgré son côté exclusif, la 911 reste aussi bien acceptée socialement. Modèle ancien ou version récente, la Porsche 911 suscite l'enthousiasme partout dans le monde. Dans le flot uniforme de l'automobile, la 911 nage à contre courant. Elle est à part et l'a toujours été, c'est inscrit dans ses gènes. D'ailleurs, dans sa généalogie, on retrouve la Porsche 356, mais aussi Volkswagen. Ce n'est pas par hasard que le coffre est placé à l'avant et le moteur boxer à l'arrière. Héritage oblige... De son temps, la 356 était déjà une légende. Son héritière, la 911, devait reprendre le flambeau en se mettant techniquement au goût du jour, ou plutôt, en prenant une longueur d'avance sur son époque. Il lui fallait en outre être plus grande, avec un coffre capable d'accueillir le matériel de golf, tout en restant une vraie 2+2. Pour ce faire, les ingénieurs de Porsche sont repartis d'une feuille blanche. Le type 901 (numéro de construction interne) n'a repris de la 356 ni la carrosserie ni le châssis qui ont donc été totalement réinventés. Pour libérer de la place pour le coffre, de nouvelles suspensions avant moins volumineuses inspirées du principe McPherson sont conçues. A l'arrière, les vieux essieux oscillants cèdent la place à des essieux à bras obliques. Côté motorisation, un bloc de conception entièrement nouvelle arrive. C'est sous la direction du neveu de Ferry Porsche, Ferdinand Piëch, que voit le jour un six cylindres à plat refroidi par air avec ventilateur axial, graissage à carter sec et double arbre à cames en tête. Ces bases seront conservées jusqu'en 1998.

Le 12 septembre 1963 est une journée à marquer d'une pierre blanche : Porsche présente le prototype de la 901 au Salon international de l'automobile de Francfort. Pour la production en série, il faudra patienter encore un peu. Ce n'est qu'un an plus tard, le 14 septembre 1964 que la première 901 de série quittera les ateliers de production de Zuffenhausen. Juste avant, en septembre 1964, a lieu le Mondial de l'automobile de Paris, l'occasion pour Porsche de présenter sa nouvelle 901. Pourtant, Paris réservera un obstacle inattendu à Porsche. Peugeot envoie en effet une réclamation à la direction commerciale du groupe. Aux dires du constructeur français, la désignation 901 viole le droit d'auteur français, car l'appellation est protégée. Outre-Rhin, cette plainte en surprend plus d'un. Chez Porsche, on a toujours

désigné les modèles en fonction de leur numéro de construction. Or, comme à l'accoutumée, le département développement a longuement enquêté pour le type 901. Seul un constructeur de poids lourds est-allemand utilisait la désignation 901, ce qui ne posait pas de problème. De son côté, Peugeot revendique l'utilisation d'une numérotation à trois chiffres avec un zéro au milieu depuis 1929 et affirme en détenir les droits. Au final, Porsche n'a guère le choix. Il faut rebaptiser la 901. Le zéro se transforme rapidement en un. C'est la naissance du nom 911. On connaît la suite.

Il ne fait aucun doute que le design intemporel de la 911 a largement contribué au mythe qui l'entoure. A 28 ans seulement, F.A. Porsche réussit un coup de maître. Nous sommes alors au début des années 1960 et pour la première fois, la forme reflète autant les émotions que la fonction, établissant ainsi un trait d'union entre le dessin automobile et le design, deux mondes totalement séparés à l'époque. En dessinant la première 911, F.A. Porsche a su distiller l'ADN de Porsche pour arriver à un concentré parfait. C'est une vraie prouesse : un design reconnaissable à coup sûr, signe de l'identité de la marque, et la clé du succès de toutes les séries à venir. Cette forme fait l'effet d'une sculpture. Au premier coup d'œil, sous n'importe quel angle et sans indication, on reconnaît la 911. Depuis, sept générations de 911 ont vu le jour et les designers de Porsche n'ont jamais cédé aux

Le couronnement d'une conception
qui a fait ses preuves
PORSCHE
turbo
Cette voiture unit harmonieusement la puissance
au confort. Sa technique poussée et son confort
fonctionnel vont audevant de tout désir.
Dr. Ing. h. c. F. Porsche AG · Stuttgart-Zuffenhausen · Printed in Germany · Fricke & Co. · 2521.14

sirènes du moment. Ce design a lentement évolué tout en conservant sa propre identité. Chemin faisant, il a toujours été évident que la forme suivait la fonction. La Porsche 911 n'a jamais fait dans le tape à l'œil. En cinquante ans d'existence, il n'y a jamais eu d'exception à cette règle d'or. Un style toujours moderne sans être à la mode, la marque d'un grand classique. La 911 applique à la lettre la maxime de son créateur, F.A. Porsche : « Un bon design doit être sincère ».

La 911 a marqué l'histoire par son design, mais aussi par sa technique. Au-delà d'un design remarquable, elle devait aussi convaincre par son excellence technique. Au cours des cinq dernières décennies, les ingénieurs Porsche de Zuffenhausen et de Weissach n'ont eu de cesse de réinventer la 911. Cette grand sportive a toujours montré l'exemple avec des innovations technologiques comme la direction de sécurité en trois parties (1963), l'arceau de sécurité fixe Targa (1965), les freins à disque ventilés (1966), les spoilers avant et arrière (1972), le turbocompresseur entraîné par les gaz d'échappement (1974), la carrosserie galvanisée à chaud (1975), le système de refroidissement de l'air de suralimentation (1977), la gestion électronique du moteur (1983), le Tiptronic (1989), le châssis en aluminium (1993), le système de surveillance permanente des gaz d'échappement OBD II (1995), les disque de freins en céramique (2001), la boîte à double embrayage (PDK – 2008) ou à sept rapports (2011). Beaucoup d'idées et de technologies appliquées pour la première fois sur la Porsche 911 sont nées sur circuit. La 911 a en effet toujours eu une obligation de performance et le sport auto lui a constamment servi de banc d'essai. D'emblée, elle s'est montrée à l'aise sur tous les circuits du monde. Bien née, la 911 offrait à la fois polyvalence, fiabilité et capacité à gagner. Rarement la plus puissante sur la ligne de départ, elle était toujours la plus efficace, à l'image de Porsche. Pas étonnant, donc, que la 911 ait signé deux tiers des 30 000 victoires de Porsche en sport automobile. Soit dit en passant, la 911 est la sportive la plus fabriquée au monde.

Aucune autre voiture au monde n'affiche une telle tradition et une telle continuité. Dans le monde du sport auto, la 911, c'est l'étalon. Au final, après bientôt 50 ans d'évolution, Porsche dispose d'un modèle qui frôle la « perfection ». La nouvelle génération de 911, appelée 991 en interne, conduit cette icône du sport automobile vers un glorieux avenir. En effet, personne à Zuffenhausen ne vous dira que l'on est arrivé à la « fin d'une histoire », loin de là. Pour relever les défis qui l'attendent, Porsche a conservé l'esprit de pionnier qui avait ouvert la voie au succès dès 1948. Au-delà des innovations technologiques, l'humain est la clé de la réussite. Les clients, les fans et les employés de Porsche sont tous animés par une passion commune : la joie ressentie à vivre et à concevoir des automobiles sportives. Voilà une force motrice qui sera toujours supérieure à celle de tous les moteurs de 911 à venir, qu'ils soient essence, hybrides ou électriques.

S KC 39

«SI SE LOGRA HACER ALGO QUE PERDURA EN EL TIEMPO, QUE NO SUCUMBE A LAS EXCENTRICIDADES DE CIERTAS ÉPOCAS, ALGO INTEMPORAL, ESA ES LA SATISFACCIÓN MÁS GRANDE.»

PROF. DR. ING. H.C. FERRY PORSCHE

PORSCHE 911

El Porsche 911 es el icono del automovilismo y sinónimo de coche deportivo desde hace más de cincuenta años. Porque el 911 es mucho más que un coche. Es objeto de culto. Con solo verlo, es capaz de acelerar los latidos del corazón de los amantes de automóviles de cualquier parte del mundo. Y desde hace cincuenta años es el corazón de la marca Porsche. El secreto de su éxito fue definido acertadamente por el departamento de publicidad de Porsche a mediados de los años setenta: «Nadie lo necesita. Todos lo quieren.» Lo dicho sigue teniendo plena validez en la actualidad. Basta tener una sola gota de gasolina en la sangre, para confirmarlo. En el mundo del automóvil, el Porsche 911 no tiene parangón. Como ningún otro coche, es capaz de conjugar aparentes contradicciones como deportividad y uso diario, tradición e innovación, exclusividad y aceptación social, así como diseño y funcionalidad. Ferry Porsche resumió acertadamente la extraordinaria versatilidad de su obra maestra: «El 911 es el único automóvil que puedes utilizar para hacer un safari en

África, ir a Le Mans, aparcar delante de un pomposo teatro, y zambullirte en el tráfico de Nueva York.» No es casualidad que cada una de las siete generaciones del 911 haya tenido tanto éxito. Desde que se presentó en la IAA de Fráncfort en 1963, se fabricaron más de 800.000 unidades del 911. Ningún otro coche deportivo del mundo ha logrado entusiasmar a más amantes del automovilismo. Una de las razones es la cantidad de variantes que tiene este modelo. Los clientes han podido escoger entre versiones Coupé, Cabriolet o Targa, Carrera, Turbo y GT3. Por tradición, Porsche ofrece a sus clientes varias alternativas, cada una de ellas capaz de satisfacer los gustos de su variada clientela.

Las emociones que despierta el 911 empiezan al tomar asiento. No importa de qué generación se trate: en cualquier 911 surge de inmediato la sensación de estar en un entorno conocido. Acomodado en el asiento ergonómicamente perfecto, el conductor ve el tablero con sus cinco instrumentos redondos y, a los lados del bajo capó, ve los dos pasos de rueda que le sirven de referencia para dirigir su coche con precisión hacia el vértice de cualquier curva. La llave de contacto para poner en funcionamiento el motor de seis cilindros posterior, se encuentra a la izquierda del volante. Los amantes del 911 reconocen desde lejos el rugido del motor, con el sonido típico que la marca supo mantener durante tantos años. El motor bóxer de altas revoluciones fue y sigue siendo el corazón del 911, ya sea refrigerado por aire o por agua. La combinación de sonido inconfundible y gran potencia es única en el mundo de los automóviles. Y el conductor puede tener la consciencia limpia, porque el 911 siempre fue ejemplar por su moderado consumo y bajo nivel de emisiones. En el sector de los coches deportivos, la fiabilidad del motor bóxer de Porsche es legendaria. Gracias a esta cualidad, el 911 es un coche durable y perfectamente apropiado para el uso diario. No es casualidad que todavía circulen dos tercios de todos los Porsche jamás fabricados. También los coches deportivos pueden ser durables, capaces de agregar sensatez a la pasión.

Pocos coches deportivos despiertan tantas emociones como el Porsche 911. Y para los entusiastas de los coches, tener un Porsche propio es hacer realidad un sueño. ¡Qué niño no aplastó su nariz y puso sus manos en la ventana lateral de un 911! «Cuando sea grande..., también quiero tener un Porsche», fue el aviso publicitario de 1974. Y si se le pide a un niño que dibuje un coche deportivo, por lo general traza líneas que se parecen a un 911. Posiblemente esa sea una de las razones por las que, a pesar de su carácter exclusivo, el modelo disfruta de una gran aceptación social. Un Porsche 911 despierta entusiasmo en todo el mundo, sin importar si se trata de un 911 antiguo o de último modelo. Siempre fue diferente a los demás, siempre nadó en contra de la corriente de la uniformidad que impera entre los automóviles. Y lo hace por tradición. A fin de cuentas, su pasado se remonta hasta las épocas del Porsche 356 y, más allá, hasta el Volkswagen. No es casual que el maletero se encuentre adelante y el motor bóxer atrás. Precisamente debido a su árbol genealógico, el Porsche 911 no lo tuvo fácil al principio. No olvidemos que el 356 ya se había transformado en una leyenda en su época. El 911 fue concebido para continuar con esa tradición, aunque ofreciendo la tecnología más avanzada, incluso adelantándose a sus tiempos. También fue diseñado para ser más grande, para que quepa una bolsa de golf en su maletero, a pesar del habitáculo de 2+2 asientos. Considerando este pliego de condiciones, los expertos de Porsche corrieron un gran riesgo al diseñar algo nuevo. El tipo 901, tal como se llamó el modelo internamente, no recurrió ni al bastidor ni al chasis del 356. Fue un diseño completamente nuevo. Para ganar espacio en el maletero, se optó por una suspensión tipo McPherson. En la parte posterior se sustituyó el anticuado eje pendular por un eje de brazos oscilantes oblicuos. También el motor fue completamente nuevo. Bajo la dirección de Ferdinand Piëch, sobrino de Ferry Porsche, surgió un motor bóxer de seis cilindros refrigerado por aire, con ventilador axial, lubricación de cárter seco y dos árboles de levas en cabeza, que básicamente se mantuvo hasta el año 1998.

El 12 de septiembre de 1963 fue el gran día: Porsche presentó el prototipo del 901 en el salón del automóvil de Fráncfort. Pero había todavía mucho camino por recorrer hasta contar con la versión fabricada en serie. Transcurrió un año entero hasta que el primer tipo 901 salió de la fábrica de Zuffenhausen el 14 de septiembre de 1964. Poco antes, en ese mismo mes, el Porsche 901 también fue presentado en el importante salón del automóvil de París. Pero allí surgió un problema inesperado. La sorprendida dirección de Porsche se enfrentó a una protesta de Peugeot. Los franceses se opusieron a la denominación 901, alegando que constituía una infracción contra derechos de autor y de marca vigentes en su país. Se produjo una gran confusión, pues la denominación de tipos de Porsche se rige tradicionalmente por el número de construcción, y el departamento de desarrollo había realizado un minucioso trabajo de investigación en el caso del tipo 901. Únicamente un fabricante de Alemania del Este utilizaba esa misma denominación en un camión, pero ese no había sido considerado

problemático. Pero Peugeot insistió en haber utilizado desde el año 1929 números de tres cifras con un cero en medio en la denominación de sus modelos. Agregaron que habían registrado en Francia todas las denominaciones con esa secuencia de cifras. En esas circunstancias, Porsche no tuvo otra opción que darle otro nombre al 901. Simplemente decidió sustituir el 0 por 1. El resto ya es historia conocida.

El diseño es, sin duda alguna, parte importante del mito del 911. Con sus 28 años de edad, F.A. Porsche había logrado presentar un modelo de impecable estética. Las emocionantes formas, a la vez, nítidamente funcionales, habían logrado por primera vez establecer un nexo entre el diseño de automóviles y el diseño industrial, algo que en la década de los sesenta aún se separaba estrictamente. F.A. Porsche había conseguido destilar el DNA de la expresión estética de la marca, obteniendo un producto que, a través de sus nítidas formas, expresó magistralmente sus virtudes. Creó un diseño de marca inconfundible, que hasta el día de hoy manifiesta la identidad de todos los modelos de Porsche, y que explica buena parte de su éxito. El arquetipo de formas esculturales tiene un diseño tan inconfundible, que bien podría prescindir del emblema que lo identifica como un 911. Los diseñadores de Porsche nunca sucumbieron a la tentación de adaptarse a los cambios que experimenta la moda, manteniendo las formas básicas del 911, generación tras generación. Más bien apostaron por una cuidadosa evolución del diseño, respetando firmemente su identidad. La forma debía estar determinada por la función. El Porsche 911 siempre estuvo muy lejos de soluciones estéticas que solo buscan llamar la atención. Y esto no cambió en cincuenta años. Al mismo tiempo, sus formas siempre fueron modernas, sin buscar estar a la moda. Eso es lo que distingue a un clásico genuino. Hasta el día de hoy se sigue aplicando el criterio que expresa la convicción de F.A. Porsche: «El buen diseño debe ser honesto.»

Pero el 911 no solamente fue abriendo su propio camino por su diseño, sino también por su tecnología. Más que por su llamativa estética, brillaría por su excelente mecánica. Los ingenieros de Porsche de Zuffenhausen y Weissach reinventaron el 911 una y otra vez durante las últimas cinco décadas. El 911 marcó numerosos hitos en el transcurso de su historia, incluyendo innovaciones como barra de dirección de tres segmentos (1963), barra antivuelco tipo Targa (1965), discos de freno autoventilados (1966), faldón delantero y alerón posterior (1972), turbo regulado en el lado de los gases de escape (1974), carrocería galvanizada en caliente (1975), intercooler (1977), electrónica digital del motor (1983), Tiptronic (1989), chasis de aluminio (1993), sistema de control de los gases de escape OBD II (1995), discos de freno de cerámica (2001), caja de doble embrague (2008) y caja de cambios de siete marchas (2011). Muchas ideas y tecnologías que se aplicaron por primera vez en un Porsche 911, tienen su origen en los circuitos de carreras. El 911 fue concebido desde el principio como coche de altas prestaciones, y el deporte

CARRERA
GENERATION
Porsche 911 targa
Porsche 911 S Coupé
Porsche Carrera Coupé
PORSCHE

de competición automovilística fue su laboratorio de pruebas. Se sintió como en casa en todos los circuitos del mundo, y demostró ser un coche ganador, versátil y plenamente fiable. Pocas veces fue el bólido más potente en la parrilla de salida. Pero siempre fue el más eficiente. Una característica típica de Porsche. No sorprende, por lo tanto, que de las 30.000 victorias acumuladas por la marca, dos tercios pertenecen al 911. Dicho sea de paso que este modelo se ha transformado en el coche de carreras más difundido en el mundo.

Ningún otro automóvil cuenta con una tradición tan larga, y ninguno tiene la continuidad del Porsche 911. En el mundo de los coches deportivos, es todo un listón de referencia. La evolución que duró cincuenta años redundó en un automóvil que raya en la perfección. Con la nueva generación del 911, internamente conocida como 991, el icono automovilístico está preparado para encarar el futuro. Porque, claro está, la exitosa historia está muy lejos de concluir. Porsche se enfrenta a los retos del futuro con el mismo espíritu pionero que hizo grande a la empresa desde 1948. Pero las tecnologías innovadoras no son el único factor que determina su éxito. También lo es el factor humano. Los clientes, los amantes de la marca y los que trabajan en Porsche tienen un denominador común: la pasión por la conducción deportiva, y la pasión como actitud frente a la vida. Esa es la fuerza que siempre será más potente que cualquier motor del 911, ya sea de combustión, híbrido o eléctrico.

PORSCHE
S GO 2007

911

“如果一个人创作的作品可以经受时间考验，不受时代的制约；换言之，拥有超越时间限制的个性，那么他就登上了成就的顶峰。”

费利·保时捷教授

保时捷 911

半个世纪以来，保时捷 911 一直被奉为汽车业界的不朽传奇，甚至成为跑车的代名词。911 的意义已经远远超过了汽车本身。在全世界车迷的心目中，即使它尚未开始驰骋都可以让人感到心跳加速，热血沸腾。过去 50 年来，它始终居于保时捷品牌的核心。在二十世纪七十年代中期，保时捷的广告部门曾经贴切而隽永地总结了这一车型成功的秘密：“没有人真正需要它，但每个人都想拥有它。”对于那些血管里涌动着赛车激情的人而言，这句话至今仍是颠扑不破的真理。在汽车的世界中，保时捷 911 可说是特立独行。没有哪辆车能象它一样，在诸多看似相悖的维度上都实现了完美平衡——性能与日常实用性兼顾，尊重传统又勇于创新，坚持独特品位又广为社会认可，追求设计却不以牺牲功能为代价。费利·保时捷曾经这样描述他的不朽之作所具备的杰出的多功能性：“911 是唯一一款既能在非洲沙哈拉沙漠纵横，又能在勒芒赛道上驰骋的跑车；它既能陪伴你前往剧院，也能让你自由穿梭于纽约的繁华闹市。”毫无疑问，所有七代 911 都成功地书写了属于自己的辉煌历史。自从在 1963年法兰克福国际车展上首次亮相以来，911 车型总共生产了超过 80 万辆。世界上没有其他一款跑车，可以让如此众多的车迷为之痴狂。911 如此受人喜爱的原因之一，毫无疑问在于保时捷长期以来提供的多样化的车型选择，从硬顶、敞篷和 Targa 等不同外观，到 Carrera、Turbo 或者 GT3 等各种动力配置——客户可以自由选择，满足不同的需求。

当您进入 911 的那一刻起，就开始了它的体验之旅。不论您置身哪一代保时捷 911 中，都会立即产生熟悉的感觉。坐在符合人体工程学设计的驾驶舱内，五个圆形仪表盘展现在您的视野中，方便您获得各种车辆信息；前方低平的舱盖和两侧醒目的翼子板，让您尽享征服弯道的乐趣。转动位于方向盘左侧的点火开关，启动后置式六缸发动机。911 发动机的心脏跳动声赋予了各代车型典型的保时捷音效——即使在远处响起，也可以立即点燃保时捷车迷的激情。虽然经历了从风冷到水冷的变化，这台动力澎湃的水平对置发动机一直是 911 车型的核心。其独特的音效配合来自后方的强大动力，构成了其他车辆所无法匹敌的组合。在油耗和排放方面，911 一直以来都引领业界，这也意味着，驾驶者根本无须为驾驶一辆跑车而良心不安。相比其他跑车品牌，保时捷水平对置发动机的可靠性向来有口皆碑，这也是保证 911 的日常实用性和耐用性的关键因素。迄今为止生产的所有保时捷车辆中大约有三分之二今天仍在道路上行驶，这绝非偶然。可持续性跑车已经成为现实——理性和激情也可以完美地融于一身。

几乎没有任何其他跑车可以象 911一样，在车主和车迷中唤起如此强烈的共鸣。对于汽车爱好者而言，能够拥有自己的保时捷本身就是梦想成真。几乎所有的男孩都曾有过将鼻子顶着 911 侧车窗的经历。“等我长大了……我也要有一台保时捷。”这是 1974 年的一句广告词。如果你要一个孩子画一台跑车，画出来的车差不多都会是 911。这也许就是为什么，尽管这个车型一贯以其独特品位著称，却仍享有极高的社会接受度的原因。无论是当年推出的原型车还是最新一代 991 车型，保时捷 911 总能让全世界的驾乘者为之着迷。在千人一面的汽车世界中，它逆流而上，从首次面世时便一直致力于塑造自己卓尔不群的形象。911 的血统可以一直追溯到保时捷 356 车型，甚至更早的大众甲壳虫车型。行李厢前置，水平对置发动机后置，这绝非偶然。这样的家族传承也令初出茅庐的保时捷 911 举步维艰。毕竟，356 车型已经成为其时代的经典传奇。而 911 车型作为其继任者，在技术上需要领先，甚至超越其时代。

它要比其前辈更为宽大——驾驶舱为2+2 座椅配置，行李厢内可以轻松放下整套高尔夫球杆。负责该项目的保时捷设计师在设计上大胆创新，独辟蹊径。比如901（新车型的内部设计序号）在车架和底盘方面未照搬 356 的经验，而是完全进行了重新设计。为了确保行李厢的空间，前桥采用了特别紧凑的麦弗逊式车轮悬挂；在后桥上则采用了半拖臂式悬挂取代了过时的全浮式半轴。在传动系方面，研发团队同样选择重新设计全新的驱动装置。在费利·保时捷的侄子费迪南德·皮耶希的领导下，风冷式的六缸水平对置发动机采用了轴向鼓风机、干式油池润滑系统、以及两个顶置凸轮轴。这一基本设计一直延续到了 1998 年。

1963 年 9 月 12 日是值得铭记的一天：保时捷在法兰克福车展首次推出 901 原型车。尽管如此，距离车型正式成型量产还有很长的路要走。批量生产的第一辆 901 车型于一年之后的 1964 年 9 月 14 日在祖文豪森下线。1964 年 9 月举办的巴黎车展为 901 提供了另一次在世界级展会上亮相的机会。但是这次展会也为保时捷的营销带来了意想不到的麻烦：法国汽车制造商标致(Peugeot) 出乎意料地提出 901 车型名称涉嫌违反法国版权与商标保护法规。这令人颇为意外，因为根据保时捷传统，车型名称一般来自设计序列号，而研发部门在为 901 命名前曾经进行过深入的市场调查。结果发现只有东德的一家卡车厂商使用过 901 这个型号。当时认为这不是问题。但标致 (Peugeot) 坚持声称自己从 1929 年起就使用中间为零的三位数字命名车辆，因此在法国享有此类数字命名序列的法律保护。于是，保时捷只能在 901 车型发布中期对其重新命名。在考虑了众多选择后，费利·保时捷决定将这款车型更名为“911”。今天看来，这也成了一段轶事。

911系列超越时间的经典设计毫无疑问是构成其神话的另一个重要元素。当时 28 岁的费迪南德·亚历山大·保时捷以神来之笔成就了这一旷世传奇。这一设计将感性与

功能性完美地融合在一起——一举打破了二十世纪六十年代初横亘在汽车设计与产品设计之间的藩篱。
通过911原型车，费迪南德•亚历山大•保时捷提炼出保时捷设计的遗传基因，并将其升华为设计语言的精髓。他所创造的是一种独特的品牌风格，直到今天这种风格仍然作为一种共同特征贯穿在保时捷各系列车型中，是确保成功的关键。原型车的外形宛如有生命的雕塑。即使没有保时捷的标志，无论从任何角度都可以一眼辨认出这是一款911。迄今为止，保时捷设计师们已经推出了七代 911 车型，却从未屈从于时尚压力。相反，他们采用了持续进化的设计语言，始终全力保持其独特风格。保时捷始终遵循“形式追随功能”的原则。哗众取宠的设计始终为保时捷 911 所不齿，在过去的 50 年中，这一信念始终得以贯彻执行。其设计始终富于现代感，但却绝不媚俗——不随风而变，这才是真正的经典风范。这充分体现了其创造者费迪南德•亚历山大•保时捷时捷的信条，他深信“出色的设计作品必须是真实的。”

特立独行不仅彰显在 911 的外观设计上，在技术方面也是如此。赢得人心，不靠华丽的设计语言，更是靠技术上的卓然领先。在过去的五十年间，祖文豪森和魏斯阿赫的保时捷工程师不断推陈出新，在技术上为 911 注入新的活力：三幅安全方向盘（1963），Targa 车型翻滚防护杆（1965），内部通风制动盘（1966），前部和后部扰流板（1972），废气涡轮增压器（1974），热浸镀锌车身壳体（1975），中冷器（1977），数字式发动机电器（1983），Tiptronic 变速箱（1989），铝制底盘（1993），车载诊断（OBD）II（1995），陶瓷制动盘（2001），双离合器变速箱（2008），以及 7 速手动变速箱（2011），这些技术革新令 911 一次次为业界树立了新的标杆。许多在保时捷 911 上亮相的理念和技术都源于赛道上的灵感。911 一直致力于实现优异性能，而赛车运动是它最重要的测试实验室。从诞生之初起，它就在世界各地的赛场上所向披靡，展示了自己作为赛道霸主的全能素质和可靠品质。

在赛场上，它往往不是马力最大的选手，但一定是效率最高的车型——这是保时捷的一贯追求。也难怪迄今为止保时捷在赛车运动上取得的三万多项胜利中，三分之二以上都要归于 911 的名下。顺带说一句，911 多年来一直是全世界销量最高的赛车车型。

世界上没有其他任何汽车可以像保时捷 911 一样拥有如此悠久的传统或类似的连续性。它被奉为所有跑车的“先驱”。50 年的不断演进使它几近完美。随着新一代 911（内部设计序号为 991）的推出，保时捷正全力引领这款标志性的跑车迈向未来。对于这家位于祖文豪森的跑车制造商来说，故事远未结束。从 1948 年至今，保时捷凭借其开拓精神塑造了今日的成就。现在，保时捷满怀同样的精神直面未来的挑战。除了应用革新性的技术之外，人也是取得成功的重要因素。无论是客户、车迷还是员工，都对动感驾驶和思考充满激情。这种激情带来的驱动力，即使在遥远的未来，也将强过所有 911 发动机，无论是汽油发动机、混合动力发动机抑或是电机。

turbo S

911

„ЕСЛИ УДАЕТСЯ СОЗДАТЬ ЧТО-ТО, ЧТО ПЕРЕЖИВЕТ СВОЕ ВРЕМЯ, НЕ БУДЕТ ПОДВЕРЖЕНО ВЛИЯНИЮ ПЕРЕМЕНЧИВЫХ ЭПОХ, ТО ЕСТЬ ЧТО-ТО НЕПОДВЛАСТНОЕ ВРЕМЕНИ, ТО ЭТО МОЖНО СЧИТАТЬ САМЫМ БОЛЬШИМ ДОСТИЖЕНИЕМ“.

ПРОФЕССОР, Д-Р ФЕРРИ ПОРШЕ

PORSCHE 911

На протяжении пяти десятилетий Porsche 911 считается автомобильной „иконой“ и эталоном спортивного автомобиля. Ведь 911-й – это не просто автомобиль. Этот культовый объект почитания, который даже в статике заставляет учащенно биться сердца любителей автомобилей во всем мире. На протяжении 50 лет Porsche 911 является „сердцем“ марки Porsche. Секрет его успеха на долгие времена был метко сформулирован рекламным отделом Porsche в середине 70-х годов: „Он не нужен никому. Но все его хотят“. Эта фраза и по сей день не потеряла своей актуальности для всех, у кого в крови есть хотя бы одна капля бензина. В мире автомобилей Porsche 911 уникален. Как ни один другой, он сочетает в себе такие мнимые противоречия, как спортивный стиль и пригодность к повседневной эксплуатации, традиции и инновации, эксклюзивность и социальную приемлемость, дизайн и функциональность. Ферри Порше так охарактеризовал исключительную разносторонность своего шедевра: „911-й – это единственный автомобиль, на котором можно участвовать в африканском ралли Сафари и гонках в Ле-

Мане, затем поехать в театр, а потом прокатиться по улицам Нью-Йорка“. Не удивительно, что каждое из теперь уже семи поколений „девятьсот одиннадцатого“ написало свою собственную историю успеха. Начиная с 1963 года, когда состоялась презентация 911-го на Франкфуртском автосалоне IAA, было выпущено 800 000 автомобилей. С тех пор, пожалуй, ни одна другая модель в мире не вызывала такого восторга у любителей автомобилей. Причина не в последнюю очередь кроется в разнообразии вариантов: купе, кабриолет или тарга, Carrera, Turbo или GT3 – Porsche традиционно предлагает своим клиентам широкий выбор, который удовлетворит любого водителя.

Чувствовать 911-й начинаешь уже при посадке в автомобиль. Неважно, в модели какого поколения Вы сидите, все сразу же покажется Вам знакомым. Безупречная с точки зрения эргономики посадка, 5 круглых приборов перед водителем, низкий капот, обрамленный приподнятыми над ним эффектными крыльями, которые в любом повороте позволяют уверенно целиться в апекс. Замок зажигания, которым запускается расположенный сзади шестицилиндровый двигатель, находится слева от рулевого колеса. Приверженцы этой модели уже издалека узнают 911-й по акустике силового агрегата, который наделяет каждое поколение типичным сочным звуком. Легко раскручивающийся до высоких оборотов оппозитный двигатель – раньше с воздушным, а теперь с жидкостным охлаждением – по-прежнему является „сердцем“ 911-го. Уникальный звук и мощная тяга двигателя заднего расположения позволяют создать такое сочетание, которое не имеет аналогов в автомобильном мире. И при этом водителя не мучают угрызения экологической совести, так как 911-й во все времена был среди лидеров по экономичности и чистоте выхлопа. В спортивных кругах также хорошо известна надежность оппозитного двигателя Porsche, что в значительной мере способствует высокой пригодности автомобиля к условиям повседневной эксплуатации и длительному сроку службы 911-го. Не случайно две трети всех произведенных до сих пор Porsche служат своим владельцам. Спортивный автомобиль также может быть функциональным и сочетать в себе технику и эмоциональность.

Ни один другой спортивный автомобиль не вызывает у владельцев и приверженцев столько эмоций, как Porsche 911. Собственный Porsche для автолюбителя – это всегда исполнение мечты. Пожалуй, каждый малыш однажды прижимал нос к боковому стеклу „девятьсот одиннадцатого“. „Когда я вырасту,...куплю себе Porsche“, – так звучала реклама в 1974 году. А если попросить ребенка нарисовать спортивный автомобиль, то почти всегда получается что-то похожее на 911-й. Возможно, это одна из причин того, что эта модель, несмотря на всю свою эксклюзивность, всегда хорошо принималась в обществе. Неважно, самый первый

PORSCHE
PORSCHE
PORSCHE

PORSCHE
PORSCHE
www.porsche.com
PRO
MICHELIN
Mobil

„девятьсот одиннадцатый“ или новый автомобиль: Porsche 911 вызывает восторг во всем мире. В море автомобильного однообразия он плывет против течения – он всегда отличался от других. Это тоже составная часть традиции. Ведь его генеалогическое дерево включает в себя также и Porsche 356, и Volkswagen. Не случайно же багажник у него располагается спереди, а оппозитный двигатель – сзади.

Именно эта генеалогия серьезно осложнила первые годы в истории Porsche 911. Модель 365 стала легендой еще при своей „жизни“. Ее наследник, 911-й был призван продолжить успех, но при этом должен был находиться на современном техническом уровне или, еще лучше, опережать свое время. Он должен был стать больше, чтобы несмотря на компоновку 2+2 в багажнике оставалось достаточно места для снаряжения для гольфа. Проявив последовательность в своем подходе, техники Porsche все же рискнули и разработали новую конструкцию. Для 901-го – таково было внутризаводское обозначение модели – рама и ходовая часть не были взяты от модели 356, а сконструированы заново. Ради свободного места в багажнике спереди была использована компактная подвеска по принципу МакФерсона, а сзади на смену устаревшей подвеске с качающимися полуосями пришла подвеска на косых рычагах. При выборе двигателя было решено использовать также новый агрегат: под руководством племянника Ферри Порше, Фердинанда Пиёха, был создан 6-цилиндровый оппозитный силовой агрегат с воздушным охлаждением, осевым вентилятором, системой смазки с сухим картером и двумя распределительными валами верхнего расположения. Принципы, заложенные в этот двигатель, использовались вплоть до 1998 года.

12 сентября 1963 года наступил великий день – компания Porsche представила прототип 901-го на автомобильной выставке во Франкфурте. Но до начала серийного производства предстояло пройти еще долгий путь. Первый серийный 901-й вышел из ворот предприятия в Цуффенхаузене только год спустя – 14 сентября 1964 года. Однако еще до этого события должен был пройти Парижский автосалон – важная выставка для презентации Porsche 901. На этой выставке компанию Porsche ожидал неприятный сюрприз. Из-за обозначения 901 французская марка Peugeot предъявила удивленному руководству Porsche претензию в связи с нарушением французского авторского права и закона о защите товарных знаков. Удивление было велико, так как в компании Porsche перед выбором типа модели, традиционно ориентированного на соответствующий номер разработки, было проведено серьезное исследование также и в отношении обозначения 901. Только один производитель грузовиков в Восточной Германии использовал обозначение 901, но это не было серьезной проблемой. Тем не менее

компания Peugeot сослалась на то, что она еще с 1929 года использует трехзначные обозначения с нулем посередине и поэтому во Франции все подобные комбинации защищены законом. Поэтому Porsche не оставалось ничего иного, кроме как переименовать 901-й. Вместо нуля просто поставили единицу – так появился 911-й. Все остальное уже история.

Важной составной частью легендарной истории 911-го, без сомнения, является неподвластный времени дизайн. В свое время 28-летнему Ф.А. Порше удался настоящий прорыв. В равной степени эмоциональная и функциональная форма в начале 60-х годов впервые позволила „навести мосты" между автомобильным и продуктовым дизайном, которые в дизайнерском мире того времени были далеко разведены. В самой первой модели 911 Ф.А. Порше сумел выделить дизайнерские „гены" Porsche в великолепный концентрат. Он создал неподражаемый фирменный дизайн, который до сих пор является залогом уникальности и успеха всех модельных рядов Porsche. Арочная форма позволяет создать органичную „скульптуру", которая даже без шильдика Porsche сразу же и под любым углом зрения позволяет узнать 911-й. На протяжении всех семи поколений 911-го дизайнеры Porsche избежали искушения последовать модным тенденциям своего времени. Вместо этого они совершенствовали дизайн в ходе аккуратной эволюции и сохраняли его уникальность. Разумеется, определяющим фактором было то, что форма всегда определяется содержанием. Для Porsche 911 никогда не была свойственна погоня за стилистическими эффектами. В течение пяти десятилетий это качество оставалось неизменным. Его дизайн в любое время был современным, но не слишком модным – таким, как и положено быть дизайну классического автомобиля. Поэтому 911-й до сих пор следует кредо своего создателя Ф.А. Порше, одна из максим которого звучала так: „Хороший дизайн должен быть честным".

Однако 911-й шел своим путем не только в дизайне, но и в технике. Он должен был покорять людей не громким дизайном, а своим техническим совершенством. За последние пять десятилетий инженеры Porsche из Цуффенхаузена и Вайссаха постоянно изобретали 911-й заново. Такие инновации, как трехсоставная безопасная рулевая коленка (1963), дуги безопасности для тарги (1965), вентилируемые дисковые тормоза (1966), передний и задний спойлеры (1972), турбонагнетатель на отработавших газах (1974), кузов с горячей оцинковкой (1975), охладитель наддувочного воздуха (1977), цифровая электроника управления двигателем (1983), коробка переключения передач Tiptronic (1989), алюминиевая ходовая часть (1993), система контроля выхлопных газов OBD II (1995), керамические тормозные диски (2001), коробка передач с двумя сцеплениями Porsche Doppelkupplung (2008) или семиступенчатая

Порше Центр
Москва
PORSCHE

механическая коробка передач (2011), позволили модели 911 всегда быть во главе технологического прогресса. Многие из впервые нашедших применение в Porsche 911 идей и технологий были рождены на гоночных трассах. Ведь 911-й всегда был связан с идеей высоких достижений, а гонки стали важной испытательной лабораторией. С самого начала 911-й прекрасно чувствовал себя на гоночных трассах всего мира и проявил себя как разносторонний и надежный автомобиль-победитель. При этом он редко оказывался самым мощным на стартовой решетке, но зато всегда был самым эффективным. Настоящий Porsche. Не удивительно, что около двух третей из в общей сложности 30 000 побед Porsche в гонках приходятся на счет 911-го, который, стоит заметить, стал мировым лидером по количеству выпущенных экземпляров гоночных спортивных автомобилей.

Ни один другой автомобиль в мире не может похвастать такими давними традициями и преемственностью, как Porsche 911. В мире спортивных автомобилей он считается своеобразным эталоном. Результатом 50-летней эволюции стал автомобиль, который наиболее точно характеризуется словом „совершенный“. Вместе с новым поколением 911-го с внутризаводским обозначением 991 компания Porsche продолжает свое движение в будущее. Ведь говорить о завершении истории в Цуффенхаузене не приходится. К решению вопросов будущего компания Porsche приступает с тем же самым рвением, которое начиная с 1948 года позволило предприятию уверенно встать на ноги. Но наряду с инновационными технологиями самым важным фактором успеха является человек. Клиентов, любителей марки и сотрудников Porsche объединяет одна особенная страсть: удовольствие от спортивного стиля управления и мышления. Это как раз та движущая сила, которая и в далеком будущем будет сильнее, чем все двигатели 911-го – будь то бензиновый, гибридный или электрический силовой агрегат.

PORSCHE
S GO 4001
PORSCHE MUSEUM

PORSCHE
911 Carrera 4S
S GO 4002

DIE GENERATIONEN DES PORSCHE 911

PORSCHE 911 GENERATIONS

LES GÉNÉRATIONS DE PORSCHE 911

LAS GENERACIONES DEL PORSCHE 911

保时捷911 历代纵览

ПОКОЛЕНИЯ PORSCHE 911

4

DER LETZTE LUFT-GEKÜHLTE

FINAL AIR-COOLED INCARNATION

DERNIER REFROIDISSEMENT À AIR

EL ÚLTIMO CON MOTOR REFRIGERADO POR AIRE

最后一款风冷车型

ПОСЛЕДНИЙ С ВОЗДУШНЫМ ОХЛАЖДЕНИЕМ

1993–1998

TYP 993
993 MODEL
TYPE 993
TIPO 993
993 车型
ТИП 993

5

DIE WASSER-KRAFT-ANLAGE

THE WATERWORKS

REFROIDISSEMENT À EAU

POTENCIA Y AGUA

水冷式发动机

ПЕРЕХОД НА ВОДУ

1997–2005

TYP 996
996 MODEL
TYPE 996
TIPO 996
996 车型
ТИП 996

6

KLASSIK UND MODERNE

TRADITION-RICH AND CUTTING-EDGE

CLASSIQUE ET MODERNE

CONJUGADO LO CLÁSICO CON LO MODERNO

经典与现代

КЛАССИКА И СОВРЕМЕННОСТЬ

2004–2012

TYP 997
997 MODEL
TYPE 997
TIPO 997
997 车型
ТИП 997

7

DER REIFE-FAKTOR

THE MATURITY FACTOR

LA MATURITÉ

LA VENTAJA DE LA MADUREZ

走向成熟

ФАКТОР ЗРЕЛОСТИ

2011–

TYP 991
991 MODEL
TYPE 991
TIPO 991
991 车型
ТИП 991

KAPITEL 1

DIE GEBURT EINER IKONE

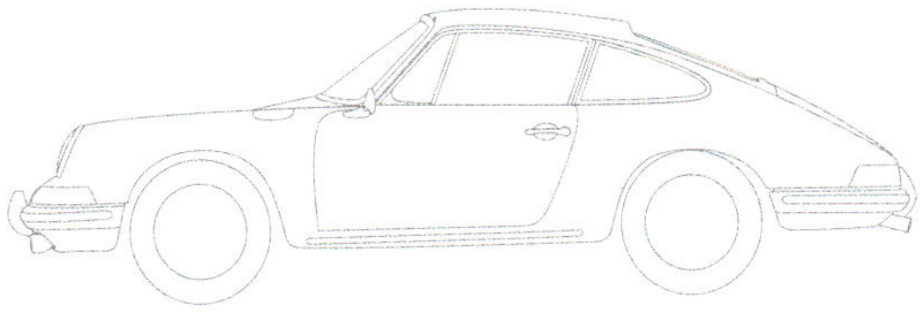

1963–1973

UR-ELFER

ORIGINAL 911

LE MODÈLE ORIGINAL – LA 911 CLASSIC

EL 911 ORIGINAL

第一代 911

ПЕРВЫЙ 911-Й

Als Nachfolger des Porsche 356 erobert der 911 von Beginn an die Herzen der Sportwagenfans. Der Ur-Elfer startet 1963 auf der der Frankfurter IAA als Typ 901. Die Umbenennung in 911 erfolgt 1964 zur Markteinführung. Der luftgekühlte Sechszylinder-Boxermotor leistet 130 PS – genug für echte 210 Stundenkilometer. Wer es weniger schnell mag, kann ab 1965 den vierzylindrigen Porsche 912 ordern. 1966 stellt Porsche den 160 PS starken 911 S vor, der erstmals geschmiedete Fuchs-Leichtmetallfelgen trägt. Der 911 Targa kommt Ende 1966 auf den Markt und wird mit seinem markanten Edelstahl-Überrollbügel zum ersten Sicherheitscabriolet der Welt. Mit »Sportomatic«, einem halbautomatischen Viergang-Getriebe, ist der Elfer ab 1967 erhältlich. Und als erster deutscher Hersteller erfüllt Porsche mit den Varianten 911 T, E und S die strengen amerikanischen Abgasentgiftungsvorschriften der EPA. Mit Hubraumerhöhungen auf 2,2 Liter (1969) und 2,4 Liter (1971) wird der Porsche 911 immer leistungsstärker. Bis heute der Traumwagen schlechthin: der 911 Carrera RS 2.7 aus dem Jahr 1972, 210 PS stark und 1000 Kilogramm leicht. Sein charakteristischer »Entenbürzel« ist der weltweit erste serienmäßige Heckspoiler für Serienfahrzeuge.

CHAPTER 1
BIRTH OF A LEGEND

As the successor to the Porsche 356, the 911 conquered the hearts of sports car enthusiasts from the outset. The prototype 911 was unveiled at the Frankfurt IAA Motor Show as the 901 in 1963. In 1964 it was renamed the 911 upfront of its market launch. The air cooled six-cylinder boxer engine delivered 130 hp (94 kW) – enough for an impressive top speed of 131 miles per hour. The four-cylinder Porsche 912, introduced in 1965, was targeted at drivers who prefer to take things a little slower. Two years later, in 1966, Porsche presented the 911 S, which put out 160 hp (116 kW) and was the first to feature forged alloy wheels from Fuchs. The 911 Targa, with its distinctive stainless steel roll bar, made its debut at the end of 1966 as the world's first ever safety cabriolet. A semi-automatic "Sportomatic" model with four-speed transmission was added to the 911 product lineup in 1967. Around the same time, Porsche became the first German manufacturer to comply with the strict American EPA exhaust emission control regulations with its 911 T, E, and S variants. The Porsche 911 became more and more powerful as displacement increased initially to 2.2 liters (1969) and later to 2.4 (1971). The 911 Carrera RS 2.7, built in 1972 with a power output of 210 hp (152 kW) and weighing in at less than 1000 kg, remains the epitome of a dream car to this day. Its characteristic "ducktail" was the world's first rear spoiler on a production vehicle.

CHAPITRE 1
NAISSANCE D'UNE ICÔNE

Digne héritière de la Porsche 356, la 911 gagne d'entrée de jeu le cœur des amateurs de sportives. Le type 901, c'est-à-dire le modèle original de la 911, est présenté en 1963 au Salon international de l'automobile de Francfort. Pour le lancement sur le marché, elle adopte en 1964 un nouveau nom, 911. Le moteur boxer six cylindres refroidi par air développe 130 chevaux, qui lui permettent d'atteindre 210 km/h. Les moins exigeants pourront acquérir dès 1965 la version quatre cylindres appelée Porsche 912. En 1966, Porsche présente la 911 S dont la puissance passe à 160 chevaux. Ce modèle est le premier à arborer les jantes Fuchs en alliage léger forgé. La 911 Targa est lancée fin 1966. Avec son arceau chromé qui lui donne tout son caractère, ce cabriolet est le premier à jouer la carte de la sécurité. A partir de 1967, la 911 est disponible avec la boîte semi-automatique à quatre rapports « Sportomatic ». Porsche sera ensuite le premier constructeur allemand à respecter les strictes normes antipollution américaines de l'EPA avec les variantes 911 T, E et S. La cylindrée évolue et atteint 2,2 litres (1969) et 2,4 litres (1971) pour toujours plus de puissance. Mais la sportive idéale dont rêvent tous les amateurs de belles voitures reste aujourd'hui encore la 911 Carrera RS 2.7 de 1972 : 210 chevaux pour seulement 1 000 kilos. Avec sa « queue de canard » si caractéristique, c'est la première sportive équipée en série d'un aileron arrière.

CAPÍTULO 1

EL SURGIMIENTO DE UN ICONO

El Porsche 911, que sucedió al 356, conquistó el corazón de los amantes de coches deportivos desde el mismo momento que apareció. El 911 original se estrenó en la IAA de Fráncfort de 1963, aunque con la denominación de tipo 901, que cambió a 911 cuando se lanzó al mercado en 1964. El motor bóxer de seis cilindros refrigerado por aire tenía 130 CV, suficiente para alcanzar una velocidad punta de 210 km/h. Los clientes que no querían un coche tan veloz, pudieron optar en el año 1965 por el Porsche 912 de cuatro cilindros. Porsche presentó en 1966 el 911 S, con motor de 160 CV y con las primeras llantas de aleación ligera forjadas de Fuchs. Le siguió el 911 Targa a finales de 1966. Con su llamativa barra antivuelco plana de acero inoxidable fue el primer descapotable seguro de su época. La caja de cambios semiautomática Sportomatic de cuatro marchas estuvo disponible a partir del año 1967. Porsche fue el primer fabricante alemán que con sus modelos 911 T, E y S cumplió las estrictas normas de gases de escape de la EPA estadounidense. La potencia del Porsche 911 fue aumentando, tras el incremento de la cilindrada a 2.200 cc (1969) y, posteriormente, a 2.400 cc (1971). El 911 Carrera RS 2.7 del año 1972 sigue siendo un coche de ensueño con sus 210 CV y apenas 1.000 kilogramos de peso. Su «cola de pato» característica fue el primer alerón producido en serie para un automóvil fabricado en serie.

第 1 章

传奇的诞生

作为保时捷 356 的继任车型，911 从诞生伊始就征服了全世界跑车爱好者。其原型车在 1963 年法兰克福车展上首次亮相名为 901 型，于 1964 年上市时更名为 911。其 6 缸风冷式水平对置 (Boxer) 发动机可输出 130 hp 的功率，最高车速能够达到 210 km/h。对于不习惯开快车的驾驶者，一年后保时捷又推出了一款配备 4 缸发动机的 912。1966 年，保时捷正式发布 911 S，输出功率为 160 hp，这是全球首款配备 Fuchs 锻造合金车轮的 911 车型。911 Targa 于 1966 年末正式上市，凭借其与众不同的不锈钢翻滚防护杆，成为了全球有史以来最安全的敞篷跑车。1967 年，911 开始配备 Sportomatic 半自动 4 速变速箱。凭借同年推出的 911 T 以及后来的 E 和 S 车型，保时捷成为了首家达到美国排放控制系统法规严格要求的德国汽车制造商。1969 年，保时捷 911 的发动机排量增至 2.2 升，并于 1971 年再度增至 2.4 升，令其拥有了强大的动力。1972 年推出的 911 Carrera RS 2.7 直到今天依然是一款名至实归的梦幻跑车，其发动机功率达到 210 hp，但车身重量还不到 1,000 kg，而独树一帜的“鸭尾”是全球首款为量产车提供的后扰流板。

ГЛАВА́ 1

РОЖДЕНИЕ ИКОНЫ

Наследник Porsche 356, модель 911, сразу же покорила сердца любителей спортивных автомобилей. Самый первый „девятьсот одиннадцатый“ был представлен в 1963 году на автомобильной выставке IAA во Франкфурте под обозначением 901. Переименование в 911 происходит в 1964 году перед непосредственным выходом на рынок. Шестицилиндровый оппозитный двигатель с воздушным охлаждением развивал 130 л.с. – достаточно для того, чтобы набрать максимальную скорость 210 км/ч. Тот, кому такая скорость была не нужна, мог с 1965 года заказать четырехцилиндровый Porsche 912. В 1966 году компания Porsche представила 160-сильный 911 S, который впервые оснащался коваными легкосплавными дисками Фукса. В конце 1966 года на рынок вышел 911 Targa с эффектными дугами безопасности из нержавеющей стали – первый безопасный кабриолет в мире. С 1967 года для „девятьсот одиннадцатого“ можно было заказать „Sportomatic“, полуавтоматическую четырехступенчатую коробку передач. Компания Porsche первой среди немецких автопроизводителей добилась соответствия моделей 911 T, E и S строгим американским нормам предельной токсичности отработавших газов EPA. С увеличением рабочего объема до 2,2 литра (1969) и 2,4 литра (1971) Porsche 911 становится все мощнее. По сей день настоящим автомобилем мечты остается 911 Carrera RS 2.7 1972 года, который развивал мощность 210 л.с. и весил 1000 кг. Его характерный „утиный хвост“ стал первым в мире серийным спойлером для легкового автомобиля.

FERRY PORSCHE

1958

Innerhalb weniger Jahre hatte Ferry Porsche das Unternehmen vom Konstruktionsbüro zum Sportwagenhersteller ausgebaut. Der Nachfolger des 356 musste zwingend ein Erfolg werden, um die Zukunft von Porsche nicht zu gefährden.

Within just a few years Ferry Porsche had transformed the company from a design bureau to a sports car manufacturer. The successor to the 356 would have to be another winner or the future of Porsche would be in jeopardy.

En l'espace de quelques années seulement, Ferry Porsche avait transformé son bureau d'études en manufacture de voitures de sport. L'héritière de la 356 devait absolument être un succès, pour ne pas mettre en péril l'avenir de Porsche.

Ferry Porsche transformó la empresa en unos pocos años, convirtiendo su taller de diseño e ingeniería en una planta de fabricación de automóviles deportivos. Para no poner en peligro el futuro de Porsche, el sucesor del 356 tenía que ser necesariamente un éxito.

在 Ferry Porsche 的经营下，保时捷只用了短短几年时间便从一所设计工作室发展成为一家跑车生产商。然而，保时捷的前途仍然不容乐观，356 的后续车型能否一炮打响，直接关系着保时捷的命运。

FERRY PORSCHE

1960

Mit dem Typ 356 realisierte Ferry Porsche seinen Traum vom Fahren in seiner schönsten Form. Doch trotz aller Modellpflege konnte der auf dem Volkswagen basierende Porsche 356 nicht ewig weiter gebaut werden.

With the Type 356 Ferry Porsche realized his dream of driving in its purest form. Yet despite ongoing upgrades, the Volkswagen-based Porsche 356 could not continue to be built forever.

Pour Ferry Porsche, la 356 est la concrétisation parfaite de son rêve automobile. Pourtant, malgré toutes les améliorations apportées chaque année au moment de la rentrée, il n'était pas possible de poursuivre éternellement la fabrication de cette voiture construite sur la base d'une Volkswagen.

Ferry Porsche hizo realidad su sueño de la más bella forma de conducir un automóvil, creando el tipo 356. A pesar de las reiteradas remodelaciones, fue imposible pretender seguir fabricando el Porsche 356 basado en el Volkswagen.

最纯粹的驾驶体验——Ferry Porsche 用 356 车型实现了自己的这一梦想。然而基于大众车型的保时捷 356 尽管历经多次改款，也不可能一直生产下去。

TYP 644

1956

Der Prototyp 644 (hier ein Bugmodell der Variante »T4«) entstand 1956/57 und war nur eine von vielen Ideen der Konstrukteure um den altgedienten Karosserie-Chef Erwin Komenda.

The prototype 644 (here a nose model of the T4 variant) took shape in 1956–57 and was just one of many ideas created by the designers under veteran body architect Erwin Komenda.

Le prototype 644 (ici une maquette de l'avant de la variante T4) est conçu en 1956/57. Ce n'est que l'une des nombreuses idées produites par les constructeurs faisant partie de l'équipe d'Erwin Komenda, responsable chevronné de la carrosserie.

El prototipo 644 (en la fotografía se aprecia el modelo de la parte frontal de la variante T4) se fabricó en 1956/1957. Fue una de las muchas ideas que tuvieron los ingenieros y diseñadores bajo la dirección del experimentado jefe de construcción de carrocerías Erwin Komenda.

经验丰富的车身设计师 Erwin Komenda 身边活跃着一支设计师团队，他们思路开阔，富有创意。1956/57 年间问世的 644 原型车（照片中是 T4 款的车头模型）便是他们设计的成果之一。

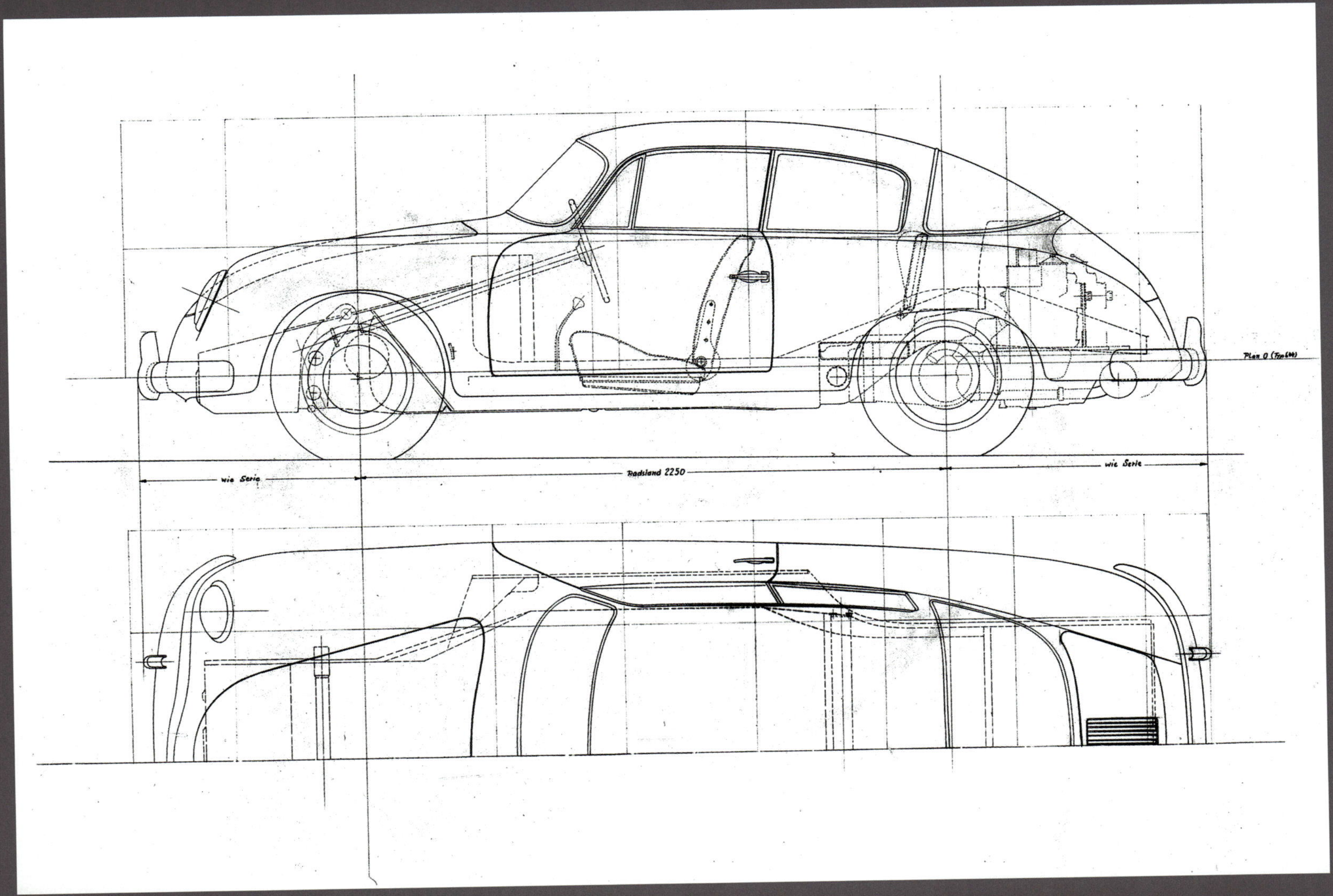

TYP 644

1957

Vom Typ 644 entstanden verschiedene Entwürfe mit unterschiedlichen Karosserieformen. Allen gemeinsam war jedoch ein gegenüber dem Porsche 356 verlängerter Radstand, um einen größeren Innenraum zu ermöglichen.

Various drafts were made of the 644, with several different body designs. However, all of them shared a longer wheelbase than the Porsche 356, in order to provide a larger interior.

Plusieurs études sont réalisées pour le type 644, avec différentes formes de carrosseries. Toutes ont en commun un empattement allongé par rapport à la Porsche 356, ce qui permet d'agrandir l'habitacle.

Del tipo 644 se hicieron varias propuestas, de diferentes diseños y formas. Sin embargo, todas ellas tenían una mayor distancia entre ejes para obtener un habitáculo más espacioso.

围绕 644 车型的外观设计，曾产生过多种不同方案。而这些方案的一个共同点在于，为了增加车内空间，轴距相比 356 车型均有所加长。

TYP 695

1957

Auch der bekannte Designer Albrecht Graf Goertz arbeitete im Porsche-Auftrag an einem 356-Nachfolger. In der Zuffenhausener Modellabteilung im Werk 1 entstand im Sommer 1957 ein 1:1 Plastilin-Modell seines Entwurfs.

The well-known designer Albrecht Graf Goertz also worked for Porsche on a successor to the 356. A full-size clay model of his design was built in the summer of 1957 in the Model Department at Works 1 in Zuffenhausen.

Albrecht Graf Goertz, designer reconnu, a également travaillé pour Porsche sur l'héritière de la 356. L'atelier du département de la conception de Zuffenhausen, à la célèbre usine 1, verra naître cette maquette en plastiline grandeur nature inspirée de ses dessins.

También el conocido diseñador, el Conde Albrecht Goertz obtuvo el encargo de Porsche de proponer un sucesor para el 356. En el departamento de diseño de la planta 1 de Zuffenhausen se confeccionó durante el verano de 1957 un modelo de plastilina en escala de 1:1.

著名设计师 Albrecht Graf Goertz 也受保时捷委托，承接了设计 356 后续车型的任务。1957 年夏季，祖文豪森第一工厂的车身模型部门根据他的设计，制成了 1:1 粘土模型。

TYP 695

1957

Der von Graf Goertz gestaltete Typ 695 überzeugte Ferry Porsche nur bedingt. Die neue Form war ihm zu weit vom Porsche 356 entfernt. Ferry Porsches Kommentar über die Design-Studie: »Ein schöner Goertz, aber kein Porsche.«

The Count Goertz design for the Type 695 only partially won over Ferry Porsche, who thought it was too far removed from the Porsche 356. His comment on the design study was, "A nice Goertz, but not a Porsche."

Le type 695 dessiné par Graf Goertz ne convaincra pas vraiment Ferry Porsche. A ses yeux, la ligne de son modèle s'éloignait trop de la Porsche 356. Il ajoutera : « C'est une belle Goertz, mais pas une Porsche. »

El tipo 695 propuesto por el Conde Goertz no pudo convencer del todo a Ferry Porsche. Le pareció que su forma se diferenciaba demasiado del Porsche 356. Ferry Porsche comentó lo siguiente: «Es un bello Goertz, pero no es un Porsche.»

Ferry Porsche 对 Albrecht Goertz 设计的 695 车型并不特别满意，认为此设计偏离保时捷 356 太远。Ferry Porsche 的评价是：“这个设计很漂亮，很有 Goertz 风格，但不是保时捷。”

TYP 695

1957

Ebenfalls noch unter der Typnummer 695 entstanden 1957 weitere Halbmodelle. Bei diesem 1:1 Modell wurde die linke Seite vom Porsche-Stilisten Heinrich Klie gestaltet, die rechte Seite stammte von Albrecht Graf Goertz.

Other half-models were made in 1957, likewise under Type number 695. The left side of this full-scale model is by Porsche stylist Heinrich Klie and the right side by Albrecht Goertz.

D'autres demi-modèles verront le jour en 1957 sous le numéro de type 695. La partie gauche de cette maquette à taille réelle est signée du styliste Porsche Heinrich Klie, alors que celle de droite est l'œuvre de Albrecht Graf Goertz.

Durante el año 1957 se propusieron diversas variantes mostradas en modelos por mitades, todos con el número de tipo 695. El lado izquierdo de este modelo a escala de 1:1 es el resultado del trabajo del diseñador de Porsche Heinrich Klie, mientras que el lado derecho fue propuesto por el Conde Albrecht Goertz.

1957 年还产生了其他几款 695 系列的半成品车模。照片中的 1:1 模型（695 B 型）左边一半出自保时捷设计师 Heinrich Klie 之手，右边则是 Albrecht Goertz 的设计。

TYP 695

1957

Auf der Suche nach der Form: Diese bis heute im Porsche-Werksarchiv erhaltene Ideenskizze zum Typ 695 stammt aus dem Jahr 1957.

Looking for a form: An idea sketch for the 695 from 1957, today held in the Porsche archives.

A la recherche de la forme : cette ébauche du type 695 aujourd'hui encore conservée dans les archives d'usine de Porsche est datée de 1957.

Buscando la forma definitiva: este esbozo del tipo 695 data del año 1957 y está incluido en los archivos de la planta de Porsche.

对外观孜孜不倦的探索从未间断：这张 695 系列的创意草图绘制于 1957 年，至今仍保存在保时捷档案馆中。

356 A 1500 GS CARRERA HARDTOP

1957

Ferry Porsches ältester Sohn Ferdinand Alexander trat zum Jahresende 1957 in das väterliche Unternehmen ein. Zuvor hatte er ein Praktikum bei Bosch absolviert und sich bei der renommierten Ulmer Hochschule für Gestaltung immatrikuliert.

Ferry Porsche's eldest son Ferdinand Alexander joined his father's company in 1957, following an internship at Bosch and an enrolment at the prestigious Ulm College of Design.

Le fils aîné de Ferry Porsche, Ferdinand Alexander, arrive dans l'entreprise paternelle à la fin de l'année 1957. Auparavant, il avait fait un stage chez Bosch et s'était inscrit à l'excellente école de design de Ulm.

Ferdinand Alexander, el hijo mayor de Ferry Porsche, se sumó a la empresa de su padre a finales de 1957 después de concluir sus prácticas en Bosch e inscribirse en la conocida universidad de Ulm.

Ferry Porsche 的长子 Ferdinand Alexander 在 1957 年底进入父亲的公司任职，此前他在博世完成了实习工作，并进入著名的乌尔姆设计学院学习工业设计。

TYP 356 A

1958

Ab 1958 war Ferdinand Alexander Porsche im Konstruktionsbüro tätig. Die Ideen des jungen Designers – firmenintern »F.A.« genannt – sorgten unter den erfahrenen Konstrukteuren schon bald für Aufsehen.

From 1958 Ferdinand Alexander Porsche worked in the design office. The experienced designers there soon took notice of the ideas of "F.A." as the young Porsche was called internally.

Dès 1958, Ferdinand Alexander Porsche travaille dans le bureau d'études. Les idées de ce jeune designer (identifié « F.A. » en interne) retiennent rapidement l'attention des designers chevronnés.

Ferdinand Alexander Porsche trabajó en la oficina de diseño a partir de 1958. F.A., como se lo conocía dentro de la empresa, pronto entusiasmó a los experimentados diseñadores de la empresa.

1958 年起，Ferdinand Alexander Porsche 开始在保时捷设计工作室任职。这个在公司内部被称为 "F.A." 的年轻设计师，很快就凭借自己独特的设计和创意赢得了经验丰富的同事们的认可和尊重。

TYP 644

1959

Ferdinand Alexander Porsche im August 1959 mit den Porsche-Konstrukteuren Bamberg, Benner und Urbanczik. Auf dem Zeichenbrett ist eine späte Variante des Typ 644 zu sehen.

Ferdinand Alexander Porsche in August 1959 with Porsche designers Bamberg, Benner and Urbanczik. A late version of the 644 can be seen on the drawing board.

Ferdinand Alexander Porsche en août 1959 entouré des concepteurs/designers Bamberg, Benner et Urbanczik. Sur la planche à dessin, on reconnaît une variante du type 644.

Ferdinand Alexander Porsche con los diseñadores de Porsche Bamberg, Benner y Urbanczik en agosto de 1959. En el tablero de dibujo se puede apreciar una variante avanzada del tipo 644.

1959 年 8 月，Ferdinand Alexander Porsche 和保时捷设计师 Bamberg、Benner 及 Urbanczik 的合影。绘图板上的是后来 644 的后续版本。

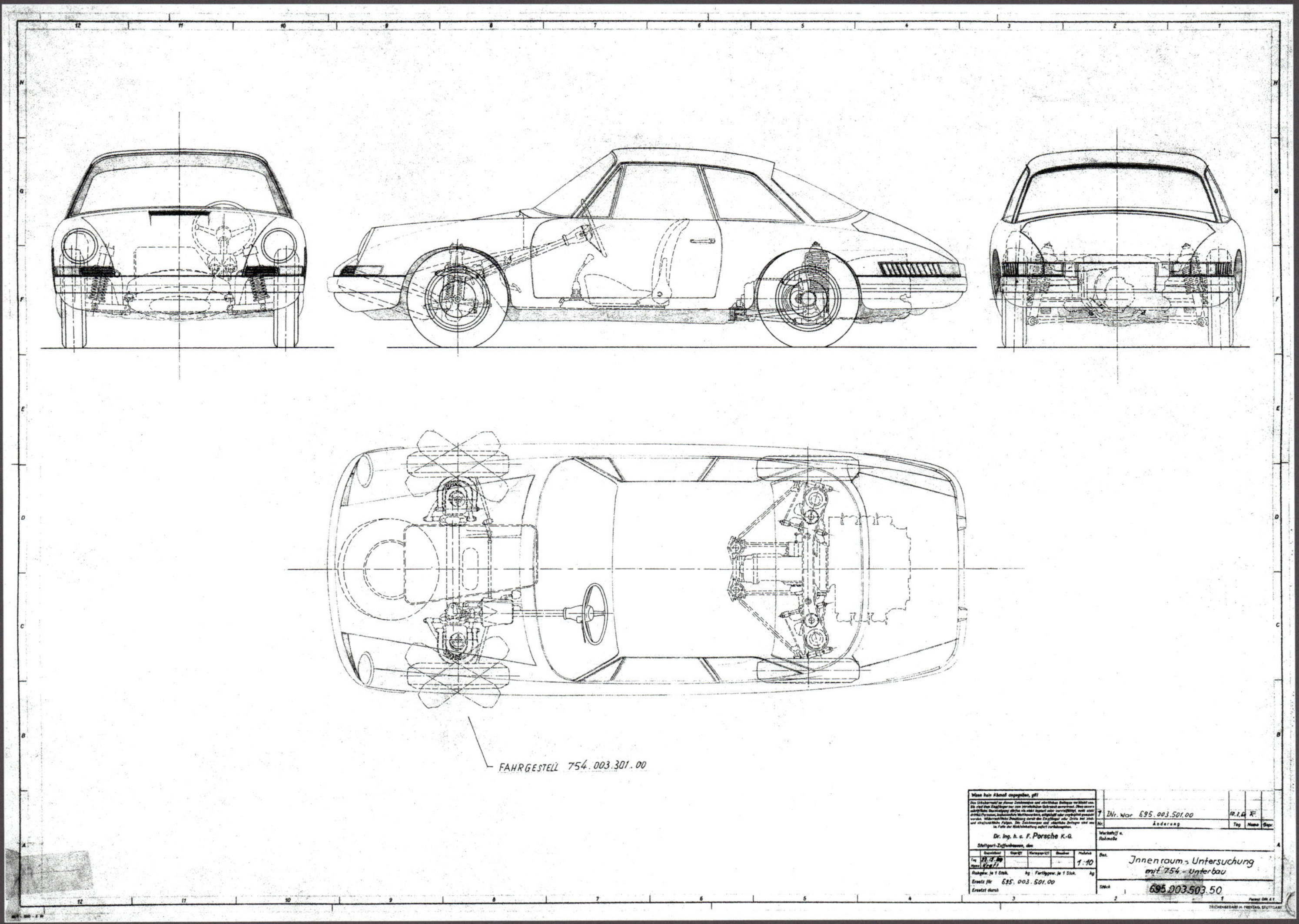

TYP 695 T7

1960

Ende 1960 wurde aus dem Typ 695 der 2+2-Sitzer Typ 754 T7 mit Unterflurmotor. Die von F.A. Porsche gestaltete Form zeigt schon deutliche Anleihen des späteren Typ 901.

In late 1960 the Type 695 turned into the 2+2 seater 757 T7 with underfloor engine. The body design by F.A. Porsche showed clear signs of what would later become the 901.

Fin 1960, le type 695 devient le type 754 T7, un 2+2 doté d'un moteur sous plancher. Les formes du type 901 qui suivra seront largement inspirées de ce dessin de F.A. Porsche.

A finales del año 1960, el tipo 965 se transformó en el tipo 754 T7 de 2+2 asientos, con motor en la parte baja del coche, incorporado en el bastidor. El diseño de F.A. Porsche ya se asemeja al posterior tipo 901.

1960 年底，754 T7 车型在 695 的基础上设计而成，该车型采用 2+2 座布局，搭载卧式发动机。不难看出，后来 901 明显借鉴了 F.A. Porsche 的这一外观设计。

TYP 754 T7

1960

Die Modellabteilung baute 1960 ein 1:1 Plastilin-Modell des Typ 754 T7. Großes Augenmerk legte F.A. Porsche dabei auf die Formgestaltung der Hauptscheinwerfer. Die runde Bugform mit integrierter Stoßstange entstand bereits im Windkanal.

In 1960 the Model Department built a full-scale clay model of the 754 T7. F.A. Porsche paid great attention to the shape of the headlights. The round nose with integral bumper was from wind-tunnel testing.

En 1960, le département maquettes construit une 754 T7 à taille réelle en plastiline. F.A. Porsche attachera une importante particulière à la forme des phares. Le bouclier arrondi qui englobe le pare-choc est déjà le résultat des études réalisées en soufflerie.

El departamento de diseño presentó un modelo de plastilina del tipo 754 T7 de escala 1:1. F.A. Porsche le prestó especial atención a la forma de los faros delanteros. La forma redondeada de la parte frontal, con paragolpes integrado, fue el resultado de pruebas realizadas en el túnel de viento.

1960 年由车身模型部门打造的 754 T7 的 1:1 粘土模型。F.A. Porsche 专门为它打造了大灯造型。而装有一体式保险杠的流线型车头则是风洞测试的产物。

TYP 754 T7

1960

Die großflächigen Fenster und die dünnen B- und C-Säulen entsprachen dem Zeitgeschmack der frühen 1960er Jahre. Ferry Porsche bestand jedoch auf dem Porsche-typischen Fließheck, um die Verwandtschaft mit dem 356 zu unterstreichen.

The large windows and thin B and C-columns reflected the tastes of the early 60s. Yet Ferry Porsche insisted on a Porsche-like hatchback to underline the kinship with the 356.

La taille imposante des fenêtres et la finesse des colonnes B et C sont au goût du début des années 1960. Ferry Porsche tenait toutefois à un arrière tombant, typique de la marque, pour souligner l'héritage de la 356.

Las grandes superficies acristaladas y los finos montantes B y C reflejaron los gustos de principios de los años sesenta. Pero Ferry Porsche insistió en la zaga descendente típica de Porsche, para acentuar el parecido con el 356.

宽大的车窗和纤细的 B 柱及 C 柱反映出上世纪 60 年代早期的主流审美要求。为了突出与 356 的亲缘关系，Ferry Porsche 坚持采用具有典型保时捷风格的流线型车尾。

TYP 754 T7

1960

Im Karosseriewerk Reutter entstand ein fahrbereiter Prototyp des 754 T7, der im November 1960 seine Jungfernfahrt unternahm. Das abschließende Urteil des Entwicklungsleiters Helmuth Bott fiel jedoch wenig euphorisch aus.

The Reutter body works built a working prototype of the 754 T7, which took its first drive in November 1960. However, development chief Helmuth Bott's evaluation was not exactly euphoric.

Ce prototype de 754 T7 apte à rouler est né dans l'atelier de carrosserie Reutter. Il fera ses premiers tours de roue en novembre 1960. Malheureusement, Helmuth Bott, en charge du développement, sera bien moins enthousiaste dans son verdict.

El prototipo del 754 T7 se fabricó en la planta de carrocerías de Reutter. Fue probado por primera vez en el año 1960. Al término de la prueba, el jefe del departamento de desarrollo, Helmuth Bott, no se mostró entusiasmado.

可以行驶的 754 T7 原型车诞生于 Reutter 车身制造厂，并在 1960 年 11 月完成了第一次试驾。然而研发主管 Helmuth Bott 对这款车的表现并不满意。

TYP 754 T7

1960

Ein Hauptproblem des Typ 754 T7 war sein 2 Liter-Unterflur-motor (Typ 745) mit zwei unten liegenden Nockenwellen und Doppel-Gebläse. Der lange Radstand von 2400 mm störte zudem die optische Karosserie-linie.

The 2 litre underfloor engine (Type 745) with its two under-head camshafts and double fan was a major problem area. The 754 T7's long 2.4 metre wheel-base also got in the way of an aesthetically pleasing line.

L'une des principales faiblesses du type 754 T7 était son moteur sous plancher de 2 litres (type 745) doté de deux arbres à cames situés près du vilebrequin et d'un double venti-lateur. En outre, l'empattement de 2 400 mm était trop long et rendait cette carrosserie disgracieuse.

El problema principal del tipo 754 T7 fue su motor de 2000 cc (tipo 745) montado en la parte baja del coche, incorporado en el bastidor, provisto de dos árboles de levas inferiores y dos ventiladores. Además, la gran distancia entre ejes de 2.400 mm no armonizaba con la línea estética de la carrocería.

754 T7 的主要问题集中在其搭载的 2 升排量卧式发动机（745 型）上，这台发动机配备了两个底置凸轮轴和双风扇。另外，2,400 mm 的长轴距也造成了车身线条的不协调。

TYP 901

1961

Unter der Bezeichnung T8 (hier ein Modell im Maßstab von 1:7,5) führte F.A. Porsche das Projekt weiter. Der kurze Radstand von 2100 mm wirkte sich ebenso positiv auf das Design aus wie das neu gestaltete Fließheck.

F.A. Porsche continued with the project under the designation T8 (a 1:7.5 scale model is shown here). The short 2.1 metre wheelbase had a positive effect on the design, as did the redesigned hatchback.

F.A. Porsche poursuit le projet sous la dénomination T8 (ici une maquette à l'échelle 1:7,5). L'empattement, ramené à 2 100 mm, permet d'améliorer à la fois le design et le nouvel arrière tombant.

F.A. Porsche continuó con el proyecto, que cambió el nombre a T8 (aquí se aprecia un modelo en escala de 1:7,5). La corta distancia entre ejes de 2.100 mm y la nueva forma de la zaga tuvieron un efecto positivo en el diseño.

F.A. Porsche 追求精益求精，以 T8 为项目代号继续完善这款车的设计（照片中为 1:7.5 比例的车模）。2,100 mm 的短轴距和重新设计的流线型车尾为总体设计带来了改善。

TYP 754 T9

1962

Der Leiter der Karosserieabteilung Erwin Komenda präsentierte mit dem T9 seine Vorstellung eines 356-Nachfolgers. Dieses 1:1 Modell aus Holz und Blech wurde im Januar 1962 fertig gestellt.

Body design chief Erwin Komenda presented his concept for a 356 successor as the T9. This 1:1 scale model of wood and sheet metal was completed in January 1962.

Avec le T9, Erwin Komenda, responsable du département carrosserie, présente son interprétation de l'héritière de la 356. Cette maquette à taille réelle en bois et en tôle a été réalisée en janvier 1962.

Erwin Komenda, director del departamento de carrocerías, propuso el T9 como sucesor del 356. Este modelo de madera y chapa en escala de 1:1 data del mes de enero de 1962.

车身设计主管 Erwin Komenda 借助这台 T9 模型表达了自己对 356 后续车型的设想。这个由木头和铁皮制成的 1:1 模型诞生于 1962 年 1 月。

TYP 901

1962

Als Alternative zum T9 von Erwin Komenda entwarf Ferdinand Alexander Porsche den Prototyp T8. Das blechverkleidete Holzmodell entstand im April 1962. Die Frontpartie zeigt bereits das typische »Elfer-Gesicht«.

As an alternative to Erwin Komenda's T9, Ferdinand Alexander Porsche designed the T8 prototype. This metal-clad wooden model was made in April 1962. The front already has the classic "Eleven" face.

De son côté, face au T9 d'Erwin Komenda, Ferdinand Alexander Porsche dessine le prototype T8. Cette maquette en bois habillée de tôle voit le jour en avril 1962. A l'avant on retrouve déjà le fameux « visage » de la Onze.

Ferdinand Alexander Porsche presentó el prototipo T8 como alternativa frente al T9 de Erwin Komenda. Este modelo de madera del mes de abril de 1969 está cubierto de placas de chapa de acero. La parte frontal ya muestra las formas típicas del 911.

作为 Erwin Komenda 的 T9 模型的替代方案，Ferdinand Alexander 设计了 T8 原型车。这台包裹铁皮的木制车模诞生于 1962 年 4 月。车头已经呈现出典型的“911 前脸” 造型。

TYP 901

1962

Das elegante Fließheck des T8 zeigte die von Ferry Porsche gewünschte Ähnlichkeit zum Vorgänger Typ 356. »Ein zweiter Porsche darf dem ersten ruhig ähneln«, befand der Porsche-Chef.

The elegant T8 hatchback bore the resemblance to the predecessor 356 that Ferry Porsche was looking for. "There's no harm in a second Porsche looking like the first", said Porsche's boss.

L'arrière tombant et élégant du T8 montre le lien de parenté voulu par Ferry Porsche avec sa devancière, la 356. « Une seconde Porsche peut sans problème ressembler à la première », déclara le patron de Porsche.

Las elegantes líneas fluyentes de la zaga del T8 se asemejan a las formas del tipo 356, tal como lo deseó Ferry Porsche. El jefe de Porsche consideró que «un segundo Porsche bien puede parecerse al primero.»

T8 优雅的流线型车尾设计体现了与前代 356 系列的亲缘关系，这正是 Ferry Porsche 所希望的。"第二代保时捷完全可以与第一代相似，"这就是保时捷掌舵人奉行的设计理念。

TYP 901

1962

Der Entwurf von F.A. Porsche war der Lösungsweg – so sollte der neue Sportwagen aussehen. Um das Modell kompatibel zum VW-Ersatzteilsystem zu machen, erhielt das Projekt im Mai 1962 die Bezeichnung Typ 901.

F.A. Porsche's design was the way forward – this was how the new sports car would look. To make the model compatible with VW's spare parts system, the project received the designation Type 901 in May 1962.

Ce dessin de F.A. Porsche sera la solution : la nouvelle sportive devrait ressembler à ça. Pour que ce modèle soit compatible avec le système de pièces détachées de VW, en mai 1962, ce projet adopte la dénomination type 901.

La propuesta de F.A. Porsche fue la solución: ésa era la forma que debía tener el nuevo coche deportivo. El modelo recibió el nombre de tipo 901 en mayo de 1962, para que la denominación fuera compatible con el sistema de gestión de piezas de recambio de Volkswagen.

F.A. Porsche 的设计最终被采纳，新款保时捷跑车的外型方案被敲定。为了能与大众公司的零部件体系兼容，1962 年 5 月此项目被命名为 901 车型。

STYLE PORSCHE

1963

Das Design-Team von Style Porsche: Ferdinand Alexander Porsche und seine Mitarbeiter (v.l.n.r.) Heinrich Klie, Hans Ploch, Hans Springmann, Ernst Bolt im Designstudio 1963.

The Style Porsche design team: Ferdinand Alexander Porsche and his colleagues (left to right) Heinrich Klie, Hans Ploch, Hans Springmann and Ernst Bolt in the design studio in 1963.

L'équipe des designers de Style Porsche : Ferdinand Alexander Porsche et ses collaborateurs (de gauche à droite) Heinrich Klie, Hans Ploch, Hans Springmann, Ernst Bolt à l'atelier de design en 1963.

Los integrantes del equipo de diseño de Style Porsche: Ferdinand Alexander Porsche y sus colegas (de izq. a der.) Heinrich Klie, Hans Ploch, Hans Springmann, Ernst Bolt en la oficina de diseño en el año 1963.

保时捷车身设计团队：Ferdinand Alexander Porsche 及他的同事（从左到右）Heinrich Klie、Hans Ploch、Hans Springmann 和 Ernst Bolt，1963 年在设计工作室合影。

TYP 901

1963

Im Studio von Style Porsche arbeiteten F.A. Porsche und seine Mannschaft parallel zum Typ 901 auch am 904 Carrera GTS, einem reinrassigen Mittelmotor-Rennsportwagen.

In the Style Porsche studio, F.A. Porsche and his team were simultaneously working on the 904 Carrera GTS, a thoroughbred mid-engine racing sports car.

Dans le studio de Style Porsche, F.A. Porsche et son équipe travaillent, parallèlement au type 901, sur la 904 Carrera GTS, une sportive pur sang à moteur central.

F.A. Porsche y su equipo desarrollaron el tipo 901 y, al mismo tiempo, el 904 Carrera GTS, un coche de carreras de pura sangre, con motor central.

在保时捷车身设计工作室，F.A. Porsche 和他的团队在执行 901 项目的同时，也在不遗余力地推进 904 Carrera GTS 的研发，这是一款血统纯正的中置发动机赛车。

TYP 901

1963

Der Prototyp 901 T8, hier auf dem Zuffenhausener Werkshof, zeichnete sich durch sein stimmiges Fließheck-Konzept aus.

The prototype 911 T8, seen here outside the Zuffenhausen plant, had a balanced hatchback design.

Le prototype 911 T8, ici à l'atelier de Zuffenhausen, se caractérise par un concept d'arrière tombant réalisé de manière convainquante.

El prototipo 911 T8 que se aprecia aquí en el patio de la planta de Zuffenhausen, se distinguió por el armonioso diseño de la zaga.

画面中这台停在祖文豪森工厂广场上的 911 T8 原型车，其和谐流畅的车尾造型已成为与众不同的标志。

TYP 901 TARGA PROTOTYP

1962/63

Ebenfalls 1962 entstand ein blechverkleidetes T8-Holzmodell mit herausnehmbarem Dach. Diese Idee eines Sicherheitscabriolets wurde 1965 als 911 Targa präsentiert.

This metal-covered wooden model of the T8 with removable roof is also from 1962. The idea of a safety cabriolet was presented in 1965 as the 911 Targa.

En 1962 nait également une maquette en bois habillée de tôle d'un T8 avec toit démontable. Cette idée de cabriolet sécurisé sera présentée en 1965 : ce sera la 911 Targa.

En el año 1962 también se presentó un modelo de madera del T8, recubierto de chapas de acero y con techo extraíble. Esta propuesta de un descapotable seguro se presentó en 1965 con el nombre de 911 Targa.

同样在 1962 年面世的还有一款车顶可拆卸的包铁皮木制 T8 车模，这个“安全敞篷车”的理念在 1965 年的 911 Targa 车型上得到了诠释。

TYP 821

1963

Der Versuchsmotor Typ 821 wurde 1962 unter Federführung von Hans Mezger entwickelt. Das Triebwerk erreichte bereits 130 PS.

The experimental Type 821 engine was designed in 1962 under the supervision of Hans Mezger. It developed 130 hp even at this stage.

Le moteur expérimental type 821, développé en 1962 sous l'égide de Hans Mezger. Ce bloc développe déjà la bagatelle de 130 ch.

El motor experimental tipo 821 fue desarrollado en el año 1962 bajo la dirección de Hans Mezger. Este propulsor ya tenía una potencia de 130 CV.

1962 年在 Hans Mezger 主持下研发的 821 型实验发动机已具备 130 hp 的动力。

TYP 821

1963

Ferry Porsches Neffe Ferdinand Piëch kam im April 1963 ins Unternehmen. Unter seiner Leitung wurde der Versuchsmotor Typ 821 zur Serienreife entwickelt.

In April 1963 Ferry Porsche's nephew Ferdinand Piëch joined the company. Under his direction, the Type 821 engine was developed to series production status.

En avril 1963, le neveu de Ferry Porsche, Ferdinand Piëch, arrive dans l'entreprise. Sous ses ordres, le moteur expérimental type 821 sera peaufiné pour la série.

Ferdinand Piëch, sobrino de Ferry Porsche, se sumó a la empresa en el año 1963. El motor experimental tipo 821 siguió desarrollándose bajo su dirección hasta que estuvo listo para su fabricación en serie.

1963 年 4 月 Ferry Porsche 的外甥 Ferdinand Piëch 加入公司。在其领导下，821 实验发动机的技术逐步成熟，具备了量产能力。

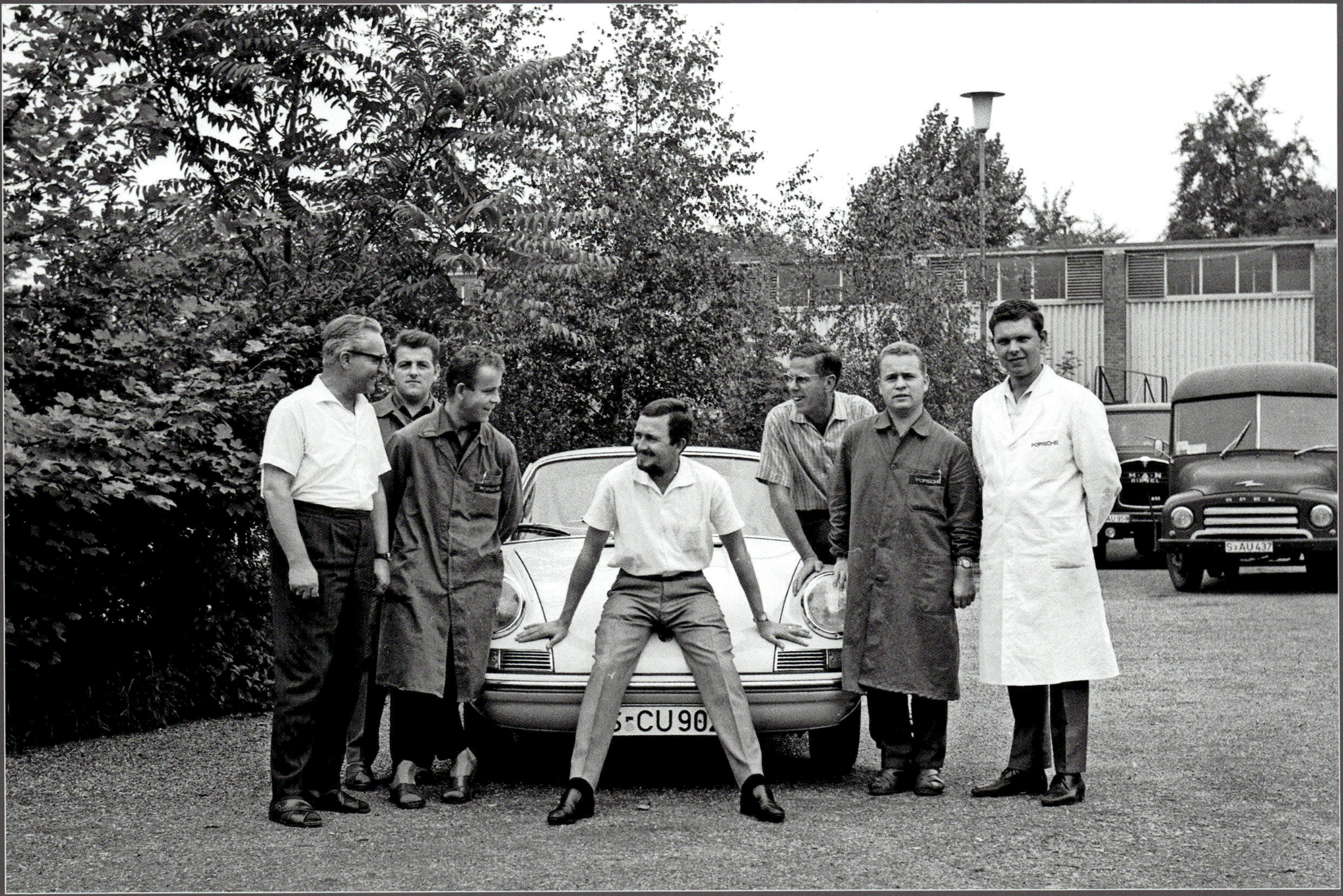

TYP 901

1963

Zufrieden präsentieren Ferdinand Alexander Porsche und seine Mitarbeiter den ersten 901-Prototypen. Der Wagen wurde im Sommer 1963 bei den Karosseriewerken Reutter aufgebaut und zu Versuchszwecken zunächst mit einem Super 90-Vierzylinder ausgestattet.

A satisfied Ferdinand Alexander Porsche and his colleagues present the first 901 prototypes. The car was put together in the summer of 1963 at the Reutter body works and initially fitted with a Super 90 four-cylinder engine for test purposes.

Tout sourire ! Ferdinand Alexander Porsche et son équipe présentent le premier prototype de la 901, construit durant l'été 1963 par les ateliers de carrosserie Reutter. Dans un premier temps, cette voiture reçoit un quatre cylindres Super 90 pour effectuer des essais.

Muy satisfechos, Ferdinand Alexander Porsche y los integrantes de su equipo presentaron el primer prototipo del 901. El coche se fabricó durante el verano de 1963 en la planta de carrocerías de Reutter. Para realizar las primeras pruebas, fue dotado de un motor Super 90 de cuatro cilindros.

Ferdinand Alexander Porsche 及其同事们自豪地展示第一台 901 原型车。这台车 1963 年夏天由 Reutter 车身制造厂生产；为了进行测试，暂时安装了一台 “Super 90” 四缸发动机。

TYP 901

1963

Die Porsche-Mitarbeiterin Thora Hornung und der erste Typ 901, Spitzname »Sturmvogel«. Nach zahlreichen Fahrversuchen wurde der Prototyp Anfang 1965 verschrottet.

Porsche employee Thora Hornung with the first 901, nicknamed "Petrel". After many test drives, the prototype was scrapped in early 1965.

Thora Hornung, employée de Porsche, au volant du premier type 901, surnommé « Sturmvogel ». Après de nombreux essais routiers, ce prototype est finalement mis à la casse début 1965.

Thora Hornung, empleada de Porsche, con el primer tipo 901, que fue bautizado con el apodo de «abanto marino.» El prototipo se destinó al desguace a principios del año 1965, después de haber sido usado para realizar numerosas pruebas.

保时捷女工 Thora Hornung 和昵称为 "海燕" 的第一台 901 原型车。这台车在经过大量路试后于 1965 年初报废。

TYP 901

1963

Der 901-Prototyp Nr. 2, Spitzname »Fledermaus«, wurde im Sommer 1963 getarnt für Versuchsfahrten eingesetzt. Der Presse zugespielte Fotografien heizten das Interesse am neuen Sportwagentyp zusätzlich an.

901 prototype No. 2, nicknamed "Bat", was camouflaged for test drives in 1963. The photographs made available to the press further heightened interest in the new sports car.

Prototype N°2 de la 901, « chauve souris », camouflé durant l'été 1963 pour effectuer des essais sur route. Les photos refilées à la presse alimentent l'intérêt pour cette nouvelle sportive.

La versión camuflada del segundo prototipo del 901, que se apodó «murciélago», se utilizó para realizar pruebas de conducción en el verano de 1963. Las fotografías que se entregaron clandestinamente a la prensa avivaron aún más el interés por el nuevo coche deportivo.

第二台 901 原型车外号“蝙蝠”，1963 年夏天经伪装后进行路试。有意透漏给媒体的照片引发了人们对这款新跑车的浓厚兴趣。

TYP 901

1963

Anfang 1963 testete Porsche-Mitarbeiter Herbert Linge den Prototyp 901-04, Spitzname »Zitronenfalter«, auf dem verschneiten Weissacher Prüfgelände.

In early 1963 Porsche employee Herbert Linge tested prototype 901-04 (nickname: “Brimstone Butterfly”) at the snowy Weissach test grounds.

Début 1963, Herbert Linge, un employé de Porsche, au volant du prototype 901-04 surnommé « citron » comme le papillon, lors d’essais sur la neige à Weissach.

Herbert Linge, piloto de Porsche, realizó las primeras pruebas a los mandos del prototipo del 901-4 (apodo: mariposa color limón) en la pista de pruebas de Weissach, cubierta de nieve.

1963 年初，保时捷员工 Herbert Linge 驾驶 901 的 4 号原型车（外号 “黄粉蝶”）在魏斯阿赫测试场的积雪路面上进行测试。

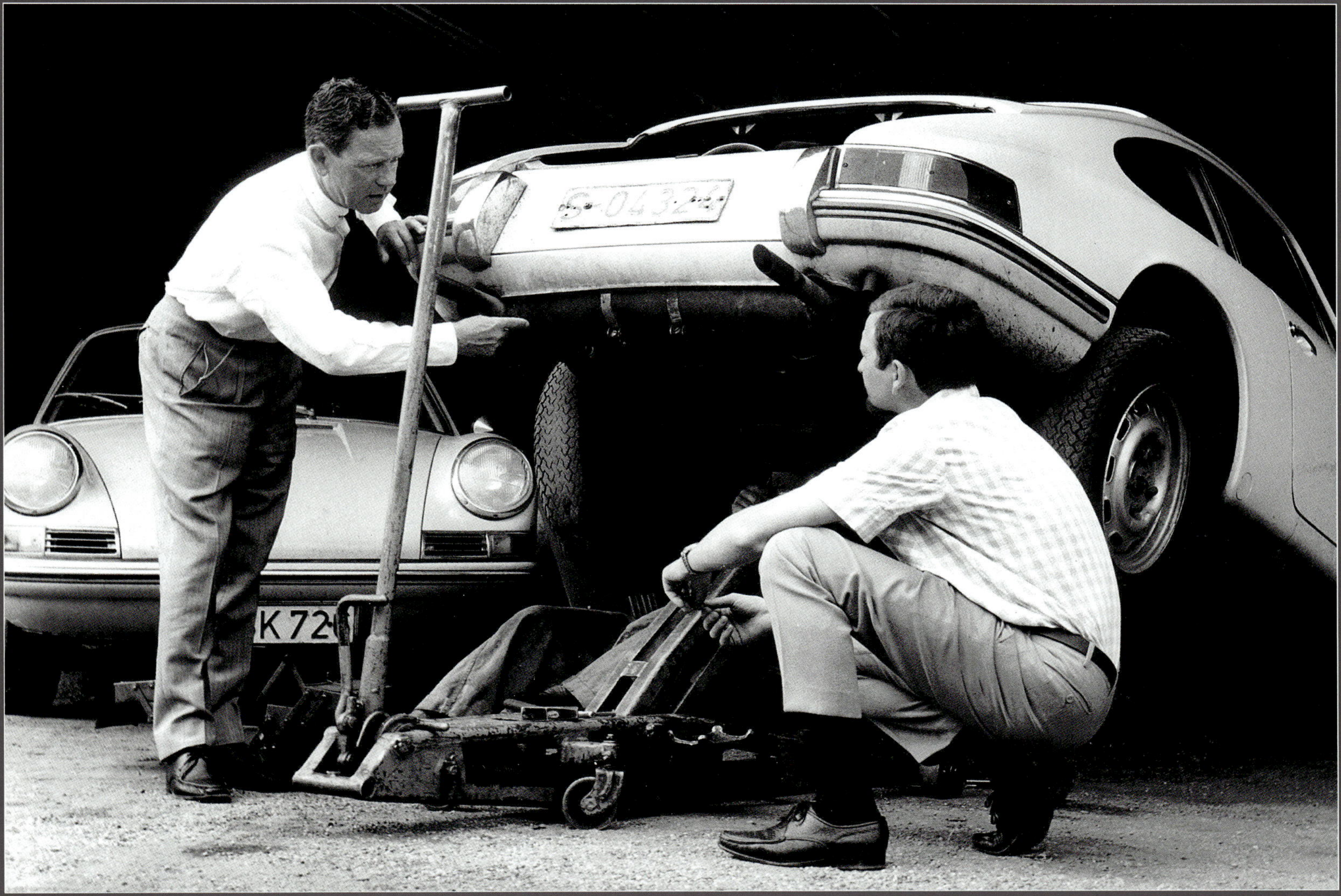

TYP 901

1963

Ferry Porsche mit seinem Sohn Ferdinand Alexander im Fabrikhof des Zuffenhausener Werk 2 mit den Prototypen 901-04 (links) und 901-02.

Ferry Porsche and his son Ferdinand Alexander in the yard of Zuffenhausen Works 2 with prototypes 901-04 (left) and 901-02.

Ferry Porsche et son fils Ferdinand Alexander dans la cour de l'usine 2 de Zuffenhausen avec les prototypes 901-04 (gauche) et 901-02.

Ferry Porsche con su hijo Ferdinand Alexander en el patio de la planta 2 de Zuffenhausen, junto a los prototipos 901-04 (izq.) y 901-02.

Ferry Porsche 和他的儿子 Ferdinand Alexander 在祖文豪森第二工厂的广场上：左边是 901 的 4 号原型车，右边则是 2 号原型车。

TYP 901

1964

Auch Ferry Porsche testete das neue Modell ausgiebig. Hier mit seiner Sekretärin Helene Werkmeister vor dem Zuffenhausener Werk 1 mit dem 901 Nr. 300003.

Ferry Porsche also tested the new model extensively. He is seen here with his secretary Helene Werkmeister in front of Zuffenhausen Works 1 with 901 No. 300003.

Ferry Porsche profite lui aussi de chaque occasion pour essayer la nouvelle voiture. Cette photo le montre avec son assistante Helene Werkmeister devant l'usine 1 de Zuffenhausen. En vedette : la 901 numéro 300003.

Ferry Porsche también realizó pruebas exhaustivas conduciendo el nuevo modelo. Aquí con su secretaria Helene Werkmeister y el 901 n° 300003, delante de la planta 1 de Zuffenhausen.

Ferry Porsche 也亲历亲为地测试新车。这张照片摄于祖文豪森第一工厂前，他和秘书 Helene Werkmeister 女士站在编号为 300003 的 901 两侧。

TYP 901

1964

Dass der 901 einmal zu einer Automobilikone werden würde, war 1963 noch nicht abzusehen. Dennoch war Ferry Porsche von Beginn am vom Gesamtkonzept des 901 überzeugt.

In 1963 no one yet had an inkling that the 901 would one day become an automotive icon. Yet Ferry Porsche was convinced of the soundness of the 901 concept from the beginning.

Qui aurait pu croire en 1963 que la 901 serait un jour une icône automobile ? Et pourtant, Ferry Porsche était convaincu, dès le premier jour, de la conception de base de la 901.

En el año 1963 todavía no podía saberse que el 901 se transformaría en un ícono automovilístico. Pero Ferry Porsche confió desde un principio en el concepto automovilístico del 901.

1963 年尚且无人预见到 901 日后将成为不朽的汽车偶像，然而，Ferry Porsche 一开始便对 901 的设计理念充满信心。

TYP 901
1964

Das serienreife Cockpit hatte bereits die charakteristischen fünf Rundinstrumente. Ein Holzlenkrad und eine Holzvertäfelung des Armaturenbretts sollten Sportlichkeit mit Luxus verbinden.

The series-production cockpit already sported the characteristic set of five round instruments. The wooden steering wheel and wood panelling on the dashboard were intended to combine sport with luxury.

Ce cockpit, prêt pour la production de série, se distingue déjà par les cinq instruments ronds, si caractéristiques de Porsche. Volant en bois et tableau de bord décoré de boiseries, mariage réussi entre caractère sportif et une certaine notion de luxe.

El tablero, casi listo para su fabricación en serie, ya contenía cinco instrumentos redondos. El volante de madera y el recubrimiento del salpicadero del mismo material debían conjugar deportividad con lujo.

原型车的配置已经接近量产程度，驾驶舱内安装了保时捷标志性的五个圆形仪表盘。木饰方向盘及仪表板的木质饰板将运动感和奢华元素完美结合，融为一体。

TYP 901

1964

Die Anordnung als 2+2-Sitzer mit hinteren Notsitzen verschaffte dem Typ 901 Alltags- und Reisetauglichkeit. Die hinteren Sitzlehnen konnten umgeklappt werden, so dass auch Koffer Platz fanden.

The 2+2 seater configuration with auxiliary rear seats made the Type 901 a viable car for day-to-day use and travel. The rear backrests could be folded down to make room for luggage.

L'aménagement de l'habitacle en 2+2, avec les sièges arrière comme utilisables en cas de besoin, fait de la 901 une voiture utilisable tant au quotidien que pour les longs trajets. Les dossiers des sièges arrière se rabattent, permettant de transporter des valises.

Siendo un coche de 2+2 asientos, con dos asientos pequeños en el fondo, el tipo 901 pudo ser considerado un coche apto para el día a día y para realizar viajes. Abatiendo los respaldos de los asientos posteriores, cabían las maletas.

901 车型采用 2+2 座布局，配备后排座位，因此既适合日常驾驶也便于长途旅行。后座的靠背折叠后可安放更多行李。

TYP 901

1963

Ferry Porsche mit dem gesamten Entwicklungsteam des Typ 901 auf dem Zuffenhausener Werkshof.

Ferry Porsche with the entire Type 901 development team outside the Zuffenhausen facility.

Ferry Porsche dans la cour de l'usine de Zuffenhausen avec toute l'équipe qui a développé la 901.

Ferry Porsche y todos los integrantes del equipo que estuvo a cargo del desarrollo del tipo 901, en el patio de la planta de Zuffenhausen.

Ferry Porsche 和 901 车型的全体研发团队在祖文豪森厂区广场上合影。

TYP 901

1963

Am 12. September 1963 war der große Tag gekommen: Der Typ 901 wurde auf der Frankfurter IAA präsentiert. Der Verkaufspreis von 22.400 D-Mark war im obersten Segment angesiedelt und auf Augenhöhe mit einem 356 B Carrera 2.

On September 12, 1963 the big day finally arrived: The Type 901 was unveiled at the Frankfurt IAA Motor Show. At DM 22,400, it was priced at the high end of the spectrum, at the same level as the 356 B Carrera 2.

Le 12 septembre 1963, c'est le grand jour : le « type 901 » est présenté au Salon IAA de Francfort. Son prix de 22 400 Mark place la 901 dans le haut de gamme de l'automobile. Elle n'aura pas à craindre la comparaison avec la 356 B Carrera 2.

El 12 de septiembre de 1963 fue el gran día. El tipo 901 se estrenó en el salón del automóvil IAA de Fráncfort. El precio de venta de 22.400 marcos correspondía al segmento automovilístico más alto y estuvo a la misma altura del precio del 356 B Carrera 2.

历史性的时刻——1963 年 9 月 12 日，901 正式亮相法兰克福国际车展。高达 22,400 马克的销售价使其跻身顶级豪华车之列，可与 356 B Carrera 2 车型比肩。

TYP 901

1963

Mit einem Grundpreis von 14.950 D-Mark war der zeitgleich zum 901 präsentierte 356 C deutlich günstiger zu haben. Die seit 1948 produzierte Sportwagenbaureihe wurde durch eine Vier-Scheiben-Bremsanlage aufgewertet.

With a base price of DM 14,950 the 356 C, which was presented at the same time, was much more affordable. This sports car series had been in production since 1948, and was upgraded for 1963 with a four disc brake system.

Présentée au même moment que la 901, mais à un prix de base de 14 950 marks, la 356 C est sensiblement moins chère. Cette série de voitures de sport, construite depuis 1948, est désormais valorisée par un système de freins à quatre disques.

El 356 C, que se presentó junto con el tipo 901, tenía un precio considerablemente inferior: 14.950 marcos. La serie de coches deportivos que empezó a fabricarse en el año 1948 se revalorizó mediante un sistema de frenos de cuatro discos.

与 901 同时登台亮相的还有 356 C 车型，它起售价仅为 14,950 马克，更加实惠。356 C 系列跑车于 1948 年投产，1963 的新款增配了四制动盘的制动系统。

TYP 901

1964

Vom Typ 356 entstanden in Stuttgart-Zuffenhausen von 1950 bis 1966 insgesamt 77.766 Einheiten. Vom Ur-Elfer wurden bis 1973 nicht weniger als 81.100 Fahrzeuge gebaut.

A total of 77,766 Type 356 cars were produced in Stuttgart-Zuffenhausen from 1950 to 1966. No less than 81,100 of the original 911 model were built through to 1973.

Le type 356 est produit en 77 766 exemplaires entre 1950 et 1966 alors que l'usine de Stuttgart-Zuffenhausen verra 81 100 exemplaires de la première 911 sortir de la chaîne de montage jusqu'en 1973.

Entre los años 1950 y 1966 se fabricaron en total 77.766 unidades del tipo 356. Del 911 original se fabricó la considerable cantidad de 81.100 unidades hasta el año 1973.

1950 年到 1966 年间斯图加特祖文豪森工厂共生产了 77,766 台 356。截止到 1973 年，第一代 911 共生产了不下 81,100 台。

TYP 901

1964

Bis zur ersten Auslieferung an Kunden sollte es noch bis Oktober 1964 dauern. Inzwischen wurde der 901 weiterentwickelt und auf anderen Automobilmessen präsentiert.

It would take until October 1964 for the first cars to be delivered to customers. During that time, the 901 was further refined and presented at other automotive shows.

Il faudra cependant attendre octobre 1964 pour que la première 901 soit livrée à son propriétaire. En attendant, la 901 évolue, et elle est présentée à d'autres salons automobiles.

Transcurrió poco más de un año hasta que se entregó el primer tipo 901 a su comprador en octubre de 1964. Hasta entonces, el tipo 901 había sido objeto de un trabajo de desarrollo ulterior y, además, fue presentado en diversos salones del automóvil.

一直到 1964 年 10 月后 901 才正式交付给客户。在此之前，901 继续处于开发阶段，同时频频亮相各大车展。

TYP 901

1963

Nicht nur die Kunden, sondern auch der Vertrieb musste vom neuen Typ 901 überzeugt werden. Hier Ferry Porsche im Kreise von Porsche-Händlern aus USA anlässlich eines Händlerbesuches in Zuffenhausen im Herbst 1963.

Not just customers but also salespeople had to be converted to the Type 901. Here is Ferry Porsche with US Porsche dealers on a dealer visit to Zuffenhausen in the autumn of 1963.

S'il faut convaincre la clientèle des grandes qualités de la 901, l'équipe de vente et de distribution a, elle aussi, besoin d'être mise au parfum de la « Nouvelle ». Cette photo montre Ferry Porsche entouré des concessionnaires Porsche des Etats-Unis à l'occasion d'une visite des concessionnaires à Zuffenhausen, à l'automne 1963.

Además de convencer a los clientes del nuevo tipo 901, fue necesario hacer lo mismo con los concesionarios. Aquí se aprecia a Ferry Porsche junto con concesionarios de Porsche de los EE.UU. durante su visita a la planta de Zuffenhausen en otoño de 1963.

901 要让客户满意，首先需要使销售人员心服口服。这张照片拍摄于1963 年秋天的经销商活动，到访祖文豪森的保时捷美国经销商与 Ferry Porsche 合影。

TYP 901

1964

Der 901-Prototyp Nr. 6, Spitzname »Quickblau«, erreichte als erster Wagen den Serienstatus und wurde 1963/64 auf den Automobilsalons in London, Schweden, Berlin und Genf gezeigt.

901 prototype No. 6, nicknamed "Quickblue," was the first car to reach production readiness and was displayed at auto shows in London, Sweden, Berlin and Geneva in 1963/64.

Le prototype numéro 6 de la 901, surnommé « Quickblau » (bleu éclair), est le premier à atteindre la maturité pour la série. Il est présenté en 1963 et en 1964 au salon automobile de Londres, en Suède, à Berlin et à Genève.

El prototipo n° 6 del 901, bautizado con el apodo «Quick blue», fue el primero que estuvo listo para la producción en serie. Se expuso en salones del automóvil en Londres, Estocolmo, Berlín y Ginebra durante los años 1963 y 1964.

被称作 "灵敏蓝" 的 901 6 号原型车率先达到量产标准，在 1963 年到 1964 年间参加了伦敦、瑞典、柏林和日内瓦车展。

TYP 901

1964

Automobilsalon Genf im März 1964. Auf dem Porsche-Stand waren der 356 C, der 904 Carrera GTS sowie als Vorführwagen der 901 (Nr. 6) zu sehen.

The Geneva Auto Show in March 1964. The Porsche booth featured the 356 C, 904 Carrera GTS and as a demonstration car the 901 (No. 6).

Salon automobile de Genève en mars 1964 : au stand Porsche sont présentées la 356 C, la 904 Carrera GTS et, comme voiture de démonstration, la 901 (numéro 6).

Salón del automóvil de Ginebra, marzo de 1964. En el stand de Porsche se mostraron el 356 C, el 904 Carrera GTS y la versión de exposición del 901 (n° 6).

在 1964 年 3 月的日内瓦车展上，保时捷展出了 356 C、904 Carrera GTS 和 901 6 号原型车。

911 2.0 COUPÉ

1964

Auf dem Pariser Automobilsalon erreichte Porsche im Oktober 1964 ein Einspruch von Peugeot gegen die Modellbezeichnung 901. Ferry Porsche entschied daraufhin die Umbenennung in 911, die zum 10. November 1964 vollzogen wurde.

At the Paris Auto Show in October 1964 Porsche was notified of a protest from Peugeot regarding Porsche's use of the number 901 as a model designation. Ferry Porsche thereupon decided to change the name to 911, and this change was implemented by 10 November 1964.

En octobre 1964, au Mondial de l'Automobile de Paris, Porsche se voit confronté à une opposition de Peugeot qui conteste la désignation du modèle « 901 ». Ferry Porsche décide alors de renommer la 901 en 911. Cette décision se concrétise le 10 novembre 1964.

Porsche recibió una reclamación oficial de Peugeot en octubre de 1964, durante el salón del automóvil de París. La marca francesa objetó la denominación 901 del modelo de la marca alemana. Ferry Porsche decidió rebautizar el 901 como 911 el 10 de noviembre de 1964.

1964 年 10 月的巴黎车展上，保时捷接到标致公司对车型名称 901 提出的抗议。Ferry Porsche 由此决定将车型更名为 911，并于 1964 年 11 月 10 日正式实施。

911 2.0 COUPÉ

1964

Titelblatt des deutschen 911-Verkaufsprospektes vom Herbst 1964.

Title page of the German 911 sales brochure for the autumn of 1964.

Titre de la brochure de vente de la 911 en 1964.

Portada del prospecto de ventas alemán del 911 en otoño de 1964.

911 的德语宣传册 1964 年秋季版的封面。

911 2.0 COUPÉ

1964

1964 wurden 232 Einheiten des Porsche 911 produziert. 82 davon liefen noch als Typ 901 vom Band. Das abgebildete Fahrzeug trägt bereits die Schwellerzierleiste des Modelljahres 1965.

232 Porsche 911s were built in 1964, of which 82 left the production line as Type 901s. The car shown here already wears the decorative sill strip of the 1965 model.

232 exemplaires de la Porsche 911 sont construits en 1964, dont 82 sortent de la chaîne avec l'ancienne dénomination « type 901 ». Ce véhicule porte déjà les baguettes de seuil du millésime 1965.

En 1964 se fabricaron 232 unidades del Porsche 911, 82 de ellas con la denominación de tipo 901. El ejemplar que se aprecia en la imagen ya tiene el listón del umbral correspondiente a los modelos del año 1965.

保时捷在 1964 年一共生产了 232 台 911，其中的 82 台在下线时仍使用 901 这一名称。照片中的这台车已经采用了 1965 年款的门槛饰条。

911 2.0 COUPÉ

1964

Produktion des Porsche 911 im Werk 2. Im Juli 1963 übernimmt Porsche das Karosseriewerk Reutter & Co. samt seiner rund 1.000 Mitarbeiter. Zum 1. März 1964 wird es in Karosseriewerk Porsche GmbH umfirmiert.

Making Porsche 911s in Works 2. In July 1963 Porsche took over the Reutter & Co. bodyworks plant with around 1000 employees. On 1 March 1964 the company was reorganized as Karosseriewerk Porsche GmbH.

Production de la Porsche 911 à l'usine 2. En juillet 1963 Porsche reprend l'usine Karosseriewerk Reutter & Co., avec son millier d'employés. Elle sera renommée Karosseriewerk Porsche GmbH au 1er mars 1964.

Producción del Porsche 911 en la planta 2. Porsche se hizo cargo de la planta de fabricación de carrocerías Reutter & Co. y de sus 1.000 trabajadores en el mes de julio de 1963. Esta planta se llamó Karrosseriewerk Porsche GmbH a partir del 1 de marzo de 1964.

911 在保时捷第二工厂的生产场景。1963 年 7 月，保时捷收购了 Reutter 车身制造厂，同时聘用了其约 1,000 名的员工。1964 年 3 月 1 日，正式将其更名为保时捷车身制造有限公司（Karosseriewerk Porsche GmbH）。

911 2.0 COUPÉ

1965

»Made by hand.« Die Montage der Typen 911 und 912 fand 1965 in Zuffenhausen weitgehend in Handarbeit statt.

"Made by hand." Assembly of the 911 and 912 at Zuffenhausen in 1965 was very much a hands-on business.

« Made by hand » – en 1965, à Zuffenhausen, l'assemblage des modèles 911 et 912 se fait largement à la main.

«Made by hand.» Los trabajos de montaje de los tipos 911 y 912 en la planta de Zuffenhausen se hacían, en su mayoría, a mano.

"手工打造"，1965 年，祖文豪森主要以手工组装的方式制造 911 和 912 车型。

911 2.0 COUPÉ

1965

Diese hinter dem Werk 2 geparkten Porsche 911 warten auf ihre Fertigstellung. Gut zu erkennen sind die bei einigen Fahrzeugen noch fehlenden Frontscheinwerfer.

These Porsche 911s parked behind Works 2 are waiting to be finished. Some of the cars are still missing headlights.

Garées derrière l'usine 2, ces Porsche 911 attendent d'être finalisées. On reconnaît facilement les véhicules qui n'ont pas encore reçu leurs optiques.

Estos Porsche 911 aparcados detrás de la planta 2 esperan su acabado final. En la fotografía se puede apreciar claramente que algunos coches todavía están sin faros.

这些停放在第二工厂后的保时捷911 正静静等待最后完工，可以看到几台车的前大灯尚未安装。

TYP 901/01

1965

Der Sechszylinder-Boxermotor des 911 2.0 auf dem Prüfstand. Der mit 9:1 verdichtete Motor leistete 130 PS bei 6.100/min. Das maximale Drehmoment von 174 Nm wurde bei 4.200/min erreicht.

The 911 2.0's six-cylinder boxer engine on a test bed. With its 9:1 compression ratio, it produced 130 hp at 6100 rpm and reached its maximum torque of 174 Nm at 4200 rpm.

Le Boxer 6-cylindres de la 911 2.0 au banc d'essai. Avec son taux de compression de 9:1 il développe 130 ch à 6 100 tr/min. Le couple maxi, de 174 Nm, est atteint à 4200 tr/min.

El motor bóxer de seis cilindros del 911 2.0 en el banco de pruebas. Con una compresión de 9:1, este propulsor tuvo una potencia de 130 CV a 6.100 rpm. El par máximo de 174 Nm estuvo disponible a 4.200 rpm.

911 2.0 的六缸水平对置发动机正在接受测试。该发动机压缩比为 9:1，在转速达到 6,100 rpm 时可输出 130 hp 的功率，转速为 4,200 rpm 时可迸发出 174 Nm 的峰值扭矩。

911 2.0 COUPÉ

1965

Wie bereits beim 356 befand sich auch das Zündschloss des 911 links vom Lenkrad. Das große Vierspeichen-Lenkrad hatte einen Edelstahl-Holzkranz.

As on the 356, the ignition of the 911 was to the left of the steering column. The large four-spoke steering wheel had a stainless steel and wood rim.

A l'instar de la 356 la clé de la 911 est placée à gauche du volant. Le grand volant à quatre rayons porte une couronne en bois et en acier inox.

Al igual que en el 356, la cerradura de contacto del 911 se encuentra a la izquierda de la columna de la dirección. El volante, de gran diámetro y de cuatro radios, tenía un anillo hueco de acero inoxidable.

和 356 一样，911 的点火开关也安装在方向盘左侧，大尺寸四辐方向盘为不锈钢和木质结构。

911 2.0 COUPÉ

1965

Idylle im Porsche Werk 2 in Zuffenhausen. Die Fahrzeuge des Modelljahres 1965 trugen einen goldenen 911-Schriftzug, der schräg unterhalb des Lüftungsgitters angebracht war.

A peaceful scene at Porsche Works 2 in Zuffenhausen. The 1965 models bore a diagonal 911 legend in gold underneath the grille.

Ambiance idyllique à l'usine 2 de Zuffenhausen. Les véhicules du millésime 1965 présentent le graphisme 911 en doré et en-dessous de la grille d'aération.

Imagen casi idílica de la planta 2 de Porsche. Los modelos del año 1965 estaban identificados con el distintivo 911 de color dorado, con números en cursivas debajo de la rejilla de ventilación.

祖文豪森保时捷第二工厂一片宁静的景象。1965 年出厂的车辆在散热器格栅下方饰有金色手写体的 911 字样。

911 2.0 COUPÉ

1965

Nach der Endabnahme stehen die Sportwagen zur Abholung bereit. In der Presse wurde der 911 als »GT auf hohem Niveau mit dem Charakter eines schnellen, komfortablen und geräumigen Coupés« bezeichnet.

Sports cars awaiting their new owners after final inspection. The press called the 911 a "high-end GT with the character of a fast, comfortable, roomy coupé".

Après la réception finale, les voitures de sport sont prêtes à être livrées. La presse qualifie la 911 de « GT de haut niveau avec le caractère d'un coupé rapide, confortable et spacieux »

Una vez aprobado el control final, los coches deportivos esperan ser entregados. La prensa calificó al 911 de «GT de alto nivel, con el carácter de un coupé veloz, confortable y espacioso.»

经过最后一道验收后，这些 911 已经做好交车准备。媒体对 911 的好评如潮，称赞它 "既是高品质的 GT 轿跑，又具有硬顶跑车的特性，敏捷、舒适、宽敞"。

911 2.0 COUPÉ (TYP 901)

1964

Stolz präsentiert Porsche-Mitarbeiter Herr Fuchs den signalroten Porsche 911 2.0. Der Radstand betrug kurze 2211 mm.

Mr Fuchs of Porsche proudly presents the bright red Porsche 911 2.0. The wheelbase was a short 2211 mm.

Monsieur Fuchs, collaborateur de Porsche, est fier de présenter la Porsche 911 2.0, en couleur rouge. L'empattement n'est que de 2 211 mm.

Muy orgulloso, el Sr. Fuchs, empleado de Porsche, presenta un Porsche 911 2.0 de color rojo vivo. La distancia entre ejes fue de apenas 2.211 milímetros.

保时捷员工 Fuchs 先生满怀自豪地展示采用耀目红车身颜色的保时捷 911 2.0。该车轴距较短，仅为 2,211 mm。

911 2.0 COUPÉ

1964/65

»Service in aller Welt«, versprach diese 1964 vom Stuttgarter Grafiker Hanns Lohrer gestaltete Werbeanzeige für den Porsche 911.

"Service around the world" promised this advert for the Porsche 911 designed by Stuttgart graphic designer Hanns Lohrer.

« Service et entretien dans le monde entier » – voilà ce que promet cette publicité pour la 911, créée en 1964 par Hanns Lohrer, graphiste et dessinateur de Stuttgart.

«Servicio en todo el mundo»: esta promesa consta en el aviso publicitario del Porsche 911, creado por el diseñador gráfico Hanns Lohrer en 1964.

斯图加特的平面设计师 Hanns Lohrer 于 1964 年为保时捷 911 创作了这副广告，承诺提供"全球售后服务"。

912 COUPÉ

1965

Im April 1965 wurde der Porsche 912 der Öffentlichkeit vorgestellt. Mit reduzierter Ausstattung und schwächerem Vierzylindermotor lag dessen Verkaufspreis von 16.250 D-Mark unterhalb des 911.

In April 1965 the Porsche 912 was presented to the public. With reduced equipment and a smaller four-cylinder engine, its sales price of DM 16.250 was lower than that of the 911.

La Porsche 912 est présentée au public en avril 1965. Avec ses équipements plus modestes et un moteur 4-cylindres moins puissant, le prix est de 16 250 marks et donc inférieur à celui de la 911.

El Porsche 912 se estrenó en abril de 1965. Con un equipamiento reducido y con motor de cuatro cilindros menos potente, su precio de 16.250 marcos fue menor que el del 911.

1965 年 4 月，保时捷 912 面世。912 的配置低于 911，搭载小排量四缸发动机，因此价格优惠，售价为 16,250 马克。

912 COUPÉ

1965

Das Interieur des 912 präsentierte sich deutlich spartanischer als im 911. Serienmäßig war der 912 mit nur drei Rundinstrumenten und einem Kunststofflenkrad ausgestattet.

The interior of the 912 was rather more spartan than that of the 911. As standard, the 912 came with just three round instruments and a plastic steering wheel.

L'intérieur de la 912 est sensiblement plus sobre, voir spartiate que celui de la 911. L'équipement de série ne prévoit que trois instruments ronds et un volant en plastique.

El habitáculo del 912 fue bastante más escueto que el del 911. El 912 incluía de serie únicamente tres instrumentos y un volante con anillo de material sintético.

内饰方面，912 明显比 911 简朴许多。标准配置的 912 仅有三个圆形仪表，方向盘采用塑料制成。

TYP 616/36

1965

Der 1.6 Liter-Vierzylindermotor des 912 stammte aus dem 356 SC. Um eine höhere Standfestigkeit zu erreichen, wurde der Motor auf 90 PS gedrosselt. Geschaltet wurde serienmäßig mit einem Viergang-Getriebe.

The 912's 1.6 litre four-cylinder engine came from the 356 SC. To make it more durable, it was throttled to 90 hp. A four-speed transmission was standard.

Le moteur 4-cylindres, de 1.6 litres, de la 912 est dérivé de la 356 SC. Il est ramené à 90 ch afin d'augmenter sa robustesse et sa durée de vie. La boîte manuelle de série offre quatre rapports.

El motor de 1.600 cc del 912 provenía del 356 SC. Para aumentar su duración, su potencia se redujo a 90 CV. La caja de cambios de serie tenía cuatro marchas.

912 的 1.6 升四缸发动机来自 356 SC。为了保证发动机的稳定性，保时捷将其功率限制在 90 hp，标配 4 速变速箱。

912 COUPÉ

1965

Von Beginn an entwickelte sich der 912 zum Verkaufsschlager. Bereits im ersten Jahr wurden 5.000 Stück produziert, im Modelljahr 1966 baute Porsche sogar 6.692 912er.

From the start the 912 was a fast seller. Porsche built 5000 of these cars in the first year and 6692 in the 1966 model year.

D'entrée de jeu, la 912 remporte un succès commercial phénoménal. 5 000 exemplaires sont construits dès la première année, chiffre qui passe à 6 692 pour le millésime 1966.

El 912 fue un éxito de ventas desde un principio. Durante el primer año se fabricaron 5.000 unidades, y del modelo del año 1966 Porsche fabricó 6.692 unidades.

912 一上市便成为销售明星，第一年生产了 5,000 台，1966 年生产了 6,692 台。

TYP 901

1964

Im September 1964 gingen Huschke von Hanstein und Edgar Barth mit einem 901-Prototyp (Nr. 5) bei der Tour de France Automobile an den Start. Im Hintergrund die Abtei von Mont-Saint-Michel.

In September 1964 Huschke von Hanstein and Edgar Barth entered the Tour de France Automobile with 901 prototype No. 5. In the background is the abbey of Mont Saint-Michel.

En septembre 1964 Huschke von Hanstein et Edgar Barth sont au départ du Tour de France Automobile avec un prototype de la 901, le numéro 5. A l'arrière-plan : l'abbaye du Mont-Saint-Michel.

Huschke von Hanstein y Edgar Barth participaron en el Tour de France Automobile a los mandos de un prototipo del 901 (n° 5). Al fondo se aprecia la abadía de San Miguel.

1964 年 9 月，Huschke von Hanstein 和 Edgar Barth 驾驶 901 的 5 号原型车参加环法汽车拉力赛（Tour de France Automobile）。照片中的背景为圣米歇尔山修道院。

911 2.0 COUPÉ

1965

Bei der Rallye Monte Carlo 1965 sollte der 911 seine Qualitäten als Rennwagen beweisen. Am 1. Januar 1965 als »Grand Tourisme« homologiert, ging der Rallye-Elfer als Werksrennwagen weitgehend serienmäßig an den Start.

At the 1965 Monte Carlo Rally the 911 set out to prove its qualities as a race vehicle. Homologated on 1 January 1965 as a "Grand Tourisme" car, the rally Eleven raced largely in stock condition.

Au Rallye Monte-Carlo de 1965, la 911 est censée prouver ses qualités de voiture de course. Homologuée « Grand Tourisme » au 1er janvier 1965, la « Onze » de rallye prend le départ comme voiture d'usine et avec un équipement essentiellement de série.

El Rallye Monte Carlo de 1965 fue la carrera elegida para que el 911 demuestre sus cualidades de coche de carreras. Homologado como «Gran Turismo», este 911 participó en el rallye como coche oficial de la marca, aunque correspondía casi completamente a la versión de serie.

1965 年的蒙特卡罗拉力赛（Monte Carlo Rally）上，911 作为赛车大显身手。1965 年 1 月 1 日，保时捷厂方车队的这台 911 通过大赛组织方的 GT 车型认证，基本以量产的配置出战。

911 2.0 COUPÉ

1965

Nach 4.600 schneereichen Kilometern erreichten die Porsche-Mitarbeiter Peter Falk und Herbert Linge Monte Carlo als Gesamtfünfte. Von 237 gestarteten Autos hatten lediglich 22 die Zieleinfahrt erreicht.

After 4600 snowy kilometres Porsche employees Peter Falk and Herbert Linge reached Monte Carlo in fifth place overall. This was a very respectable achievement – of 237 cars that set out, only 22 reached the finish line.

Au bout de 4 600 kilomètres de routes souvent enneigées, Peter Falk et Herbert Linge, collaborateurs de Porsche, finissent cinquième du classement général. Si 237 véhicules ont pris le départ, seuls 22 franchissent la ligne d'arrivée.

Tras 4.600 kilómetros con mucha nieve, los pilotos de Porsche Peter Falk y Herbert Linge cruzaron la meta en Monte Carlo, ocupando el quinto lugar en la clasificación general. De los 237 coches que partieron, tan sólo 22 llegaron a la meta.

在冰天雪地中跋涉了 4,600 km 之后，保时捷员工 Peter Falk 和 Herbert Linge 终于驾驶着这台 911 到达终点蒙特卡罗，并获得总成绩排名第 5 的名次。在 237 辆参赛车辆中，仅有 22 台驶到终点。

911 2.0 COUPÉ

1967

Den Import und Vertrieb von Porsche-Sportwagen an der amerikanischen Ostküste übernahm ab Herbst 1964 die »Porsche of America Corporation« (POAC).

Starting in the autumn of 1964, Porsche of America Corporation (POAC) took on imports and sales of Porsche sports cars on the east coast of the US.

La « Porsche of America Corporation » (POAC) se charge à partir de l'automne 1964 de l'importation et de la vente des voitures de sport Porsche pour la Côte Est des Etats-Unis.

Porsche of America Corporation (POAC) se hizo cargo de la importación y venta de los coches deportivos de la marca Porsche en la costa este norteamericana a partir de otoño de 1964.

1964 年秋季起，保时捷美国公司（POAC）开始负责保时捷在美国东海岸市场的进口和销售。

Qualität durch Erfahrung – das war bei der Entwicklung des Typs 911 der Grundsatz der Porsche-Konstrukteure.

Ein exklusiver in allen Geschwindigkeitsbereichen ideal abgestufter Reisewagen verwandelt sich, zügig gefahren, in ein sportliches Coupé europäischer Elite.

Nicht Transport oder Repräsentation, sondern das beglückende Gefühl – Fahren um des Fahrens willen – begründet die alte Porsche-Formel „Fahren in seiner schönsten Form".

Excellence through experience – the maxim guiding Porsche designers in their work on Type 911.

An exclusive touring car, with its perfectly graduated speed ranges, it converts into a sporting coupe of the European elite.

The traditional Porsche slogan "Driving at its finest" expresses not simply the quality of movement or mechanism, but the joy of driving for its own sake.

La qualité grâce à l'expérience – tel fut le principe fondamental des usines Porsche lors de l'étude du type 911.

Une voiture de tourisme exceptionnelle, idéale et bien adaptée à tous les régimes, se transformant, lorsqu'elle est conduite rapidement, en un coupé sportif de standing européen.

Ce n'est pas son côté utilitaire ni son bel aspect, mais la sensation merveilleuse éprouvée à «conduire pour la joie de conduire» qui a créé le vieux slogan de Porsche: «Joie de conduire dans sa plus belle expression».

PORSCHE 911

911 2.0 COUPÉ

1965

Der dreisprachige Verkaufsprospekt für den Porsche 911 vom August 1965 verdeutlicht die Internationalität des neuen Sportwagens.

This trilingual brochure for the Porsche 911 from August 1965 underlines the internationality of the new sports car.

Publiée en trois langues, le catalogue de la Porsche 911 doit illustrer le caractère international de cette nouvelle sportive.

Los tres idiomas que aparecen en los textos del prospecto de ventas del Porsche 911 del mes de agosto de 1965 reflejan el carácter internacional del nuevo deportivo.

这本 1965 年 8 月出版的保时捷 911 宣传册为三语对照版，充分体现了这款全新跑车行销全球的策略。

912 COUPÉ

1965

Verkaufsprospekt für den 911 vom August 1965. Aufgrund seines leichten Vierzylinders galt der 912 als gutmütig und weniger hecklastig als der Elfer.

Porsche 911 brochure from August 1965. With its light four-cylinder engine the 912 was considered good-natured and less tail-heavy than the Eleven.

Brochure de la 912 en août 1965. Avec son moteur 4-cylindres allégé, la 912 est réputée plus « conviviale », avec un comportement moins dominé par l'arrière que ne l'est celui de la Onze.

Prospecto de ventas del 911 de agosto de 1965. Gracias a su ligero motor de cuatro cilindros, el 912 fue considerado más dócil y con menos tendencia a sobrevirar que el 911.

1965 年 8 月版的 912 宣传册。912 的四缸发动机较轻，因此相比 911 车尾重量更轻，也更易操控。

912 COUPÉ

1965

Selbstbewusst ist die Botschaft dieses 912-Werbeplakates aus dem Jahr 1965: »Ein Porsche ist mit einer unvergleichlichen Mischung aus Profil, Charakter und Eleganz ein Auto für Kenner und Könner.«

An advertising poster from 1965 displays a self-confident message: “With its incomparable mix of distinctiveness, character and elegance, a Porsche is a car for the accomplished connoisseur.”

Datant de 1965, voici une affiche publicitaire pour la 912 qui ne manque pas d’assurance : « Une Porsche, avec son alliance incomparable de profil, de caractère et d’élégance, c’est une voiture pour connaisseurs et maîtres du volant ».

En este cartel de publicidad del 912 del año 1965 la marca derrocha seguridad en sí misma: «Un Porsche es un automóvil para conocedores y buenos pilotos, gracias a su incomparable combinación de identidad, carácter y elegancia.»

1965 年的这张 912 广告海报洋溢着自信：“线条鲜明、个性张扬、优雅不凡——保时捷专为懂得品鉴的驾车高手量身打造。”

911 2.0 COUPÉ

1966

Fallversuch mit Porsche Typ 911 2.0 Coupé. Zur passiven Sicherheit des 911 trug die dreiteilige Sicherheitslenksäule maßgeblich bei.

Drop-testing a Porsche Type 911 2.0 Coupé. The three-part safety steering column made a major contribution to passive safety.

Essai de chute avec la Porsche 911 2.0 Coupé. La sécurité passive de la 911 ne serait pas possible sans cette colonne de direction de sécurité, articulée en trois segments.

Prueba de choque en caída libre con el 911 2.0 Coupé. La columna de seguridad de la dirección de tres partes contribuyó esencialmente al alto nivel de seguridad pasiva del 911.

911 2.0 Coupé 的坠落测试。由三部分组成的安全转向柱在 911 的被动安全性能方面起到了举足轻重的作用。

911 2.0 COUPÉ

1965

Titelseite des 911-Verkaufsprospektes für das Modelljahr 1966. Die Motoren erhielten nun Weber-Vergaser statt der zuerst verwendeten Solex-Vergaser.

Title page of the 911 sales brochure for the 1966 model year. The engines now had Weber carburettors instead of Solex as previously.

Couverture du catalogue de vente de la 911, année 1966. Les carburateurs Weber se substituent désormais aux carburateurs Solex des premiers millésimes.

Portada del prospecto de ventas del 911, modelo del año 1966. Los motores estuvieron equipados con carburadores Weber, en vez de los de la marca Solex, utilizados antes.

1966 年款 911 宣传册的封面。这一年，911 的发动机不再使用 Solex 化油器，而改用 Weber 化油器。

911 2.0 COUPÉ

1965

Mit leichten Modifikationen im Innenraum und an der Bremsanlage ging der 911 in sein zweites Modelljahr.

The 911 entered its second model year with slight modifications to the interior and the brake system.

La 911 commence sa deuxième année-modèle avec certaines modifications mineures de l'habitacle et du système de freinage.

El 911 inició su segundo año con ligeras modificaciones en el habitáculo y en el sistema de frenos.

911 进入了投产后的第二个车型年，车辆内饰和制动系统进行了细微改动。

911 2.0 COUPÉ

1966

Fahrzeugmontage des 911 im Porsche Werk 2. Im Modelljahr 1966 wurden 1.708 Porsche 911 produziert.

Assembling 911s at the Porsche Works 2. 1708 Porsche 911s were built in the 1966 model year.

Assemblage de la 911 à l'usine 2 de Porsche. 1 708 exemplaires sortiront de la chaîne en 1966.

Montaje del 911 en la planta 2 de Porsche. Se fabricaron 1.708 unidades del modelo del año 1966.

保时捷第二工厂内 911 的组装现场。1966 年这里共生产了 1,708 台保时捷 911。

911 2.0 COUPÉ

1965

Porsche 911 (Modelljahr 1966) mit Blaulicht und Sonderausstattung als Begleitfahrzeug des deutschen Bundeskanzlers.

Porsche 911 (1966 model) with blue light and special equipment as an escort vehicle for the German chancellor.

Une Porsche 911 millésime 1966 avec gyrophare et équipement spécial comme véhicule suiveur du chancelier de la République Fédérale d'Allemagne.

Porsche 911 (modelo del año 1966) con luz azul y sirena en la versión de coche de escolta del jefe de gobierno alemán.

作为德国联邦总理的随行车，这台制造于 1966 年的保时捷 911 安装了蓝色警灯和特殊装备。

911 2.0 TARGA

1965

Als erstes Sicherheitscabriolet der Welt wurde der 911 Targa auf der Frankfurter IAA 1965 präsentiert. Mit dem neuen Modell reagierte Porsche auf die gestiegenen Sicherheitsbedürfnisse auf dem amerikanischen Markt.

In 1965 the 911 Targa was presented at the IAA as the world's first safety cabriolet. With this model, Porsche responded to the stricter safety requirements of the US market.

Premier cabriolet de sécurité du monde, la Porsche 911 Targa est présentée en 1965 au salon IAA de Francfort. Ce modèle nouveau permet à Porsche de répondre aux besoins de sécurité accrus du marché américain.

El 911 Targa fue presentado como el primer descapotable seguro en el salón del automóvil de Fráncfort (IAA) de 1965. Con este modelo, Porsche reaccionó a los criterios de seguridad más estrictos aplicados en el mercado estadounidense.

全世界第一台安全敞篷车——1965 年 911 Targa 亮相法兰克福车展。保时捷推出这一全新款式是为了响应美国市场更为严格的安全要求。

911 2.0 COUPÉ

1966

Porsche 911 bei der Rallye Coupe des Alpes 1966, links Porsche-Rennleiter und PR-Chef Huschke von Hanstein.

A Porsche 911 at the Rally Coupe des Alpes 1966; to the left is Porsche racing and PR director Huschke von Hanstein.

Une Porsche 911 au rallye « Coupe des Alpes » de 1966. A gauche : Huschke von Hanstein, directeur sportif et chef de la communication de Porsche.

Porsche 911 en la Copa de Rallye de los Alpes de 1966. A la izquierda se aprecia a Huschke von Hanstein, jefe de la escudería de Porsche y jefe de relaciones públicas.

保时捷 911 出战 1966 年阿尔卑斯山拉力赛（Rally Coupe des Alpes）。站在最左边的是保时捷赛车运动和公共关系主管 Huschke von Hanstein。

911 2.0 COUPÉ

1966

Herbert Linge und Gerhard Mitter (im Fahrzeug) mit einem privaten 911 beim Internationalen ADAC-Norisring-Rennen 1966.

Herbert Linge and Gerhard Mitter (in car) with a privateer 911 at the International ADAC Norisring race in 1966.

Herbert Linge et Gerhard Mitter (à bord du véhicule) avec une 911 privée lors de la course internationale de l'ADAC au Norisring (à Nuremberg)

Herbert Linge y Gerhard Mitter (dentro del coche) con un 911 particular en la carrera internacional ADAC-Norisring de 1966.

坐在车内的是 Herbert Linge 和 Gerhard Mitter。他们驾驶一台私人 911 参加了 1996 年度 ADAC 诺里斯林国际大赛（International ADAC Norisring race）。

912 2.0 TARGA

1967

Der als 911 und 912 erhältliche Targa zeichnete sich durch seinen feststehenden Überrollbügel, ein herausnehmbares Faltdach sowie eine herunterklappbare Kunststoff-Heckscheibe aus.

The Targa, available as 911 and 912, featured a rigid roll bar, removable folding roof and fold-down plastic rear window.

Proposée pour les versions 911 et 912, la Targa se distingue par son arceau de sécurité fixe, mais aussi par son toit pliant démontable et sa lunette arrière en plastique rabattable.

La versión Targa del 911 y del 912 tenía una barra antivuelco fija, un techo plegable extraíble y una luneta abatible de material sintético.

保时捷 911 和 912 都推出了 Targa 版本。其突出亮点包括固定的翻滚防护杆，可拆卸的车顶以及可折叠的塑料后窗。

911 2.0 TARGA

1967

Die Produktion des 911 und 912 Targa begann im Dezember 1966. Die Verbindung aus dem Frischluftvergnügen eines Cabrios und der Sicherheit eines Coupés machte die Targa-Modelle einzigartig auf dem Automobilmarkt.

Production of the 911 and 912 Targa began in December 1966. This combination of the fresh air feeling of a convertible and the safety of a coupé made the Targa models unique on the market.

La production des Targa 911 et 912 débute en décembre 1966. C'est le mariage du plaisir de conduire « à ciel ouvert » à la sécurité d'un coupé qui assure aux modèles Targa leur position unique sur le marché automobile.

La versión Targa de los modelos 911 y 912 empezó a fabricarse en diciembre de 1966. Los modelos Targa fueron únicos en el mercado automovilístico, pues permitían disfrutar de la conducción de un coche descapotable, aunque con la seguridad de un coupé.

Targa 版本的 911 和 912 于 1966 年 12 月投产。Targa 车型结合了敞篷车清风拂面的驾乘享受，又兼具硬顶跑车的安全保障，在当时的汽车市场上可谓独树一帜。

911 2.0 TARGA

1967

Werbeplakat für den 911 Targa. Dank seines variablen Dachkonzeptes bot der »Soft-window-Targa« insgesamt vier Möglichkeiten des Offen- bzw. Geschlossenfahrens.

Advertising poster for the 911 Targa. Thanks to its variable roof concept, the “soft window Targa” offered four different driving modes from fully open to fully closed.

Affiche publicitaire pour la 911 Targa. La Targa « Softwindow » fait dans la souplesse : au total, le conducteur peut choisir parmi quatre positions pour conduire ou non cheveux au vent.

Cartel publicitario del 911 Targa. Gracias a su techo variable, el «Targa con luneta blanda» ofrecía, en total, cuatro formas de combinar la conducción abierta o cerrada.

911 Targa 的宣传海报。“采用塑料后窗的 Targa” 车顶设计灵活多变，后窗和车顶共有四种开闭组合。

911 2.0 TARGA

1967

Dieses Werbeplakat für den 911 Targa wurde 1966 von Hanns Lohrer gestaltet und zählt zu den gelungensten Porsche-Auftragsarbeiten des Stuttgarter Künstlers.

This advertising poster for the 911 Targa was created in 1966 by Hanns Lohrer and is one of the best pieces the Stuttgart artist ever did for Porsche.

Cette affiche publicitaire pour la 911 Targa a été conçue par Hanns Lohrer. Elle compte parmi les réalisations les plus réussies que Porsche a commandées à cet artiste de Stuttgart.

Este cartel publicitario del 911 Targa fue creado por Hanns Lohrer en el año 1966. Es considerado uno de los trabajos más logrados que el artista y diseñador gráfico de Stuttgart hizo por encargo de Porsche.

这幅 911 Targa 海报是 Hanns Lohrer 在 1966 年创作的作品，也是这位斯图加特插图艺术家为保时捷所作的最成功的设计之一。

911 2.0 COUPÉ

1966

Der 911 galt schon immer als vielseitiger Sportwagen. Manche Kunden setzten ihn auch als Zugfahrzeug ein. Mit einem Wohnwagen hatte dieser 911 2.0 offensichtlich keine Probleme.

The 911 was always considered a versatile sports car. Some customers even used it for towing. This 911 2.0 obviously had no problems pulling a caravan.

La 911 a toujours eu la réputation d'être une voiture de sport extrêmement polyvalente. Certains clients l'utilisent même avec une remorque. Cette 911 2.0 n'a pas l'air de peiner, malgré la caravane.

El 911 siempre fue considerado un coche deportivo muy versátil. Algunos clientes lo utilizaron para remolcar. Evidentemente este 911 2.0 no tuvo problema alguno con la caravana.

911 一直是跑车中的多面手。一些客户甚至将它用作牵引车。照片中这台 911 2.0 拉起房车可谓得心应手。

911 2.0 COUPÉ

1966

Bei den 24 Stunden von Daytona 1966 gab der neue 906 Carrera 6 sein Motorsportdebut. Neben dem 98 cm flachen Rennsportwagen wirkt selbst das 911 Coupé geradezu riesig.

The new 906 Carrera 6 made its motorsports debut at the 1966 24 Hours of Daytona. Next to the low-slung 98 cm high racer even this 911 Coupé seems almost gigantic.

La nouvelle 906 fête ses débuts en sport automobile aux 24 heures de Daytona de 1966. Haut de seulement 98 cm, ce bolide donne l'impression que la 911 coupé est un véritable géant.

El nuevo 906 Carrera 6 se estrenó en las 24 horas de Daytona de 1966. El 911 Coupé parece gigantesco junto al coche de carreras de apenas 98 cm de altura.

1966 年戴通纳 24 小时耐力赛（24 Hours of Daytona）是全新 906 Carrera 6 在赛场上的首次亮相，与这台高度仅为 98 cm 的赛车相比，连 911 Coupé 都显得如此高大。

911 2.0 COUPÉ

1966

Berg-Europameisterschaft 1966: Der deutsche Rennfahrer Eberhard Mahle im 911 beim Rossfelder Bergrennen. Mahle erzielte den 3. Platz im Gesamtklassement in der GT-Meisterschaft und den Klassensieg bis 2000 ccm.

The 1966 European Mountain Championship: German driver Eberhard Mahle in a 911 at the Rossfeld mountain race. Mahle took 3rd place in the overall rankings in the GT Championship and won the 2000 ccm and under class.

Championnat d'Europe de Montagne en 1966 : le coureur allemand Eberhard Mahle à bord d'une 911 lors de la course du Rossfeld, en Bavière. Troisième au classement général du championnat GT, Mahle remporte en même temps la catégorie des moins de 2 litres.

Campeonato europeo de carreras de montaña de 1966: el piloto alemán Eberhard Mahle en la carrera de Rossfeld, a los mandos de un 911. Mahle logró ocupar el tercer puesto en la clasificación general del campeonato GT y ganó la categoría de hasta 2.000 cc.

1966 年度欧洲爬山锦标赛（European Mountain Championship），德国车手 Eberhard Mahle 驾驶 911，出战罗斯费尔德的山地赛场。Mahle 在该 GT 赛事的所有组别中取得第三名的成绩，并获得 2,000 ccm 及以下组别的冠军。

911 2.0 COUPÉ

1966

Bei der Tour de Corse 1966 erzielten Vic Elford und David Stone auf Porsche 911 Coupé den GT-Klassensieg.

At the 1966 Tour de Corse Vic Elford and David Stone took the GT Championship class victory in a Porsche 911 Coupé.

Au Tour de Corse de 1966 Vic Elford et David Stone s'assurent la victoire dans la catégorie GT au volant de Porsche 911 Coupé.

Vic Elford y David Stone lograron ganar la categoría GT del Tour de Corse de 1966 conduciendo un Porsche 911 Coupé.

1966 年科西嘉岛拉力赛（Tour de Corse）中，Vic Elford 和 David Stone 驾驶一台保时捷 911 Coupé 夺得 GT 组别的冠军。

911 2.0 COUPÉ

1966

Im Jahr 1966 reihte der 911 Sieg an Sieg. Bei der Rallye Monte Carlo erreichten die vier gestarteten Porsche die ersten vier Plätze in der GT-Kategorie. Zum Jahresende wurde der 911 GT-Rallye-Europameister.

In 1966 the 911 went from victory to victory. At the Monte Carlo rally four Porsches left the starting line and subsequently crossed the finish line in first to fourth place in the GT category. The 911 ended the year as European GT Rally champion.

En 1966, la 911 enchaine les victoires. Au rallye de Monte-Carlo les quatre Porsche au départ s'arrogent les quatre premières places dans la catégorie GT. A la fin de l'année, la 911 est championne d'Europe de rallye GT.

Durante el año 1966 se sucedieron las victorias. Los cuatro Porsche que estuvieron en la partida del Rallye Monte Carlo lograron ocupar los cuatro primeros puestos en la categoría GT. Ese año, el 911 fue campeón GT europeo de rallye.

1966 年 911 参加了多项赛事，捷报频传。出战蒙特卡罗拉力赛的四台保时捷在 GT 组别内占据了前四名，年底，911 又夺得欧洲 GT 拉力赛（European GT Rally）桂冠。

911 2.0 / 912

1966

Titelseite des von Erich Strenger gestalteten Verkaufskataloges für die Modelle 911 und 912 aus dem Jahr 1966.

Title page of the 1966 sales catalogue for the 911 and 912 models, designed by Erich Strenger.

Couverture du catalogue de vente de 1966 pour les modèles 911 et 912. Créateur : Erich Strenger.

Portada del prospecto de ventas de los modelos 911 y 912 del año 1966, creado por Erich Strenger.

Erich Strenger 在 1966 年为 911 和 912 设计的产品目录封面。

911 S 2.0 COUPÉ

1966

Im Herbst 1966 folgte mit dem 911 S eine noch sportlichere Variante des Elfers. Eine höhere Verdichtung, Leichtmetallkolben, geänderte Nockenwellen und größere Ventile steigerten die Motorleistung auf 160 PS.

In the autumn of 1966 the 911 S added an even sportier version of the Eleven. Higher compression, aluminium pistons, modified camshafts and larger valves boosted its engine power to 160 hp.

A l'automne de 1966 est lancée une version encore plus sportive de la 911 : c'est la 911 S. Taux de compression plus élevé, arbres à cames modifiés et soupapes de taille augmentée – voilà ce qui fait passer la puissance moteur à 160 ch.

En otoño de 1966 se presentó una versión más deportiva: el 911 S. La potencia aumentó a 160 CV gracias a una mayor compresión, a pistones de metal ligero, árboles de levas modificados y válvulas más grandes.

1966 年秋动力更强劲的 911 S 车型问世。这款车的发动机进行了一系列改进：提高压缩比，采用铝制活塞，改进了凸轮轴并增大了气门尺寸，从而将功率提升至 160 hp。

911 S 2.0 COUPÉ

1966

Als erster Porsche wurde der 911 S mit innenbelüfteten Bremsscheiben ausgestattet. Serienmäßig trug er geschmiedete Leichtmetallräder in der Größe 4,5 J × 15, die als sogenannte »Fuchs-Felgen« legendär wurden.

The 911 S was the first Porsche to have internally ventilated brake discs. As standard equipment it came with forged aluminium wheels in size 4.5 J × 15, which were to gain fame as the legendary "Fuchs rims."

La 911 S est la première Porsche à bénéficier des disques de frein ventilés. Les roues en alliage léger forgées de 4,5 J × 15 dont elle est équipée de série deviendront les légendaires « jantes Fuchs ».

El 911 S fue el primer Porsche con discos de freno autoventilados. De serie estuvo equipado con llantas forjadas de aleación ligera de 4,5 J × 15 que llegaron a ser legendarias como «llantas Fuchs».

911 S 是第一款配备内部通风制动盘的保时捷，标配轻合金锻造的 4.5 J × 15 车轮，也就是富有传奇色彩的 “Fuchs 车轮”。

911 S 2.0 COUPÉ

1966

Im Innenraum beeindruckte der 24.480 D-Mark teure 911 S mit einem Lederlenkrad sowie einer schwarzen Schalttafelverkleidung mit Flechtnarbung.

On the interior, the DM 24,480 911 S presented a leather steering wheel and a dashboard covered in a black weave-pattern material.

L'habitacle de la 911 S dont le prix s'élève à 24 480 marks, fait impression : le volant est en cuir et le tableau est recouvert de cuir noir en décor tressé.

El 911 S costó 24.480 marcos. Su habitáculo impresionó por incluir un volante forrado de piel, así como un recubrimiento del salpicadero de color negro, de material trenzado de fino graneado.

售价为 24,480 马克的 911 S 在内饰上也极为精美：配备真皮方向盘，黑色仪表板带有孔状压纹。

911 S 2.0 COUPÉ

1966

Die Fahrleistungen des 911 S (S für Sport) waren 1966 atemberaubend: Von null auf hundert beschleunigte er in nur 7,6 Sekunden, die Höchstgeschwindigkeit betrug 225 km/h.

The 1966 911 S (S for Sport) had breathtaking performance – it shot from zero to 60 mph in just 7.6 seconds and top speed was 140 mph.

Les performances de la 911 S (S = sport) sont époustouflantes pour 1966 : 0 à 100 km/h en seulement 7,6 secondes, et une vitesse maxi de 225 km/h.

Las prestaciones del 911 S (S por «Sport») de 1966 fueron impresionantes, pues fue capaz de parar el crono en apenas 7,6 segundos al acelerar de 0 a 100 km/h y su velocidad punta fue de 225 km/h.

S 代表运动——1966 年款 911 S 的性能令人惊叹：百公里加速仅需 7.6 秒，最高时速可达 225 km/h。

911 S 2.0 TARGA

1966

Auch der 911 Targa war ab dem Modelljahr 1967 als schnelle S-Variante erhältlich. Kunden aus Übersee konnten ihn im Rahmen des »Tourist Delivery Program« persönlich in Zuffenhausen abholen.

The 911 Targa was also available in the fast S variant starting with the 1967 model year. The "Tourist Delivery Program" let overseas customers pick up their cars in person in Zuffenhausen.

La 911 Targa existe elle aussi en version S, plus rapide, à partir du millésime 1967. Les clients d'outre-mer pouvaient profiter du programme « Tourist Delivery Program» pour la réceptionner personnellement à Zuffenhausen.

A partir de los modelos del año 1967, también se ofreció una variante S más deportiva del 911 Targa. Los clientes de otros continentes podían recogerlo personalmente en la central de Zuffenhausen, gracias al «Tourist Delivery Program.»

1967 车型年，911 Targa 开始提供速度更快的 S 款车型。海外客户可以通过“工厂游览”，亲自到祖文豪森提车。

911 2.0 TARGA

1967

In Deutschland kamen auch Autobahnpolizisten gelegentlich in den Genuss eines Elfers. Hier ein Porsche 911 Targa der Polizeidirektion Düsseldorf.

In Germany, highway policemen occasionally got to drive an Eleven. This is a Porsche 911 Targa belonging to the Düsseldorf Police Department.

En Allemagne, même les agents de la police des autoroutes avaient parfois l'occasion de goûter aux plaisirs d'une Onze. Cette photo montre une Porsche 911 Targa de la police de Düsseldorf.

Algunos policías alemanes, de servicio en las autopistas, tuvieron la suerte de disponer de un 911. En la fotografía se aprecia un 911 Targa de la central de la policía de Dusseldorf.

德国高速公路的路警们偶尔也可以享受 911 带来的驾驶乐趣，这张照片里的保时捷 911 Targa 属于杜塞尔多夫警察局。

911 S 2.0 COUPÉ

1967

Einer der erfolgreichsten Rallye-Piloten der sechziger Jahre war der Pole Sobieslav Zasada. 1967 holte er auf einem Porsche 911 den Sieg bei der Polen-Rallye.

One of the most successful rally drivers of the sixties was Sobieslav Zasada of Poland. In 1967 he drove a Porsche 911 to victory in the Poland Rally.

Le Polonais Sobieslav Zasada est l'un des meilleurs pilotes de rallye des années soixante. En 1967 il remporte le rallye de Pologne à bord d'une Porsche 911.

El polaco Sobieslav Zasada fue uno de los pilotos de rallye más exitosos durante la década de los años sesenta. Ganó el rallye de Polonia de 1967 a los mandos de un Porsche 911.

波兰车手 Sobieslav Zasada 是上世纪 60 年代战绩最为显赫的拉力赛车手之一。1967 年，他驾驶一台保时捷 911 在波兰拉力赛上夺冠。

911 2.0 COUPÉ

1967

»Wie gut kann ein Porsche sein?«, fragt dieses Werbeplakat aus dem Jahr 1967. Sobieslav Zasada stellte dies mit seinem Sieg nach 2055 Meilen quer durch Argentinien eindrucksvoll unter Beweis.

"How good can a Porsche be?" asks this advertising poster from 1967. Sobieslav Zasada offered an impressive answer with his victory after 2055 miles through Argentina.

« Jusqu'où peut aller l'excellence d'une Porsche ? » C'est la question que pose cette affiche publicitaire en 1967. Sobieslav Zasada apporte une réponse convaincante avec sa victoire au bout des 2 055 miles parcourus à travers l'Argentine.

«¿Qué tan bueno puede ser un Porsche?»: esa es la pregunta que se plantea en este cartel publicitario de 1967. Sobieslav Zasada respondió de manera más que convincente cruzando la meta como vencedor tras las 2055 millas del rallye de Argentina.

"保时捷到底有多好？" 是这张 1967 年的广告海报提出的问题。Sobieslav Zasada 驾驶保时捷驰骋 2,055 英里，穿越整个阿根廷，最终折桂，用事实给这个问题提供了最令人信服的答案。

912 TARGA

1967

Auch in Japan fanden der 911 und der 912 von Beginn an viele Freunde, wie diese Werbeanzeige aus dem Jahr 1967 beweist.

The 911 and 912 also had plenty of fans in Japan right from the start, as this 1967 advertisement shows.

Au Japon également, les 911 et 912 se font d'emblée un nombre d'amis impressionnant, comme le montre cette publicité de 1967.

Este aviso publicitario del año 1967 muestra que también muchos japoneses se entusiasmaron desde un principio con el 911 y el 912.

911 和 912 在日本一上市即广受欢迎，1967 年的这张海报正是佐证。

911 S 2.0 COUPÉ

1967

Mensch gegen Maschine. Eine Attraktion des Porsche-Treffens in Zürs 1967 war das sogenannte Hakenziehen. Bei dieser abgewandelten Form des Fingerhakelns trat ein 911 S gegen einen Sportler an.

Man versus machine. The fingerpull was one of the attractions of the 1967 Porsche meet in Zürs. In this spin on a traditional Bavarian test of strength, a 911 S faced off against one man's hooked finger.

L'homme contre la machine : c'est l'une des attractions des rencontres Porsche à Zürs en 1967. Ce jeu, appelé « tir au crochet », est une variante du jeu du doigt de fer, sport national des Bavarois. En l'occurrence, c'est une 911 qui est mise au défi par un athlète.

El hombre contra la máquina. Durante el encuentro de Porsche de 1967 en Zürs, una variante de medir fuerzas con los dedos causó sensación. En este caso, se enfrentaron un experto en esta modalidad deportiva regional y un Porsche 911 S.

1967 年在德国祖尔斯举行的保时捷爱好者聚会上，人车对抗赛吸引了人们的眼球。在这项模仿巴伐利亚传统角力比赛的活动中，对抗的一方是一位运动员，另一方则是一台 911 S。

911 S 2.0 COUPÉ

1967

Ab dem Modelljahr 1968 konnten alle 911 auch mit dem halbautomatischen Sportomatic-Getriebe geordert werden. Im August 1967 war die Sportomatic beim Marathon de la Route über 84 Stunden auf dem Nürburgring erfolgreich eingesetzt worden.

Starting in the 1968 model year all 911s could be ordered with Sportomatic semiautomatic transmission. In August 1967 Sportomatic was used successfully for the 84-hour Marathon de la Route at Nürburgring.

A partir de l'année-modèle 1968 toutes les 911 peuvent être commandées avec la boîte semi-automatique « Sportomatic ». Dès août 1967 la Sportomatic avait été testée avec grand succès sur les 84 heures du Marathon de la Route du Nürburgring.

A partir de los modelos del año 1968, todos los 911 también podían estar equipados con una caja semiautomática Sportomatic. Esta caja se había utilizado con éxito en agosto de 1967 en la maratón de 84 horas en el circuito Nürburgring.

自 1968 车型年开始，911 各款都可根据客户需要，配备半自动 Sportomatic 变速箱。1967 年 8 月，Sportomatic 变速箱在纽伯格林 84 小时马拉松耐力赛（84-hour Marathon de la Route）上大显身手。

911 S 2.0 COUPÉ

1967

Porsche-Werksfahrer Gerhard Mitter auf einem Porsche 911 beim 4-Stunden-Tourenwagenrennen von Monza im Jahr 1967.

Porsche company driver Gerhard Mitter in a Porsche 911 at the 4 hour Monza touring car race in 1967.

Le pilote d'usine Gerhard Mitter à bord d'une Porsche 911 aux 4 heures de Monza, course de voitures de tourisme, en 1967.

El piloto oficial de Porsche, Gerhard Mitter, a los mandos de un Porsche 911 en la carrera de cuatro horas de Monza de turismos del año 1967.

保时捷专职车手 Gerhard Mitter 驾驶保时捷 911 参加 1967 年度意大利蒙扎赛道 4 小时房车赛。

911 S 2.0 COUPÉ

1967

Vic Elford und David Stone im 911 S bei der Rallye Lyon-Charbonnières-Stuttgart-Solitude 1967.

Vic Elford and David Stone in a 911 S at the Lyon-Charbonnières-Stuttgart-Solitude Rally in 1967.

Vic Elford et David Stone à bord de leur 911 S au rallye Lyon-Charbonnières-Stuttgart-Solitude de 1967.

Vic Elford y David Stone conduciendo un 911 S en el rallye Lyon-Charbonnières-Stuttgart-Solitude de 1967.

Vic Elford 和 David Stone 驾驶 911 S 出征 1967 年度里昂-沙博尼耶尔-斯图加特-索雷图德拉力赛。

911 S 2.0 COUPÉ

1967

Sieger der Rallye Lyon-Charbonnières-Stuttgart-Solitude 1967 wurden Vic Elford (rechts) und David Stone auf einem Porsche 911 S.

Vic Elford (right) and David Stone won the 1967 Lyon-Charbonnières-Stuttgart-Solitude Rally in a Porsche 911 S.

Vainqueurs du rallye Lyon-Charbonnières-Stuttgart-Solitude de 1967 : Vic Elford (à droite) et David Stone à bord d'une Porsche 911 S.

Vic Elford (derecha) y David Stone ganaron el rallye Lyon-Charbonnières-Stuttgart-Solitude de 1967 con un Porsche 911 S.

1967 年度里昂–沙博尼耶尔–斯图加特–索雷图德拉力赛的冠军由驾驶保时捷 911 S 的 Vic Elford（右）和 David Stone 夺得。

911 T 2.0 COUPÉ

1968

Das Fassberg-Rennen 1968 war das letzte Rennen von Eberhardt Mahle. Er startete mit einem geliehenen 911 T und siegte mit eineinhalb Minuten Vorsprung. Laut Mahle war dieser Wagen der damals beste Renn-Elfer in Deutschland.

The 1968 Fassberg race was Eberhardt Mahle's last. Driving a borrowed 911 T, he won with one and a half minutes to spare. According to Mahle, the car was the best racing Eleven in Germany at the time.

La compétition de Fassberg de 1968 aura été la dernière course disputée par Eberhardt Mahle. Il prend le départ à bord d'une 911 T prêtée et remporte la course avec une avance d'une minute trente. D'après Mahle, cette voiture était à l'époque la meilleure 911 de course d'Allemagne.

La carrera de montaña Fassberg de 1968 fue la última de Eberhardt Mahle. Ganó con una ventaja de un minuto y medio a los mandos de un 911 T prestado. Según Mahle, ese fue el mejor 911 de carrera en Alemania en aquellos tiempos.

1968 年法斯伯格赛场，Eberhardt Mahle 最后一次出战。他驾驶一台借来的 911 T，以领先一分半钟的成绩获胜。Mahle 认为，这台车是当时德国性能最卓越的 911 赛车。

911 T 2.0 COUPÉ

1967

Zum Herbst 1967 erweiterte Porsche das Modellangebot der 911-Baureihe. Als preisgünstiges Modell wurde der 911 T (T für Touring) angeboten, der mit einem 110 PS starken Sechszylinder ausgestattet war.

In the autumn of 1967 Porsche added another model to the 911 series. The 911 T (for Touring) was the lowest price model and came with a 110 hp six-cylinder engine.

A l'automne 1967 Porsche élargit la gamme de modèles 911 avec la 911 T (T=Touring) dotée d'un moteur 6-cylindres développant 110 ch.

Porsche amplió la gama de modelos del 911 en otoño de 1967. Agregó el modelo 911 T (T por «Touring») más económico, equipado con un motor de seis cilindros de 110 CV.

1967 年秋，911 家族再添新丁。新款 911 T 车型（T 代表旅行）搭载 110 hp 六缸发动机，价格在全系列中位列最低。

911 T 2.0 COUPÉ

1967

Mit einem Gundpreis von 18.980 D-Mark war der 911 T rund 2.000 D-Mark billiger als der »normale« 911 L (L für Luxus). Die Ausstattung des 911 T entsprach weitgehend dem 912.

With a base price of DM 18,980 the 911 T cost around DM 2,000 less than the "normal" 911 L (for luxury). The standard equipment of the 911 T was similar to that of the 912.

Le prix de base de la 911 T est de 18 980 Mark, soit 2 000 de moins que la 911 L « normale » (L=luxe). Les équipements de la 911 T sont sensiblement les mêmes que ceux de la 912.

Con su precio básico de 18.980 marcos, el 911 T costó unos 2.000 marcos menos que el 911 L (L por «lujo») normal. El equipamiento del 911 T correspondía en buena medida al del 912.

911 T 起售价为 18,980 马克，比一般的 911 L（L代表豪华） 的价格整整低了 2,000 马克，它的标准配置基本与 912 一致。

911 T 2.0 TARGA

1967

Im Modelljahr 1968 wurden 6.957 Porsche 911 und 7.242 Porsche 912 produziert. Mit 1.740 Einheiten war der 911 S das meistverkaufte 911-Modell.

6957 Porsche 911s and 7242 Porsche 912s were built in the 1968 model year. At 1740 units, the 911 S was the most-sold 911 version.

6 957 Porsche 911 et 7 242 Porsche 912 du millésime 1968 sont produites. Le modèle 911 le plus souvent vendu, avec 1 740 unités, est la 911 S.

De los modelos del año 1968 se fabricaron 6.957 Porsche 911 y 7.242 Porsche 912. Del 911 S se vendieron 1.740 unidades, por lo que fue el modelo 911 más vendido.

保时捷在 1968 车型年一共生产了 6,957 台 911 和 7,242 台 912。911 各款当中，911 S 最为畅销，共售出了 1,740 台。

911 T 2.0 COUPÉ

1967

Interieur eines 911 T aus dem Modelljahr 1968. Beim 911 T fehlten die Anzeigen für Öldruck und Ölstand.

Interior of a 911 T from the 1968 model year. The 911 T didn't have oil pressure or oil level indicators.

Tableau de bord d'une 911 T du millésime 1968. Les instruments indiquant le niveau et la pression d'huile n'existent pas sur la 911 T.

El interior del 911 T del año 1968. El 911 T no tenía indicadores de presión y de nivel de aceite.

1968 年款 911 T 内饰照片，该车型未配备机油压力表和机油油位表。

911 T 2.0 TARGA

1968

Eine Ausbildung bei Porsche war bereits 1968 etwas Besonderes. Stolz präsentierten die Lehrlinge einen 911 T Targa.

By 1968 job training at Porsche was something special. These apprentices are proudly showing off a 911 T Targa.

Dès 1968, être apprenti chez Porsche est une expérience à part. C'est avec fierté que ces apprentis présentent une 911 T Targa.

Ser aprendiz en Porsche ya fue algo especial en 1968. Muy orgullosos, los aprendices presentan un 911 T Targa.

能在保时捷接受职业培训早在 1968 年便已是许多人梦寐以求的事。满怀自豪的学徒工们正在展示一台 911 T Targa 车型。

911 L 2.0 COUPÉ

1968

Auch Alpenpässe meisterte der 911 L problemlos, denn zur Verbesserung des Fahrverhaltens erhielt er einen Stabilisator an der Vorderachse. Verzögert wurde mit den innenbelüfteten Scheibenbremsen aus dem 911 S.

The 911 L had no problems with Alpine passes thanks to a stabilizer on the front axle that improved handling. Internally-ventilated disc brakes from the 911 S brought it to a halt.

La 911 L négocie avec beaucoup d'aisance les cols alpins. Elle vient en effet de recevoir une barre stabilisatrice à l'essieu avant afin d'améliorer la tenue de route. Les freins profitent des disques ventilés de la 911 S.

El 911 L supera sin problemas puertos de montaña, gracias a la barra estabilizadora en el eje delantero, que optimizó su comportamiento dinámico. Los frenos con discos autoventilados eran idénticos a los del 911 S.

911 L 的前桥配备了稳定杆，从而改善了行驶性能，即使在阿尔卑斯山的山路上行驶仍能如履平地。这款车的制动系统则采用与 911 S 同样的内部通风式制动盘。

911 L 2.0 COUPÉ

1968

Die Nähe zum Rennsport thematisiert dieses Motiv aus dem Verkaufskatalog für den Porsche 911 L.

This page from the Porsche 911 L sales catalogue builds on the car's racing credentials.

Ce catalogue de vente de la Porsche 911 L insiste sur la proximité entre Porsche et le sport automobile.

Esta fotografía del catálogo de ventas del 911 L simboliza la cercanía al deporte de competición automovilística.

这张选自保时捷 911 L 产品目录的图片紧扣赛车运动这个主题。

911 L 2.0 COUPÉ

1968

Im Modelljahr 1968 wurden in Zuffenhausen 2.402 Einheiten des 911 L gebaut. Der Grundpreis betrug 21.450 D-Mark.

2402 of the 911 L were built in Zuffenhausen in the 1968 model year. The base price was DM 21,450.

Pour l'année 1968, 2 402 exemplaires de la 911 L sont construits à Zuffenhausen. Le prix de base est de 21 450 Mark.

Del 911 L del año 1968 se fabricaron 2.402 unidades en la planta de Zuffenhausen. El precio básico fue de 21.450 marcos.

1968 车型年，祖文豪森一共生产了 2,402 台 911 L，起售价为 21,450 马克。

911 S 2.0 COUPÉ

1968

Ab 1968 erhielten alle Porsche 911 serienmäßig 5,5 Zoll breite Felgen. Koni-Stoßdämpfer waren weiterhin allein dem Spitzenmodell 911 S vorbehalten.

Starting in 1968 all Porsche 911s came with 5.5 inch rims as standard. Koni shocks were still reserved for the top 911 S model.

A partir de 1968, toutes les Porsche 911 sont équipées de série de jantes de 5,5 pouces. Les amortisseurs Koni continuent à être réservés au modèle phare, la 911 S.

A partir del año 1968 todos los Porsche 911 incluían de serie llantas de 5,5 pulgadas de ancho. El modelo más alto de la gama, el 911 S, era el único que tenía amortiguadores Koni.

1968 年起，所有保时捷 911 均标配 5.5 英寸宽的车轮，而 Koni 减震器则仅提供给最顶级的 911 S 车型。

911 S 2.0 TARGA

1968

Familienrat am 911 S Targa: (v.l.) Ferdinand Piëch, Ferry Porsche, Peter Porsche, Ferdinand Alexander Porsche.

A family meeting and a 911 S Targa. Left to right: Ferdinand Piëch, Ferry Porsche, Peter Porsche, Ferdinand Alexander Porsche.

Conseil de famille autour de la 911 S Targa : (de g. à d.) Ferdinand Piëch, Ferry Porsche, Peter Porsche et Ferdinand Alexander Porsche.

Reunión familiar junto al 911 S Targa: (de izq. a der.) Ferdinand Piëch, Ferry Porsche, Peter Porsche, Ferdinand Alexander Porsche.

911 S Targa 旁召开的家庭会议。从左到右分别是：Ferdinand Piëch、Ferry Porsche、Peter Porsche 和 Ferdinand Alexander Porsche。

911 R

1968

Der 911 R (R für Rennen) entstand zwischen 1967 und 1969 als Kleinserie von 20 Fahrzeugen. Er galt als Top-Sportgerät für ambitionierte Privatrennfahrer. Dank zahlreicher Kunststoffteile wog der Rennwagen nur 820 kg.

The 911 R (for Race) was a small series of 20 cars made between 1967 and 1969 as a top sporter for ambitious private racers. Thanks to its many synthetic components, the car weighed only 820 kg.

La 911 R (R =course) est produite de 1967 à 1969 en série limitée à 20 véhicules. Pour les coureurs privés ambitieux, c'est le nec plus ultra de la voiture de sport. Grâce à ses nombreuses pièces en matière plastique, ce bolide ne pèse que 820 kilos.

Del 911 R (R por «Rennen», que significa carrera en alemán) se fabricó una pequeña serie de 20 unidades entre los años 1967 y 1969. Fue considerado un coche superdeportivo, apropiado para ambicionados pilotos de escuderías privadas. Gracias a la gran cantidad de componentes de material sintético, el coche apenas pesó 820 kilogramos.

1967 年到 1969 年间制造的 911 R（R 代表赛车）仅生产了 20 台，是专为雄心勃勃的私人赛车手打造的赛场利器。由于采用了大量的塑料部件，整车重量仅为 820 kg。

911 R

1968

Angetrieben wurde der 911 R vom Motor des 906 Carrera 6. Aus 2 Liter Hubraum holte das Triebwerk 210 PS bei 8.000/min. Der Verkaufspreis des Leichtbau-Elfers lag bei 45.000 D-Mark.

The 911 R was powered by the same engine used in the 906 Carrera 6, whose 2 litre displacement gave it 210 hp at 8000 rpm. The sales price of this light version of the Eleven was DM 45,000.

La 911 R est équipée du moteur de la 906 Carrera 6. Avec sa cylindrée de 2 litres, le groupe propulseur développe 210 ch à 8 000 tr/min. La 911 version allégée est vendue 45000 Mark.

El 911 R tuvo el mismo motor que el 906 Carrera 6. Este propulsor tenía 2.000 cc y una potencia de 210 CV a 8.000 rpm. El precio de venta del 911 ligero fue de 45.000 marcos.

911 R 配备的是 906 Carrera 6 的发动机，排量 2 升，转速在 8000 rpm 时输出功率为 210 hp。这台轻量化 911 的销售价格约为 45,000 马克。

911 R

1967

Traditionell nutzte Porsche Rekordfahrten um neue Technologien öffentlichkeitswirksam zu erproben. In Monza stellte ein 911 R neue Weltrekorde unter anderem über 20.000 und 25.000 Kilometer auf.

Porsche traditionally used record attempts to test new technologies while gaining publicity. In Monza, a 911 R set new world records, including for 20,000 and 25,000 kilometres.

C'est une tradition : Porsche s'appuie sur ses records pour tester et présenter avec succès les nouvelles technologies au grand public. A Monza, une 911 R bat plusieurs records du monde, notamment sur 20 000 et 25 000 kilomètres.

Porsche tradicionalmente aprovechó pruebas con perspectivas de batir récords, con el fin de probar nuevas tecnologías despertando el interés del público en general. El 911 R logró establecer nuevos récords en Monza sobre los 20.000 y los 25.000 kilómetros.

保时捷常用创造纪录这种能引起公众关注的方式来考验新技术。911 R 在蒙扎赛道上创造了 20,000 km 和 25,000 km 两项新的世界纪录。

911 R

1968

Herbert Linge, Dieter Glemser und Helmut Kelleners starteten im 911 R beim Marathon de la Route auf dem Nürburgring 1968.

Herbert Linge, Dieter Glemser and Helmut Kelleners started the Marathon de la Route at Nürburgring in 1968 in a 911 R.

En 1968, Herbert Linge, Dieter Glemser et Helmut Kelleners prennent le départ du Marathon de la Route sur le Nürburgring au volant d'une 911 R.

Herbert Linge, Dieter Glemser y Helmut Kelleners participaron en la maratón del circuito Nürburgring de 1968 a los mandos de un 911 R.

Herbert Linge、Dieter Glemser 和 Helmut Kelleners 驾驶 911 R 出征 1968 年度纽伯格林赛道的马拉松耐力赛。

911 T 2.0 COUPÉ »RALLYE«

1968

Aus den Händen des Fürstenpaares von Monaco nahmen die Sieger der Rallye Monte Carlo 1968, Vic Elford und David Stone (Porsche 911 T), die begehrteste Trophäe des Rallye-Sports entgegen.

Vic Elford and David Stone (Porsche 911 T), winners of the 1968 Rally Monte Carlo, receive rally racing's most coveted trophy from Prince Rainier and Princess Grace of Monaco.

En 1968, le couple princier de Monaco remet aux vainqueurs du Rallye de Monte Carlo, Vic Elford et David Stone (Porsche 911 T), le trophée le plus convoité du sport de rallye.

Los Príncipes de Mónaco entregaron en 1968 a Vic Elford y David Stone (Porsche 911 T) el trofeo más codiciado del deporte de rallye: el del Rallye Monte Carlo.

1968 年蒙特卡罗拉力赛冠军得主 Vic Elford 和 David Stone 凭借保时捷 911 T 从摩纳哥大公夫妇手中接过了这座令所有拉力赛车手梦寐以求的奖杯。

911 S 2.0 COUPÉ »LONDON-SYDNEY«

1968

Im Kundenauftrag wurden 1968 von der Werks-Reparatur-abteilung zwei Porsche 911 S aufwändig für die Rallye »London-Sydney« umgebaut.

At the request of a customer, two Porsche 911 S cars were extensively modified for the London-Sydney rally in 1968 by the factory Repair Department.

En 1968, sur demande privée, le département réparation de l'usine transforme deux Porsche 911 S en vue de leur participation au rallye « Londres-Sydney ».

Por encargo de sus propie-tarios se modificaron en 1968 substancialmente dos Porsche 911 S con el fin de utilizarlos en el rallye Londres-Sydney.

保时捷工厂的维修部门接到客户委托，对两台 911 S 进行大幅改装，以应战伦敦–悉尼拉力赛。

911 2.0 COUPÉ

1968

Die »East African Safari Rallye« führte 1968 über 3.000 Meilen durch Kenia, Uganda und Tansania. Von 93 gestarteten Fahrzeugen sind nur 7 ins Ziel gekommen, darunter Edgar Georg Herrmann und Gerd Elvers auf einem Porsche 911.

The 1968 East African Safari Rally route covered 3000 miles through Kenya, Uganda and Tanzania. Of the 93 cars that started, only 7 made it to the finish line. One of them was a Porsche 911 driven by Edgar Georg Herrmann and Gerd Elvers.

En 1968, le « East African Safari Rallye » se déroule sur plus de 3 000 miles, un parcours qui traverse le Kenya, l'Ouganda et la Tanzanie. Sur les 93 véhicules au départ, seuls 7 franchiront la ligne d'arrivée.

El «East African Safari Rallye» de 1968 tuvo un recorrido de 3.000 millas, atravesando Kenia, Uganda y Tanzania. De los 93 coches que partieron, tan sólo 7 llegaron a la meta. Entre ellos, el Porsche 911 pilotado por Edgar Georg Herrmann y Gerd Elvers.

1968 年度的东非肯尼亚拉力赛（East African Safari Rally）横穿肯尼亚、乌干达和坦桑尼亚，全程超过 3,000 英里。启程时的 93 台参赛车辆最后只有 7 辆到达终点，而 Georg Herrmann 和 Gerd Elvers 驾驶的这台保时捷 911 就是为数极少的经受住严苛考验的车辆之一。

911 L 2.0 COUPÉ

1968

Völkerverbindender Motorsport: Dieser 911 L nahm 1968 bei der DDR Rallye teil.

Motorsports bringing nations together: This 911 L participated in the GDR Rally in 1968.

Le sport automobile rapproche les peuples. En 1968, cette 911 L participe au Rallye RDA (Allemagne de l'Est).

El deporte de competición automovilística fortaleciendo lazos entre ciudadanos de un mismo pueblo: este 911 L participó en el rallye de la República Democrática de Alemania de 1968.

赛车运动将东西德人民联系在一起：这台 911 L 参加了 1968 年度民主德国拉力赛。

911 T 2.0 COUPÉ

1968

Bei der Rallye Akropolis 1968 erzielten Pauli Toivonen und Kolari auf einem Porsche 911 T Coupé den 3. Platz im Gesamtklassement.

At the 1968 Acropolis Rally Pauli Toivonen and Kolari won 3rd place in the overall rankings in a Porsche 911 T Coupé.

En 1968, au Rallye de l'Acropole, Pauli Toivonen et Kolari décrochent la 3e place au classement général, au volant d'une Porsche 911 T Coupé.

Pauli Toivonen y Martti Kolari ocuparon el tercer puesto de la clasificación general del rally Acrópolis 1968 a los mandos de un 911 T Coupé.

1968 年度的希腊雅典卫城拉力赛（Acropolis Rally）上，Pauli Toivonen 和 Kolari 驾驶一台保时捷 911 T Coupé 获得总排名第三的佳绩。

911 L 2.0 COUPÉ

1968

Helmut Kelleners und Jürgen Neuhaus auf einem Porsche 911 L beim Tourenwagen-Rennen auf dem Nürburgring 1968.

Helmut Kelleners and Jürgen Neuhaus in a Porsche 911 L at the touring car race at Nürburgring in 1968.

Helmut Kelleners et Jürgen Neuhaus au volant d'une Porsche 911 en 1968, lors de la course de voitures de tourisme au Nürburgring.

Helmut Kelleners y Jürgen Neuhaus conduciendo un 911 L en la carrera de turismos de 1968 en el circuito Nürburg-ring.

Helmut Kelleners 和 Jürgen Neuhaus 驾驶保时捷 911 L 参加 1968 年度纽伯格林房车赛。

911 T 2.0 COUPÉ

1968

Bei den 24 Stunden von Le Mans 1968 gewannen Jean-Pierre Gaban und Roger Vanderschrieck die GT-Klasse bis 2000 ccm.

At the 1968 24 Hours of Le Mans, Jean-Pierre Gaban and Roger Vanderschrieck won in the GT class up to 2000 ccm.

Aux 24 Heures du Mans de 1968, Jean-Pierre Gaban et Roger Vandenschrieck remportent la catégorie GT pour les moins de 2 000 cc.

Jean-Pierre Gaban y Roger Vanderschrieck, ganadores de la categoría GT hasta 2.000 cc en las 24 horas de Le Mans de 1968.

Jean-Pierre Gaban 和 Roger Vanderschrieck 获得了 1968 年度勒芒 24 小时耐力赛 2,000 ccm 以下 GT 组别的冠军。

911 T 2.0 COUPÉ

1968

Im Spätsommer 1968 begann das letzte Modelljahr der 2 Liter-Motoren, der Radstand aller 911- und 912-Modelle wuchs um 57 mm auf 2268 mm. Als einzige Variante behielt der 911 T die Weber-Vergaser.

The late summer of 1968 saw the start of the last model year with 2 litre engines. The wheelbase of all 911s and 912s grew by 57 mm to 2268 mm. The 911 T was the only model to retain the Weber carburettor.

La fin de l'été 1968 marque la dernière année de construction des moteurs 2 litres. L'empattement de tous les modèles de 911 et 912 augmente de 57 mm pour passer à 2 268 mm. La 911 T est le seul modèle à conserver les carburateurs Weber.

Finalizando el verano de 1968 empezó el último año de fabricación de los motores de 2.000 cc. Además, la distancia entre ejes de los modelos 911 y 912 aumentó en 57 mm, siendo entonces de 2.269 milímetros. El 911 T fue la única variante que siguió equipada con los carburadores Weber.

1968 年夏末 2 升发动机的生产进入最后一个车型年。911 和 912 的所有车型轴距均加长了 57 mm，达到 2,268 mm。911 T 是唯一继续配备 Weber 化油器的车型。

911 E 2.0 TARGA

1968

Der 911 E löste zum Modelljahr 1969 den 911 L ab. Durch seine Doppelreiheneinspritzpumpe stieg die Motorleistung um 10 PS auf 140 PS an. Serienmäßig hatte der 911 hydropneumatische Federbeine an der Vorderachse.

The 911 E replaced the 911 L in the 1969 model year. Its dual-row injection pump added another 10 hp for an engine output of 140 hp. The 911 came with hydropneumatic front suspension struts as standard equipment.

Pour le millésime 1969, la 911 E remplace la 911 L. Grâce à sa pompe d'injection à double rampe, la puissance du moteur augmente de 10 ch et atteint 140 ch. La 911 de série est équipée de bras de suspension hydropneumatiques sur l'essieu avant.

En el año 1969, el 911 E sustituyó el 911 L. La potencia aumentó en 10 CV a 140 CV, gracias a la bomba de inyección de dos líneas. El 911 incluyó de serie montantes hidroneumáticos en el eje delantero.

从 1969 车型年开始，911 E 取代了 911 L。由于发动机配备了双列喷油泵，功率增加了 10 hp 达到了 140 hp。911 E 的前桥标配液压气动悬挂滑柱。

911 S 2.0 COUPÉ

1968

Der Porsche 911 S Coupé leistete im Modelljahr 1969 dank seiner mechanischen Saugrohreinspritzung 170 PS. Ein Sperrdifferential war als Sonderwunsch erhältlich.

Thanks to its mechanical induction tube injection, the 1969 Porsche 911 S Coupé gave 170 hp. A locking differential was available as an option.

Grâce à l'injection directe mécanique dans la tubulure d'admission, la Porsche 911 S Coupé développe 170 ch pour le millésime 1969. Un blocage de différentiel est disponible sur demande.

El Porsche 911 S Coupé del año 1969 tenía una potencia de 170 CV, gracias a su sistema de inyección mecánica por tubo de aspiración. Opcionalmente podía adquirirse un bloqueo del diferencial.

1969 年款的保时捷 911 S Coupé 凭借其机械控制的进气歧管喷油器，动力增至 170 hp，也可以根据客户要求选装自锁式差速器。

911 T 2.0 COUPÉ

1968

Diese Werbeaufnahme entstand im Sommer 1968 vor dem Schloss Solitude bei Stuttgart. Im Vordergrund ein 911 T Coupé in US-Ausführung.

This advertising shot was taken in the summer of 1968 in front of the Solitude palace near Stuttgart. In the foreground is a 911 T Coupé in US configuration.

Cette photo publicitaire de 1968 a été prise devant le château Solitude près de Stuttgart. Au premier plan, une 911 Coupé version américaine.

Esta fotografía publicitaria muestra el 911 T Coupé, versión estadounidense, un día de verano de 1968 delante del castillo Solitude, cerca de Stuttgart.

这张海报照片摄于 1968 年夏季斯图加特附近的寂静城堡，画面前方是一台美版的 911 T Coupé。

911 T 2.0 TARGA

1969

Dieser amerikanische 911 T Targa (Modelljahr 1969) war in Connecticut beheimatet.

This 1969 model American 911 T Targa was based in Connecticut.

Cette 911 T Targa américaine (millésime 1969) a trouvé domicile dans le Connecticut.

Este 911 T Targa del año 1969 encontró su destino en Connecticut.

这台 1969 年款的美版 911 T Targa 在美国康涅狄格州安家。

911 S 2.0 TARGA

1969

Die japanische Rennlegende Tetsu Ikuzawa vor seinem 911 S 2.0 Targa (Modelljahr 1969). Als Porsche-Werksrennfahrer pilotierte Ikuzawa unter anderem einen 906 Carrera 6.

Japanese racing legend Tetsu Ikuzawa in front of his 911 S 2.0 Targa (1969 model year). As a Porsche works driver, Ikuzawa also piloted a 906 Carrera 6.

Le célèbre pilote de course japonais Tetsu Ikuzawa devant sa 911 S 2.0 Targa (millésime 1969). Le pilote d'usine de Porsche conduit, entre autres, une 906 Carrera 6.

Tetsu Ikuzawa, legendario piloto japonés, delante de su 911 S 2.0 Targa del año 1969. En su cualidad de piloto oficial de Porsche estuvo al mando de un 906 Carrera 6, además de otros modelos de carreras.

日本传奇车手生沢徹站在他的911 S 2.0 Targa 前面（1969年款）。作为保时捷厂队车手，生沢也驾驶过 906 Carrera 6。

911 S 2.0 TARGA

1969

Model und Schauspielerin Ira von Fürstenberg bei Dreharbeiten im Porsche 911 S Targa (Modelljahr 1967).

Model and actress Ira von Fürstenberg during filming in a 1967 Porsche 911 S Targa.

La mannequin et comédienne Ira von Fürstenberg dans une Porsche 911 S (millésime 1967) lors d'un tournage.

La modelo y actriz Ira von Fürstenberg durante el rodaje de una película en un Porsche 911 S Targa del año 1967.

模特兼演员 Ira von Fürstenberg 女士在一台 1969 年款的保时捷 911 S Targa 内拍摄电影。

911 S 2.0 TARGA

1969

Die dritte Porsche-Generation: (v.l.) Ferdinand Piëch, Ferdinand Alexander Porsche, Michel Piëch. Vor ihnen ein Modell des 911 S 2.0 Targa.

Porsche – the third generation (left to right): Ferdinand Piëch, Ferdinand Alexander Porsche and Michel Piëch with a model of the 911 S 2.0 Targa.

La troisième génération Porsche (de g. à d.) : Ferdinand Piëch, Ferdinand Alexander Porsche et Michel Piëch. Au premier plan, une 911 S 2.0 Targa.

La tercera generación de Porsche: (de izq. a der.) Ferdinand Piëch, Ferdinand Alexander Porsche, Michel Piëch. Delante de ellos, un modelo del 911 S 2.0 Targa.

保时捷家族第三代成员，从左到右分别是：Ferdinand Piëch、Ferdinand Alexander Porsche 和 Michel Piëch。他们面前是一台 911 S 2.0 Targa。

911 T 2.0 COUPÉ

1969

Diese Werbeanzeige aus Kanada warb für den Porsche 911 des Modelljahres 1969.

This Canadian advertisement was for the 1969 model Porsche 911.

Publicité canadienne de la Porsche 911, millésime 1969.

Aviso publicitario canadiense del Porsche 911 del año 1969.

这则广告来自加拿大，主角是 1969 年款保时捷 911。

911 T 2.0 TARGA

1969

Porsche 911 T in US-Ausführung auf dem Rollenprüfstand in Zuffenhausen. Ab dem Modelljahr 1968 erhielt der Targa eine fest eingebaute Heckscheibe aus beheizbarem Sicherheitsglas.

A Porsche 911 T in US configuration on the roller test bed in Zuffenhausen. Starting with the 1968 model year the Targa had a fixed heated rear window of safety glass.

La Porsche 911 T version américaine sur le banc d'essai de Zuffenhausen. A partir de 1968, la Targa est équipée d'une lunette arrière fixe en verre de sécurité chauffant.

Versión estadounidense de un Porsche 911 T, en el banco de pruebas de Zuffenhausen. A partir del modelo del año 1968, el Targa tuvo una luneta térmica de cristal de seguridad.

美版 911 T 在祖文豪森接受转鼓测试。从 1968 年款开始，911 Targa 的后窗采用固定安装的加热式安全玻璃。

911 T 2.0 TARGA

1969

Diese stimmungsvolle Aufnahme eines 911 T entstand im Herbst 1968 in Tübingen.

This expressive shot of a 911 T was taken in Tübingen in the autumn of 1968.

Cette photo idyllique d'une 911 T a été réalisée à l'automne 1968 à Tübingen.

Esta expresiva fotografía del 911 T, tomada en Tubinga, data del otoño del año 1968.

1968 秋 911 T 在德国图宾根留下了这张富有感染力的照片。

911 S 2.0

1968

Zum Saisonende 1968 fasste der Stuttgarter Grafiker Erich Strenger die sportlichen Erfolge des 911 auf einem Plakat zusammen.

At the end of the 1968 season Stuttgart graphic artist Erich Strenger summarized the 911's race successes on a poster.

A la fin de la saison 1968, le graphiste Erich Strenger originaire de Stuttgart réalise une affiche présentant les succès sportifs de la 911.

Al finalizar la temporada de carreras de 1968, el diseñador gráfico Erich Strenger de Stuttgart resumió los éxitos del 911 en un cartel.

1968 赛季接近尾声之际，斯图加特的插图设计师 Erich Strenger 成功地将 911 在赛场上取得的辉煌成绩浓缩到这张海报上。

911 T 2.0 COUPÉ

1968

US-Werbeanzeigen der Porsche of America Corporation aus dem Jahr 1970.

US ads by Porsche of America Corporation from 1970.

Publicités américaines de 1970 de la Porsche of America Corporation.

Avisos publicitarios estadounidenses de Porsche of America Corporation del año 1970.

1970 年保时捷美国公司发布的广告。

911 S 2.0 TARGA

1969

Der amerikanische Astronaut Russell Louis Schweickart (Apollo 9) nahm 1969 in Stuttgart seinen 911 entgegen.

American Apollo 9 astronaut Russell Louis Schweickart picked up his 911 in Stuttgart in 1969.

En 1969, l'astronaute américain Russell Louis Schweickart (Apollo 9) réceptionne sa 911 à Stuttgart.

El astronauta americano Russell Louis Schweickart (Apollo 9) recibió su 911 en Stuttgart en el año 1969.

1969 年，阿波罗 9 号的美国宇航员 Russel Louis Schweickart 在斯图加特拿到了他的 911。

912 TARGA / 911 T 2.0 COUPÉ

1969

Der stilvolle Verkaufsraum eines deutschen Porsche-Händlers im Jahr 1969.

The stylish showroom of a German Porsche dealership in 1969.

Show-room d'un concessionnaire Porsche allemand en 1969. Quel style !

El refinado ambiente de la sala de exposición de un concesionario de Porsche del año 1969.

1969 年，德国保时捷经销商的展厅，呈现出雅致的格调。

TYP 901/10

1969

Der 2 Liter-Boxermotor des 911 mobilisierte ab dem Modelljahr 1969 stolze 170 PS, was einer Literleistung von 85 PS entsprach. Die Maximaldrehzahl lag bei 7.200/min.

In 1969 the 911's 2 litre boxer engine mobilized a generous 170 hp, or 85 hp per litre. Its maximum rpm was 7200.

A partir de l'année 1969, le moteur boxer 2 litres de la 911 développe pas moins de 170 ch, soit une puissance au litre de 85 ch. Le régime maxi est de 7 200 tr/min.

El motor bóxer de 2.000 cc del 911 de año 1969 tenía respetables 170 CV, es decir, una potencia relativa de 85 CV por 1.000 cc. Las revoluciones máximas eran de 7.200 rpm.

1969 年开始，911 的 2 升水平对置发动机的功率提升到令人惊叹的 170 hp，即升功率达到 85 hp，最大转速为 7,200 rpm。

911 S 2.0 COUPÉ »RALLYE«

1969

Das Porsche-Werksteam mit seinen vier Einsatzwagen vor der Abfahrt zur Rallye Monte Carlo 1969, die mit einem Porsche-Doppelsieg endete.

The Porsche factory team with its four race cars ready to head out to the 1969 Rally Monte Carlo, which ended with a double victory for Porsche.

L'équipe d'usine Porsche avec ses quatre bolides avant le départ du Rallye Monte Carlo 1969 qui sera couronnée par une double victoire de Porsche.

Los cuatro coches de la escudería oficial de Porsche a punto de partir hacia el Rallye Monte Carlo de 1969. La carrera concluyó con una doble victoria de Porsche.

由四台参赛车辆组成的保时捷工厂车队即将出征 1969 年度蒙特卡罗拉力赛。这场比赛中保时捷获得了第一和第二名的佳绩。

911 S 2.0 COUPÉ »RALLYE«

1969

Die vier Werkswagen Typ 911 S für die Rallye Monte Carlo im Porsche wurden mit den Teams für Waldegaard/Helmer, Larrousse/Perramond, Elford/Stone und Toivonen/Lehto besetzt.

The four 911 S factory-run cars for the Rally Monte Carlo were manned by Waldegaard/Helmer, Larrousse/Perramond, Elford/Stone and Toivonen/Lehto.

Les quatre 911 S d'usine pour le Rallye Monte Carlo sont pilotées par les équipes suivantes : Waldegaard/Helmer, Larrousse/Perramond, Elford/Stone et Toivonen/Lehto.

Los cuatro coches oficiales 911 S de Porsche para el Rallye Monte Carlo fueron pilotados por Waldegaard/Helmer, Larrousse/Perramond, Elford/Stone y Toivonen/Lehto.

保时捷厂队出战蒙特卡罗拉力赛的四台 911 S 分别由 Waldegaard/Helmer、Larrousse/Perramond、Elford/Stone 和 Toivonen/Lehto 驾驶。

911 S 2.0 COUPÉ

1969

Beim internationalen Solitude-Rennen 1969 auf dem Hockenheimring startete der Privatfahrer Eberhard Sindel auf einem Porsche 911 S.

At the international Solitude race in 1969 at Hockenheimring, privateer Eberhard Sindel raced in a Porsche 911 S.

En 1969, à la course internationale Solitude sur le circuit de Hockenheim, le conducteur privé Eberhard Sindel prend le départ au volant d'une Porsche 911 S.

Eberhard Sindel, piloto de una escudería privada, participó en un Porsche 911 S en la carrera Solitude de 1969, que se disputó en el circuito de Hockenheim.

1969 年 Eberhard Sindel 以个人身份驾驶一台保时捷 911 S 参加在霍根海姆赛道举行的索雷图德国际汽车大赛。

911 T 2.0 COUPÉ

1969

Bei der Targa Florio 1969 erzielten die Italiener Everardo Ostini und Gianpiero Moretti auf einem Porsche 911 T den 10. Platz im Gesamtklassement.

At the 1969 Targa Florio Italians Everardo Ostini und Gianpiero Moretti took 10th place in the overall rankings in a Porsche 911 T.

A la Targa Florio en 1969, les Italiens Everardo Ostini et Gianpiero Moretti décrochent la 10e place au classement général au volant d'une Porsche 911 T.

Los italianos Everardo Ostini y Gianpiero Moretti consiguieron ocupar el décimo lugar de la clasificación general en la Targa Florio de 1969 pilotando un Porsche 911 T.

1969 年意大利车手 Everardo Ostini 和 Gianpiero Moretti 驾驶一台保时捷 911 T 参加塔格·佛罗热（Targa Florio）公路耐力赛，获得总排名第十的成绩。

911 T 2.0 COUPÉ

1969

Der Initiator der ONS-Sicherheitsstaffel, Herbert Linge, 1969 mit einem 911 T Coupé auf dem Nürburgring.

Herbert Linge, Initiator of the ONS Safety Team, with a 911 T Coupé at Nürburgring in 1969.

L'initiateur de l'équipe de sécurité ONS Herbert Linge en 1969 avec une 911 T Coupé sur le circuit du Nürburgring.

El fundador del equipo de rescate en circuitos ONS, Herbert Linge, en el año 1969 con un 911 T Coupé en el circuito Nürburgring.

1969 年，德国国家汽车运动委员会安全团队的创建者 Herbert Linge 先生驾驶一台 911 T Coupé 驰骋于纽伯格林赛道。

911 S 2.0 COUPÉ

1969

Nach ihrem Erfolg bei der Rallye Monte Carlo siegten Björn Waldegaard und Lars Helmer auch bei der Schweden Rallye 1969 auf einem Porsche 911 S.

After their success at the Rally Monte Carlo Björn Waldegaard and Lars Helmer also won the 1969 Sweden Rally in a Porsche 911 S.

En 1969, après leur victoire au Rallye Monte Carlo, Björn Waldegaard et Lars Helmer remportent également le Rallye de Suède au volant d'une Porsche 911S.

Después de ganar el Rallye de Monte Carlo, Björn Waldegaard y Lars Helmer también lograron vencer en el rally de Suecia de 1969 a los mandos de un Porsche 911 S.

在蒙特卡罗拉力赛上凯旋而归后，车手 Björn Waldegaard 和 Lars Helmer 再接再厉，驾驶保时捷 911 S 获得了 1969 年度瑞典拉力赛的冠军。

911 T 2.0 COUPÉ

1968

Claude Ballot-Léna und Jean-Claude Morénas fuhren den Porsche 911 T des französischen Teams »Ecurie Sonauto« bei der Rallye Tour de France 1969.

Claude Ballot-Léna and Jean-Claude Morénas drove the French "Ecurie Sonauto" team's Porsche 911 T at the Tour de France rally in 1969.

Claude Ballot-Léna et Jean-Claude Morénas pilotent la Porsche 911 T de l'équipe française « Ecurie Sonauto » au rallye du Tour de France en 1969.

Claude Ballot-Léna y Jean-Claude Morénas pilotaron el Porsche 911 T de la escudería francesa «Ecurie Sonauto» en el rallye Tour de France 1969.

Claude Ballot-Léna 和 Jean-Claude Morénas 驾驶法国车队"Ecurie Sonauto" 的保时捷 911 T，出征 1969 年度的环法汽车拉力赛。

911 2.0 COUPÉ

1969

Dieses Siegesplakat würdigte den großen Porsche-Erfolg bei den 24 Stunden von Francorchamps 1969.

This victory poster hailed Porsche's big win at the 24 Hours of Francorchamps in 1969.

Cette affiche célèbre la victoire magistrale de Porsche au 24 Heures de Francorchamps en 1969.

Este cartel festeja la gran victoria de Porsche en las 24 horas de Francorschamps de 1969.

1969 年保时捷参加斯帕赛道 24 小时耐力赛（24 Hours of Francorchamps）取得巨大成功，这张海报专为庆祝这一辉煌战绩而制作。

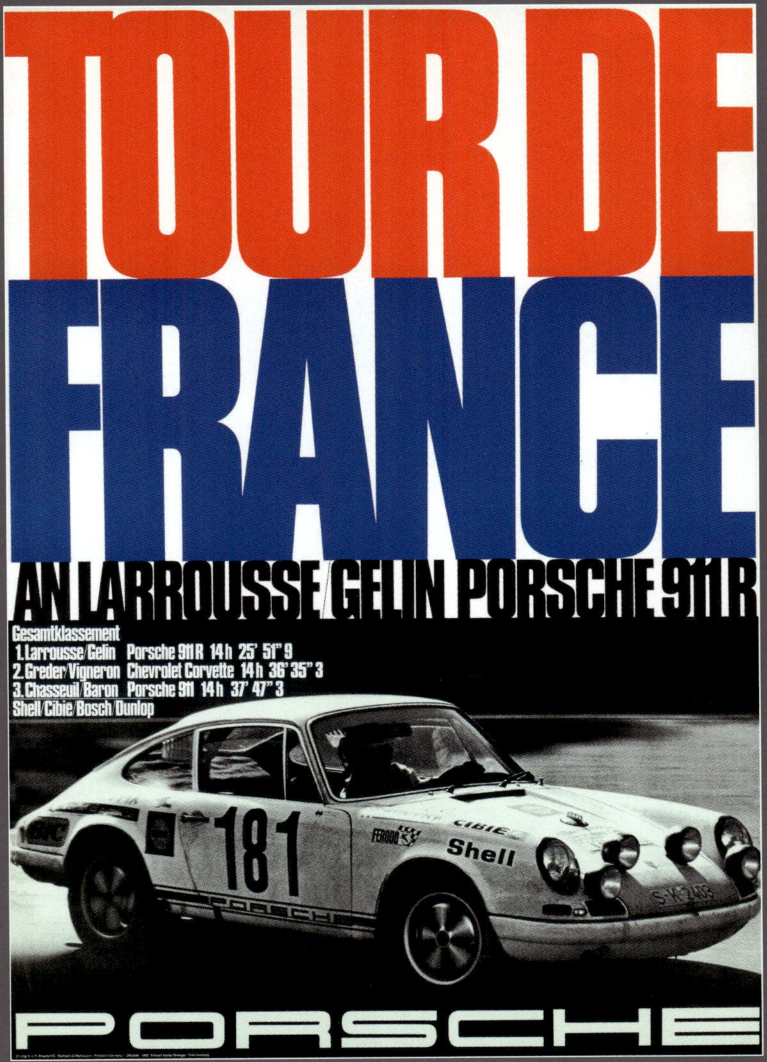

911 R

1969

Den Sieg bei der Tour de France sicherten sich 1969 die Franzosen Gérard Larrousse und Maurice Gélin.

Frenchmen Gérard Larrousse and Maurice Gélin took the victory at the 1969 Tour de France.

En 1969, les Français Gérard Larrousse et Maurice Gélin remportent le rallye du Tour de France.

Los franceses Gérard Larrousse y Maurice Gélin consiguieron ganar el rallye Tour de France de 1969.

在 1969 年度环法汽车拉力赛上夺冠的法国车手 Gérard Larrousse 和 Maurice Gélin。

911 T 2.0 COUPÉ

1969

Jürgen Neuhaus und Dieter Fröhlich gingen 1969 mit dem 911 T »Chiquita« beim 1000 Kilometer-Rennen auf dem Nürburgring an den Start.

Jürgen Neuhaus and Dieter Fröhlich drove the 911 T "Chiquita" at the 1969 1000 kilometre Nürburgring race.

C'est avec la 911 T « Chiquita » que Jürgen Neuhaus et Dieter Fröhlich prennent le départ des 1000 km du Nürburgring de 1969.

Jürgen Neuhaus y Dieter Fröhlich participaron en el 911 T «Chiquita» en la carrera de los 1.000 kilómetros en el circuito Nürburgring.

1969 年，Jürgen Neuhaus 和 Dieter Fröhlich 驾驶 911 T "Chiquita" 登上纽伯格林 1000 公里拉力赛的赛场。

911 E 2.2 COUPÉ / 911 S 2.2 TARGA

1969

Zum Modelljahr 1970 wurde erstmals zur Leistungssteigerung der Hubraum auf 2195 ccm erhöht. Außerdem wurden die Kurbelgehäuse aus Magnesium gegossen.

In the 1970 model year the displacement was increased for the first time, to 2195 ccm. The crankcase was made of die-cast magnesium.

En 1970, pour augmenter la puissance du moteur, la cylindrée est pour la première fois portée à 2 195 cc. Autre innovation : les carters de vilebrequin sont coulés en magnésium.

Los modelos del año 1970 estrenaron un motor de mayor cilindrada (2.195 cc) y de mayor potencia. Además, el cárter del cigüeñal fue de fundición de magnesio.

1970 年款 911 的排量首次增至 2,195 ccm，同时采用了镁合金铸造的曲轴箱。

911 S 2.2 COUPÉ

1970

Mit Dachgepäckträger erwies sich dieser Porsche 911 S als uneingeschränkt wintersport-tauglich.

A roof rack made this Porsche 911 S ready for unlimited winter sport travel.

Grâce à sa galerie, cette Porsche 911 se prête parfaitement et sans aucune réserve aux sports d'hiver.

Con un portaequipajes en el techo, este Porsche 911 S demostró ser un automóvil apropiado para viajar y practicar deportes invernales.

车顶装上行李架后，这台保时捷 911 S 便能轻松胜任所有冬季运动。

911 T 2.2 COUPÉ

1970

Diese US-Werbeanzeige aus dem Jahr 1970 verdeutlichte den Leistungszuwachs der neuen 2.2 Liter-Modelle.

This US ad from 1970 underlines the increased power of the new 2.2 litre models.

Cette publicité américaine de 1970 souligne le gain de puissance des nouveaux modèles de 2,2 litres.

Este aviso publicitario estadounidense del año 1970 refleja el aumento de potencia de los nuevos modelos de 2.200 cc.

这则 1970 年美国发布的广告，重点展示了搭载 2.2 升发动机的新车的强劲动力。

911 T 2.2 TARGA

1969/70

Ein 911 T Targa 2.2 im Stuttgarter Stadtverkehr. Als einzige Variante war der 911 T weiterhin mit drei Fallstrom-Vergasern ausgerüstet. Im Modelljahr 1970 leistete er 125 PS bei 5.800/min.

A 911 T Targa 2.2 in Stuttgart traffic. The 911 T was still the only variant with three downdraught carburettors. The 1970 model got 125 hp at 5800 rpm.

Une 911 T Targa 2.2 dans la circulation à Stuttgart. Unique variante, la 911 T conserve ses trois carburateurs verticaux. Pour l'année 1970, son groupe propulseur développe 125 ch à 5 800 tr/min.

Un 911 Targa 2.2 en el tráfico de Stuttgart. El 911 T fue el único modelo que seguía equipado con tres carburadores. La versión del año 1970 tenía una potencia de 125 CV a 5.800 rpm.

斯图加特街头行驶的一台 911 Targa 2.2。911 系列中当时仅有 911 T 仍使用三个下吸式化油器。1970 年款 911 T 发动机在 5,800 rpm 的转速下输出功率达到 125 hp。

911 E 2.2 COUPÉ

1969

Genau wie der 911 S erhielt auch der 911 E 2.2 Biral-Zylinder und einen Aluminium-Heckdeckel. Mit 155 PS erreichte er nach 8 Sekunden die 100 km/h-Marke, die Spitzengeschwindigkeit betrug 220 Stundenkilometer.

Like the 911 S, the 911 E 2.2 had Biral cylinders and an aluminium rear hood. Its 155 hp propelled it from zero to 100 km/h (60 mph) in 8 seconds and the top speed was 220 km/h or 138 mph.

A l'instar de la 911 S la 911 E 2.2 est équipée de cylindres Biral (cylindres alu chemisés fonte), et d'un capot arrière en alliage léger. Avec ses 155 ch, elle passe de 0 à 100 km/h en 8 secondes et atteint la vitesse maximale de 220 km/h.

Tanto el 911 E 2.2, como también el 911 S tenían cilindros de aluminio con camisas de fundición gris (tipo Biral), con culatas de aluminio. Con sus 155 CV era capaz de acelerar de 0 a 100 km/h en 8 segundos, y su velocidad punta fue de 220 km/h.

911 E 2.2 与 911 S 一样，配备贝莱尔气缸及铝制发动机舱盖。911 E 2.2 功率为 155 hp，8 秒内便可从零加速至 100 km/h，最高时速达 220 km/h。

911 E 2.2 TARGA

1969

Ab dem Oktober 1969 stand der 911 E Targa 2.2 ab 26.918 D-Mark in den Verkaufsräumen der Porsche-Händler. Bei allen 911 bestand die Bodengruppe nun aus verzinktem Stahlblech.

As of October 1969 the 911 E Targa 2.2 was in Porsche dealer showrooms with a price tag of DM 26,918. On all 911s the underbody was now of galvanized sheet steel.

A partir d'octobre 1969, la 911 Targa 2.2 est en vente dans les show-rooms des concessionnaires Porsche pour un prix de départ de 26 918 Mark. Toutes les 911 sont désormais équipées de bas de caisse en tôle d'acier galvanisé.

El 911 E Targa estuvo a la venta en los establecimientos de los concesionarios de Porsche a partir de octubre de 1969, a un precio básico de 26.918 marcos. A partir de ese año, todos los modelos 911 tenían los bajos de acero galvanizado.

1969 年 10 月起，起售价为 26,918 马克的 911 E Targa 2.2 开始在保时捷各经销商展厅销售，所有 911 车型的车身板材均采用镀锌钢板。

911 E 2.0 COUPÉ

1969

Dieser 911 E 2.0 wurde 1969 neben seinen schnellen Brüdern fotografiert. Links der neue Porsche 917 LH, rechts ein Porsche 908/02 LH »Flunder«.

This 911 E 2.0 was photographed in 1969 next to its fast brothers. To the left is the new Porsche 917 LH and to the right a Porsche 908/02 LH "Flounder".

Cette 911 E 2.0 est photographiée en 1969 à côté de ses « sœurs » plus rapides. A gauche, la nouvelle Porsche 917 LH, à droite une Porsche 908/02 LH « Flunder » (flétan)

Este 911 E 2.0 fue fotografiado en 1969 junto con sus hermanos rápidos. A la izquierda el nuevo Porsche 917 LH, a la derecha un Porsche 908/02 LH, apodado «lenguado.»

1969 年，911 E 2.0 和速度同样迅猛的兄弟们合影：左边是新款 917 LH，右边则是 908/02 LH，昵称“比目鱼”。

911 S 2.2 COUPÉ

1969

Der 911 S 2.2 leistete nun 180 PS – genug für 230 km/h Spitzengeschwindigkeit. Das 27.139 D-Mark teure Top-Modell hatte als einzige 911-Variante geschmiedete Kolben.

The 911 S 2.2 now had 180 hp, enough for a top speed of 230 km/h (144 mph). The DM 27,139 top model was the only 911 with forged pistons.

Forte de ses 180 ch, la 911 S 2.2 atteint désormais les 230 km/h. Cette Porsche haut de gamme vendue 27 139 Mark est la seule version de la 911 équipée de pistons forgés.

El 911 S 2.2 tenía una potencia de 180 CV, suficiente para alcanzar una velocidad punta de 230 km/h. El nuevo modelo tope de gama costó 27.139 marcos y fue la única variante del 911 que tuvo pistones forjados.

911 S 2.2 功率达到了 180 hp，最高时速 230 km/h。作为旗舰车型，其售价高达 27,139 马克，也是唯一一款配备锻造活塞的 911。

911 E 2.2 COUPÉ

1969

Zur Aufgabe des Karosserieversuchs zählte 1969 auch die Betreuung der Serienfahrzeuge. Neu im Porsche-Modellprogramm war der auf der IAA 1969 präsentierte 914.

In 1969 Body Testing was also expected to take care of production vehicles. The 914, presented at the 1969 IAA, was new in Porsche's model line-up.

En 1969, les véhicules de série sont également soumis aux tests effectués au département de carrosserie. Le catalogue des modèles s'enrichit de la 914, présentée à l'IAA en 1969.

El taller de pruebas de carrocerías también se hacía cargo de los modelos de serie en 1969. El 914 (al fondo) se estrenó en el salón del automóvil de Fráncfort IAA de 1969.

1969 年的车身测试也包括对量产车辆进行调整更新。1969 年保时捷在法兰克福车展上推出了新车型 914。

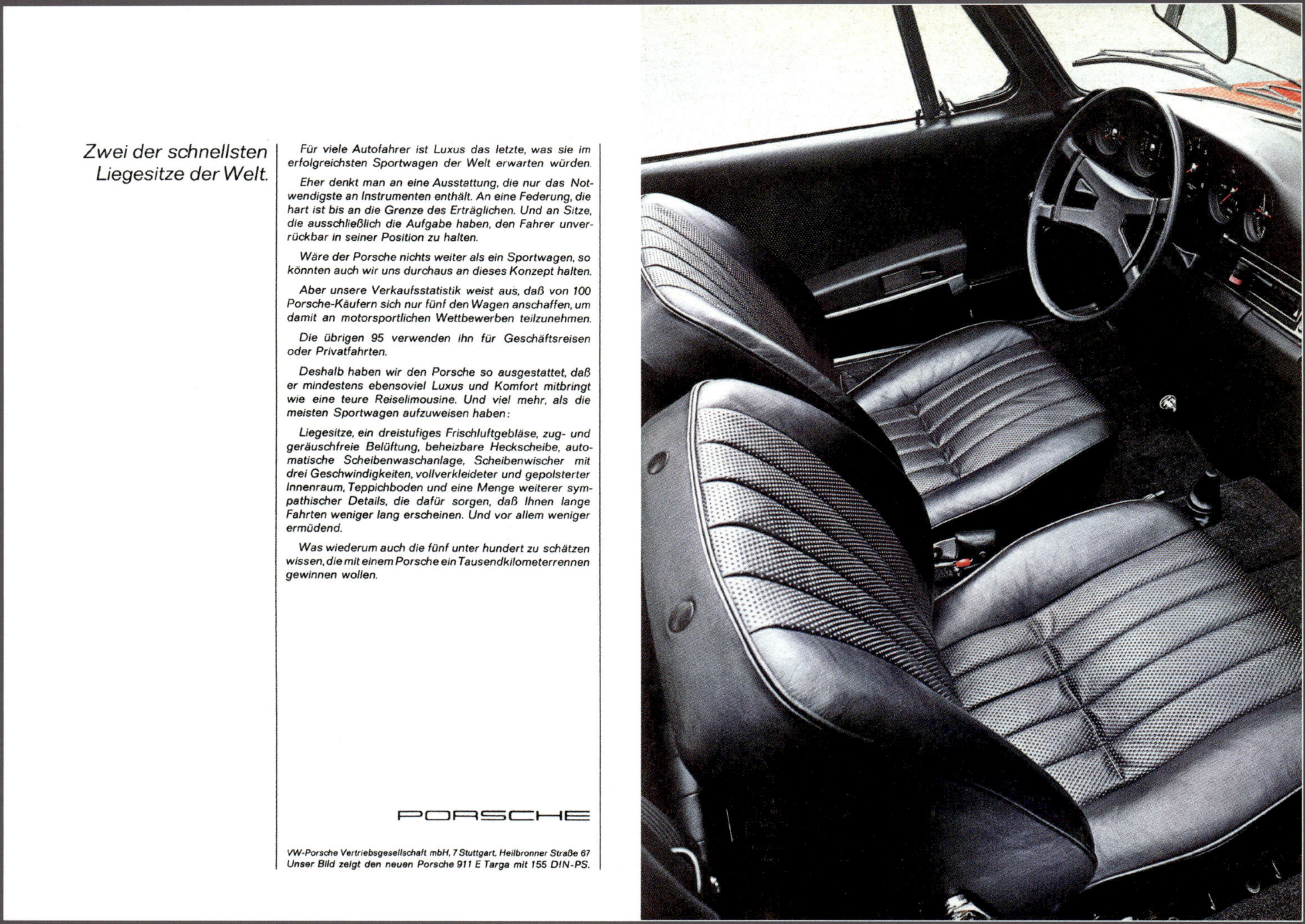

911 E 2.2 TARGA

1969

»Zwei der schnellsten Liegesitze der Welt«. Deutsche Werbeanzeige für den 911 E 2.2 aus dem Jahr 1969.

“Two of the world’s fastest reclining seats.” German print ad for the 911 E 2.2 from 1969.

« Deux des transats les plus rapides du monde ». Publicité allemande pour la 911 E 2.2 de l’année 1969.

«Dos de los asientos más rápidos del mundo.» Aviso publicitario alemán del 911 E 2.2 del año 1969.

“世界上速度最快的两只座椅”，1969 年为 911 E 2.2 打出的德语广告。

Wenn der Porsche nur eine Frage des Geldes wäre, würden sich viel mehr Leute einen Porsche kaufen.

Es gibt viel mehr Leute, die sich einen Porsche leisten können, als Leute, die sich einen Porsche leisten.

Das liegt daran, daß man für dieses Auto etwas braucht, das seltener ist als eine dicke Brieftasche:

Auto-Verstand.

Wer den nicht hat, für den ist der Porsche allenfalls ein schicker Wagen, der auf der Autobahn alles hinter sich läßt; mehr nicht.

Aber der Porsche ist mehr. Und jeder, der ein bißchen was von Autos versteht, sieht das bereits an den nüchternen technischen Daten.

Nehmen wir als (Parade-)Beispiel den 911 E, der rechts im Bild ist:

6-Zylinder-Motor mit 2,2 Liter Hubraum und 155 PS. Mechanische Saugrohr-Einspritzung, Hochspannungskondensatorzündung.

Beschleunigung von null auf 60 in 4,0 Sekunden, von null auf 100 in 8,0 Sekunden, von null auf 180 (was noch lange nicht die Höchstgeschwindigkeit ist) in 26,7 Sekunden.

Fahrgestell: Schräglenker-Hinterachse, hydraulische, niveauregulierende Federbeine vorn. Große, einzeln aufgehängte 15"-Räder mit geschmiedeten Leichtmetallfelgen und Gürtelreifen.

Sicherheit: vier innenbelüftete Scheibenbremsen, die den Wagen in 3,2 Sekunden von 100 auf null bringen. Dreigeteilte Sicherheitslenksäule, die bei einem Aufprall zusammenklappt. Sicherheitskarosserie, die stoßabsorbierend wirkt, da Front- und Heckteil leicht verformbar sind. Sämtliche Armaturen im Blickfeld des Fahrers.

Komfort: Anatomisch richtig geformte Sitze, die auch seitlich Halt geben. Belüftungsanlage mit zugfreier Zwangsentlüftung. Elektrisch beheizbare Heckscheibe. Und dazu noch all die unentbehrlichen Kleinigkeiten, die man selbst in größeren Limousinen häufig entbehren muß. Zigarrenanzünder, ein beleuchteter Aschenbecher oder eine elektrische Uhr zum Beispiel.

Kein Wunder also, daß der bekannte Motor-Journalist Gert F. Pohle nach der Probefahrt mit einem Porsche in der „Welt" hingerissen seufzte:

„Welch ein Auto!"

Unser Bild zeigt das neue Porsche 911 E Coupé mit 155 DIN-PS.

PORSCHE

VW-Porsche Vertriebsgesellschaft mbH., 7 Stuttgart, Heilbronner Straße 67

911 E 2.2 COUPÉ

1969

»Wenn der Porsche nur eine Frage des Geldes wäre, würden sich viel mehr Leute einen Porsche kaufen.« Deutsche Werbeanzeige für den 911 E 2.2 aus dem Jahr 1969.

"If a Porsche were just a question of money, many more people would buy one." German print ad for the 911 E 2.2 from 1969.

« Si l'achat d'une Porsche n'était qu'une question d'argent, beaucoup plus de gens en aurait une ». Publicité allemande de 1969 pour la 911 E 2.2.

«Si comprar un Porsche sólo fuese un asunto de dinero, muchos más lo comprarían.» Aviso publicitario alemán del 911 E 2.2 del año 1969.

“如果只要有钱就能买到保时捷，那买的人会多得多”，1969 年为 911 E 2.2 打出的德语广告。

911 S 2.2 COUPÉ

1969

Im Porsche Werk 1 wurden die 911-Versuchsfahrzeuge für ihre Aufgaben vorbereitet.

911 test cars being prepped for their tasks in Porsche Works 1.

A l'usine 1 de Porsche, les véhicules d'essai de la 911 sont préparés pour les tests.

Preparación de los 911 de pruebas en la planta 1 de Porsche.

保时捷第一工厂内的工人们正根据实验任务完成 911 实验车的准备工作。

914/4 1.7 / 911 T 2.2 TARGA / 911 S 2.2 COUPÉ

1969

Das Porsche-Modelljahr 1970 war ebenso vielseitig wie farbenfroh. Hier ein VW-Porsche 914/4 1.7, ein 911 T 2.2 Targa und 911 S 2.2 Coupé.

The 1970 model year was diverse and colourful. A VW-Porsche 914/4 1.7, 911 T 2.2 Targa and 911 S 2.2 Coupé are shown here.

Le millésime 1970 se distingue par une grande diversité de modèles et de coloris. Pour preuve ces VW-Porsche 914/4 1.7, 911 T 2.2 Targa et 911 S 2.2 Coupé.

Variedad y colorido de los modelos Porsche del año 1970. Aquí, un VW-Porsche 914/4 1.7, un 911 T 2.2 Targa y un 911 S 2.2 Coupé.

1970 年款的保时捷车型系列可谓精彩纷呈、色彩缤纷。照片中分别是大众-保时捷 914/4 1.7、911 T 2.2 Targa 和 911 S 2.2 Coupé 等车型。

911 S 2.2 COUPÉ

1970

Porsche-Stand bei der Ausstellung der australischen Chamber of Automotive Industry im Jahr 1970.

The Porsche booth at the Australian Chamber of Automotive Industry exhibition in 1970.

Le stand Porsche à l'exposition de la Chambre fédérale de l'industrie automobile australienne en 1970.

Stand de Porsche en la exposición australiana «Chamber of Automotive Industry» del año 1970.

保时捷参加 1970 年澳大利亚汽车工业联合会主办的车展。

911 S, E, T 2.2 COUPÉ

1970

Designer der Abteilung Style Porsche präsentierten auf Schloss Solitude ihre Farbmusterfahrzeuge für das Modelljahr 1970.

Designers in the Style Porsche Department presenting their colour sample cars for the 1970 model year at Solitude palace.

Des designers du département Style Porsche présentent, au château Solitude, les nouveaux coloris des modèles du millésime 1970.

Los diseñadores del departamento Style Porsche presentando los nuevos colores de los modelos del año 1970 delante del castillo Solitude.

保时捷设计部门的设计师在寂静城堡前展示 1970 年款车型的不同车身色彩组合。

911 S 2.2 COUPÉ

1970

Interieur eines Porsche 911 S 2.2 Coupé aus dem Modelljahr 1970.

Interior of a Porsche 911 S 2.2 Coupé from the 1970 model year.

Intérieur d'une Porsche 911 S 2.2 de 1970.

El interior de un Porsche 911 S 2.2 Coupé del año 1970.

一台 1970 年款保时捷 911 S 2.2 Coupé 的内饰图片。

911 E 2.2 TARGA

1970

Anfang 1970 wurde dieser 911 Targa als Begleitfahrzeug an das deutsche Bundespräsidentialamt übergeben.

In early 1970 this 911 Targa was acquired by the German President's Office as an escort car.

Début 1970, cette 911 Targa est livrée comme véhicule d'escorte du Président de la République fédérale allemande.

Este 911 Targa fue entregado al gobierno alemán como coche escolta del presidente.

1970 年年初，这台 911 Targa 交付给德国联邦总统府，作为德国联邦总统的随行车。

911 S 2.2 TARGA

1970

Werbeanzeige des niederländischen Importeurs Pon's Automobielhandel aus dem Jahr 1970.

An ad by Dutch importer Pon's Automobielhandel from 1970.

Publicité de 1970 de l'importateur néerlandais Pon's Automobielhandel.

Aviso publicitario del importador neerlandés Pon's Automobielhandel del año 1970.

荷兰经销商 Pon's 汽车销售公司在 1970 年打出的广告。

911 S 2.2 TARGA

1970

»Das einzig auffällige Element dieses Autos ist sein Name.« Diese Werbeanzeige aus Frankreich thematisierte das Understatement des Porsche 911.

“The only conspicuous part of this car is its name.” This French ad emphasized the understated nature of the Porsche 911.

« Le seul élément extravagant de cette voiture est son nom ». Cette publicité française met l'accent sur la modestie affichée par la Porsche 911.

«El único elemento llamativo de este coche es su nombre.» Este aviso publicitario francés hace hincapié en el carácter sobrio y moderado del Porsche 911.

“这辆车唯一引人注目的是它的名字”，这幅法国广告言简意赅地阐明了 911 的低调含蓄。

911 ST 2.2 COUPÉ

1970

Dieser Porsche 911 ST 2.2 entstand 1969/70 als Leichtbau-Variante für den Motorsport.

This Porsche 911 ST 2.2 was built in 1969/70 as a lightweight variant for motorsports.

Cette Porsche 911 ST 2.2 est développée en 1969/70 en version légère pour le sport automobile.

Este Porsche 911 ST 2.2 se fabricó en 1969/70 como variante ligera para el deporte de competición automovilística.

这台保时捷 911 ST 2.2 制造于 1970/1971 年度，是比赛用的轻量化版本。

911 S 2.0 COUPÉ

1970

Auch bei der Targa Florio 1970 waren zahlreiche Porsche 911 am Start. Hier die Startnummer 128 mit dem italienischen Team Ignazio Capuano und Giancarlo Barba.

Many Porsche 911s again entered the 1970 Targa Florio. Here is Starting No. 128 with the Italian team of Ignazio Capuano and Giancarlo Barba.

En 1970, de nombreuses Porsche 911 participent également à la Targa Florio. Le numéro 128 est porté par l'équipe italienne, composée de Ignazio Capuano et Giancarlo Barba.

En la Targa Florio de 1970 participaron numerosos Porsche 911. Aquí el Porsche con el número 128 de los italianos Ignazio Capuano y Giancarlo Barba.

多台保时捷 911 在 1970 年度塔格・佛罗热（Targa Florio）公路耐力赛的赛场上同台竞技。这台编号为 128 的战车由意大利车手 Ignazio Capuano 和 Giancario Barba 驾驶。

911 S 2.3 COUPÉ

1970

Beim Internationalen ADAC 1000 km Rennen auf dem Nürburgring 1970 teilten sich Clemens Schickentanz und Hans-Joachim Stuck einen Porsche 911 S.

Clemens Schickentanz and Hans-Joachim Stuck shared a Porsche 911 S at the 1970 International ADAC 1000 km Race at Nürburgring.

En 1970, lors de la course internationale de 1000 km de l'ADAC sur le circuit du Nürburgring, Clemens Schickentanz et Hans-Joachim Stuck se relaient au volant d'une Porsche 911 S.

Clemens Schickentanz y Hans-Joachim Stuck compartieron un Porsche 911 S en la carrera internacional de los 1.000 kilómetros del ADAC de 1970 en el circuito Nürburgring.

1970 年在纽伯格林赛道举办的 ADAC 1000 公里国际耐力赛上，Clemens Schickentanz 和 Hans-Joachim Stuck 共同驾驶一台保时捷 911 S。

911 T COUPÉ

1970

Porsche 911 T in Sebring 1970. Fahrer: Jaques Duval, Bob Bailey und George Nicholas.

A Porsche 911 T at Sebring 1970. Drivers: Jaques Duval, Bob Bailey, George Nicholas.

En 1970, à Sebring, la Porsche 911 T est pilotée par Jaques Duval, Bob Bailey et George Nicholas.

Porsche 911 T en Sebring, en 1970. Pilotos: Jaques Duval, Bob Bailey y George Nicholas.

1970 年驰骋在赛百灵赛道上的保时捷 911 T，驾驭它的车手是 Jaques Duval、Bob Bailey 和 George Nicholas。

911 S 2.2 COUPÉ

1970

Der Schauspieler Steve McQueen mit seinem schiefergrauen 911 S 2.2 bei den Dreharbeiten seines Filmes »Le Mans« 1970.

Actor Steve McQueen with his slate-grey 911 S 2.2 during filming of "Le Mans" in 1970.

L'acteur Steve McQueen avec sa 911 S 2.2 couleur ardoise sur le tournage du film « Le Mans » en 1970.

El actor Steve McQueen con su 911 S 2.2 color antracita, durante el rodaje de la película «Le Mans» en 1970.

1970年，著名演员 Steve McQueen 和他的蓝灰色 911 S 2.2 在电影《勒芒》的拍摄现场。

911 S 2.2 COUPÉ

1971

Auf der »Marterstrecke« des Prüfgeländes in Weissach wurden alle Porsche-Modelle auf Funktion, Verschleiß und Festigkeit geprüft. Im Bild ein 911 auf der »Sprungschanze«.

All Porsche models were tested for function, wear and durability on the torture course at the Weissach testing grounds. The picture shows a 911 on the "jump ramp".

Sur le « parcours-torture du combattant » du terrain d'essai de Weissach, tous les modèles de Porsche sont soumis à des tests de fonctionnement, d'usure et de solidité. Sur la photo : une 911 sur le « tremplin ».

Todos los modelos Porsche tuvieron que pasar por el «tramo de las torturas» del circuito de pruebas de Weissach, en el que se controlaba el funcionamiento, el desgaste y la resistencia de todos los componentes del coche. En la fotografía, el salto de un 911.

保时捷的所有车型都必须在魏斯阿赫测试场上接受对功能性、磨损性和耐久性的严格检测，照片中的这台 911 正驶过“弹跳路面”。

911 S 2.4 TOUR DE FRANCE

1970

Der von Gérard Larrousse bei der Tour de France 1970 pilotierte 911 S gilt mit seinen 789 kg als leichtester Werks-911 aller Zeiten.

The 911 S piloted by Gérard Larrousse at the 1970 Tour de France was the lightest factory 911 of all time, weighing just 789 kg.

Avec ses 789 kilos, la 911 S, pilotée en 1970 par Gérard Larrousse au Tour de France, est la 911 d'usine la plus légère de tous les temps.

El 911 S pilotado por Gérard Larrousse en el Tour de France de 1970 apenas pesó 789 kilogramos, por lo que es considerado el 911 oficial más ligero de todos los tiempos.

1970 年由 Gérard Larrousse 在环法汽车拉力赛上驾驶的这台 911 S，重量仅为 789 kg，是保时捷工厂有史以来制造的最轻的 911。

911 S 2.2 »RALLYE«

1971

Dieser Porsche 911 S 2.2 wurde für die »East African Safari Rallye« 1971 aufgebaut und mit umfangreichem Rallye-Zubehör ausgestattet.

This Porsche 911 S 2.2 was built for the East African Safari Rally of 1971 and featured extensive rally accessories.

Cette Porsche 911 S 2.2 a été spécialement assemblée pour le « East African Safari Rallye » de 1971. Elle est généreusement équipée d'accessoires de rallye.

Este Porsche 911 S 2.2 fue preparado para el «East African Safari Rallye» de 1971 con numerosos accesorios apropiados para esta carrera.

这台 911 S 2.2 配备了大量拉力赛专用部件，是专门为 1971 年的东非肯尼亚拉力赛量身打造的。

911 S 2.2 COUPÉ »RALLYE«

1971

Das Porsche-Team bei der »East African Safari Rallye« 1971. Gesteuert wurde der 911 S 2.2 »Rallye« von Sobieslav Zasada.

The Porsche team at the East African Safari Rally in 1971. The 911 S 2.2 "Rallye" was driven by Sobieslav Zasada.

L'équipe Porsche au « East African Safari Rallye » en 1971. La 911 S 2.2 « Rallye » est pilotée par Sobieslav Zasada.

La escudería de Porsche en el «East African Safari Rallye» de 1971. El piloto del 911 S 2.2 «Rallye» fue Sobieslav Zasada.

出征 1971 年度东非肯尼亚拉力赛的保时捷车队，驾驶这台“拉力赛版” 911 S 2.2 的是 Sobieslav Zasada。

911 S 2.4 COUPÉ

1971

Guilio Pucci und Dieter Schmid erreichten bei der Targa Florio 1971 auf einem 911 S den 6. Gesamtplatz.

At the 1971 Targa Florio, Guilio Pucci and Dieter Schmid made 6th place overall in a 911 S.

En 1971, Guilio Pucci et Dieter Schmid décrochent la 6ème place au classement général de la Targa Florio au volant d'une 911 S.

Guilio Pucci y Dieter Schmid lograron ocupar el sexto lugar de la clasificación general de la Targa Florio de 1971, pilotando un 911 S.

Guilio Pucci 和 Dieter Schmid 以 911 S 参战 1971 年度塔格・佛罗热（Targa Florio）公路耐力赛，取得总成绩第六名。

911 E 2.2 COUPÉ

1970/71

Das Modelljahr 1971 brachte nur geringfüge Änderungen, darunter etwas länger abgestufte Getriebe.

The 1971 model year brought only slight changes, including somewhat longer gear ratios.

Parmi les rares modifications du millésime 1971, on retiendra l'étagement de la boîte de vitesse, dont les rapports sont désormais plus longs.

Hubo pocos cambios en los modelos del año 1971; entre ellos, una caja de cambios de relaciones más largas.

1971 年款的保时捷 911 只做了微调，包括略微加长了变速箱的传动比。

911 T 2.2 TARGA

1970/71

Ein 911 T 2.2 Targa mit Sportomatic stand im Januar mit 25.190 D-Mark in der Preisliste. Von dieser Variante wurden rund 6.000 Targas verkauft.

In January a 911 T 2.2 Targa with Sportomatic had a list price of DM 25,190. Around 6000 of this Targa variant were built in all.

En janvier 1971, la 911 T 2.2 Targa équipée d'une boîte de vitesse Sportomatic est proposée à 25 190 Mark. Environ 6 000 Targa de cette version seront vendues.

Según la lista de precios del mes de enero de 1971, el 911 T 2.2 Targa con Sportomatic costaba 25.190 marcos. De esta variante únicamente se fabricaron unas 6.000 unidades.

当年 1 月一台配备 Sportomatic 变速箱的 911 T 2.2 Targa 的标价为 25,190 马克，这一配置的 Targa 共销售了 6,000 台左右。

911 S 2.2 COUPÉ

1971

»Racing is the ultimate test.« Diese US-Werbeanzeige aus dem Jahr 1971 betonte die enge Verbindung zwischen Rennsport und Serie.

"Racing is the ultimate test." This US ad from 1971 emphasizes the close connection between racing and series production.

« Racing is the ultimate test » (La preuve par la course) Cette publicité américaine de 1971 souligne le lien étroit entre la course automobile et la production de série.

«Las carreras son las pruebas definitivas.» Este aviso publicitario estadounidense del año 1971 acentuó la estrecha relación entre los coches de carrera y los de serie.

"赛道验车"，1971 年美国市场发布的这则广告强调了赛车运动与量产车型的密切联系。

911 S 2.2 TARGA / 911 S 2.2 COUPÉ

1971

Auf der AutoRAI, der Amsterdam International Motor Show, zeigte Porsche neben dem Modellprogramm auch das Siegerfahrzeug der 24 Stunden von Le Mans 1970.

At AutoRAI, the Amsterdam International Motor Show, Porsche showed its model line-up and also the 1970 winning car of the 24 Hours of Le Mans.

AutoRAI, Salon international de l'automobile d'Amsterdam : Porsche expose sa gamme complète de modèles avec en prime, le véhicule vainqueur des 24 Heures du Mans de 1970.

Más allá de mostrar su gama de modelos en la AutoRAI, el salón internacional del automóvil de Amsterdam, Porsche también expuso el coche ganador de las 24 horas de Le Mans de 1970.

在阿姆斯特丹国际车展上，保时捷除了量产车型外还展出了 1970 年勒芒 24 小时耐力赛的夺冠战车。

911 T, E, S 2.2

1970

Titelseite des 911-Verkaufskataloges aus dem Modelljahr 1971.

Title page of the 911 sales catalogue from the 1971 model year.

Couverture de la brochure pour la 911 millésime 1971.

Portada del catálogo de ventas del 911, correspondiente a los modelos del año 1971.

1971 年度的 911 产品目录的封面。

911 E 2.2 TARGA

1971

»Auch Rennen, die wir nicht gewinnen, sind ein Gewinn.« Werbeanzeige der deutschen VW-Porsche Vertriebsgesellschaft aus dem Jahr 1971.

“Even when we lose a race, we win.” Advertisement by the German VW-Porsche sales company from 1971.

« Même les courses que nous ne remportons pas sont une victoire » Publicité de 1971 de la société de distribution allemande VW-Porsche.

«También ganamos en carreras que no ganamos.» Aviso publicitario de la sociedad de ventas VW-Porsche del año 1971.

“哪怕输了比赛，我们也能从中获益”，这是德国大众-保时捷销售公司 1971 年打出的广告。

911 E 2.4 COUPÉ

1971/72

Auf 2341 ccm Hubraum vergrößert, vertrugen die neuen 2.4 Liter-Motoren des Modelljahres 1972 nun auch Normalbenzin. Trotz niedriger Verdichtung stiegen Motorleistung und Drehmoment.

Expanded to 2341 ccm displacement, the new 2.4 litre engines for the 1972 model year now took regular petrol. Despite low compression, they gave higher power and torque.

Equipés d'une cylindrée augmentée à 2 341 cc, les nouveaux moteurs 2,4 litres du millésime 1972 peuvent désormais rouler à l'essence ordinaire. La puissance du moteur et le couple ont été augmentés malgré le taux de compression peu élevé.

Después del aumento de la cilindrada a 2.341 cc, los motores de los modelos del año 1972 podían funcionar con gasolina normal. A pesar de la menor compresión, aumentaron la potencia y el par de los propulsores.

1972 年款的新款车搭载 2.4 升发动机，排量提升至 2,341 ccm，可以使用普通汽油。尽管压缩比降低，但发动机功率和扭矩都有所提高。

911 S 2.4 COUPÉ

1971/72

Das stärkste Modell im Programm war weiterhin der 911 S, der ab dem Modelljahr 1972 190 PS leistete. Sein Grundpreis betrug im Herbst 1971 stolze 30.680 D-Mark.

The 911 S was again strongest model in the line-up, offering 190 hp in the 1972 model year. In the autumn of 1971 it listed at a hefty DM 30,680.

Le modèle le plus puissant reste la 911 S qui développe 190 ch à partir de 1972. Elle est lancée sur le marché à l'automne 1971 pour la coquette somme de 30 680 Mark, hors options.

El modelo más potente de la gama siguió siendo el 911 S, que a partir del año 1972 tuvo una potencia de 190 CV. Su precio básico en otoño de 1971 fue de considerables 30.680 marcos.

911 整个车型系列中动力最强劲的仍是 911 S。1972 年款的功率可达 190 hp。1971 年秋季上市时的起售价是令人咂舌的 30,680 马克。

911 S 2.4 TARGA

1971

Diese Werbeanzeige des französischen Importeurs Sonauto bewarb die zahlreichen Vorteile der neuen 911 2.4-Modelle.

This advertisement by French importer Sonauto praises the many advantages of the new 911 2.4 models.

Cette publicité de l'importateur français Sonauto souligne les nombreux avantages des nouveaux modèles de la 911 2.4.

Este aviso publicitario del importador francés Sonauto realzó numerosas virtudes de los nuevos modelos 911 2.4.

法国经销商 Sonauto 在这张广告中大力宣传新款 911 2.4 车型的种种优势。

911 E 2.4 TARGA

1971/72

Das ebenfalls neue Getriebe vom Typ 915 war auf das erhöhte Drehmoment der 2.4 Liter-Triebwerke ausgelegt. Der 165 PS starke 911 E 2.4 lieferte immerhin 206 Nm Drehmoment.

The Type 915 transmission was also new and designed for the higher torque of the 2.4 litre engine – the 165 hp 911 E 2.4 developed 206 Nm torque.

La nouvelle boîte de vitesse de la 915 est paramétrée en fonction du couple accru des groupes propulseurs de 2,4 litres. Avec ses 165 chevaux, la 911 E 2.4 offre tout de même un couple moteur de 206 Nm.

La nueva caja tipo 915 fue desarrollada para soportar el mayor par del motor de 2.4 cc. El propulsor de 165 CV del 911 E 2.4 entregaba un par considerable de 206 Nm.

911 E 2.4 车型输出功率为 165 hp，扭矩可达 206 Nm，为了传输 2.4 升发动机的高扭矩，915 型变速箱进行了重新设计。

911 S 2.4 COUPÉ

1971

Star-Dirigent Herbert von Karajan war ein großer Porsche-Liebhaber. Hier mit seinem 911 S 2.4 (Modelljahr 1972).

Star conductor Herbert von Karajan was a great Porsche aficionado. Here he is shown with his 1972 911 S 2.4.

Grand amateur de Porsche, le célèbre chef d'orchestre Herbert von Karajan pose ici avec sa 911 S 2.4 (millésime 1972).

El mundialmente conocido director de orquesta Herbert von Karajan era un amante de la marca Porsche. Aquí lo vemos con su 911 S 2.4 (modelo del año 1972).

著名指挥家卡拉扬也是不折不扣的保时捷爱好者，他的座驾是一台 1972 年款 911 S 2.4。

911 T, E, S 2.4

1972

Auch in der Schweiz wurden die neuen 911-Modelle beworben. In dieser Werbeanzeige der AMAG wurden insbesondere die Sicherheitsaspekte des Porsche betont.

The new 911 models were also advertised in Switzerland. This AMAG advert emphasizes the safety aspects of Porsche cars.

En Suisse aussi, les nouveaux modèles de la 911 tiennent le haut de l'affiche. Cette publicité de l'AMAG met en avant les aspects sécuritaires de la Porsche.

En Suiza también se realzaron las virtudes del nuevo 911. Este aviso publicitario de AMAG subrayó diversos aspectos de seguridad del Porsche.

瑞士也推出了新款 911 的广告。瑞士汽车销售集团 AMAG 打出的广告重点介绍保时捷的安全性能。

911 E 2.4 TARGA

1971/72

Eine Ölklappe auf der hinteren rechten Seitenwand sollte den Service erleichtern. Oftmals wurde sie jedoch mit der Tankklappe verwechselt, so dass sie schon bald wieder entfiel.

An oil flap on the right rear side was intended to make service easier. Yet it was often mistaken for the petrol tank, so it soon disappeared.

Prévu sur l'aile arrière droite, la trappe à huile est censée faciliter l'entretien. Trop souvent confondue avec la trappe à essence, cette innovation sera rapidement supprimée.

La tapa en la parte posterior derecha permitía rellenar aceite de manera muy sencilla. Sin embargo, con frecuencia fue confundida con la tapa del depósito de gasolina. Por lo tanto, volvió a desaparecer muy pronto.

车身右侧后方的这个机油口盖本来是为了方便保养，然而人们常将它误认为油箱盖，因此保时捷不久就更改了这一设计。

911 T 2.4 COUPÉ

1971/72

Wie gewohnt war der 911 T das Einstiegsmodell in die Elfer-Baureihe. Mit neuen Solex-Zenith-Vergasern leistete er 130 PS bei 5.600/min.

The 911 T was traditionally the entry-level model in the Eleven series. With its new Solex-Zenith carburettors it got 130 hp at 5600 rpm.

Comme toujours, la 911 T est le modèle d'entrée de gamme de la série des 911. Avec ses nouveaux carburateurs Solex-Zenith, son moteur développe 130 ch à 5 600 tr/min.

Por tradición, el 911 T fue el modelo básico de la gama 911. Tenía una potencia de 130 CV a 5.600 rpm con carburadores Solex-Zenith.

911 T 仍作为 911 车型系列中的入门款。配备新型 Solex-Zenith 化油器后，911 T 发动机在 5600 rpm 的转速下可以输出 130 hp 的功率。

911 S 2.4 COUPÉ

1971

»In Le Mans kennt man ihn schon.« Deutsche Werbeanzeige für den 911 S 2.4 aus dem Jahr 1971.

"They know it in Le Mans." German print ad for the 911 S 2.4 from 1971.

« Au Mans, on la connaît déjà ». Publicité allemande de 1971 pour la 911 S 2.4.

«En Le Mans ya lo conocen.» Aviso publicitario alemán del 911 S 2.4 del año 1971.

“扬名勒芒”——这是 911 S 2.4 于 1971 年在德国发布的平面广告。

911 T 2.4 COUPÉ

1971/72

»Schneller als die Polizei erlaubt« waren die Porsche 911 T 2.4 der Stuttgarter Polizeidirektion.

"Faster than the law allows" – the Stuttgart Police Department's Porsche 911 T 2.4.

« Plus rapides que ne l'autorise la police », une formule qui caractérise les Porsche 911 T 2.4 utilisées par la police de Stuttgart.

«La policía no conoce límites de velocidad.» Los Porsche 911 T 2.4 de la policía de Stuttgart.

斯图加特警察局的保时捷 911 T 2.4 警车，“比法律允许的速度更快”。

911 T 2.4 TARGA

1972

Deutsche Werbeanzeige der VW-Porsche Vertriebsgesellschaft aus dem Jahr 1972.

Advertisement by the VW-Porsche sales company from 1972.

Publicité allemande de 1972 de la société de distribution VW-Porsche.

Aviso publicitario alemán de la sociedad de ventas VW-Porsche del año 1972.

1972 年大众-保时捷销售公司在德国发布的广告。

911 E 2.4 COUPÉ

1971/72

Dieser 911 E 2.4 wurde mit einer Sonderlackierung in »Tagesleuchtfarbe« versehen.

This 911 E 2.4 got a special "day-glo" paint job.

Cette 911 E 2.4 est recouverte d'une peinture fluorescente spéciale.

Este 911 E 2.4 luce el color especial de «luminosidad diurna.»

这台 911 E 2.4 涂装了特殊的"荧光漆"。

911 S 2.4 COUPÉ

1971/72

Ein Merkmal des 911 S war die ab dem Modelljahr 1971 verbaute Kunststoffbugschürze. Ein serienmäßiger Frontspoiler war eine Neuheit im Automobilbau.

Starting with the 1971 models, the 911 S sported a front spoiler. A front spoiler as standard equipment was new in the automotive world.

A partir du millésime 1971, la 911 S se caractérise entre autres par une jupe avant en matière plastique. Le spoiler avant de série est une innovation dans la construction automobile.

A partir de los modelos del año 1971, el 911 S se distinguió por su deflector delantero de material sintético. La inclusión de serie de un deflector de este tipo fue una novedad en coches fabricados en serie.

从 1971 年款开始，量产 911 S 安装了塑料前裙板，这在当时的汽车行业尚属首创。

911 S 2.4 COUPÉ

1971/72

Privatfahrer konnten für ihre 911 ab Werk über ein umfangreiches Sport-Ersatzteilprogramm verfügen.

An extensive range of sport parts was available from the factory for private owners who wanted to race their 911s.

Pour leur 911, les coureurs privés disposent d'un large éventail de pièces détachées, départ usine.

Los pilotos de escuderías privadas podían adquirir numerosos accesorios deportivos oficiales para su 911.

想要参赛的个人车手可以从保时捷工厂为自己的 911 订购多种多样的运动驾驶部件。

911 S 2.3 COUPÉ

1971

Beim Internationalen ADAC 1000 km Rennen auf dem Nürburgring 1971 wurden Erwin Kremer und Jürgen Neuhaus auf einem Porsche 911 S Zwölfte im Gesamtklassement und Sieger der GT-Klasse über 2000 ccm.

At the 1971 International ADAC 1000 km Race at Nürburgring, Erwin Kremer and Jürgen Neuhaus in a Porsche 911 S came in 12th in the overall rankings and first in the GT class over 2000 ccm.

En 1971, sur les 1000 km de la course internationale de l'ADAC sur le circuit du Nürburgring, Erwin Kremer et Jürgen Neuhaus au volant d'une Porsche 911 S, décrochent la 12e place au classement général et remportent la catégorie GT pour les plus de 2000 cc.

Erwin Kremer y Jürgen Neuhaus ocuparon el décimosegundo lugar en la clasificación general de la carrera internacional ADAC 1.000 kilómetros en el circuito Nürburgring. Vencieron en su categoría GT de más de 2.000 cc.

1971 年 Erwin Kremer 和 Jürgen Neuhaus 驾驶保时捷 911 S 出战纽伯格林 ADAC 1000 公里国际拉力赛，获得总排名第十二的名次，并获得 2,000 ccm 以上排量 GT 组别的冠军。

911 S 2.5 COUPÉ

1972

Privatfahrer konnten zu Beginn der Motorsportsaison 1972 den 960 kg leichten 911 S 2.5 ordern. 2.5 Liter Hubraum resultierten in 270 PS bei 8.000/min.

At the start of the 1972 motorsports season privateers could order the light 960 kg 911 S 2.5. Its 2.5 litre engine gave it 270 hp at 8000 rpm.

En 1972, au début de la saison de sport automobile, les coureurs privés peuvent commander la 911 S 2.5 de 960 kilos. Avec sa cylindrée de 2,5 litres, elle développe 270 ch à 8 000 tours/min.

El 911 S 2.5 de apenas 960 kilogramos de peso fue ofrecido a pilotos de escuderías privadas al inicio de la temporada de carreras de 1972. La potencia del motor de 2.500 cc fue de 270 CV a 8.000 rpm.

1972 赛季伊始，个人车手可以订购重量仅为 960 kg 的 911 S 2.5。该赛车搭载 2.5 升排量的发动机，转速在 8,000 rpm 时可输出 270 hp。

911 S 2.4 TARGA

1972

Anfang 1972 wurde Ferry Porsche persönlich zum Testimonial der Porsche-Werbung: »Wir haben uns nicht damit begnügt, einen Sportwagen zu bauen, der nur sportlich ist.«

In early 1972 Ferry Porsche added his personal testimonial to Porsche advertising: "We weren't content to build a sports car that was just sporty".

Début 1972, Ferry Porsche en personne est l'auteur de la formule suivante : « Nous ne nous sommes pas contentés de construire une voiture de sport qui soit uniquement sportive ».

A principios del año 1972, la publicidad de Porsche citó las palabras de Ferry Porsche: «No nos dimos por satisfechos simplemente con un coche deportivo que únicamente es deportivo.»

1972 年年初，Ferry Porsche 亲自为保时捷广告代言："我们不满足于制造一台只拥有运动感的跑车。"

911 E 2.4 COUPÉ

1972

»Wir legen mehr Wert darauf, besonders gute Autos zu bauen, als besonders viele«, sagte Ferry Porsche 1972 in dieser deutschen Werbeanzeige.

"We pay more attention to building especially good cars than to making especially large numbers", said Ferry Porsche in this German advert from 1972.

« Nous tenons davantage à construire de bonnes voitures que des voitures nombreuses », déclare Ferry Porsche en 1972 pour cette publicité allemande.

«Nos parece importante producir automóviles especialmente buenos, en vez de fabricar muchos», dijo Ferry Porsche en este aviso publicitario alemán del año 1972.

"我们更专注跑车的品质而不追求庞大的数量"，1972 年，Ferry Porsche 在这则德国广告中的宣言。

911 E 2.4 COUPÉ

1972

Dieser 911 E trägt bereits die silbernen ATS-Felgen und schwarzen Zierteile des Modelljahres 1973, stammt selbst aber noch aus dem vorherigen Baujahr.

This 911 E already has the silver ATS wheels and black decorative details of the 1973 model year, but is from the year before.

Cette 911 E est déjà équipée des jantes argentées ATS et des éléments décoratifs noirs du modèle de 1973, même si ce modèle date de l'année précédente.

Este 911 E ya está equipado con llantas ATS de color plateado y cuenta con los listones embellecedores de color negro, correspondientes a los modelos del año 1973. Sin embargo, este coche todavía es un modelo del año anterior.

这辆 911 E 尽管制造于 1972 年，却已配备了 1973 年款才提供的银色 ATS 车轮和黑色饰件。

914/4 1.7 / 911 E 2.4 COUPÉ

1972

Werbeaufnahme aus dem Jahr 1972. Die Damen im VW-Porsche 914 sind sichtlich beeindruckt vom 911 E 2.4 Coupé.

Advertising shot from 1972. The ladies in the VW-Porsche 914 are visibly impressed by the 911 E 2.4 Coupé.

Photo publicitaire de 1972. Les passagères de la VW-Porsche 914 sont visiblement impressionnées par la 911 E 2.4 Coupé.

Imagen publicitaria del año 1972. Las señoritas del VW-Porsche 914 están visiblemente impresionadas con el 911 E 2.4 Coupé.

1972 年拍摄的广告照片。坐在大众-保时捷 914 车内的女士们显然已为 911 E 2.4 的魅力所倾倒。

911 E 2.4 TARGA

1972

Werbeanzeige des schweizer Porsche-Importeurs AMAG aus dem Jahr 1972.

Advertisement by Swiss Porsche importer AMAG from 1972.

Publicité de 1972 de l'AMAG, l'importateur suisse de Porsche.

Aviso publicitario del año 1972 del importador suizo de Porsche AMAG.

瑞士保时捷进口商 AMAG 公司于 1972 年推出的广告。

911 E 2.4 COUPÉ

1972

»Das Auto«. Die Headline dieser AMAG-Werbeanzeige bringt die Vorzüge des Porsche 911 auf den Punkt.

“The car.” The headline of this AMAG ad encapsulates the advantages of the Porsche 911.

« Das Auto » (La voiture). Le slogan de cette publicité de l’AMAG souligne les avantages de la Porsche 911.

«El coche.» El título del aviso publicitario de AMAG resume en dos palabras las virtudes del Porsche 911.

“独一无二的车”，AMAG 这幅广告的标题一语概括了保时捷 911 的所有优势。

911 E 2.4 COUPÉ

1972

US-Werbeanzeige der amerikanischen Porsche+Audi Vertriebsgesellschaft aus dem Jahr 1972.

US ad by the American Porsche+Audi sales company from 1972.

Publicité américaine de 1972 de la société de distribution américaine Porsche+Audi.

Aviso publicitario estadounidense del año 1972 de la sociedad de ventas Porsche+Audi de los EE.UU.

美国保时捷和奥迪销售公司于1972 年在美国市场刊登的广告。

911 S 2.5 COUPÉ »RALLYE«

1972

Der 270 PS starke 911 S 2.5 ging 1972 bei der Rallye Monte Carlo mit Björn Waldegaard und Hans Thorszelius an den Start.

The 270 hp 911 S 2.5 raced in the Rally Monte Carlo with Björn Waldegaard and Hans Thorszelius.

En 1972, pilotée par Björn Waldegaard et Hans Thorszelius, cette 911 S 2.5 qui développe 270 ch, prend le départ au Rallye Monte Carlo.

El 911 S 2.5 de 270 CV participó en el Rallye Monte Carlo, pilotado por Björn Waldegaard y Hans Thorszelius.

1972年，Björn Waldegaard 和 Hans Thorszelius 携这台 270 hp 的 911 S 2.5 征战蒙特卡罗拉力赛。

911 E 2.4 TARGA

1972

Ein Kennzeichen des Modelljahres 1973 waren die schwarzen Hupengitter sowie die Umrandungen der Blinker und Heckleuchten. Die Außenspiegel waren nun nicht mehr rund, sondern eckig.

The black horn grid and turn light and rear light borders were a hallmark of the 1973 model year. The outside mirrors were no longer round but rectangular.

Signes distinctifs du millésime 1973 : les grilles noires et les contours des clignotants et des feux arrière. Les rétroviseurs extérieurs ne sont plus ronds, mais carrés.

Una de las características de los modelos del año 1973 fue la rejilla negra en la zona de la bocina. Además, se distinguieron por tener las luces intermitentes y los pilotos enmarcados. El espejo retrovisor ya no era redondo, sino rectangular.

1973 年款 911 的标志是黑色喇叭格栅以及转向灯和尾灯镶边，车外后视镜不再使用圆形设计，而是改成了方形。

911 T 2.4 COUPÉ / 914/4 2.0

1972

»Jetzt gibt es zwei Möglichkeiten sich einen Porsche leisten zu können.« Diese Werbeanzeige des belgischen Importeurs D'Ieteren bewarb den 911 T sowie den 914/4 2.0.

"Now there are two ways to afford a Porsche." This advert by Belgian importer D'Ieteren promoted the 911 T and the 914/4 2.0.

« Il y a désormais deux manières de s'offrir une Porsche ». Cette publicité de l'importateur belge D'Ieteren concerne la 911 T et la 914/4 2.0.

«Ahora hay dos razones para darse el lujo de conducir un Porsche.» Publicidad del importador belga D'Ieteren para el 911 T y el 914/4 2.0.

“一个选择，两种方法”，这是比利时进口商 D' Ieteren 为 911 T 和 914/4 2.0 发布的广告词。

911 S 2.4 TARGA

1972

»That´s it«. Der in dieser nordamerikanischen Werbeanzeige abgebildete 911 S Targa 2.4 ist mit Zusatzscheinwerfern und US-Stoßfängern ausgestattet.

"That's it." This North American ad shows a 911 S Targa 2.4 with additional headlights and US bumpers.

« That's it » (Et voilà). La 911 S Targa 2.4 représentée sur cette publicité américaine est équipée de phares supplémentaires et de pare-chocs américains.

«¡Ése es!» El 911 S Targa 2.4 que se muestra en este aviso publicitario estadounidense está equipado con faros adicionales y paragolpes previstos para el mercado norteamericano.

“舍我其谁？”北美广告中的这台 911 S Targa 2.4 配备辅助大灯和美式保险杠。

911 S 2.7 PROTOTYP

1972

Im Zeitraum von April bis Oktober 1972 entstanden neun 911 S- Versuchsfahrzeuge mit 2.7 Liter-Motor, der für den 911 Carrera RS vorgesehen war.

From April to October 1972 nine 911 S test cars were built with the 2.7 litre engine intended for the 911 Carrera RS.

Entre avril et octobre 1972, neuf véhicules d'essais 911 S sortent de la chaîne de montage. Tous sont équipés du moteur 2,7 litres prévu pour la 911 Carrera RS.

Entre los meses de abril y octubre de 1972 se fabricaron nueve 911 S de pruebas, equipados con un motor de 2.700 cc, previsto para el 911 Carrera RS.

1972 年 4 月至 10 月间一共制造了 9 台配备 2.7 升发动机的 911 S 试验车，这款发动机原来是专为 911 Carrera RS 设计的。

911 CARRERA RS 2.7

1972

Auf dem Pariser Automobilsalon 1972 vorgestellt, begeistert das neue Spitzenmodell durch außergewöhnliche Fahrleistungen. Rund 1.000 kg Gewicht werden von 210 PS auf über 245 Stundenkilometer beschleunigt.

At the 1972 Paris auto show, the new top model impressed visitors with its exceptional performance. Its 210 hp engine pushed the car's approximately 1000 kg to over 153 mph.

Présenté en 1972 au Mondial de l'automobile de Paris, le nouveau modèle phare séduit par ses performances extraordinaires. Avec seulement 1 000 kilos pour 210 ch, elle dépasses les 245 km/h.

En el salón del automóvil de París de 1972 se presentó el nuevo modelo tope de gama, que fascinó por sus excepcionales prestaciones. Su motor de 210 CV aceleraba sus 1.000 kg de peso a una velocidad superior a 245 km/h.

1972 年，这款全新顶级车型在巴黎车展亮相。车重约为 1,000kg，最大功率 210 hp，最高时速可达 245 km/h，其超凡性能让人为之震惊。

911 CARRERA RS 2.7

1972

»Nur 500 Männer werden ihn fahren.« Aus der ursprünglich auf 500 Fahrzeuge limitierten Sonderserie wurden bis Juli 1973 nicht weniger als 1.525 Einheiten.

"Just 500 men will drive it." At first limited to 500 cars, no less than 1525 units of this special series were built by July 1973.

« Pas plus de 500 personnes la conduiront ». Initialement imitée à 500 véhicules, cette série spéciale comptera finalement 1 525 exemplaires construits jusqu'en juillet 1973.

«Únicamente 500 hombres lo conducirán». Originalmente se había previsto fabricar una serie limitada de 500 unidades. Hasta el mes de julio de 1973 se fabricaron 1.525.

“仅 500 人有幸驾驭”。这一特别版最初计划生产 500 台，但由于需求旺盛，截至 1973 年 7 月一共生产了不下 1,525 台。

911 CARRERA RS 2.7

1972

Der 911 Carrera RS wurde konsequent auf Leichtbau getrimmt. Erkennungszeichen des RS war der Motordeckel mit Heckspoiler, der schon bald liebevoll »Entenbürzel« genannt wurde.

The 911 Carrera RS was rigorously trimmed for low weight. It could be recognized by the engine cover with rear spoiler, soon to be nicknamed the "ducktail."

Pour la 911 Carrera RS, l'accent est résolument mis sur la légèreté. La RS se reconnaît facilement à son capot moteur surmonté d'un aileron arrière affectueusement surnommé « queue de canard ».

El 911 Carrera RS fue diseñado de manera consecuente para que sea ligero. Se distinguió por el alerón posterior, que muy pronto recibió el apodo de «cola de pato».

911 Carrera RS 在轻量化方面做到了极致。凭借其发动机罩上独特的后扰流板造型，不久它就得到了"鸭尾"这个昵称。

911 CARRERA RS 2.7 / 911 CARRERA RSR 2.8

1973

Neben dem 911 Carrera RS bot Porsche den Carrera RSR als reinrassige Rennversion an. Mit seinen 300 PS war der RSR perfekt für den GT-Sport.

In addition to the 911 Carrera RS, Porsche offered the Carrera RSR as a purebred race car. With its 300 hp, the RSR was perfect for GT sport driving.

A côté de la 911 Carrera RS, Porsche propose un bolide pur sang, la Carrera RSR. Avec ses 300 ch, la RSR convient parfaitement à la course automobile GT.

Además del 911 Carrera RS, Porsche ofreció el Carrera RSR, una versión de carreras de pura sangre. Con su motor de 300 CV, el RSR fue el coche perfecto para carreras de GT.

除了 911 Carrera RS 之外，保时捷还提供一款纯正血统的赛车—— Carrera RSR。凭借其高达 300 hp 的输出功率，RSR 是当之无愧的 GT 赛场利器。

911 CARRERA RSR 2.8

1973

Die Zuffenhausener Werksrennwagen wurden 1973 in den Farben des Sponsors Martini lackiert.

In 1973 the Zuffenhausen factory race cars were painted in the colours of sponsor Martini.

En 1973, les bolides d'usine de Zuffenhausen sont peints aux couleurs du sponsor Martini.

Los coches oficiales de Porsche llevaron los colores de Martini, el patrocinador de la escudería.

1973 年，祖文豪森厂方车队的赛车涂装了代表赞助商 Martini 的车身颜色。

911 CARRERA RSR 2.8

1973

Ein großer Triumph war der Sieg von Hurley Haywood und Peter Gregg im 911 Carrera RSR 2.8 bei den 24 Stunden von Daytona 1973.

Hurley Haywood and Peter Gregg's victory at the 1973 24 Hours of Daytona in a 911 Carrera RSR 2.8 was a great triumph.

Le triomphe de l'année 1973 est la victoire aux 24 Heures de Daytona, avec Hurley Haywood et Peter Gregg au volant de la 911 Carrera RSR 2.8.

Gran victoria de Hurley Haywood y Peter Gregg en las 24 horas de Daytona de 1973, a los mandos de un 911 Carrera RSR 2.8.

1973年，Hurley Haywood 和 Peter Gregg 驾驶 911 Carrera RSR 2.8 从戴通纳 24 小时耐力赛场凯旋，为保时捷书写了成功篇章。

911 CARRERA RSR 2.8

1973

Herbert Linge und seine ONS-Sicherheitsstaffel auf dem Hockenheimring 1973.

Herbert Linge and his ONS Safety Team at Hockenheimring in 1973.

En 1973, Herbert Linge et son équipe de sécurité ONS sur le circuit de Hockenheim.

Herbert Linge y su equipo de rescate ONS en el circuito de Hockenheim en el año 1973.

1973 年 Herbert Linge 和其带领的 ONS 安全团队在霍根海姆赛道上合影。

911 CARRERA RSR 2.8

1973

Als Sportgerät für ambitionierte Privatfahrer war der 911 Carrera RSR 2.8 auf der ganzen Welt beliebt.

The 911 Carrera RSR 2.8 was beloved the world over as a sports car for the ambitious private racer.

La 911 Carrera RSR 2.8 est le bolide de prédilection des coureurs privés ambitieux du monde entier.

El 911 Carrera RSR 2.8 fue el coche preferido de ambiciosos y exigentes pilotos de escuderías privadas de todo el mundo.

对于全球各地雄心勃勃的个人车手而言，911 Carrera RSR 可谓最佳搭档，广受青睐。

911 CARRERA RSR 2.8 (3.0)

1973

Beim 1.000 Kilometer-Rennen auf dem Nürburgring schickte Porsche einen 911 Carrera RSR mit 3 Liter-Motor an den Start. Herbert Müller und Gijs van Lennep erzielten den 5. Platz im Gesamtklassement.

For the 1000 kilometre Nürburgring race Porsche sent a 911 Carrera RSR with a 3 litre engine into the ring. Herbert Müller and Gijs van Lennep took 5th place in the overall rankings.

Pour les 1 000 km du Nürburgring, Porsche prend le départ avec une 911 Carrera RSR équipée d'un moteur 3 litres. Herbert Müller et Gijs van Lennep décrochent la 5e place au classement général.

Porsche puso en la parrilla de salida de los 1.000 kilómetros del Nürburgring un 911 Carrera RSR con motor de 3.000 cc. Los pilotos Herbert Müller y Gijs van Lennep ocuparon el quinto puesto de la clasificación general.

保时捷派出一台搭载 3 升发动机的 911 Carrera RSR 出征纽伯格林 1000 公里拉力赛，Herbert Müller 和Gijs van Lennep 获得了总排名第五的成绩。

911 CARRERA RSR 2.8

1973

911 Carrera RSR 2.8 in Le Mans 1973. Das Fahrerteam Paul Keller, Erwin Kremer und Clemens Schickentanz erzielten den 8. Platz im Gesamtklassement und wurden Sieger der GT-Klasse.

911 Carrera RSR 2.8 at Le Mans in 1973. Driver team Paul Keller, Erwin Kremer and Clemens Schickentanz took 8th place in the overall rankings and won the GT class.

La 911 Carrera RSR 2.8 au 24 Heures du Mans en 1973. 8e au classement général, l'équipe composée des pilotes Paul Keller, Erwin Kremer et Clemens Schickentanz, remporte également la catégorie GT.

911 Carrera RSR 2.8 en Le Mans en 1973. Los pilotos Paul Keller, Erwin Kremer y Clemens Schickentanz lograron ocupar el octavo puesto de la clasificación general, ganando la categoría GT.

1973 年度勒芒赛道上的 911 Carrera RSR 2.8。由 Paul Keller、Erwin Kremer 和 Clemens Schickentanz 组成的团队取得了总排名第八的成绩，并在 GT 组别夺冠。

911 CARRERA RSR 2.8

1973

Bei der Europameisterschaft für GT-Fahrzeuge auf dem Nürburgring bewegte der schweizer Rennfahrer Claude Haldi einen Porsche 911 Carrera RSR 2.8.

At the European GT Championship at Nürburgring Swiss driver Claude Haldi piloted a Porsche 911 Carrera RSR 2.8.

Lors du championnat européen de GT, au Nürburgring, le Suisse Claude Haldi pilote une Porsche 911 Carrera RSR 2.8.

En el campeonato GT europeo, el piloto suizo Claude Haldi estuvo al volante de un Porsche 911 Carrera RSR 2.8.

瑞士车手 Claude Haldi 驾驶一台保时捷 911 Carrera RSR 2.8 参加在纽伯格林赛道举行的欧洲 GT 锦标赛。

911 S 2.4 COUPÉ

1973

Ein 911 S 2.4 als Pace-Car vor den 1.000 PS starken 917/10 auf dem Norisring 1973.

A 911 S 2.4 as pace car in front of the 1000 hp 917/10 at Norisring in 1973.

Cette 911 S 2.4 en pace-car devant les 917/10 de 1000 ch sur le Norisring à Nuremberg, en 1973.

Un 911 S 2.4 haciendo de pace-car en el circuito Norisring en 1973, delante de los bólidos 917/10 con motores de 1.000 CV.

1973 年诺里斯林赛道上，一台 911 S 2.4 作为安全车行驶在 1,000 hp 的 917/10 前面。

911 S 2.3 COUPÉ

1973

Zweikampf der 911 S bei der Europameisterschaft für GT-Fahrzeuge 1973 auf dem Nürburgring: #111: Paul Keller, #116: Holger Zeller.

Duelling 911 S cars at the 1973 European GT Championship at Nürburgring. No. 111: Paul Keller, No. 116: Holger Zeller.

En 1973, duel de 911 S au championnat européen GT au Nürburgring. N°111 : Paul Keller, N°116 : Holger Zeller.

Lucha entre dos 911 S en el circuito Nürburgring en una carrera del campeonato europeo GT de 1973. Número 111: Paul Keller; número 116: Holger Zeller.

1973 年度纽伯格林赛道欧洲 GT 锦标赛上，对抗进入白热化。111 号车手 Paul Keller，116 号车手 Holger Zeller。

911 S COUPÉ

1973

Porsche 911 S bei der Targa Florio 1973. Fahrer: Guido Fossati und Angelo Mola.

Porsche 911 S at Targa Florio in 1973. Drivers: Guido Fossati and Angelo Mola.

La Porsche 911 S à la Targa Florio de 1973, pilotée par Guido Fossati et Angelo Mola.

Porsche 911 S en la Targa Florio de 1973. Pilotos: Guido Fossati y Angelo Mola.

1973 年参加塔格•佛罗热公路耐力赛的保时捷 911 S，车手是 Guido Fossati 和 Angelo Mola。

911 CARRERA RSR 2.8 (3.0)

1973

Bei der letztmalig als WM-Lauf ausgetragenen Targa Florio fuhren Herbert Müller und Gijs van Lennep 1973 auf den ersten Gesamtplatz.

At the last world championship Targa Florio in 1973 Herbert Müller and Gijs van Lennep drove into first place overall.

A la Targa Florio de 1973, qui compte pour la dernière fois pour le championnat du monde, Herbert Müller et Gijs van Lennep décrochent la première place au classement général.

En la última edición de la Targa Florio como parte de un campeonato mundial en el año 1973, los pilotos Herbert Müller y Gijs van Lennep lograron ocupar el primer puesto en la clasificación general.

1973 年塔格•佛罗热公路耐力赛最后一次作为国际赛事举行，Herbert Müller 和 Gijs van Lennep 出战，获得总排名第一的佳绩。

911 CARRERA RSR 2.8 (3.0)

1973

Siegesplakat zum Porsche-Gesamtsieg bei der Targa Florio 1973.

A poster celebrating Porsche's overall victory at Targa Florio in 1973.

Affiche de 1973 pour célébrer la victoire de Porsche au classement général à la Targa Florio.

Cartel evocando la victoria general de Porsche en la edición del año 1973 de la Targa Florio.

为纪念保时捷取得 1973 年塔格·佛罗热公路耐力赛总排名第一制作的海报。

911 CARRERA RSR 2.8

1973

Als erfolgreichster Porsche-Fahrer wurde Clemens Schickentanz Sieger des Porsche Cup 1973.

As the most successful Porsche driver, Clemens Schickentanz won the 1973 Porsche Cup.

Meilleur pilote de Porsche, Clemens Schickentanz remporte la Coupe Porsche de 1973.

Clemens Schickentanz logró vencer en la Porsche Cup del año 1973.

赛车名将 Clemens Schickentanz 在一众保时捷驾驶者中拔得头筹，夺得 1973 年保时捷杯的冠军。

911 CARRERA RS 2.7 »RALLYE«

1974

Das Engagement der Porsche-Werksmannschaft bei der Safari-Rallye 1974 in Kenia endete mit einem zweiten Platz.

The efforts of the Porsche works team at the 1974 Safari Rally in Kenya brought home second place.

En 1974, une seconde place vient récompenser l'engagement de l'équipe d'usine de Porsche au Safari-Rallye au Kenya.

La escudería oficial de Porsche logró ocupar el segundo puesto en el Safari-Rallye de Kenia de 1974.

在工厂车队全体人员的努力下，保时捷车队在 1974 年肯尼亚拉力赛上获得第二名的佳绩。

KAPITEL 2

DIE NÄCHSTE GENERATION

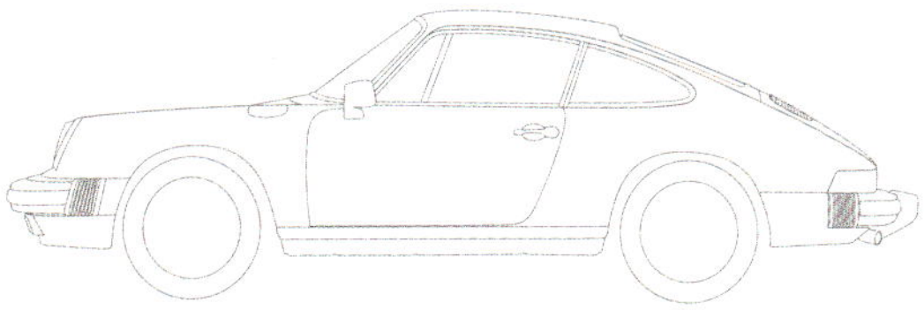

1973–1989

G-SERIE

G MODEL

SÉRIE G

SERIE G

G 系列

СЕРИЯ G

Ein Dauerbrenner geht in Serie: Zehn Jahre nach der Premiere haben die Porsche-Ingenieure den 911 gründlich überarbeitet. Das sogenannte »G-Modell« wird von 1973 bis 1989 gebaut – so lange wie keine andere Elfer-Generation. Besonderes Merkmal: Die markanten Faltenbalg-Stoßstangen – eine Innovation, um den damals neuesten Crashtest-Bedingungen der USA gerecht zu werden. Serienmäßige Dreipunkt-Sicherheitsgurte sowie Sitze mit integrierter Kopfstütze sorgen außerdem für erhöhten Insassenschutz. Ein Meilenstein in der Geschichte des Elfers: 1974 präsentiert Porsche den ersten 911 Turbo mit Dreiliter-Motor, 260 PS und auffälligem Heckspoiler. Mit seiner einzigartigen Verbindung von Luxus und Performance wird der »Turbo« zu einem Synonym für die Marke Porsche. 1977 folgt die nächste Leistungsstufe: Der 911 Turbo 3.3 erhält einen Ladeluftkühler und ist mit 300 PS Klassenbester. Bei den Saugmotoren löst 1983 der 911 Carrera den SC ab und wird mit 3.2 Liter Hubraum und 231 PS zum beliebten Sammlerstück. Frischluftfreunde können den Elfer ab 1982 auch als Cabriolet erwerben. Mit dem 911 Carrera Speedster knüpft Porsche 1989 an einen Mythos an.

CHAPTER 2

THE FIRST MAKEOVER

A seasoned winner goes into production: ten years after its premiere, the engineers at Porsche gave the 911 its first thorough makeover. The "G model" was produced from 1973 to 1989 – longer than any other 911 generation. Its distinguishing features were the bellows-equipped bumpers, which were technically indispensable to meet the newest crash test standards in the United States. Occupant protection was further improved by retractable safety belts as a standard feature as well as seats with integrated headrests. One of the most important milestones in the 911 success story was the presentation in 1974 of the first Porsche 911 Turbo with a three-liter engine, 260 hp (188 kW), and an enormous rear spoiler. With its unique blend of luxury and performance, the "Turbo" became synonymous with the Porsche marque. The next time the engine was upsized was in 1977: the 911 Turbo 3.3 was given an intercooler and its 300 hp (218 kW) made it best in class. In 1983 the 911 Carrera, powered by a naturally aspirated engine, superseded the SC; with 3.2 liter cubic capacity and 231 hp, it became a favorite collector's item. From 1982, open air enthusiasts were also able to order the 911 as a Cabriolet. The 911 Carrera Speedster, launched in 1989, was evocative of a legendary fifties Porsche model.

CHAPITRE 2

LA SECONDE GÉNÉRATION

Le succès de la 911 ne se dément pas : dix ans après le lancement de la première génération, les ingénieurs Porsche décident d'écrire un nouveau chapitre de l'histoire de la 911. Ce nouveau modèle, appelé « Type G » sera construit de 1973 à 1989, soit un record de durée pour une génération de 911. Elle se caractérise par des pare-chocs dont les extrémités se terminent en accordéon afin de satisfaire aux nouvelles normes de sécurité aux États-Unis, ce qui lui vaudra le sobriquet de « Porsche à soufflets ». Pour renforcer la sécurité des passagers, cette 911 est équipée en série de ceintures de sécurité trois points et de sièges avec appuie-têtes intégrés.
L'année 1974 marque un tournant dans l'histoire de la marque : Porsche lance la première 911 Turbo à moteur trois litres développant 260 chevaux et un aileron qui ne passe pas inaperçu. Alliance parfaite du luxe et de la performance, la dénomination « Turbo » va devenir synonyme de la marque Porsche. En 1977, la puissance est encore renforcée : la 911 Turbo 3.3 est équipée d'un échangeur air-air et développe désormais 300 chevaux, un record dans cette catégorie. Côté moteurs atmosphériques, sort en 1983 la première 911 Carrera SC, très appréciée des collectionneurs pour son 3,2 litres développant 231 chevaux. Ceux qui aiment rouler cheveux au vent seront séduits par la version cabriolet disponible à partir de 1982. Avec la sortie de la Speedster en 1989, Porsche renoue avec un autre mythe emblématique du passé de l'entreprise.

CAPÍTULO 2

LA SIGUIENTE GENERACIÓN

El inicio de un éxito que perduraría muchos años. Diez años después del estreno del 911, los ingenieros de Porsche optaron por remodelarlo exhaustivamente. El «modelo G» se fabricó desde 1973 hasta 1989, durante más tiempo que cualquier otra generación del 911. Se distinguió por sus paragolpes con segmentos en forma de fuelle, una innovación que permitió cumplir las normas de seguridad estadounidenses. Además estuvo equipado de serie con cinturones de seguridad de tres puntos de anclaje y tenía asientos con apoyacabezas integrados, para mayor seguridad de los ocupantes. El primer 911 Turbo con motor de 3.000 cc y 260 CV, y provisto de un llamativo alerón, fue un hito importante en la historia del 911. Con su combinación única de lujo y altas prestaciones, el Turbo se transformó en sinónimo de la marca Porsche. En el año 1977 le siguió el siguiente modelo, más veloz. El 911 Turbo 3.3 contó con un intercooler y con sus 300 CV fue el más potente del segmento. En la línea de versiones con motor aspirado, el 911 Carrera sustituyó al SC en 1983. El nuevo modelo tenía un motor de 3.200 cc de 231 CV, y con el tiempo se transformó en una codiciada pieza de colección. Los amantes de los descapotables fueron atendidos a partir del año 1982. Y el 911 Carrera Speedster de 1989 retomó la tradición de un coche mítico de la marca.

第 2 章

第二代车型

在 911 面世十年后，保时捷工程师们对 911 进行了更加全面的升级改造。新一代 911 被荣耀的称为“G 车型”，从 1973 年一直生产到 1989 年，市场周期超过任何一款前代车型。这款车型的一大特征是抢眼的波纹管式保险杠，该创新是为了符合当时最新的美国碰撞试验标准。作为标准配置提供的三点式安全带和一体式头枕进一步提高了乘员安全性。1974 年，保时捷进一步推出了首款配备 3.0 升 260 hp 发动机以及大型后扰流板的 911 Turbo，此举堪称 911 发展史中最重要的里程碑之一。“Turbo”也因将豪华性与卓越性能独特结合而成为了保时捷的代名词。1977 年，配备增压空气冷却器的 911 Turbo 3.3 将 911 的性能提升到了一个崭新的级别：300 hp 的输出功率达到了同级别车型性能之首。1983 年，配备自然进气发动机的 911 Carrera 取代了 SC，其发动机排量达到了 3.2 升，输出功率为 231 hp，成为了收藏家们的最爱。敞篷版 911 于 1982 年面世。随后，保时捷于 1989 年发布 911 Carrera Speedster，此款车型生动演绎了 50 年代 356 的传奇经典。

ГЛАВÁ 2

СЛЕДУЮЩЕЕ ПОКОЛЕНИЕ

Неувядающий „хит“ пошел в серию. Десять лет спустя после премьеры инженеры Porsche основательно переработали 911-й. Так называемая модель G выпускалась с 1973 по 1989 год. Так долго на конвейере не продержалось ни одно другое поколение „девятьсот одиннадцатого“. Особенный признак: эффектные бамперы с гофрированными вставками, которые были призваны обеспечить соответствие новым требованиям краш-тестов в США. Серийные трехточечные ремни безопасности, а также сиденья с интегрированными подголовниками предлагали высокий уровень безопасности. Эпохальное событие в истории „девятьсот одиннадцатого“: в 1974 году компания Porsche представила первый 911 Turbo с трехлитровым двигателем мощностью 260 л.с. и эффектным задним спойлером. Благодаря уникальному сочетанию роскоши и технического совершенства „Turbo“ стал синонимом марки Porsche. В 1977 году появилась модель с еще более высокой мощностью: 911 Turbo 3.3 получил охладитель наддувочного воздуха и стал лучшим в своем классе при мощности 300 л.с. В 1983 году в ряду моделей с атмосферным двигателем версия 911 Carrera приходит на смену SC и становится любимым объектом коллекционеров. Рабочий объем двигателя составил 3,2 литра, мощность – 231 л.с. Любители поездок под открытым небом могли с 1982 года приобрести „девятьсот одиннадцатый“ в версии кабриолет. Выпустив в 1989 году модель 911 Carrera Speedster, компания Porsche напомнила о своей легендарной истории.

911 2.7 TARGA

1973

Ein Vertreter der neuen Generation ist dieser 911 2.7 Targa aus dem Jahr 1973. Seine zeittypischen Chrom-Zierteile kennzeichnen ihn als frühes Modell der »G-Serie«.

This 911 2.7 Targa from 1973 represents the new generation. Its chrome details, typical of the time, mark it as an early G Series model.

Cette 911 2.7 Targa de 1973 appartient à la nouvelle génération. On la reconnaît à ses éléments chromés caractéristiques de l'époque ; c'est l'un des premiers modèles de la « Série G ».

Este 911 2.7 Targa de 1973 es un representante de la nueva generación. Sus listones cromados, típicos de la época, lo identifican como uno de los primeros ejemplares de la «serie G».

1973 年生产的 911 2.7 Targa 宣告新一代 911 的诞生。作为 “G 系列” 的早期车型，车身多处运用了那个时代流行的镀铬装饰元素。

911 2.7 TARGA

1973

Auf dem Skidpad in Weissach: Das Basismodell 911 2.7 wurde nur noch im Modelljahr 1974 mit Stahlfelgen ausgestattet.

On the Weissach skidpad: The basic 911 2.7 model was only equipped with steel wheels in model year 1974.

Sur le skidpad à Weissach. Le modèle de base 911 2.7 ne sera équipé de jantes en acier que jusqu'en 1974.

En el circuito de pruebas de Weissach. El modelo básico 911 2.7 estuvo equipado con llantas de acero sólo hasta finalizar la producción de los modelos del año 1974.

在魏斯阿赫试车场上拍摄的照片。1974 年款 911 2.7 车型基本款仅配备钢制车轮。

911 2.7 TARGA

1973

Dieser 911 Targa trägt ein Ludwigsburger Kennzeichnen (LB), da sich dort seit 1971 der Porsche Vertrieb im Werk 7 in Ludwigsburg befand.

This 911 Targa has a Ludwigsburg license plate (LB), because starting in 1971 Porsche Sales was located in Works 7 in Ludwigsburg.

Cette Targa 911 est immatriculée à Ludwigsburg (LB). A partir de 1971, le département vente de Porsche s'installe à l'usine 7 de Ludwigsburg.

Este 911 Targa tiene una matrícula de Ludwigsburg (LB) porque la central de ventas de Porsche estuvo en la planta 7 de dicha localidad a partir de 1971.

这台 911 Targa 悬挂以 LB 打头的德国路德维希堡牌照。1971 年，保时捷公司的销售部迁至位于路德维希堡的第七工厂。

911 2.7 TARGA

1973

Noch in den siebziger Jahren entstanden Pressebilder häufig in der Umgebung von Zuffenhausen oder Ludwigsburg, Porsche-Mitarbeiter wirkten oft als Statisten mit.

Into the seventies, press photos were still often shot around Zuffenhausen and Ludwigsburg, with Porsche employees as extras.

Dans les années 70 encore, les photos de presse sont fréquemment réalisées dans les environs de Zuffenhausen ou de Ludwigsburg. Pour l'occasion, les collaborateurs de Porsche font office de figurants.

En la década de los años setenta, las fotografías publicadas en la prensa solían tener por escenario las localidades de Zuffenhausen o Ludwigsburg, y con frecuencia aparecían en ellas colaboradores de Porsche.

20 世纪 70 年代，保时捷经常在祖文豪森或路德维希堡周边拍摄新闻照片，保时捷员工也经常出镜。

911 2.7 TARGA

1973

Sitze mit integrierter Kopfstütze sowie serienmäßige Dreipunkt-Gurte sorgten ab 1973 für Sicherheit. Diese Beifahrerin nutzte den Sicherheitsgurt jedoch offensichtlich nicht.

Starting in 1973, seats with an integrated headrest and standard three-point belts added safety. Yet this passenger clearly is not wearing her seatbelt.

À partir de 1973, les appuie-têtes intégrés aux dossiers de siège ainsi que les ceintures de sécurité à trois points en série constituent une garantie de sécurité. Cette passagère préfère visiblement se passer de sa ceinture.

Asientos con apoyacabezas integrados y cinturones de seguridad de tres puntos de serie para mayor seguridad a partir de 1973. La acompañante que está disfrutando de la conducción con el techo abierto, evidentemente no está usando su cinturón.

1973 年起，911 开始配备带一体式头枕的座椅以及标配的三点式安全带，保障驾乘者的安全。不过，很明显，副驾驶座上的这位女士没有系安全带。

911 2.7 TARGA

1973

Der 150 PS starke 911 2.7 Targa erreichte eine Spitzengeschwindigkeit von 210 km/h. Das Überholen eines VW 412 war somit kein Problem.

The 150 hp 911 2.7 Targa reached top speeds of 130 mph, and overtaking a VW 412 was easy.

Avec ses 150 ch, la 911 2.7 Targa atteint les 210 km/h. Dans ces conditions, doubler une Volkswagen 412 est un jeu d'enfant.

La velocidad punta del 911 2.7 Targa de 150 CV era de 210 km/h. Adelantar a un VW 412 era muy sencillo.

911 2.7 Targa 输出功率达 150 hp，能以 210 km/h 的最高时速驰骋。超过一台大众 412 简直是轻而易举。

911 CARRERA RSR 3.0

1973

Im Hof des Porsche Werk 1 warten zwölf 911 Carrera RSR auf ihren Einsatz beim »International Race of Champions« (IROC) 1973.

In the courtyard of Porsche Works 1, twelve 911 Carrera RSRs wait to enter the 1973 International Race of Champions (IROC).

Dans la cour de l'usine 1 de Porsche, douze 911 Carrera RSR attendent de concourir au « International Race of Champions » (IROC) en 1973.

Doce 911 Carrera RSR en la planta 1 de Porsche, listos para participar en la «International Race of Champions» (IROC) de 1973.

保时捷第一工厂的广场上，12 台 911 Carrera RSR 正静静等待出征 1973 年国际汽车冠军拉力赛（IROC）。

911 2.7 TARGA / 911 S 2.7 COUPÉ / 911 CARRERA 2.7 COUPÉ

1973

Farbenfroh präsentierte sich die 911-Modellpalette für das Modelljahr 1974: V.l.n.r.: 911 2.7 Targa, 911 S 2.7 Coupé und 911 Carrera 2.7 Coupé.

A colourful line-up of the 1974 model year 911s. Left to right: 911 2.7 Targa, 911 S 2.7 Coupé and 911 Carrera 2.7 Coupé.

En 1974, la gamme des modèles 911 se décline en teintes vives. De gauche à droite : la 911 2.7 Targa, la 911 S 2.7 Coupé et la 911 Carrera 2.7 Coupé.

Los vivos colores de la gama de modelos 911 del año 1974. De izq. a der.: 911 2.7 Targa, 911 S 2.7 Coupé y 911 Carrera 2.7 Coupé.

1974 年款 911 系列的车身颜色可谓绚丽多彩。从左到右: 911 2.7 Targa、911 S 2.7 Coupé 和 911 Carrera 2.7 Coupé。

911 2.7 TARGA

1973

Bis auf die Sicherheitsstoßstangen zeigt dieser frühe Vertreter der »G-Serie« noch große Ähnlichkeit mit dem Ur-Elfer.

Except for the safety bumpers, this early G Series car still looks very much like the original Eleven.

A l'exception des pare-chocs, les premiers modèles de la Série G affichent encore de nombreuses similitudes avec la première 911.

Este temprano representante de la «serie G» se parece mucho al 911 original, exceptuando los paragolpes.

除了保险杠的设计有所改变，这台“G系列”早期车型与第一代 911 在外观上非常接近。

911 S 2.7 COUPÉ

1973

Der 2.7 Liter-Motor des 911 S leistete 175 PS und beschleunigte auf bis zu 225 km/h. Von dieser Variante wurden 7.978 Einheiten produziert.

The 911's 2.7 litre engine put out 175 hp and pushed the car to 140 mph. A total of 7,978 of this variant were built.

Le 2.7 litres de la 911 S développe 175 ch et peut atteindre 225 km/h. Il en sortira 7 978 unités de la chaîne de montage.

El motor de 2.700 cc del 911 tenía una potencia de 175 CV. La velocidad punta era de 225 km/h. De esta variante se fabricaron 7.978 unidades.

911 S 搭载 2.7 升发动机，输出功率可达 175 hp，最高时速提升至 225 km/h。该车型一共生产了 7,978 台。

911 CARRERA 2.7 COUPÉ

1973

US-amerikanischer Verkaufsprospekt für das Modelljahr 1974. Titelmotiv ist der 911 Carrera, der in den USA jedoch mit dem Motor des schwächeren 911 S ausgestattet war.

A sales brochure from the US for model year 1974. The title picture is a 911 Carrera, which for the US had the engine of the lower-powered 911 S.

Prospectus de vente américain pour le millésime 1974. En couverture : la 911 Carrera. Aux Etats-Unis, elle est cependant équipée du moteur de la 911 S, moins performante.

Prospecto estadounidense para promocionar la venta de los modelos del año 1974. En la fotografía aparece el 911 Carrera que, sin embargo, en los EE.UU. se vendió con el motor menos potente del 911 S.

美国市场 1974 车型年销售宣传册，封面上的车型是 911 Carrera。美国市场销售的 911 Carrera 配备了动力稍弱的 911 S 发动机。

911 CARRERA 2.7 COUPÉ

1973

Spitzenmodell war der 911 Carrera, welcher u.a. an schwarzen Scheibeneinfassungen und Türgriffen zu erkennen war.
In den Modelljahren 1974 und 1975 hatte der 911 noch keinen innenverstellbaren Außenspiegel.

The top model was the 911 Carrera, which was recognizable by the black window frames and door handles.
In the 1974 and 1975 model years the 911 side mirror was still not adjustable from the inside.

La 911 Carrera est le modèle haut de gamme de la série. On la reconnaît à ses poignées de porte et ses cadres de fenêtre noirs.
En 1974 et 1975, la 911 n'est pas encore équipée de rétroviseurs réglables de l'intérieur.

El modelo puntero de la gama fue el 911 Carrera, fácil de reconocer, entre otros, por los marcos de las ventanas y las manijas de color negro.
El 911 de los años 1974 y 1975 aún no tenía un espejo retrovisor exterior en el lado derecho.

911 Carrera 是当时该系列的顶级车型，可以从黑色的车窗框和门把手上辨认出来。
1974 年和 1975 年生产的 911 尚未配备车内可调的外后视镜。

911 CARRERA 2.7 TARGA

1973

Auf der Frankfurter IAA 1973 präsentierte Porsche diesen 911 Carrera 2.7 Targa in Sonderfarbe.

Porsche presented this 911 Carrera 2.7 Targa in a special colour at the 1973 IAA in Frankfurt.

Au Salon international de l'automobile de Francfort, Porsche présente cette 911 Carrera 2.7 Targa dans une teinte spéciale.

En el salón del automóvil de Fráncfort IAA de 1973, Porsche presentó este 911 Carrera 2.7 Targa de color especial.

1973 年法兰克福国际车展上，保时捷推出了这台采用特殊颜色涂装的 911 Carrera 2.7 Targa。

911 TURBO PROTOTYP

1973

Ein Höhepunkt der IAA 1973 war der Prototyp des 911 Turbo 3.0 mit der Frontpartie des 911 Carrera RS 3.0.

A highlight of the 1973 IAA was the prototype of the 911 Turbo 3.0 with the nose of the 911 Carrera RS 3.0.

Parmi les points forts de l'édition 1973 du Salon de Francfort : le prototype de la 911 Turbo 3.0 équipé de la partie avant de la 911 Carrera RS 3.0.

Una de las estrellas del salón del automóvil IAA de 1973 fue el prototipo del 911 Turbo 3.0 con la parte frontal del 911 Carrera RS 3.0.

911 Turbo 3.0 原型车成为 1973 年法兰克福车展的万众焦点，这款原型车沿用了 911 Carrera RS 3.0 的车头设计。

911 S 2.7 TARGA

1974

Diese deutsche Werbeanzeige aus dem Jahr 1974 appelliert an den »Auto-Verstand« der Porsche-Interessenten.

This German advertisement from 1974 appeals to Porsche buyers' "auto intelligence."

Cette publicité allemande de 1974 fait appel au « savoir » des fans de Porsche.

La campaña publicitaria lanzada en Alemania en el año 1974 trató de captar la «sensatez automovilística» de los posibles clientes de Porsche.

这则 1974 年德国发布的广告以"智能汽车"为主题，吸引了众多保时捷购买者。

911 2.7 COUPÉ

1974

Gut zu erkennen ist die schmale Karosserie des Basis 911, der ab Modelljahr 1975 auf 6J×15 ATS-Aluminiumrädern fuhr.

The slender body of the basic 911 is readily recognizable. Starting with the 1975 model year it rode on 6J×15 ATS aluminium wheels.

On reconnaît bien la carrosserie étroite de la 911 de base. A partir de 1975, elle sera montée sur des jantes en aluminium 6J×15 ATS.

Se reconoce enseguida la estrecha carrocería del 911 básico, que a partir del año 1975 tenía llantas de aluminio de 6J×15 ATS.

基本款 911 的窄车身很容易辨认，从 1975 年款开始，911 配备了由 ATS 生产的 6J×15 铝制车轮。

911 S 2.7 COUPÉ

1974

In der Zuffenhausener Produktion 1974: Die Montage erinnerte damals noch an die Zeiten des Porsche 356.

Production at Zuffenhausen in 1974. The assembly line was still reminiscent of the days of the Porsche 356.

Dans l'usine de Zuffenhausen en 1974, l'assemblage rappelle encore l'époque de la Porsche 356.

En la planta de Zuffenhausen en 1974: los métodos de montaje de aquella época aún se asemejaban a los del Porsche 356.

1974 年祖文豪森的生产车间：装配过程仍能让人想起保时捷 356 的时代。

911 2.7 TARGA

1974

Eine Besonderheit dieses 911 2.7 Targa ist die Kombination von schmaler Karosserie mit schwarzem Targa-Bügel und Scheinwerferringen sowie Außenspiegel in Wagenfarbe.

A special feature of the 911 2.7 Targa was the combination of a slender body with the black Targa bar and headline rings and an outside mirror in the body colour.

Cette 911 2.7 Targa se distingue par la combinaison d'une carrosserie étroite avec un arceau Targa noir ainsi que des anneaux de phare et des rétroviseurs à la couleur de la voiture.

Algunas de las peculiaridades de este 911 2.7 Targa fue la combinación de carrocería estrecha y barra Targa antivuelco de color negro, así como los anillos de los faros y el retrovisor exterior también de color negro.

窄车身搭配黑色翻滚防护杆，与车身同色的大灯镶边和车外后视镜——这些都是 911 2.7 Targa 的典型特征。

911 2.7 COUPÉ

1974

Zeittypische Marketing-aufnahme aus dem Jahr 1974. Ab dem Modelljahr 1975 wurden die Außenspiegel des 911 in Wagenfarbe lackiert.

A typical marketing shot of the day from 1974. Starting with the 1975 model year, the side mirror of the 911 was painted in the body colour.

Une publicité dans l'air du temps en 1974. A partir de 1975, les rétroviseurs de la 911 seront de même couleur que la voiture.

Típica fotografía de marketing de la época, en el año 1974. A partir de los modelos del año 1975, los espejos retrovisores del 911 eran del mismo color de la carrocería.

1974 年的宣传照片，带有那个年代特有的气息。自 1975 年款开始，911 的车外后视镜采用与车身同色的涂漆。

911 2.7 TARGA

1974

Ein 911 2.7 Targa kostete 1974 in Deutschland mindestens 31.950 DM. Somit war der exklusive 911 Targa auch im Stuttgarter Straßenbild eine Besonderheit.

In 1974, a 911 2.7 Targa started at DM 31,950 in Germany, making this exclusive car a rarity even in Stuttgart.

En 1974, pour acheter une 911 2.7 Targa en Allemagne, il fallait débourser au moins 31 950 DM. Rien d'étonnant à ce que cette 911 2.7 Targa ne passe pas inaperçue, même dans les rues de Stuttgart.

En 1974, un 911 2.7 Targa costaba como mínimo 31.950 DM en Alemania. Por esta razón, era poco común ver un exclusivo 911 Targa, incluso en Stuttgart.

1974 年，911 2.7 Targa 在德国的起价为 31,950 马克。因此哪怕在斯图加特的街头，这款难得一见的座驾也十分引人注目。

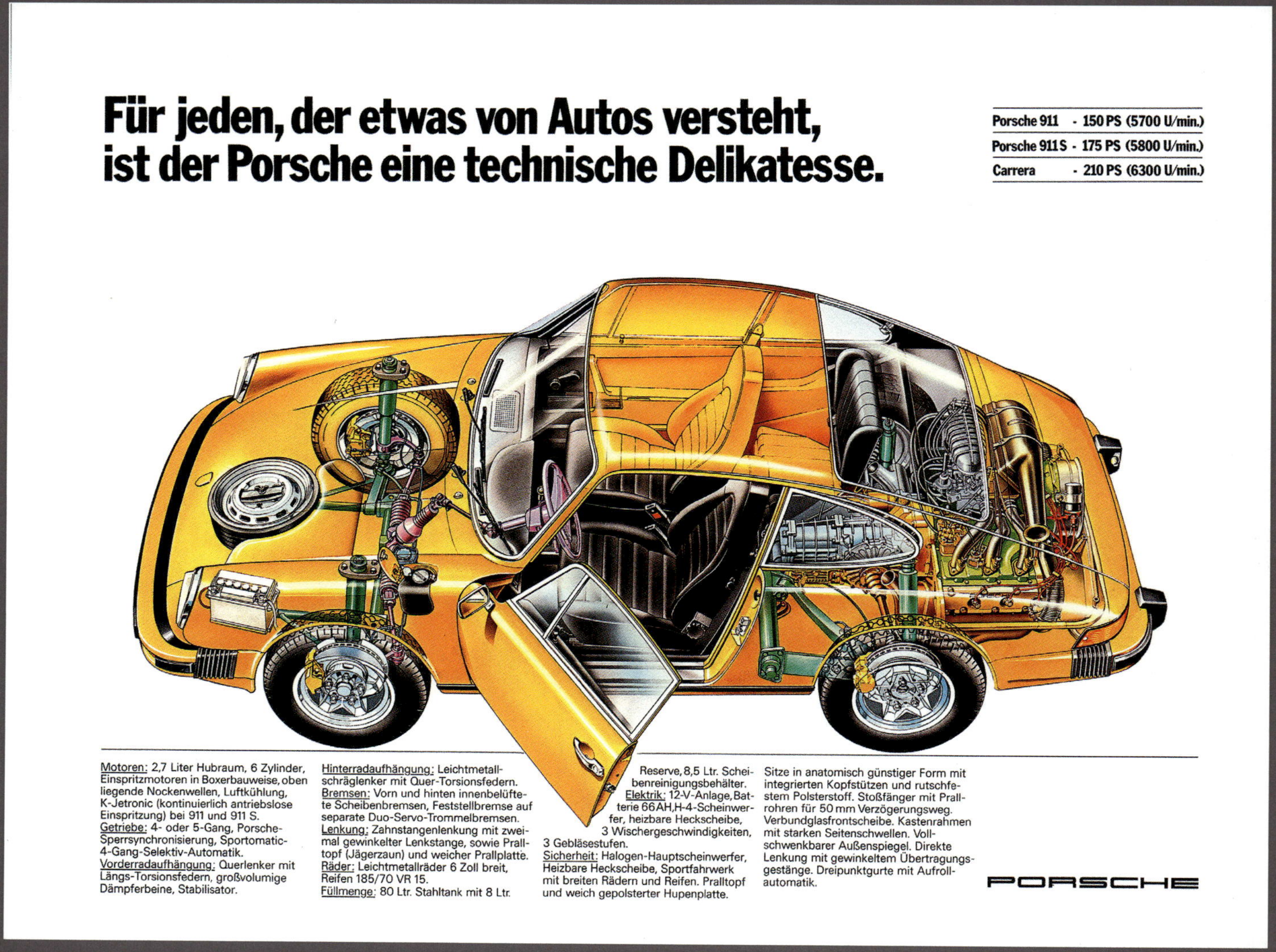

911 2.7 COUPÉ

1974

Diese Werbeanzeige von 1974 zeigt die Phantomzeichnung eines 911 2.7, der Interessenten mit seinen inneren Werten überzeugen sollte.

This print ad from 1974 shows a cutaway view of a 911 2.7 that displayed its inner qualities.

Cette publicité de 1974 s'appuie sur le « portrait robot » d'une 911 2.7 pour convaincre des acheteurs potentiels de ses valeurs intrinsèques.

Este anuncio publicitario de 1974 muestra una imagen transparente de un 911 2.7. Debía convencer por sus valores internos.

1974 年刊登的这则广告通过 911 2.7 的透视图展示了这款车精益求精的内在品质。

911 CARRERA RS 3.0

1974

Mit über 230 PS und einem Gesamtgewicht von nur 1060 Kilogramm war der 911 Carrera RS 3.0 der Supersportwagen des Jahres 1974. Er wurde nur 56 Mal gebaut.

With over 230 hp and a total weight of just 1060 kg, the 911 Carrera RS 3.0 was the super sports car of 1974. Only 56 of them were built.

Avec plus de 230 ch et un poids total de seulement 1060 kilos, la 911 Carrera RS 3.0 est la voiture de sport par excellence de l'année 1974. Il n'en sortira que 56 exemplaires.

El 911 Carrera RS 3.0 con motor de más de 230 CV y un peso total de apenas 1.060 kilogramos, fue el coche superdeportivo del año 1974. De este modelo únicamente se fabricaron 56 unidades.

1974 年面世的 911 Carrera RS 3.0 动力超过 230 hp，总重量则仅为 1,060 kg，是一款名副其实的超级跑车。这款车一共只生产了 110 台。

911 SONDERMODELL »25 JAHRE PORSCHE«

1974

Im Modelljahr 1975 präsentierte Porsche das Jubiläumsmodell »25 Jahre Porsche«. Das Sondermodell wurde auf eine Gesamtstückzahl von 400 Einheiten limitiert.

In model year 1975 Porsche presented the "25 Years of Porsche" anniversary model, a special edition limited to just 400 cars.

En 1975, Porsche présente le modèle spécial du jubilé « 25 ans de Porsche ». Sa production est limitée à 400 exemplaires.

Porsche presentó su modelo «25 años Porsche» en 1975. De este modelo especial se fabricó una serie limitada a 400 unidades.

1975 年，"保时捷 25 周年"纪念版面世。该特别版限量发售 400 台。

911 SONDERMODELL »25 JAHRE PORSCHE«

1974

Das silberfarbene 911-Sondermodell »25 Jahre Porsche« war als 911, 911 S und 911 Carrera erhältlich und hatte ein schwarzblaues Kunstleder-Interieur.

The silver "25 Years of Porsche" special edition was available as a 911, 911 S or 911 Carrera, and had a blue-black imitation leather interior.

Le modèle spécial argenté « 25 ans de Porsche » de la 911 est disponible en 911, 911 S et 911 Carrera avec un intérieur en simili bleu noir.

Del modelo especial del aniversario «25 años Porsche» se ofrecieron las variantes 911, 911 S y 911 Carrera. Todos tenían asientos y revestimientos de piel artificial de color azul y negro.

"保时捷 25 周年" 特别版在 911、911 S 和 911 Carrera 车型的基础上打造，采用银色车身喷漆，深蓝色人造革内饰。

911 CARRERA RSR 3.0

1974

Hurley Haywood 1974 in einem 911 Carrera RSR 3.0. Viele der Kunden-Teams modifizierten ihre Porsche-Rennsportwagen zum Teil ganz erheblich.

Hurley Haywood in 1974 in a 911 Carrera RSR 3.0. Many customer teams modified their Porsche competition cars, sometimes quite drastically.

En 1974, Hurley Haywood au volant d'une 911 Carrera RSR 3.0. De nombreuses équipes clients procèdent à d'importantes transformations de leur voiture de course Porsche.

Hurley Haywood al volante de un 911 Carrera RSR 3.0 en 1974. Numerosas escuderías de clientes modificaron considerablemente sus Porsche de carrera.

1974 年，Hurley Haywood 驾驶一台 911 Carrera RSR 3.0 参赛。许多车队都对自己的保时捷赛车做了大幅度改装。

911 CARRERA RSR 3.0

1974

911 Carrera RSR 3.0 1974 bei den 1000 km Nürburgring. Der Wagen gehörte dem in den 1970er Jahren legendären »Gelo«-Rennteam von Georg Loos.

The 911 Carrera RSR 3.0 1974 at the 1000 km Nürburgring. In the 1970s the car belonged to Georg Loos' legendary "Gelo" racing team.

En 1974, la 911 Carrera RSR 3.0 lors des 1 000 kilomètres du circuit du Nürburgring. La voiture appartient au team « Gelo » de Georg Loos, une équipe de course légendaire dans les années 70.

El 911 Carrera RSR 3.0 en los 1000 kilómetros de Nürburgring de 1974. Este coche fue de la escudería «Gelo» de Georg Loos, un equipo legendario en la década de los años setenta.

1974 年，911 Carrera RSR 3.0 飞驰在纽伯格林 1000 公里耐力赛的赛场上。这台赛车属于由 Georg Loos 带领的 Gelo 车队，该车队是 20 世纪 70 年代赛车运动界的一大传奇。

911 TURBO 2.7 COUPÉ

1974

Louise Piëch erhielt im September 1974 anlässlich ihres 70. Geburtstags den allerersten 911 Turbo.

Louise Piëch received the very first 911 Turbo in September 1974 for her 70th birthday.

En septembre 1974, à l'occasion de son 70e anniversaire, Louise Piech reçoit en cadeau la toute première 911 Turbo.

Louise Piëch cumplió 70 años en septiembre de 1974 y su regalo fue el primer 911 Turbo.

1974 年 9 月，Louise Piëch 70 大寿之际，工厂将生产的第一台 911 Turbo 作为礼物赠送给她。

911 TURBO 2.7 COUPÉ

1974

Als besonderes Einzelstück zeichnete sich der 911 Turbo »Nr. 1« durch seine schmale Karosserie und ein Interieur im Schotten-Karo aus.

This one-of-a-kind car, the Turbo No. 1, had a narrow chassis and a Scotch plaid interior.

La 911 Turbo « N°1 » est un modèle unique – et bien particulier. Elle se distingue par sa carrosserie étroite et un habitacle à motif écossais.

El Turbo «n° 1», un modelo único muy especial, se distinguió por su carrocería angosta y su habitáculo decorado con rombos escoceses.

作为绝无仅有的“第一台”911 Turbo，其窄车身设计，搭配苏格兰格纹内饰，尽显不凡气质。

911 CARRERA 2.7 COUPÉ / 911 2.7 COUPÉ / 911 2.7 TARGA

1974

Die 911-Modelle im Spätsommer 1974. Die US-Modelle sind anhand der größeren Blinkleuchten, den rot gefärbten Heckblinkern und den Frontscheinwerfern zu erkennen.

The 911 models in the late summer of 1974. The US models can be recognized by their larger turn signals, red taillights and headlights.

La gamme de modèles 911 à la fin de l'été 1974. Les modèles américains se distinguent par leurs cabochons de clignotants plus grands, leurs clignotants arrière rouges et leurs phares.

Los modelos 911 al final del verano de 1974. Los modelos estadounidenses se reconocen por sus luces intermitentes más grandes, sus intermitentes posteriores de color rojo y por la forma de sus faros.

1974 年夏末的 911 系列。美国版车型可通过尺寸更大的转向灯、红色的后转向灯和大灯辨认出来。

911 CARRERA 2.7 COUPÉ / 911 CARRERA RS 3.0

1974

Vor dem Vertriebsgebäude in Ludwigsburg: Links ein 911 Carrera 2.7 Coupé (US-Version), rechts ein 911 Carrera RS 3.0.

In front of the Sales building in Ludwigsburg: On the left a 911 Carrera 2.7 Coupé (US version), on the right a 911 Carrera RS 3.0.

Devant l'immeuble commercial à Ludwigsburg : à gauche, une 911 Carrera 2.7 Coupé (version américaine), à droite une 911 Carrera RS 3.0.

Delante del centro de ventas de Ludwigsburg. Izq.: un 911 Carrera 2.7 Coupé (versión para EE.UU.). Der.: un 911 Carrera RS 3.0.

路德维希堡销售总部前：左边是一台 911 Carrera 2.7 Coupé（美国版），右边是 911 Carrera RS 3.0。

911 S 2.7 COUPÉ / 911 S 2.7 TARGA / 911 S 2.7 COUPÉ / 911 CARRERA 2.7 TARGA / 911 S 2.7 COUPÉ / 911 2.7 TARGA

1974

Die Feierlichkeiten »25 Jahre Porsche« fanden 1974 auf dem Skidpad des Entwicklungszentrums in Weissach statt.

The "25 Years of Porsche" ceremony in 1974 was held on the skidpad of the Weissach Development Center.

En 1974, les festivités des « 25 ans de Porsche » se déroulent sur le skidpad du Centre de recherche à Weissach.

El aniversario «25 años Porsche» se festejó en el circuito de pruebas circular del centro de desarrollo de la marca en Weissach.

1974 年，"保时捷 25 周年"盛大庆祝活动在魏斯阿赫研发中心的试车场举行。

911 CARRERA 2.7 COUPÉ

1974

Vorne ein 911 Carrera 2.7 Coupé von 1974, hinten das Modell in US-Ausführung. Hier ist der Carrera gut an den breiteren Heckkotflügeln zu erkennen.

In front a 911 Carrera 2.7 Coupé from 1974, in the rear the US version of the same model. The Carrera can be easily recognized by its wider rear fenders.

Au premier plan, une 911 Carrera 2.7 Coupé de 1974. A l'arrière, le même modèle version américaine. La Carrera se reconnaît facilement à ses ailes arrières plus larges.

Adelante, un 911 Carrera 2.7 Coupé del año 1974. Junto a la locomotora, la versión para los EE.UU. En estas fotografías se aprecian claramente los pasos de rueda más abombados del Carrera.

画面中前方是一台 1974 年款 911 Carrera 2.7 Coupé，远处是同款车型的美国版。Carrera 宽大的后翼子板相当抢眼。

911 CARRERA RSR 3.0

1974

Plakat anlässlich der TransAm und IMSA GT-Meisterschaft 1974. Gesamtsieger wurde das Brumos-Team mit Peter Gregg auf einem Porsche 911 Carrera RSR 3.0.

Poster for the 1974 TransAm and IMSA GT Championship. The Brumos Team was the overall winner, with Peter Gregg in a Porsche 911 Carrera RSR 3.0.

Affiche de 1974 pour la TransAm et le championnat IMSA GT. Le Team Brumos décroche la première place au classement général avec Peter Gregg au volant d'une Porsche 911 Carrera RSR 3.0.

Cartel con motivo del campeonato TransAM e IMSA GT de 1974. La escudería Brumos ocupó el primer puesto en la clasificación general, con Peter Gregg a los mandos de un Porsche 911 Carrera RSR 3.0

1974 年 TransArm 和 IMSA GT 锦标赛的海报。Peter Gregg 驾驶一台保时捷 911 Carrera RSR 3.0，为 Brumos 车队赢得了当年的总冠军。

911 CARRERA RSR 3.0

1974

Der 911 Carrera RSR 3.0 war ideal für den Kundenrennsport. Dieser RSR wurde 1974 in den USA vom Brumos-Team eingesetzt.

The 911 Carrera RSR 3.0 was ideal for customer racing. This RSR was used in the US by the Brumos Team in 1974.

La 911 Carrera RSR 3.0 est un véhicule idéal pour la course automobile client. Cette RSR a couru en 1974 pour le Team Brumos aux Etats-Unis.

El 911 Carrera RSR 3.0 fue el coche ideal para que los clientes de la marca participaran en el deporte de competición automovilística. La escudería Brumos utilizó este RSR en los EE.UU. en el año 1974.

911 Carrera RSR 3.0 是客户车队征战赛道的利器。Brumos 车队在 1974 年美国的比赛中使用了这台 RSR。

911 CARRERA RSR 3.0

1974

Dominant auf der Rennstrecke: Alle vorderen Plätze des GT Europa Pokal wurden 1974 von Porsche-Kundenrennteams mit dem 911 Carrera RSR 3.0 belegt.

Dominating the track: All of the front runners in the 1974 GT European Cup were Porsche customer teams driving the 911 Carrera RSR 3.0.

La 911 Carrera RSR 3.0 survole le circuit. En 1974, avec ce modèle, les équipes clients raflent toutes les premières places de la Coupe GT Europa.

Predominio en los circuitos: las escuderías de clientes de Porsche ocuparon todos los primeros puestos en la copa GT Europa de 1974 con sus 911 Carrera RSR 3.0.

称霸赛道：1974 年的 GT 欧洲杯大奖赛（GT European Cup）上所有靠前的名次被驾驶 911 Carrera RSR 3.0 的保时捷客户车队包揽。

911 CARRERA RSR TURBO 2.1

1974

Bei den 24 Stunden von Le Mans 1974 erzielte der 911 Carrera RSR Turbo 2.1 den zweiten Platz im Gesamt-klassement.

At the 1974 24 Hours of Le Mans the 911 Carrera RSR Turbo 2.1 took second place in the overall class segment.

Aux 24 Heures du Mans de 1974, la 911 Carrera RSR Turbo 2.1 prend la deuxième place au classement général.

El 911 Carrera RSR Turbo 2.1 logró ocupar el segundo lugar de la clasificación general en las 24 horas de Le Mans de 1974.

1974 年勒芒 24 小时耐力赛上，这台 911 Carrera RSR Turbo 2.1 取得了总排名的第二位。

911 CARRERA RSR TURBO 2.1

1974

Der 911 Carrera RSR Turbo 2.1 wurde 1974 exklusiv vom Porsche-Werksteam eingesetzt. Als erster Porsche-Rennwagen hatte er einen Turbomotor mit Ladeluftkühler.

The 911 Carrera RSR Turbo 2.1 was driven exclusively by the Porsche Works team in 1974. It was the first Porsche race car to have a turbo engine with an intercooler.

En 1974, la 911 Carrera RSR Turbo 2.1 est exclusivement alignée par l'équipe usine de Porsche. C'est la première voiture de course Porsche équipée d'un moteur turbo avec refroidissement de l'air de suralimentation.

El 911 Carrera RSR Turbo 2.1 fue utilizado en 1974 exclusivamente por la escudería oficial de Porsche. Fue el primer Porsche de competición con motor turbo provisto de un intercooler.

911 Carrera RSR Turbo 2.1 是保时捷厂方车队 1974 年的专属战车。这也是保时捷第一次在赛车上使用带有中冷器的涡轮增压发动机。

911 CARRERA RSR TURBO 2.1

1974

Der 2.1 Liter-Turbomotor des 911 Carrera RSR leistete 500 PS. Mit dem Rennwagen sammelte Porsche wichtige Erfahrungen für den Serien-Turbo.

The 2.1 litre turbo engine of the 911 Carrera RSR delivered 500 hp. It also gave Porsche experience that was important for the development of the series production turbo.

Le moteur turbo 2.1 litres de la 911 Carrera RSR développe 500 ch. Cette voiture de course permet à Porsche de se forger une solide expérience pour la Turbo de série.

El motor de 2.100 cc del 911 Carrera RSR tenía una potencia de 500 CV. Con este coche de carreras, Porsche acumuló valiosas experiencias que se aprovecharon en la versión serie del Turbo.

911 Carrera RSR 的 2.1 升发动机功率达 500 hp。借助这台赛车，保时捷为量产 Turbo 车型的研发积累了重要经验。

911 CARRERA 2.7 COUPÉ

1974

Die Botschaft dieser deutschen Werbeanzeige ist die Verbindung von Emotion (911 Carrera) und Vernunft (Langzeitgarantie).

The message of this German print ad is the combination of emotion (911 Carrera) and rational arguments (long-term warranty).

Le message de cette publicité allemande établit un trait d'union entre émotion (911 Carrera) et raison (garantie pour durer).

Este anuncio publicitario alemán combina la pasión (911 Carrera) con la sensatez (garantía de largo plazo).

这则在德国刊登的平面广告传递了 911 Carrera 所唤起的情感共鸣，以及以长期质保为代表的理性购买动机。

911 2.7 COUPÉ

1975

Während seiner Stadtrundfahrt passierte der 911 auch das Motor-Presse-Haus, Sitz der deutschen Automobilzeitschrift »auto, motor und sport«.

On its tour of the city the 911 passes the Motor Press Building, home of German automobile magazine auto, motor und sport.

Au cours de sa virée en ville, la 911 passe devant la maison de la presse automobile, siège de la revue automobile allemande auto, motor und sport.

Durante el paseo, el 911 también pasó delante de Motor-Presse-Haus, sede central de la revista alemana de coches «auto, motor und sport».

在城市巡游的途中，这台 911 经过了“汽车媒体之家”，这是著名德国汽车杂志《Auto, Motor und Sport》的出版社。

911 2.7 TARGA

1975

Neu waren im Modelljahr 1976 die innenverstellbaren Außenspiegel in Wagenfarbe. Dank feuerverzinkter Bleche gewährte Porsche nun eine Langzeitgarantie gegen Durchrostung.

New for the 1976 model year were the outside mirrors in the body colour and adjustable from inside the car. The use of galvanized sheet metal let Porsche offer a long-term guarantee against rusting through.

Une innovation de 1976 : les rétroviseurs réglables de l'intérieur de même couleur que la voiture. La tôle galvanisée à chaud permet désormais à Porsche de donner une garantie anticorrosion longue durée.

Novedad en 1976: espejos retrovisores exteriores regulables desde el habitáculo y del mismo color que la carrocería. Porsche utilizó chapas galvanizadas en caliente y pudo ofrecer una garantía de largo plazo contra perforación por corrosión.

与车身同色的外后视镜可以在车内调节，这是 1976 年款的一项新配置。热浸镀锌车身壳体可以长期防锈。

911 2.7 COUPÉ

1975

Im Modelljahr 1976 entfiel der zuvor 175 PS starke 911 S 2.7. Dafür leistete der reguläre 911 2.7 dank höherer Verdichtung nun 165 PS.

The 175 hp 911 S 2.7 was discontinued in the 1976 model year, since the regular 911 2.7 now gave 165 hp thanks to higher compression.

En 1976, la 911 S 2.7 de 175 ch est arrêtée. En revanche, grâce une compression plus élevée, la 911 2.7 de base développe désormais 165 ch.

La gama de modelos del año 1976 ya no incluyó el 911 S 2.7 de 175 CV. Pero la potencia del 911 2.7 normal aumentó a 165 CV, gracias a la mayor compresión.

由于发动机压缩比提高后 911 2.7 车型的输出功率已经可以达到 165 hp，从 1976 车型年开始，175 hp 的 911 S 2.7 就已停产。

911 2.7 COUPÉ / 911 CARRERA 3.0 TARGA

1975

Der neue Carrera 3.0 ist wie sein Vorgänger u.a. am schwarzen Targa-Bügel und an den schwarzen Fenstereinfassungen zu erkennen.

Like its predecessor, the new Carrera 3.0 could be identified by its black Targa bar and black window frames.

Comme son prédécesseur, la nouvelle Carrera 3.0 est reconnaissable à son arceau Targa et aux cadres de fenêtres noirs.

Al igual que su antecesor, el Carrera 3.0 se distinguió por la barra antivuelco tipo Targa de color negro y los marcos de las ventanas, también de ese color.

与前款车型一样，新款 Carrera 3.0 也配备了黑色翻滚防护杆以及黑色车窗框。

911 CARRERA 3.0 TARGA / 914/4 1.7

1975

Zufällige Begegnung in Urach 1975: Neben einem 911 Carrera 3.0 Targa parkt ein 914/4 1.7 mit reichlich Sonderausstattung.

A chance meeting in Urach in 1975: A 914/4 1.7 loaded with options parked next to a 911 Carrera 3.0 Targa.

Heureuse coïncidence à Urach en 1975. Une 914/4 1.7 bardée de nombreuses options est garée à côté d'une 911 Carrera 3.0 Targa.

Encuentro casual en la población de Urach, en el año 1975: Junto al 911 Carrera 3.0 Targa, un 914/4 1.7 con numerosos equipos opcionales.

1975 年德国乌拉赫的邂逅：一台 911 Carrera 3.0 Targa 停放在一台加装了多项选装配置的 914/4 1.7 旁边。

911 S 2.7 TARGA

1975

Um neue Zielgruppen für den 911 warb diese US-Werbeanzeige aus dem Jahr 1975.

This US print ad for the 911 Carrera from 1975 was designed to appeal to new target groups.

Avec cette publicité américaine de 1975, Porsche cible de nouveaux groupes clients pour la 911.

Anuncio publicitario estadounidense de 1975, buscando nuevos grupos de clientes para el 911.

1975 年美国市场发布了这张平面广告，用以招徕新的目标客户。

911 CARRERA 3.0 COUPÉ

1975

1975 waren die vorderen Nebelscheinwerfer noch Sonderausstattung, erst mit dem 911 Carrera 3.2 zählten sie ab 1983 zum Serienumfang.

In 1975 the fog lights were still an option. Only with the 1983 911 Carrera 3.2 did they become standard.

En 1975, les phares avant antibrouillard sont encore en option. Il faudra attendre 1983 pour qu'ils fassent partie de l'équipement de série avec la 911 Carrera 3.2.

Los faros antiniebla delanteros aún eran un equipo opcional en 1975. Se incluyeron de serie a partir del 911 Carrera 3.2 del año 1983.

前雾灯在 1975 年还属于选装配置，直到 1983 年 911 Carrera 3.2 才将其作为标准配置提供。

911 CARRERA 3.0 TARGA

1975

Der 911 Carrera 3.0 hatte mit 200 PS zwar 10 PS weniger Leistung als sein Vorgänger, dafür zeichnete sich der 3 Liter-Motor durch ein besseres Drehmoment aus.

The 911 Carrera 3.0 had 200 hp. That was 10 less than its predecessor, but the 3 litre engine had better torque.

Avec ses 200 ch, la 911 Carrera 3.0 développe 10 ch de moins que le modèle précédent. En revanche, son moteur 3 litres offre un meilleur couple.

Si bien el 911 Carrera 3.0 tenía 200 CV, es decir, 10 CV menos que su antecesor, el par del motor de 3.000 cc era mayor.

911 Carrera 3.0 输出功率为 200 hp，虽然相比前款车型降低了 10 hp，但它配备的 3 升发动机可以输出更大扭矩。

911 CARRERA 3.0 TARGA

1975

Frühe Presseaufnahme des 911 Carrera 3.0 Targa. Der Wagen trägt noch den Carrera-Schriftzug seines Vorgängers anstatt »Carrera 3.0«.

An early press photo of the 911 Carrera 3.0 Targa. The car still bears the "Carrera" lettering of its predecessor instead of "Carrera 3.0."

L'une des premières photos de presse de la 911 Carrera 3.0 Targa. La voiture porte encore l'inscription « Carrera » du modèle précédent au lieu de « Carrera 3.0 ».

Una de las primeras fotografías de prensa del 911 Carrera 3.0 Targa. Todavía lleva la identificación del Carrera anterior, en vez de «Carrera 3.0».

911 Carrera 3.0 Targa 早期的媒体宣传照。这台车仍然沿用了前款的"Carrera"标志，而没有使用"Carrera 3.0"。

911 CARRERA 3.0 COUPÉ

1975

911 Carrera 3.0 Coupé bei einer Demonstrationsfahrt 1975. Der Heckmotor verlieh dem 911 auch auf rutschigem Untergrund gute Traktionseigenschaften.

A 911 Carrera 3.0 Coupé on a demonstration drive in 1975. The rear engine gave the 911 good traction even on slick surfaces.

La 911 Carrera 3.0 Coupé lors d'une démonstration en 1975. Le moteur arrière confère à la 911 une bonne adhérence même sur sol glissant.

Demostración de un 911 Carrera 3.0 Coupé en 1975. Con el motor en la parte posterior, el 911 tenía una buena capacidad de tracción sobre calzadas resbaladizas.

1975 年，911 Carrera 3.0 Coupé 的一次展示驾驶。其后置发动机即使在湿滑的路面上也可为 911 提供极佳的牵引力。

911 CARRERA 3.0 TARGA

1975

Diese Werbeaufnahme für den 911 Carrera 3.0 Targa entstand 1975 auf dem Segelfluggelände bei Kirchheim unter Teck. Das Flugzeug im Hintergrund ist eine Schleicher ASW 15.

This advertising shot of the 911 Carrera 3.0 was taken in 1975 at the glider airfield in Kirchheim unter Teck. The aircraft in the background is a Schleicher ASW 15.

Cette photo publicitaire pour la 911 Carrera 3.0 a été prise en 1975 sur l'aérodrome de Kirchheim unter Teck. Le planeur à l'arrière-plan est un Schleicher ASW 15.

Estas imágenes publicitarias del 911 Carrera 3.0 Targa datan del año 1975. Las tomas se hicieron en el aeropuerto de planeadores cerca de la localidad Kirchheim unter Teck. El planeador que se aprecia detrás del coche es un Schleicher ASW 15.

这张 911 Carrera 3.0 Targa 的广告图片于 1975 年在德国基希海姆的滑翔机机场拍摄。背景中的飞机是一架 Schleicher ASW 15。

911 CARRERA 3.0 COUPÉ / 911 CARRERA 3.0 TARGA

1975

Beim gleichen Shooting entstand das Titelmotiv dieses Werbeplakats für den 911 Carrera 3.0.

The title photo of this 911 Carrera 3.0 poster was taken at the same shoot.

L'illustration pour cette publicité de la 911 Carrera 3.0 a été réalisée au cours de la même séance photo.

Ese mismo día se tomó esta fotografía para el cartel publicitario del 911 Carrera 3.0.

这张 911 Carrera 3.0 的海报图片也是同一时间拍摄的。

911 CARRERA 3.0 TARGA

1975

911 Carrera 3.0 Targa bei einem Fahrwerkstest im Entwicklungszentrum Weissach.

The 911 Carrera 3.0 Targa undergoing suspension testing at the Weissach Development Center.

La 911 Carrera 3.0 Targa lors d'un essai de châssis au centre de recherche de Weissach.

Pruebas de chasis de un 911 Carrera 3.0 Targa en el centro de desarrollo de Weissach.

911 Carrera 3.0 Targa 在魏斯阿赫研发中心进行悬挂系统测试。

911 CARRERA 3.0 TARGA

1975

Mit dem Prallschutz der Faltenbalg-Stoßstange konnte der 911 einen Aufprall bis 8 km/h ohne Schaden überstehen.

With the bellows bumper collision protection the 911 could survive a collision of up to 5 mph without damage.

Grâce à la protection offerte par le soufflet de pare-choc, la 911 peut supporter les impacts jusqu'à 8 km/h sans subir de dommage.

El 911, provisto de topes elásticos y paragolpes con soportes tipo fuelle, era capaz de soportar impactos de hasta 8 km/h sin sufrir daños.

波纹管式保险杠为 911 提供有效的撞击保护，遭遇速度在 8 km/h 以下的撞击时可保证车辆完好无损。

911 TURBO 3.0 COUPÉ

1975

Im Frühjahr 1975 kam Porsches neues Flaggschiff auf den Markt: der 911 Turbo. Mit den »alten« Außenspiegeln wurde der Turbo 3.0 nur während der ersten fünf Monate ausgeliefert.

In the spring of 1975 Porsche introduced its new flagship to the market, the 911 Turbo. The Turbo 3.0 was only delivered with the "old" outside mirrors for the first five months.

Au printemps 1975, le nouveau modèle phare de Porsche arrive sur le marché : c'est la 911 Turbo. Pendant les cinq premiers mois, la Turbo 3.0 est encore équipée des « anciens » rétroviseurs.

El nuevo modelo estrella de Porsche se lanzó al mercado en la primavera de 1975: el 911 Turbo. El Turbo 3.0 se ofreció con los espejos retrovisores «antiguos» únicamente durante los primeros cinco meses.

1975 年初，保时捷推出了新一代旗舰车型 911 Turbo。这款 Turbo 3.0 在前五个月仍配备“老版”的车外后视镜。

911 TURBO 3.0 COUPÉ

1975

911 Turbo 3.0 von 1975 bei einer Wasserdurchfahrt in Weissach. Die Teststrecke wurde bereits 1962 eingeweiht, fast zehn Jahre früher als die Gebäude des Entwicklungszentrums.

A 1975 911 Turbo 3.0 driving through water in Weissach. The test track was inaugurated in 1962, almost 10 years before the Development Center building.

La 911 Turbo 3.0 de 1975 traverse le gué de Weissach. Le parcours d'essais a été inauguré dès 1962, près de dix ans avant la construction des bâtiments qui abritent le centre de recherche et de développement.

El 911 Turbo 3.0 de 1975 en una prueba de estanquidad en Weissach. El recinto de pruebas se había inaugurado en 1962, casi diez años antes que el conjunto de edificios del centro de desarrollo.

1975 年 911 Turbo 3.0 在魏斯阿赫进行涉水测试。这条测试车道早在 1962 年便已投入使用，比研发中心大楼的落成早了近十年。

911 TURBO 3.0 COUPÉ

1975

911 Turbo 3.0 bei einer Testfahrt in Weissach 1975. Die Motorleistung des Turbo-Triebwerks betrug stolze 260 PS – genug für eine Spitzengeschwindigkeit von über 250 km/h.

A 911 Turbo 3.0 on a test drive in Weissach in 1975. Its engine pumped out an impressive 260 hp, enough to propel the car to over 155 mph.

La 911 Turbo 3.0 lors d'un essai à Weissach en 1975. La puissance du groupe propulseur suralimenté développe 260 ch, ce qui lui permet de dépasser les 250 km/h.

Pruebas con el 911 Turbo 3.0 en Weissach en 1975. La potencia del motor turbo era de considerables 260 CV, suficiente para una velocidad punta superior a los 250 km/h.

1975 年，911 Turbo 3.0 在魏斯阿赫进行测试。这款车的发动机功率达到了惊人的 260 hp，将其最高时速推至 250 km/h。

911 TURBO 3.0 COUPÉ

1975

Bei dieser Testfahrt in Weissach demonstrierte der 911 Turbo 3.0 seine außergewöhnliche Fahrdynamik. Das Fahrwerk des Turbos war komplett überarbeitet worden.

On this test drive in Weissach the 911 Turbo 3.0 demonstrated its unusual driving dynamics. The Turbo had a completely redesigned suspension.

Lors de cet essai sur route à Weissach, la 911 Turbo 3.0, dont le châssis a été entièrement revu, fournit la preuve de sa dynamique de conduite exceptionnelle.

El extraordinario dinamismo del 911 Turbo 3.0 resultó evidente durante las pruebas realizadas en Weissach. El chasis del Turbo fue completamente nuevo.

在测试中，911 Turbo 3.0 展现出了超凡的驾驶动态。Turbo 车型的悬挂系统经过了彻底的重新设计。

911 TURBO 3.0 COUPÉ

1975

Dieses Plakat aus dem Jahr 1975 bewirbt den 911 Turbo 3.0 als »Krönung einer bewährten Konzeption«.

This poster from 1975 touts the 911 Turbo 3.0 as the "crowning achievement" of a proven concept.

Cette affiche de 1975 met à l'honneur la 911 Turbo 3.0 avec pour slogan : « Le couronnement d'un concept qui a fait ses preuves ».

Este cartel publicitario del año 1975 celebra el 911 Turbo 3.0 como la «coronación de un concepto exitoso».

这张 1975 年的海报，将 911 Turbo 3.0 誉为经典设计的"巅峰成就"。

911 TURBO 3.0 COUPÉ

1976

Ab dem Modelljahr 1977 erhielt der 911 Turbo 3.0 große 16 Zoll-Schmiederäder und einen folierten Steinschlagschutz an den hinteren Kotflügeln.

Starting with the 1977 model year, the 911 Turbo 3.0 had big 16 inch forged wheels and plastic coated stone guards on the rear fenders.

A partir de 1977, la 911 Turbo 3.0 est équipée de roues forgées 16 pouces et d'ailes arrières recouvertes d'une feuille de protection pare-pierres.

El 911 Turbo 3.0 con llantas de 16 pulgadas forjadas y lámina protectora contra salpicadura de gravilla en los pasos de rueda posteriores a partir de los modelos del año 1977.

从 1977 车型年开始，911 Turbo 3.0 配备了 16 英寸锻造车轮，并在后翼子板上安装了带有塑料涂层的防石击护板。

911 TURBO 3.0 COUPÉ

1975

Die für den US-Markt vorgesehenen Turbos erhielten die Typenbezeichnung »Turbo Carrera«. Der flache Heckspoiler mit PU-Umrandung ist charakteristisch für den Turbo 3.0.

Turbos intended for the US market were called "Turbo Carrera." The flat rear spoiler with PU edge is characteristic of the Turbo 3.0.

Les Turbos destinées au marché américain sont réunies sous le type « Turbo Carrera ». L'aileron plat, entouré d'un cadre en polyuréthane, est caractéristique de la Turbo 3.0.

Los modelos Turbo previstos para el mercado estadounidense estaban identificados con «Turbo Carrera». El alerón posterior plano, característico del Turbo 3.0, con borde de PUR.

专为美国市场打造的 Turbo 车型被称为"Turbo Carrera"。带有聚氨酯边缘的扁平后扰流板是这款 Turbo 3.0 的标志。

911 TURBO 3.0 COUPÉ

1975

Einer der ersten 911 Turbo 3.0 vor dem Gebäude der VW-Porsche Vertriebsgesellschaft in Ludwigsburg.

One of the first 911 Turbo 3.0 cars in front of the VW-Porsche Sales Company building in Ludwigsburg.

L'une des premières 911 Turbo 3.0 devant le bâtiment de la société de distribution VW-Porsche à Ludwigsburg.

Uno de los primeros 911 Turbo 3.0 delante de la central de ventas de VW-Porsche en Ludwigsburg.

首批出厂的一台 911 Turbo 3.0，停放在路德维希堡的大众保时捷销售公司前。

911 2.7 COUPÉ

1975

Safety first: Vorbereitungen für den Crashtest eines 911 im Entwicklungszentrum Weissach.

Safety first: Preparing for a 911 crash test at the Weissach Development Center.

Priorité à la sécurité : préparatifs pour le crash test d'une 911 au centre de recherche de Weissach.

Ante nada, seguridad. Preparativos para la prueba de choque de un 911 en el centro de desarrollo de Weissach.

安全第一：魏斯阿赫研发中心为911 碰撞测试进行准备。

911 S 2.7 TARGA / 911 TURBO 3.0 COUPÉ

1976

Das Kühlluftgebläse der Saugmotoren erhielt ab dem Modelljahr 1976 nun fünf anstatt elf Lüfterradflügel, hatte dafür aber höhere Umdrehungszahlen.

Starting in the 1976 model year the aspirated engine fans had five blades instead of eleven, but turned faster.

A partir de 1976, le ventilateur de refroidissement des moteurs atmosphériques passe de onze à cinq palettes, mais tourne plus vite.

El ventilador del sistema de refrigeración por aire de los motores aspirados tuvo cinco aspas en vez de once a partir de los modeles del año 1976, pero giraba a mayores revoluciones.

从 1976 年款开始，自然进气发动机的风扇不再安装 11 个叶片而是 5 个，但风扇转速有所提高。

911 TURBO 3.0 COUPÉ

1975

Der 911 Turbo zeichnete sich durch eine nahezu konkurrenzlose Bremsleistung aus. Dieses Versuchsfahrzeug wurde bereits 1975 mit gelochten, innenbelüfteten Scheibenbremsen ausgestattet.

The 911 Turbo's braking performance was almost unrivalled. As early as 1975 Porsche was testing perforated inside-ventilated disc brakes.

Le système de freinage de la 911 défie toute concurrence. En 1975, ce véhicule d'essai est déjà équipé de disques de freins perforés et ventilés.

El 911 Turbo se distinguió por su extraordinaria capacidad de frenado, casi sin parangón en el mercado. Este coche de pruebas de 1975 ya tenía frenos de disco perforados y autoventilados.

911 Turbo 拥有无与伦比的制动性能。保时捷早在 1975 年便开始试验钻孔式通风制动盘。

911 2.7 COUPÉ

1975

Die Simulation eines versetzten Frontalaufpralls war bei der Entwicklung des 911 »G-Modells« bereits Bestandteil des Lastenhefts.

The simulation of an offset frontal impact was part of the specification for the development of the 911 G model.

Pour le développement du « Modèle G » de la 911, le cahier des charges prévoit déjà la simulation d'un choc frontal décalé.

El pliego de condiciones válido durante el desarrollo del «modelo G» del 911 ya incluyó la prueba de choque frontal parcial.

在 911 G 系列的研发中便已经将正面斜角碰撞模拟测试作为一项要求。

911 S 2.7 COUPÉ / 911 S 2.7 TARGA

1975

Diese klassische Werbefotografie mit dem 911 S 2.7 als Coupé und Targa wurde in diversen Werbemitteln verwendet.

This classic ad photograph with the 911 S 2.7 as Coupé and Targa was used in various advertising materials.

Cette photo publicitaire classique de la 911 S 2.7 Coupé et Targa a servi à divers supports publicitaires.

Clásica fotografía de las versiones Coupé y Targa del 911 S 2.7, utilizada en diversos medios publicitarios.

这张由 911 S 2.7 Coupé 和 Targa 车型拍摄的广告照片在后来的许多广告材料中都有使用。

911 2.7 COUPÉ / 911 TURBO 3.0 COUPÉ / 911 CARRERA 3.0 TARGA / 911 2.7 COUPÉ / 911 S 2.7 TARGA

1975

Im Modelljahr 1976 wurden 10.677 Porsche 911 produziert. Ein Erfolgsfaktor war zweifellos die Variantenvielfalt der Baureihe.

10,677 Porsche 911s were built in the 1976 model year. The variety of models in the series doubtless contributed to its success.

En 1976, 10 677 Porsche 911 sortent de la chaîne de montage. Un succès qui s'explique notamment par le grand choix de versions.

Del Porsche 911 de 1976 se fabricaron 10.677 unidades. La diversidad de las variantes de modelos fue, sin lugar a duda, una de las razones de su éxito.

1976 车型年共生产了 10,677 台保时捷 911。毫无疑问，该系列所提供的多种选择是确保其取得成功的因素之一。

924 / 911 CARRERA 3.0 TARGA / 911 2.7 COUPÉ / 911 TURBO 3.0 COUPÉ

1976

Werbefotografien zeigten den Porsche 924 häufig zusammen mit Modellen der 911-Baureihe.

Advertising photography often showed the Porsche 924 together with 911 models.

Sur les photos publicitaires, la Porsche 924 est souvent présentée avec des modèles de la série 911.

En la publicidad, el Porsche 924 aparecía con frecuencia junto a modelos de la serie 911.

在广告中，911 系列经常与保时捷 924 车型一同出镜。

911 CARRERA RSR 3.0

1975

Auch in der Rennsaison 1975 holte Peter Gregg mit dem 911 Carrera RSR 3.0 des amerikanischen Brumos-Teams die IMSA GT-Meisterschaft.

In the 1975 racing season Peter Gregg of the American Brumos Team again won the IMSA GT Championship in the 911 Carrera RSR 3.0.

En 1975, au volant d'une 911 Carrera RSR 3.0, Peter Gregg du team américain Brumo décroche une fois de plus la victoire au championnat IMSA GT.

A los mandos del 911 Carrera RSR 3.0 de la escudería Brumos, Peter Gregg logró volver a ganar el campeonato estadounidense IMSA GT de 1975.

1975 赛季，Peter Gregg 驾驶 911 Carrera RSR 3.0 代表美国 Brumos 车队，再次夺得 IMSA GT 锦标赛的冠军。

911 CARRERA RSR 3.0

1975

Rennplakat zum erfolgreichen Abschluss der GT-Europa-Meisterschaft 1975. Die Dominanz des Porsche 911 Carrera ist eindrucksvoll.

Race poster on the successful conclusion of the 1975 GT European Championship. The Porsche 911 Carrera's dominance was impressive.

Cette affiche de course célèbre la victoire au championnat européen des GT de 1975. La Porsche 911 Carrera s'impose par sa supériorité impressionnante.

Cartel publicitario tras el éxito en el campeonato GT europeo de 1975. El predominio del Porsche 911 fue rotundo.

1975 年 GT 欧洲锦标赛辉煌战绩的纪念海报。保时捷 911 Carrera 在赛场上一统天下，令人叹服。

911 TURBO 3.0 COUPÉ

1976

US-Werbeanzeige für den 911 Turbo 3.0. Die enge Verwandtschaft mit dem Rennsportwagen 935 sollte das hohe Renommee des Turbos noch steigern.

US print ad for the 911 Turbo 3.0. The close resemblance to the 935 race car was intended to further boost the high reputation of the Turbo.

Publicité américaine pour la 911 Turbo 3,0. Son étroite parenté avec la voiture de course 935 est censée améliorer encore l'excellente réputation de la Turbo.

Anuncio publicitario estadounidense del 911 Turbo 3.0. El cercano parentesco con el coche de carreras 935 realza la imagen del Turbo.

美国市场发布的 911 Turbo 3.0 的平面广告。将 Turbo 车型和 935 赛车相提并论，是为了进一步提升 911 Turbo 的知名度。

911 CARRERA 3.0 TARGA

1976

Die interessante Kombination von Audi Fox Wagon und Porsche 911 S Targa wurde 1976 in den USA beworben.

This interesting combination of an Audi Fox Wagon and a Porsche 911 S Targa was advertised in the US in 1976.

En 1976, une publicité américaine souligne la combinaison intéressante de l'Audi Fox Wagon et de la Porsche 911 Targa.

La publicidad en los EE.UU. presentó una combinación interesante en el año 1976: el Audi Fox Wagon y el Porsche 911 S Targa.

把保时捷 911 S Targa 和奥迪 Fox Wagon 放到一起——这个有趣的组合出现在美国 1976 年的广告上。

911 2.7 TARGA / 911 2.7 COUPÉ

1976

Kurvenkünstler: Zwei 911 2.7 Targa und Coupé im Sommer 1976 am Stilfser Joch in Südtirol.

Masters of the bends: A 911 2.7 Targa and Coupé in the summer of 1976 on their way up the Stilfser Joch pass in South Tyrol.

Des virtuoses du virage. Deux 911 2.7 – Targa et Coupé – dans le Tyrol du Sud à l'été 1976.

Reyes de las curvas: un 911 2.7 Targa y un 911 2.7 Coupé en un paso de montaña en el sur de Tirol.

弯道高手：1976 年夏，911 2.7 Targa 和 Coupé 行驶在南蒂罗尔州斯泰尔维奥山路上。

911 2.7 COUPÉ / 911 2.7 TARGA

1976

Serienmäßig war der 911 mit einem Viergang-Getriebe ausgestattet. Als Sonderwunsch war ein Fünfgang-Schaltgetriebe oder eine Sportomatic verfügbar.

The 911 came with a 4-speed transmission as standard. A 5-gear manual or Sportomatic transmission was available as an option.

La 911 est équipée de série d'une boîte 4 vitesses. En option : une boîte mécanique 5 vitesses ou la Sportomatic.

El 911 tenía de serie una caja de cambios de cuatro marchas. Opcionalmente podía adquirirse una caja de cinco marchas o la caja Sportomatic.

这款 911 标配 4 速变速箱。客户可根据需要，选装 5 速手动变速箱或 Sportomatic 变速箱。

911 2.7 TARGA

1976

Das Targa-Konzept des 911 verband den Fahrspaß eines Cabriolets mit den Sicherheitseigenschaften eines Coupés.

The 911 Targa concept combined the driving fun of a convertible with the safety of a coupé.

Le concept Targa de la 911 associe le plaisir d'une décapotable à la sécurité d'un Coupé.

La versión Targa del 911 combinó el placer de estar a los mandos de un descapotable con la seguridad que ofrece un coupé.

911 Targa 融合了敞篷车的驾驶乐趣和硬顶车型的安全性能。

911 2.7 COUPÉ / 911 2.7 TARGA

1976

Ganz im Zeitgeist der Siebziger Jahre entstanden während dieser Fotoproduktion im Juni 1976 zahlreiche Werbefotografien.

This photoshoot in June 1976 resulted in many advertising photographs, all full of the spirit of the 70's.

En juin 1976, séance photo pour des illustrations publicitaires dans l'esprit des années 70.

El ambiente de los años setenta captado en varias fotografías publicitarias en junio de 1976.

在 1976 年 6 月的这次拍摄中诞生了多张广告照片，富有 20 世纪 70 年代的浓郁风情。

911 2.7 TARGA

1976

Der Porsche 911 2.7 Targa leistete 165 PS bei 5.800/min. Der Wagen beschleunigte im Modelljahr 1977 in 7,5 Sekunden auf 100 Stundenkilometer.

The Porsche 911 2.7 Targa developed 165 hp at 5800 rpm. The 1977 model went from 0 to 60 mph in 7.5 seconds.

La Porsche 911 2.7 Targa développe 165 ch à 5 800 tours/min. En 1977, la voiture accélère de 0 à 100 km/h en 7,5 secondes.

El Porsche 911 2.7 Targa tenía una potencia de 165 CV a 5.800 rpm. Este modelo del año 1977 era capaz de acelerar de 0 a 100 km/h en 7,5 segundos.

保时捷 911 2.7 Targa 在转速 5,800 rpm 时可输出 165 hp 的澎湃动力。这台车在 1977 年下线，7.5 秒便可加速到 100 km/h。

911 2.7 TARGA

1976

Das Dach dieses 911 2.7 Targa fand platzsparend im Kofferraum Platz und war bei Bedarf mit wenigen Handgriffen montiert.

The roof of this 911 2.7 Targa stowed away handily in the trunk, and was easy to put up.

Le toit de cette 911 2.7 Targa est peu encombrant et se loge facilement dans le coffre ; il se remonte en un tour de main.

El techo de este 911 2.7 Targa podía guardarse cómodamente en el maletero. Su montaje era muy sencillo.

这台 911 2.7 Targa 的车顶可以很方便地拆卸，并收纳在行李箱中；需要时轻而易举便可安装起来。

911 CARRERA 3.0 COUPÉ

1976

Ein Blickfang war auch dieser 911 Carrera 3.0. Ab dem Modelljahr 1977 waren die ATS-Alufelgen serienmäßig. Seinen Fahrer erfreute dies sichtlich.

This 911 Carrera 3.0 was another eye-catcher. The ATS aluminium wheels were standard starting with the 1977 model year, and this driver seems to like it.

Cette 911 Carrera 3.0 accroche le regard. A partir de 1977, les jantes ATS en alliage léger sont équipées de série – pour le plus grand plaisir de son conducteur, comme on peut le constater.

El 911 Carrera 3.0 atraía las miradas. Las llantas ATS de aleación de aluminio se incluyeron de serie a partir de los modelos del año 1977. El conductor evidentemente disfruta el interés que despierta su coche.

这台 911 Carrera 3.0 很能吸引人的眼球。从 1977 年款开始，ATS 生产的铝合金车轮成为标配。很明显，这位车主非常钟爱这一配置。

911 2.7 TARGA / 911 TURBO 3.0 COUPÉ

1976

911 2.7 Targa (links) und 911 Turbo 3.0 auf einer deutschen Autobahn im Jahr 1976. Im Vergleich fällt die deutlich breitere Karosserie des Turbos auf.

A 911 2.7 Targa (left) and 911 Turbo 3.0 on a German autobahn in 1976. Notice the much wider chassis of the Turbo.

La 911 2.7 Targa (à gauche) et la 911 Turbo 3.0 sur une autoroute allemande en 1976. A noter : la carrosserie sensiblement plus large de la Turbo.

Un 911 2.7 Targa (izq.) y un 911 Turbo 3.0 en una autopista alemana en el año 1976. Llama la atención la carrocería más ancha del Turbo.

1976 年，911 2.7 Targa（左）和 911 Turbo 3.0 并肩行驶在德国的高速公路上。一眼就可以发现 Turbo 的车身更宽。

935

1976

Ein Porsche 935 des Kremer-Teams auf dem Nürburgring 1976. Porsche wollte den 935 für Kunden eigentlich erst in der Saison 1977 anbieten.

A Porsche 935 belonging to the Kremer Team at Nürburgring in 1976. Porsche originally didn't want to offer the 935 for customers until the 1977 season.

Une Porsche 935 du Team Kremer sur le circuit du Nürburgring en 1976. A l'origine, Porsche comptait proposer la 935 aux clients seulement à partir de la saison 1977.

Un Porsche 935 de la escudería Kremer en el circuito Nürburgring en 1976. Originalmente, Porsche tuvo la intención de ofrecer el 935 a sus clientes sólo a partir del año 1977.

1976 年纽伯格林赛道上，Kremer 车队的保时捷 935。保时捷原本打算在 1977 赛季才向客户提供这款 935 车型。

935

1976

Der neue Porsche 935 in Vallelunga/Italien 1976. Während der Saison 1976 hatte der 2.8 Liter-Motor des 935 590 PS.

The new Porsche 935 in Vallelunga, Italy in 1976. That season the 935's 2.8 litre engine had 590 hp.

La nouvelle Porsche 935 à Vallelunga (Italie) en 1976. Pendant la saison 1976, le moteur 2.8 litres de la 935 développe 590 ch.

El nuevo Porsche 935 en Vallelunga (Italia) en 1976. En la temporada de 1976, el motor del Porsche 935 tuvo 2.800 cc y 590 CV.

1976 年，新款保时捷 935 在意大利瓦尼伦加赛道上飞驰。该赛季中 935 的 2.8 升发动机的输出功率已达 590 hp。

935

1976

Nur während der ersten Rennen in der Saison 1976 hatte der 935 noch die regulären Scheinwerfer des 911.

During the opening races of the 1976 season the 935 still had the regular 911 headlights.

Pour les premières courses de la saison 1976 seulement, la 935 est encore équipée des phares habituels de la 911.

El 935 tuvo los faros estándar del 911 únicamente durante las primeras carreras de la temporada de 1976.

在 1976 赛季的第一场比赛中，这台 935 仍然使用 911 车型的原装大灯。

934

1976

Der für die Gruppe 4 homologierte Porsche 934 wurde ab 1976 ausschließlich von Kundenteams eingesetzt. Der Motor hatte 3 Liter Hubraum und leistete 485 PS.

The Porsche 934 was homologated for Group 4, and starting in 1976 was used only by customer teams. Its 3 litre engine put out 485 hp.

A partir de 1976, la Porsche 934 homologuée pour le groupe 4 est exclusivement alignée par des équipes clients. Le moteur bénéficie d'une cylindrée de 3 litres et développe 485 ch.

El Porsche 934, homologado para el grupo 4, únicamente fue utilizado por escuderías de clientes de la marca. Su motor de 3.000 cc tenía 485 CV.

保时捷 934 作为第 4 组别参赛，从 1976 年起专为客户车队使用。它的 3 升发动机可输出 485 hp 的动力。

935

1976

Mit aerodynamischer »Flachschnauze« sowie dem markanten Doppel-Heckflügel sorgte der werksseitig eingesetzte Porsche 935 erstmals bei den 6 Stunden von Mugello für Aufsehen.

With its aerodynamic "flat nose" and distinctive dual rear wing, the Porsche 935 first drew attention at the 6 hours of Mugello race contested by the Porsche factory racing team.

Avec un nez plat aérodynamique et un double aileron arrière impressionnant, la Porsche 935 d'usine a fait sensation pour sa première apparition, à l'occasion des 6 Heures de Mugello.

El Porsche 935 que, por primera vez participaba para la marca Porsche en las 6 Horas de Mugello, causó una gran sensación con su aerodinámico «morro plano» y el llamativo alerón trasero de doble hoja.

保时捷厂商车队携保时捷 935 参与穆格罗6小时赛角逐，根据空气动力学原理设计的“平鼻子”以及独特的双尾翼设计令其在比赛中崭露头角。

935

1976

Dank der Erfolge des werksseitig eingesetzten 935 (hier als Gesamtsieger in Watkins Glen) gewann Porsche nach fünfjähriger Pause wieder den Titel des Marken-Weltmeisters.

Thanks to the factory team successes of the 935 (this car was overall victor at Watkins Glen), Porsche won the World Championship for Makes title after a five year hiatus.

Grâce aux succès de la 935 d'usine (qui remporte ici la victoire générale à Watkins Glen), Porsche reprend le titre de champion du monde des constructeurs après un intermède de cinq ans.

Gracias a los éxitos alcanzados por el 935 de la marca (ganador general en el circuito Watkins Glen), Porsche obtuvo nuevamente el título de campeón mundial de Resistencia tras cinco años de pausa.

凭借 935 的成功（厂商车队携该车在沃特金斯峡谷比赛中获得总冠军），保时捷沉寂5年之后夺得了世界锦标赛厂商冠军。

911 2.7 TARGA / 911 2.7 COUPÉ

1976

Die deutsche Werbeanzeige mit dem Titel »Die Individualisten« betonte die Varianten- und Ausstattungsvielfalt des 911-Modellprogramms.

This German advertisement headlined "The Individualists" emphasized the many variants and options of the 911 line.

Intitulée » Les individualistes «, cette publicité allemande met l'accent sur la diversité des variantes et des équipements de la 911.

«Los individualistas»: ese fue el título del anuncio publicitario alemán que acentuó la cantidad de variantes y los numerosos equipos opcionales de la gama de modelos 911.

这则德国广告以“独一无二”为题，凸显 911 丰富多样的车型和配置选择。

911 TURBO 3.0 COUPÉ / 911 CARRERA 3.0 COUPÉ / 911 2.7 TARGA / 911 2.7 COUPÉ / 924

1976

Diese Aufnahme zeigt die gesamte Porsche-Modellpalette für das Modelljahr 1977: V.l.n.r.: 911 Turbo 3.0, 911 Carrera 3.0, 911 2.7 als Coupé und Targa und 924.

All the 1977 model year Porsches one behind the other. Left to right: 911 Turbo 3.0, 911 Carrera 3.0, 911 2.7 as Coupé and Targa and 924.

Cette photo présente la gamme complète des modèles de Porsche pour l'année 1977. De gauche à droite : la 911 Turbo 3.0, la 911 Carrera 3.0, la 911 2.7 Coupé et Targaet la 924.

En esta fotografía aparecen todos los modelos Porsche del año 1977. De izq. a der.: 911 Turbo 3.0, 911 Carrera 3.0, 911 2.7 Coupé y Targa y 924.

这张照片上汇集了 1977 年款保时捷各个车型。从左到右分别是：911 Turbo 3.0、911 Carrera 3.0、911 2.7 和 924。

911 TURBO 3.0 COUPÉ

1976

Als »neuen Standard« im Sportwagenbau präsentierte diese US-Werbeanzeige den 911 Turbo Carrera.

This US advertisement presented the 911 Turbo Carrera as the new standard in sports cars.

Cette publicité américaine présente la 911 Turbo Carrera comme le nouvel étalon des voitures de course.

En este anuncio publicitario estadounidense, el 911 Turbo Carrera es presentado como el nuevo listón de referencia entre los coches deportivos.

这则美国广告将 911 Turbo Carrera 作为跑车的“新标杆”隆重推出。

911 2.7 COUPÉ / 911 2.7 TARGA

1976

»Zum Verlieben schön« ist dieses italienische Werbeplakat aus dem Jahr 1976.

This Italian poster from 1976 is headlined "beautiful enough to fall in love with."

» Irrésistible… «, c'est le slogan de cette affiche publicitaire de 1976.

«Belleza para enamorarse»: anuncio publicitario italiano del año 1976.

1976 年的这张宣传画美得“让人一见钟情”。

911 CARRERA 3.0 COUPÉ

1976

Auch in Japan hatte der 911 viele Fans, wie diese Werbeanzeige aus dem Jahr 1976 zeigt.

The 911 had plenty of fans in Japan too, as this 1976 advertisement shows.

Au Japon, la 911 compte également de nombreux fans, comme le montre cette publicité de 1976.

El 911 también tuvo muchos admiradores en Japón. Así lo confirma este anuncio publicitario del año 1976.

911 在日本也有众多拥趸，从 1976 年的这张广告上便可见一斑。

911 TURBO 3.0 COUPÉ

1976

Eine Plakette mit dem eingravierten Namen des Besitzers machte japanische 911 Turbos 1976 noch individueller.

A badge with the owner's name engraved on it made 1976 Japanese 911 Turbos even more individual.

En 1976, une plaque gravée au nom du propriétaire permet d'individualiser encore un peu plus les 911 Turbo livrées au Japon.

Máximo grado de personalización: una placa con el nombre grabado del propietario en los 911 Turbo vendidos en Japón.

1976 年日本市场发售的 911 Turbo 可以刻上车主姓名，更加彰显个性。

911 SC TARGA

1977

Demontage des Targa-Daches eines Porsche 911 SC von 1977.

Taking off the Targa roof of a 1977 Porsche 911 SC.

Démontage du toit Targa d'une Porsche 911 SC de 1977.

Desmontaje del techo del Porsche 911 Targa de 1977.

拆卸一台 1977 年款保时捷 911 SC 的 Targa 顶篷。

911 SC COUPÉ / 911 SC TARGA / 911 TURBO 3.3 COUPÉ

1977

Das 911-Modellprogramm für das Modelljahr 1978: Der 911 war nur noch in zwei Varianten verfügbar, als 911 SC und 911 Turbo 3.3. Der SC erhielt nun die breiteren hinteren Kotflügel des Carrera.

The 911 line-up for the 1978 model year: The 911 only came in two versions, the 911 SC and the 911 Turbo 3.3. The SC now had the wider rear fenders from the Carrera.

La gamme des modèles 911 pour l'année 1978. La 911 n'existe plus qu'en deux variantes : la 911 SC et la 911 Turbo 3.3. La SC est désormais équipée des ailes arrières plus larges de la Carrera.

La gama de modelos 911 del año 1978: del 911 se ofrecieron únicamente dos variantes: 911 SC y 911 Turbo 3.3. El SC obtuvo los pasos de rueda posteriores más amplios del Carrera.

1978 年款 911 车型系列只有两种版本：911 SC 和 911 Turbo 3.3。SC 沿用了 Carrera 车型较宽的后翼子板造型。

934 / 911 S 2.7 COUPÉ / 911 TURBO 3.0 COUPÉ

1977

Die US-amerikanische Werbeanzeige »Nothing even comes close« thematisierte die Porsche-typische Nähe zwischen Rennsport und Serienfertigung.

This US "Nothing Even Comes Close" ad talked about the close relationship of Porsche's racing and production vehicles.

Le slogan américain « Nothing even comes close », « Impossible de faire », résume la proximité entre voiture de course et voiture de série, une caractéristique de Porsche.

El texto publicitario estadounidense «Nothing even comes close» acentuó la cercanía entre los modelos de competición y los de serie.

“无与伦比”——这则美国广告以保时捷赛车运动和量产车系列之间的亲密血缘为主题。

911 SC COUPÉ

1977

Der neue 911 SC wurde 1977 in den USA im Rahmen einer Vertriebskooperation von Porsche und Audi angeboten.

The new 911 SC was offered in the US in 1977 as part of a joint sales effort by Porsche and Audi.

En 1977, la nouvelle 911 SC est proposée aux Etats-Unis dans le cadre d'une coopération commerciale entre Porsche et Audi.

Porsche y Audi tuvieron un acuerdo de cooperación de ventas para ofrecer el nuevo 911 SC en los EE.UU. en el año 1977.

1977 年，新款 911 SC 通过保时捷和奥迪的一次销售合作项目在美国市场推出。

934/5

1977

Die Typbezeichnung 934/5 entstand aufgrund der breiteren hinteren Kotflügel und des größeren Heckspoilers, wodurch sich diese Variante des 934 optisch dem 935 annäherte.

The 934/5 designation came from the wider rear fenders and larger spoiler, which gave these 934 versions a resemblance to the 935.

Le type 934/5 se distingue par des ailes arrière plus larges et un plus grand aileron arrière. Sur le plan visuel, cette version de la 934 se rapproche davantage de la 935.

La denominación de tipo 934/5 se debió a los pasos de rueda posteriores más anchos y al alerón posterior de mayores dimensiones, por lo que el 934 se asemejó ópticamente al 935.

这台车被命名为 934/5，是因为这台 934 配备了更宽的后翼子板和更大扰流板，在外观上与 935 车型类似。

934/5

1977

Boxenstopp eines 934/5 auf dem Nürburgring 1977. Dieser Wagen gehörte zu den zahlreichen Rennelfern, die vom erfolgreichen Kölner Kremer-Team eingesetzt wurden.

A Porsche 934/5 on a pit stop at Nürburgring in 1977. This was one of the many racing Elevens used by Cologne's successful Kremer Team.

Arrêt dans les stands d'une 934/5 sur le circuit du Nürburgring en 1977. Cette voiture fait partie des innombrables 911 de course alignées par la glorieuse équipe Kremer de Cologne.

Parada en pits de un 934/5 en el circuito Nürburgring en 1977. Este coche fue uno de los numerosos 911 que utilizó la exitosa escudería Kremer de Colonia.

1977 年纽伯格林赛道上一台 934/5 进站的场景。这辆车属于战绩显赫的科隆 Kremer 车队，是其多台 911 战车之一。

935/77

1977

1977 war der Porsche 935 erneut der dominierende Produktions-Rennwagen. Mit zwei Turboladern leistete der 2.85 Liter-Boxermotor 630 PS.

In 1977, the Porsche 935 was once again the dominating production race car. With two turbochargers, its 2.85-litre flat engine had a power output of 630 hp.

En 1977, la Porsche 935 domine à nouveau les débats parmi les voitures de production. Doté de deux turbocompresseurs, le moteur 6 cylindres à plat de 2,85 l développe 630 ch.

En 1977, el Porsche 935 se convirtió nuevamente en el coche de carreras de producción dominante. El motor bóxer de 2,85 litros, equipado con dos turbocargadores, desarrollaba una potencia de 630 CV.

1977年，保时捷 935 再次成为统治级量产赛车。其2.85升水平对置式发动机搭配两个涡轮增压器，输出功率达630 hp。

935/77

1977

Dank der erfolgreichen Privatteams gewann der Porsche 935 nicht nur die Marken-WM 1977, sondern auch die Deutsche Rennsport-Meisterschaft.

Successes by private teams led to the Porsche 935 not only winning the World championship for Makes, but also the German Motor Racing Championship.

Grâce aux succès remportés par les écuries privées, la Porsche 935 a gagné le Championnat du monde des marques en 1977, mais aussi le Championnat allemand des voitures de tourisme (DRM).

Gracias al exitoso equipo de clientes, el Porsche 935 no solo se alzó con la victoria en el Campeonato Mundial de Resistencia de 1977, sino también en el Campeonato Alemán de Automovilismo.

私人车队的成功不仅帮助保时捷 935 赢得了厂商世界锦标赛，同时还在德国赛车世界锦标赛中拔得头筹。

935 2.0 »BABY«

1977

Für die kleine Division der Deutschen Rennsport-Meisterschaft entstand 1977 eine »kleine« Version des 935. Im Heck des nur 730 kg leichten Rennwagens leistete ein 1.42 Liter-Turbo 380 PS.

A “small” version of the 935 was created in 1977 to compete in the small car division of the German Motor Racing World Championship. A 1.42-litre turbo produced 380 hp at the rear of the lightweight 730 kg race car.

Créée pour la classe de petite cylindrée du Championnat allemand des voitures de tourisme (DRM), la petite version de la 935 voit le jour en 1977. La voiture de seulement 730 kg est animée par un moteur turbo de 1,42 l développant 380 ch.

Porsche desarrolló una «pequeña» versión del 935 para la pequeña división del Campeonato Alemán de Automovilismo de 1977. En la zaga del ligero automóvil de 730 kilos se ubicaba un motor turbo de 1,42 litros con una potencia de 380 CV.

小版 935 于1977年问世，意在角逐德国赛车世界锦标赛的小型车赛事。该车重量极轻，仅730 kg，后部搭载输出功率为380 hp的1.42升涡轮增压发动机。

935 2.0 »BABY«

1977

Nach einem abgebrochenen Rennen auf dem Norisring zeigte das »Baby« auf dem Hockenheimring sein wahres Potenzial: Jacky Ickx siegte mit 52 Sekunden Vorsprung.

After having to drop out of the race at Norisring, the "baby" showed its true potential at the Hockenheimring. Jacky Ickx won there with a 52 second lead.

Après une première course interrompue sur le Norisring, la « Baby » montre son véritable potentiel sur le circuit d'Hockenheim, où Jacky Ickx remporte la victoire avec 52 s d'avance.

Tras tener que interrumpir la carrera en el circuito Norisring, el modelo «Baby» demostró su verdadero potencial en el circuito de Hockenheimring: Jacky Ickx obtuvo la victoria con una ventaja de 52 segundos.

"Baby"遗憾退赛，之后在霍根海姆赛道上才展现出其真正的潜力。杰克·艾克斯（Jacky Ickx）驾驶该车以领先52秒的优势获胜。

911 TURBO 3.0 COUPÉ

1977

Diese Werbeanzeige für den 911 Turbo hat bis heute nichts an ihrer Gültigkeit verloren.

This print ad for the 911 Turbo has lost none of its relevance even today.

Cette publicité pour la 911 Turbo n'a rien perdu de son actualité.

Este anuncio publicitario del 911 Turbo sigue teniendo vigencia hasta el día de hoy.

这张 911 Turbo 的平面广告时至今日仍然具有说服力。

911 TURBO 3.3 COUPÉ

1977

911 Turbo 3.3 bei einer Testfahrt auf dem Hockenheimring 1977. Ladeluftkühlung und auf 3.3 Liter vergrößerter Hubraum resultierten in eindrucksvolle 300 PS.

A 911 Turbo 3.3 on a test drive at Hockenheimring in 1977. Intercooling and an increased displacement of 3.3 litres gave it an impressive 300 hp.

La 911 Turbo 3.3 lors d'un essai sur le circuit de Hockenheim en 1977. Grâce au refroidissement de l'air de suralimentation et à une cylindrée augmentée à 3.3 litres, cette Turbo développe 300 ch.

Pruebas con el 911 Turbo 3.3 en el circuito de Hockenheim en 1977. Con intercooler y una cilindrada ampliada a 3.300 cc, la potencia fue de impresionantes 300 CV.

1977 年，911 Turbo 3.3 在霍根海姆赛道试车。由于配备了中冷器，同时发动机排量增加到 3.3 升，这台 911 的输出功率达到了令人惊叹的 300 hp。

911 TURBO 3.0 COUPÉ

1977

Interieur eines 911 SC Coupé aus dem Jahr 1977. Besonders auffällig ist in dieser Zeit das sogenannte »Paschamuster« als Dekor des Sitzstoffes.

The interior of a 911 SC Coupé from 1977. The "pasha pattern" of the seat fabric is particularly eye-catching.

Intérieur d'une 911 SC Coupé de l'année 1977. Particularité frappante pour l'époque : le tissu « motif pacha » qui recouvre les sièges.

El interior de un 911 SC Coupé del año 1977. Llama la atención el diseño de la tapicería del asiento a modo de una bandera a cuadros estilizada.

1977 年款 911 SC Coupé 的内饰。织物座椅采用富有中东风情的格纹装饰，十分醒目。

911 SC COUPÉ

1977

Ein 911 SC Coupé 1977 auf dem Rollenprüfstand. Der 3 Liter-Saugmotor leistete 180 PS bei 5.500/min.

A 911 SC Coupé 1977 on the roller dynamometer. Its 3 litre aspirated engine gave 180 hp at 5500 rpm.

Une 911 SC Coupé 1977 sur le banc d'essai. Le moteur 3 litres atmosphérique développe 180 ch à 5 500 tours/min.

Pruebas con el 911 SC Coupé de 1977 en el dinamómetro. El motor aspirado de 3.000 cc tenía una potencia de 180 CV a 5.500 rpm.

一台 1977 年款 911 SC Coupé 在转鼓试验台上。自然进气发动机排量为 3 升，在 5,500 rpm 的转速下可输出 180 hp。

MODELLPROGRAMM 1978

1977

Diese deutsche Werbeanzeige mit der Headline »Nur Porsche baut nur Sportwagen« war ein ironischer Seitenhieb auf einen benachbarten Automobilhersteller aus Stuttgart.

This German advertisement said “Only Porsche Builds Only Sports Cars” in a sly aside at Mercedes Benz, a near neighbour on the other side of Stuttgart.

Le slogan de cette publicité allemande « Seul Porsche construit seulement des voitures de sport » est un coup de griffe à un concurrent voisin, également basé à Stuttgart.

Este anuncio publicitario con el título «Sólo Porsche fabrica sólo coches deportivos» fue una alusión irónica al vecino fabricante de automóviles de Stuttgart.

这则在德国刊登的广告里说“唯有保时捷，只制造跑车”，这是对斯图加特的另一家汽车制造商梅赛德斯-奔驰的调侃。

911 2.7 COUPÉ

1977

Die Porsche Sportfahrschule 1977 am Hockenheimring. Seit den fünfziger Jahren bietet Porsche professionelle Fahrerlehrgänge für sportlich ambitionierte Kunden an.

The Porsche Sport Driving School at Hockenheimring in 1977. Since the 1950s Porsche has offered professional sport driving courses for ambitious customers.

L'école de conduite de sport Porsche au circuit de Hockenheim en 1977. A partir des années cinquante, Porsche propose des formations de conduite professionnelle pour ses clients ambitieux.

Escuela de conducción deportiva de Porsche en el circuito de Hockenheim en 1977. Porsche ofrece cursos de conducción deportiva a sus clientes desde la década de los años cincuenta, a cargo de instructores profesionales.

1977 年，保时捷运动驾驶体验活动在霍根海姆赛道举行。从 20 世纪 50 年代开始，保时捷便为那些怀有赛车梦想的客户提供专业驾驶培训。

911 SC TARGA / 911 SC COUPÉ

1977

Zwei 911 SC aus dem Jahr 1978. Für den 911 SC standen sowohl die 15 Zoll großen ATS-Leichtmetallfelgen als auch die optionalen 16 Zoll-Schmiederäder zur Verfügung.

Two 911 SCs from 1978. Customers could get the 911 SC with 15 inch ATS aluminium wheels or optional 16 inch forged wheels.

Deux 911 SC de l'année 1978. En option pour la 911 SC : les jantes en aluminium ATS 15 pouces et les roues forgées 16 pouces.

Dos 911 SC del año 1978. El 911 SC podía estar equipado con llantas ATS de aleación ligera de 15 pulgadas o con llantas forjadas opcionales de 16 pulgadas.

两台生产于 1978 年的 911 SC。911 SC 标配 15 英寸 ATS 合金车轮，也可选装 16 英寸锻造车轮。

911 CARRERA 3.0 COUPÉ

1978

Porsche Werbeanzeige aus Singapur (um 1978). Kurios ist die Abbildung eines 911 Carrera 3.0 Coupés, welches jedoch als 911 SC bezeichnet wird.

Porsche ad from Singapore around 1978. Curiously, it shows a 911 Carrera 3.0 Coupé although it calls it a 911 SC.

Publicité de Porsche de Singapour (vers 1978). Curieusement, la 911 Carrera 3.0 Coupé est présentée comme étant une 911 SC.

Aviso publicitario de Singapur (alrededor de 1978). Es curioso que en la imagen aparezca un 911 Carrera 3.0 Coupé, identificado en la publicidad como un 911 SC.

1978 年前后在新加坡发布的保时捷广告。广告中名为 911 SC 的车型，却使用了 911 Carrera 3.0 Coupé 的图片。

911 CARRERA 3.0

1978

Porsche 911 Carrera 3.0 des Fahrerduos Nicolas/Laverne bei der Rallye Monte Carlo 1978. Zum vierten Mal holte ein 911 einen Gesamtsieg bei der »Monte«.

The Porsche 911 Carrera 3.0 of driver duo Nicolas/Laverne at the 1978 Monte Carlo Rally. For the fourth time a 911 took home the overall victory at the "Monte."

La Porsche 911 Carrera 3.0 du duo de pilotes Nicolas/Lavere lors du Rallye de Monte-Carlo en 1978. Pour la quatrième fois, une 911 décroche la première place au classement général à Monte-Carlo.

Porsche 911 Carrera 3.0 de los pilotos Nicolas y Laverne en el rallye de Monte Carlo de 1978. Fue la cuarta vez que un 911 ocupó el primer puesto en la clasificación general de este tradicional rallye.

Nicolas 和 Laverne 二人搭档，驾驶一台 911 Carrera 3.0 征战 1978 年蒙特卡罗拉力赛。这也是 911 第四次夺得这项拉力赛事的总冠军。

911 CARRERA 3.0

1978

Porsche-typisch wurde der Gesamtsieg bei der Rallye Monte Carlo 1978 mit einem Plakat gewürdigt.

As so often, Porsche marked its overall victory at the 1978 Monte Carlo Rally with a poster.

C'est une tradition chez Porsche. Une affiche célèbre la victoire au classement général du rallye de Monte-Carlo en 1978.

Tal como es usual en Porsche, la victoria en la clasificación general del rallye Monte Carlo de 1978 se plasmó en una placa conmemorativa.

1978 年蒙特卡罗拉力赛夺冠后发布的庆祝海报，这也是保时捷的一项传统。

911 SC COUPÉ

1978

Made in Zuffenhausen. Letzte Kontrolle vor der Auslieferung auf dem Hof des Werk 2.

Made in Zuffenhausen. Last check on the lot of Works 2 before delivery.

Made in Zuffenhausen. Dernières vérifications dans la cour de l'usine 2 avant livraison.

Made in Zuffenhausen. Último control en el aparcamiento de la planta 2, antes de la entrega al cliente.

祖文豪森制造。交车前在第二工厂停车场上进行最后一次检查。

911 SC TARGA

1978

Als Klassiker wurde der 911 SC im Jahr 1978 in Großbritannien beworben.

In 1978 the 911 SC was advertised in the UK as a classic.

En 1978, la 911 SC est présentée comme un classique en Grande-Bretagne.

La publicidad británica de 1978 realza el carácter clásico del 911 SC.

1978 年，911 SC 在英国市场以“经典”作为宣传口号。

911 SC COUPÉ »SAFARI«

1978

Porsche 911 SC bei der East African Safari 1978. Am Ende der 5000 Kilometer durch Afrika erzielten Vic Preston und Björn Waldegaard die Plätze zwei und vier.

Porsche 911 SCs in the 1978 East African Safari. At the end of the 5000 kilometre race Vic Preston and Björn Waldegaard came in second and fourth.

La Porsche 911 SC à l'East African Safari en 1978. Au terme des 5 000 kilomètres de ce rallye à travers l'Afrique, Vic Preston et Björn Waldegaard décrochent les deuxième et quatrième places.

Porsche 911 SC en el East African Safari de 1978. Al término de los 5.000 kilómetros a través del África, Vic Preston y Björn Waldegaard ocuparon los puestos 2 y 4.

1978 年，Vic Preston 和 Björn Waldegaad 驾驶两台保时捷 911 SC 参加了东非的肯尼亚拉力赛（East African Safari Rally）。在经受了 5,000 km 的艰苦考验后，两位车手分别以第二位和第四位的成绩冲过了终点线。

911 SC COUPÉ »SAFARI«

1978

Werbeplakat »East African Safari Rallye« aus dem Jahr 1978.

East African Safari Rally poster from 1978.

Affiche publicitaire « East African Safari Rallye » de 1978.

Cartel publicitario «East African Safari Rallye» del año 1978.

1978 年东非肯尼亚拉力赛海报。

935/78 »MOBY DICK«

1978

In Le Mans ging Porsche 1978 mit einem stark modifizierten 935 an den Start. Der 3.2 Liter-Turbo des »Moby Dick« erhielt als erster Porsche wassergekühlte Vierventil-Zylinderköpfe und leistete 845 PS.

Porsche entered a highly modified 935 race car at Le Mans in 1978. The 3.2-litre turbo of the "Moby Dick" was the first Porsche to get a water-cooled four-valve-per-cylinder head and had a power output of 845 hp.

En 1978, Porsche prend le départ du Mans avec une 935 largement modifiée. Développant 845 ch, le moteur turbo 3.2 l de la « Moby Dick » est le premier dans l'histoire de Porsche à recevoir des culasses à quatre soupapes par cylindre refroidies par eau.

Porsche participó en Le Mans en 1978 con un 935 profundamente modificado. El motor turbo de 3.2 litros del modelo «Moby Dick» desarrollaba 845 CV de potencia y fue el primer Porsche en equipar culatas de cuatro válvulas refrigeradas por agua.

1978年，保时捷的高度改装版935 现身勒芒。"Moby Dick"搭载的3.2升涡轮增压发动机是保时捷首款配备水冷四气门气缸盖的发动机，输出功率为845 hp。

935/78 »MOBY DICK«

1978

Dank seiner hohen Motorleistung und einer Langheck-Karosserie erreichte »Moby Dick« in Le Mans eine Spitzengeschwindigkeit von 366 km/h. Aufgrund technischer Probleme reichte es jedoch nur für einen 8. Gesamtplatz.

Thanks to its high engine power and a long rear body, the "Moby Dick" was able to reach a top speed of 366 km/h at Le Mans. However, due to technical problems it only finished in 8th place overall.

Grâce à la puissance de son moteur et à sa carrosserie à queue longue, « Moby Dick » atteint une vitesse maximale de 366 km/h aux 24 Heures du Mans. Cependant, elle ne parvient qu'à décrocher la 8e place en raison de problèmes techniques.

Gracias a la alta potencia del motor y a una carrocería con la zaga alargada, el modelo «Moby Dick» alcanzó en Le Mans una velocidad punta de 366 km/h. Sin embargo, debido a problemas técnicos solo obtuvo el octavo puesto en general.

凭借高发动机功率和长车身尾部设计，"Moby Dick"在勒芒的最高速度达到了366 km/h。但是，由于技术问题，该车最终总成绩仅排在第8名。

911 SC COUPÉ

1978

Porsche 911 SC (US-Version) vor den Produktionshallen in Stuttgart-Zuffenhausen. Der US-amerikanische Marktanteil betrug 1978 über 50 Prozent.

A Porsche 911 SC (US version) in front of the production plant in Stuttgart-Zuffenhausen. In 1978 the US share of Porsche sales was over 50 percent.

La Porsche 911 SC (version américaine) devant les halls de production à Stuttgart-Zuffenhausen. En 1978, les Etats-Unis représentent plus de 50 % des ventes de la marque.

Porsche 911 SC (versión estadounidense) delante de la nave de la planta de Stuttgart-Zuffenhausen. En 1978, el porcentaje de unidades destinadas a los EE.UU. fue superior al 50 por ciento.

保时捷 911 SC（美版）在斯图加特祖文豪森的生产车间前。1978 年美国市场在保时捷总销量中占据半壁江山。

911 TURBO 3.3 COUPÉ

1978

Auf dem Weg in die Endmontage: Vorne ein 911 Turbo 3.3 für die USA, zu erkennen am größeren Prallschutz an der Heckstoßstange sowie den roten Blinkergläsern.

On the way to final assembly: In front is a 911 Turbo 3.3 for the US, as can be seen from the larger impact protection on the rear bumper as well as the red indicator lights.

En route pour le montage final. Au premier plan : une 911 Turbo 3.3 destinée au marché américain, reconnaissable au renforcement de la protection anticollision sur le pare-choc arrière ainsi qu'à ses cabochons de clignotant rouges.

De camino hacia la sección de montaje final: en primer plano un 911 Turbo 3.3 destinado a los EE.UU. Así lo indican los topes de mayor tamaño en el paragolpes y las luces intermitentes de color rojo.

进入总装阶段：从后保险杠上较大的撞击保护装置以及红色的转向灯上可以看出，前面这台是美版的 911 Turbo 3.0。

911 SC TARGA

1978

»An Sonntagen geöffnet.« Werbeplakat für den 911 SC Targa aus dem Jahr 1978.

“Open on Sundays.” Ad poster for the 911 SC Targa from 1978.

« Ouvert le dimanche ». Affiche publicitaire pour la 911 SC Targa en 1978.

«Abierto los domingos». Cartel publicitario del 911 SC Targa del año 1978.

“周日开启”。这是 1978 年 911 SC Targa 的广告。

911 SC TARGA

1979

Porsche 911 SC Targa aus dem Modelljahr 1979. Die Scheinwerferringe wurden jetzt in Wagenfarbe lackiert. Der Targa-Bügel, Türgriffe und Fensterrahmen waren schwarz eloxiert.

A 1979 model Porsche 911 SC Targa. The headlight rings are now painted in the body colour, while the Targa bar, door handles and window frames are anodized black.

La Porsche 911 SC Targa, millésime 1979. Les anneaux de phare sont désormais de la même couleur que la voiture. L'arceau Targa, les poignées de portière et les cadres des fenêtres sont anodisés noir.

Porsche 911 SC Targa del año 1979. A partir de ese año, los anillos alrededor de los faros tenían el mismo color de la carrocería. La barra antivuelco Targa, las manijas y los marcos de las ventanas eran de color negro anodizado.

1979 年款保时捷 911 SC Targa。大灯镶边现已采用车身同色涂漆。翻滚防护杆、车门把手和车窗框均采用电镀黑色。

911 SC TARGA

1979

911 SC Targa aus dem Jahr 1979. Der Grundpreis des 225 km/h schnellen 911 SC Targa betrug 45.890 DM.

Two 1979 911 SC Targas. The base price of the 140 mph 911 SC Targa was DM 45,890.

911 SC Targa, modèle de 1979. Prix de base de ce bolide capable d'atteindre les 225 km/h: 45 890 DM.

911 SC Targa del año 1979. El precio básico del 911 SC, que alcanzaba una velocidad punta de 225 km/h, fue de 45.890 DM.

1979 年款 911 SC Targa。这款最高时速为 225 km/h 的跑车起价为 45,890 德国马克。

911 SC TARGA

1979

Das Gesicht in der Menge. Deutlich hebt sich dieser 911 SC Targa im Ludwigsburger Straßenverkehr von den anderen Fahrzeugen ab.

A face in the crowd. This 911 SC Targa stands out clearly from the rest of the traffic in Ludwigsburg.

On ne voit qu'elle... Cette 911 SC Targa saute aux yeux dans la circulation urbaine à Ludwigsburg.

Distinción en la multitud. Este 911 SC Targa se diferencia claramente de los demás coches en el tráfico urbano de Ludwigsburg.

鹤立鸡群。这台 911 SC Targa 在路德维希堡街头的一众车辆中非常醒目，令人眼前一亮。

911 SC COUPÉ

1979

Auslieferung von 911 SC Coupés für den Polizeieinsatz. Die Tradition der Porsche-Polizeifahrzeuge reicht bis in die fünfziger Jahre zurück.

Delivery of 911 SC Coupés for police use. The tradition of Porsche police cars goes back to the 1950s.

Livraison des 911 SC Coupé pour la police. C'est une tradition : depuis les années 50, la police allemande roule en Porsche.

Entrega de un 911 SC a la policía, que empezó a utilizar Porsches en la década de los años cincuenta.

交付警用的 911 SC Coupé。保时捷用作警车的历史足以追溯到 20 世纪 50 年代。

911 SC COUPÉ »WEISSACH«

1979

Das Sondermodell 911 SC »Weissach« wurde 1979 vorwiegend in die USA ausgeliefert.

In 1979 most of the special "Weissach" model 911 SCs went to the US.

En 1979, le modèle spécial 911 SC « Weissach » est principalement commercialisé aux Etats-Unis.

El modelo especial 911 SC «Weissach» se exportó especialmente a los EE.UU.

1979 年，911 SC“魏斯阿赫”特别版大部分出口到美国市场。

911 SC COUPÉ

1979

Mit dieser Webeanzeige warb Porsche Cars Great Britain 1979 für den 911 SC.

Porsche Cars Great Britain used this advert to sell the 911 SC in 1979.

Avec cette publicité, Porsche Cars Great Britain vante les mérites de la 911 SC en 1979.

Anuncio publicitario de Porsche Cars Great Britain de 1979 con el 911 SC.

保时捷汽车英国公司在 1979 年发布了这幅广告，宣传 911 SC。

911 TURBO 3.3 COUPÉ

1980

Diese Werbeanzeige für den 911 Turbo 3.3 erschien Anfang 1980 in der deutschen Ausgabe des Männermagazins »Playboy«.

This ad for the 911 Turbo 3.3 appeared in the German edition of Playboy in early 1980.

Cette annonce publicitaire pour la 911 Turbo 3.3 paraît début 1980 dans l'édition allemande du magazine « Playboy ».

Este anuncio publicitario del 911 Turbo 3.3 apareció en la edición alemana de la revista Playboy a principios de los años ochenta.

1980 年初，这则 911 Turbo 3.3 的广告刊登在《花花公子》杂志德国版上。

TYP 930/60

1980

Der Motor Typ 930/60 des 911 Turbo 3.3 leistete 300 PS bei 5.500/min. Ab dem Modelljahr 1980 hatte der Turbo eine Doppelrohr-Auspuffanlage.

The 930/60 engine of the 911 Turbo 3.3 gave 300 hp at 5500 rpm. Starting with the 1980 model year the Turbo had dual exhaust pipes.

Le moteur de type 930/60 de la 911 Turbo 3.3 développe 300 ch à 5 500 tours/min. A partir de 1980, la Turbo est équipée de deux sorties d'échappement.

El motor tipo 930/60 del 911 Turbo 3.3 tenía 300 CV a 5.5 rpm. A partir de los modelos del año 1980, el motor turbo tuvo dos tubos de escape.

911 Turbo 3.3 搭载的 930/60 型发动机，在 5,500 rpm 的转速下可输出 300 hp。从 1980 年款开始，Turbo 装备了双尾管排气系统。

911 SC COUPÉ

1980

»Der Porsche 911 SC hat immer noch die besten Freunde«. Deutsches Werbeplakat aus dem Jahr 1980.

"The Porsche 911 SC still has the best friends." A German advertising poster from 1980.

« Porsche 911 SC, amis pour la vie ». Affiche publicitaire allemande de 1980.

«El Porsche 911 SC sigue teniendo los mejores amigos». Cartel publicitario del año 1980.

"保时捷 911 SC 一直有至交好友相伴。" 1980 年德国市场广告。

911 SC COUPÉ

1980

Le Mans 1980. Thierry Perrier und Roger Carmillet erzielten mit diesem 911 SC, dessen Frontpartie eher dem 934 ähnelt, den 1. Platz in der Gruppe 4 GT.

Le Mans 1980. With this 911 SC, whose nose looks more like a 934, Thierry Perrier and Roger Carmillet took 1st place in the 4 GT group.

Le Mans 1980. Thierry Perrier et Roger Carmillet décrochent la première place dans le groupe 4 GT avec cette 911 SC dont la partie avant rappelle celle de la 934.

Le Mans 1980. A los mandos de este 911 SC con parte frontal similar a la del 934, los pilotos Thierry Perrier y Roger Carmillet ganaron la categoría Grupo 4 GT.

1980 年勒芒大赛。Thierry Perrier 和 Roger Carmillet 驾着这台前脸酷似 934 的 911 SC，勇夺第 4 组别 GT 组的冠军。

911 SC COUPÉ

1980

»Fahren, das Spaß macht« lautete die Headline dieser deutschen Werbeanzeige aus dem Jahr 1980.

“Driving That’s Fun” is the headline of this German print advertisement from 1980.

Le plaisir au volant. Slogan de cette publicité allemande de 1980.

«Conducir disfrutando»: título de este anuncio publicitario alemán del año 1980.

“驾驶无限乐趣”是这则 1980 年德国平面广告的宣传语。

911 SC COUPÉ

1980

Im Rahmen einer Technik-Kampagne wurde amerikanischen Interessenten die Drehstabfederung des 911 SC erklärt.

As part of a technology campaign the 911 SC's torsion-bar suspension was explained to interested parties in the US.

Dans le cadre d'une campagne technique, Porsche explique à des intéressés américains le fonctionnement de la suspension à barre de torsion de la 911 SC.

En la campaña que resaltó las virtudes tecnológicas de Porsche, se explicó al público estadounidense cómo funciona, por ejemplo, la suspensión de barras de torsión.

在一次技术宣传活动中，保时捷向美国市场的拥趸展示 911 SC 的扭力杆式悬挂技术。

STUDIE 911 TURBO 3.3 4×4 CABRIOLET

1981

Die zukunftsweisende Studie 911 Turbo 3.3 4×4 Cabriolet wurde 1981 auf der Internationalen Automobilausstellung in Frankfurt gezeigt.

This forward-looking 911 Turbo 3.3 4×4 Cabriolet study was shown in 1981 at the International Motor Show in Frankfurt.

L'étude visionnaire de la 911 Turbo 3.3 4×4 Cabriolet est présentée en 1981 au Salon international de l'automobile à Francfort.

La futurista propuesta del 911 Turbo 3.3 4×4 Cabriolet se presentó en el salón del automóvil de Fráncfort de 1981.

具有划时代意义的 911 Turbo 3.3 4×4 Cabriolet 概念车在 1981 年法兰克福国际车展上亮相。

911 SC COUPÉ

1981

Porsche 911 SC im Jahr 1981 in Würzburg. Besatzung dieses Rallye-Elfers war niemand anderes als Walter Röhrl und Beifahrer Christian Geistdörfer.

A Porsche 911 SC in Würzburg in 1981. The crew of this rally car were none other than Walter Röhrl and co-pilot Christian Geistdörfer.

La Porsche 911 SC à Würzburg en 1981. Au volant de cette 911 de rallye : une équipe de choc composée de Walter Röhrl et de son copilote Christian Geistdörfer.

Porsche 911 SC en Würzburg en el año 1981. Ilustres ocupantes de este 911 utilizado en rallyes: piloto Walter Röhrl y copiloto Christian Geistdörfer.

1981 年保时捷 911 SC 来到德国维尔茨堡。驾驶这台为拉力赛改装的 911 的不是别人，正是传奇车手 Walter Röhrl 和他的搭档 Christian Geistdörfer。

911 TURBO 3.3 COUPÉ

1981

»Porsche gibt dem Fahrspaß Flügel«. Deutsche Werbeanzeige für den 911 Turbo 3.3 aus dem Jahr 1981.

“Porsche Puts Wings On Driving Enjoyment.” German print ad for the 911 Turbo 3.3 from 1981.

Porsche vous donne des ailes. Publicité allemande pour la 911 Turbo 3.3 en 1981.

«Porsche le da alas al placer de conducir». Anuncio publicitario del 911 Turbo 3.3 del año 1981.

“保时捷，极致飞驰。”1981 年 911 Turbo 3.3 在德国市场的平面广告。

911 SC COUPÉ

1981

Diese französische Werbeanzeige aus dem Jahr 1981 bewirbt den modellgepflegten 911 SC.

This French advertisement from 1981 promotes the updated 911 SC.

Cette publicité française de 1981 vante les mérites de la 911 SC qui vient de bénéficier de plusieurs améliorations pour la rentrée.

Publicidad francesa del año 1981 para el 911 SC remodelado.

这则 1981 年发布的法国广告的主角是改款后的 911 SC。

911 SC COUPÉ

1981

US-Werbeanzeige aus der Kampagne »Consumer Orientation«.

US print ad from the “Consumer Orientation” campaign.

Publicité américaine de la campagne « Consumer Orientation ».

Anuncio publicitario estadounidense, parte de la campaña de «orientación hacia el cliente».

美国市场名为“客户至上”的宣传攻势所刊发的广告。

911 TURBO 3.3 COUPÉ

1982

Diese kunstvolle Fotografie eines 911 Turbo 3.3 Coupé stammt aus dem Jahr 1982.

This artistic shot of a 911 Turbo 3.3 Coupé is from 1982.

Cette photo artistique d'une 911 Turbo 3.3 Coupé date de 1982.

Fotografía artística del 911 Turbo 3.3 Coupé del año 1982.

911 Turbo 3.3 Coupé 这张精美绝伦的照片摄于 1982 年。

911 TURBO 3.3 COUPÉ FLACHBAU

1982

911 Turbo 3.3 Flachbau im Werk 1 in Stuttgart-Zuffenhausen 1982. Bei diesen frühen Flachbau-Turbos sind die Scheinwerfer noch in die Frontschürze integriert.

911 Turbo 3.3 slantnose (“flachbau”) at Works 1 in Stuttgart-Zuffenhausen, 1982. On these early slantnose Turbos the headlights were still integrated in the front skirt.

La 911 Turbo 3.3 Flachbau à l'usine 1 de Stuttgart-Zuffenhausen en 1982. Les premières Turbo surbaissées sont encore équipées de phares intégrés dans la jupe avant.

911 Turbo 3.3 de parte frontal plana delante de la planta 1 de Stuttgart-Zuffenhausen en 1982. Los primeros ejemplares de este tipo tenían los faros incorporados en el faldón delantero.

1982 年，斯图加特祖文豪森第一工厂里的 911 Turbo 3.3 扁平前脸款。在早期扁平前脸的 Turbo 车型上，大灯还安装在前裙板上。

911 SC CABRIOLET / 911 SC TARGA / 911 SC COUPÉ

1982

Die drei Varianten des 911 SC wurden 1982 vor dem Schloss Rosenstein in Stuttgart fotografiert. Das Cabriolet wurde im März 1982 in Genf vorgestellt.

These three variants of the 911 SC were photographed arrayed before Rosenstein Castle in Stuttgart in 1982. The Cabriolet was presented in Geneva in March of that year.

En 1982, les trois variantes de la 911 SC sont photographiées devant le Château Rosenstein à Stuttgart. Le Cabriolet est présenté à Genève en mars 1982.

Las tres variantes del 911 SC fotografiadas en 1982 delante del castillo de Rosenstein de Stuttgart. El Cabriolet se presentó en marzo de 1982 en Ginebra.

1982 年斯图加特的罗森斯坦城堡前，三款不同的 911 SC 合影。Cabriolet 车型于 1982 年 3 月在日内瓦车展正式亮相。

911 TURBO 3.3 COUPÉ

1982

Das Plakat zeigt die Sieger des FIA-GT-Cups der Markenweltmeisterschaft 1982.

The poster shows the winners of the 1982 FIA GT Cup Championship.

Cette affiche célèbre les vainqueurs de la coupe FIA-GT du championnat du monde de marques en 1982.

El cartel muestra a los vencedores de la copa FIA-GT del campeonato mundial de marcas de 1982.

这张海报刊登了 1982 年 FIA GT 锦标赛的冠军得主。

911 TURBO 3.3 COUPÉ

1982

Dieses speziell nach Kundenwunsch gebaute 911 Turbo 3.3 Coupé entstand 1982 in der Werksreparaturabteilung im Werk 1.

This 911 Turbo 3.3 Coupé was built to special order in 1982 in the Works 1 Repair Department.

Cette 911 Turbo 3.3 Coupé construite sur mesure pour un client a été produite en 1982 à l'atelier de réparation de l'usine, à Zuffenhausen.

Este 911 Turbo 3.3 Coupé fue modificado según especificaciones del cliente en el taller de reparaciones de la planta 1 en el año 1982.

专为顾客订制的这台 911 Turbo 3.3 Coupé 于1982 年在第一工厂修理部门诞生。

911 SC CABRIOLET

1982

»Entdecken Sie ein offenes Geheimnis«. Werbeplakat für das ab Frühjahr 1983 gebaute 911 SC Cabriolet.

"Discover an Open Secret." Advertising poster for the 911 SC Cabriolet built starting in the spring of 1983.

« Un secret au grand jour ». Affiche publicitaire pour la 911 SC Cabriolet produite à partir du printemps 1983.

«Descubra un secreto abierto». Cartel publicitario del 911 SC Cabriolet que se fabricó a partir de la primavera de 1983.

"公开的秘密，等您发现"。这是为 1983 年初开始生产的 911 SC Cabriolet 打出的广告。

911 SC COUPÉ

1982

»Die ganz große Freiheit vom Alltag.« Schweizer Werbeanzeige der AMAG für den 911 SC.

"The Great Freedom from the Everyday." Swiss AMAG advertisement for the 911 SC.

« Evadez-vous du quotidien ». Annonce publicitaire suisse de l'AMAG pour la 911 SC.

«Liberación de lo cotidiano». Anuncio publicitario de AMAG del Porsche 911 SC.

“摆脱日常生活，畅享无上自由。” 瑞士汽车贸易集团 AMAG 为 911 SC 做的广告。

911 SC CABRIOLET

1983

Obwohl nur von Januar bis Juli 1983 ausgeliefert, wurden nicht weniger als 4.096 Einheiten des 911 SC Cabriolet gebaut.

Although it was only delivered from January to July 1983, no less than 4096 units of the 911 SC Cabriolet were built.

Livrée seulement entre janvier et juillet 1983, la 911 SC Cabriolet sera néanmoins produite en 4 096 exemplaires – beau score !

Aunque el 911 SC Cabriolet únicamente se entregó a los clientes entre enero y julio de 1983, se llegó a fabricar el considerable número de 4.096 unidades.

尽管只在 1983 年的 1 至 7 月间交付销售，911 SC Cabriolet 却生产了多达 4,096 台，其火爆程度可见一斑。

911 SC CABRIOLET

1983

Bei der ams-Leserwahl 1983 wurde der 911 SC zum besten Cabriolet der Welt gekürt.

The 1983 auto, motor und sport Readers' Choice called the 911 SC the best convertible in the world.

En 1983, les lecteurs de la revue auto, motor und sport sacrent la 911 SC meilleure décapotable du monde.

En 1983, los lectores de la revista del motor «auto, motor und sport» eligieron al 911 SC como «mejor descapotable del mundo».

在权威汽车杂志 AMS 1983 年度读者评选中，将 911 SC 评为全球最佳敞篷车。

911 CARRERA 3.2 CABRIOLET

1983

Im Herbst 1983 löste der 911 Carrera 3.2 den SC ab. Recht selten war die Cabriolet-Variante mit Heckspoiler.

In the autumn of 1983 the 911 Carrera 3.2 took over from the SC. The Cabriolet variant with rear spoiler was quite rare.

A l'automne 1983, la 911 Carrera 3.2 remplace la SC. Variante assez rare : la décapotable avec aileron arrière.

El SC fue sustituido en el otoño de 1983 por el 911 Carrera 3.2. Existieron muy pocos ejemplares del descapotable con alerón posterior.

1983 年秋，911 Carrera 3.2 取代了 SC。配备后扰流板的敞篷跑车相当少见。

911 CARRERA 3.2 CABRIOLET

1983

Neben einer Hubraumerhöhung auf 3.2 Liter zeichnete sich der 231 PS starke Boxermotor des neuen 911 Carrera durch eine Digitale Motor-Elektronik (DME) aus.

The new 911 Carrera had a larger 3.2 litre 231 hp boxer engine and digital engine electronics (DME).

Le moteur boxer 231 ch de la nouvelle 911 Carrera bénéficie d'une cylindrée augmentée à 3.2 litres et du système DME de gestion numérique de l'électronique moteur.

Además del aumento de la cilindrada a 3.200 cc, el motor bóxer de 231 CV del nuevo 911 Carrera se distinguió por tener un sistema electrónico de gestión del motor (DME).

新款 911 Carrera 的水平对置发动机排量增加到 3.2 升，输出功率 231 hp，还配备了数字式发动机电子控制系统（DME）。

911 SC TARGA

1983

Die Tennisspielerin Martina Navratilova siegte insgesamt sechsmal beim Porsche Tennis Grand Prix.

Tennis star Martina Navratilova won the Porsche Tennis Grand Prix six times.

La joueuse de tennis Martina Navratilova, sextuple vainqueur du Grand Prix Porsche.

La tenista Martina Navratilova ganó seis veces el Porsche Tennis Grand Prix.

在保时捷网球大奖赛上，网坛明星 Martina Navratilova 先后六次捧得冠军奖杯。

911 TURBO 3.3 COUPÉ

1983

Werksabholung eines 911 Turbo 3.3 Coupé in der Halle der Wagenauslieferung in Stuttgart-Zuffenhausen.

Taking delivery of a 911 Turbo 3.3 Coupé at the factory, in the delivery hall at Stuttgart-Zuffenhausen.

Livraison à l'usine d'une 911 Turbo 3.3 Coupé dans le hall des livraisons à Stuttgart-Zuffenhausen.

Un cliente recoge su 911 Turbo 3.3 Coupé en el pabellón de entrega de la planta de Stuttgart-Zuffenhausen.

在斯图加特祖文豪森工厂的车辆交付大厅里，客户提到这台 911 Turbo 3.3 Coupé。

911 TURBO 3.3 COUPÉ

1983

Den Titel »Bester Sportwagen der Welt« verliehen die Leser der Fachzeitschrift »auto, motor und sport« 1983 dem 911 Turbo 3.3.

Readers of car magazine auto, motor und sport voted the 911 Turbo 3.3 the "best sports car in the world" in 1983.

En 1983, les lecteurs de la revue spécialisée auto, motor und sport sacrent la 911 Turbo 3,3 « Meilleure voiture de sport du monde ».

El 911 Turbo 3.3 fue elegido el «mejor coche deportivo del mundo» por los lectores de la revista del motor «auto, motor und sport» en el año 1983.

1983 年，汽车杂志 AMS 的读者将“全球最佳跑车”这一称号颁给 911 Turbo 3.3。

911 CARRERA 3.2 4×4

1983

Jacky Ickx 1983 bei der Wüstenerprobung des 911 Carrera 3.2 4×4 (Typ 953) vor der Rallye Paris-Dakar.

Jacky Ickx in 1983 desert-testing the 911 Carrera 3.2 4×4 (Type 953) before the Paris-Dakar Rally.

Jacky Ickx en 1983 lors d'un essai dans le désert de la 911 Carrera 3.2 4×4 (type 953) avant le Rallye Paris-Dakar.

El piloto Jacky Ickx realizando pruebas en el desierto con el 911 Carrera 3.2 4×4 (tipo 953), antes del rallye París-Dakar.

1983 年的巴黎达喀尔拉力赛前，Jacky Ickx 对 911 Carrera 3.2 4×4（953 车型）进行沙漠试驾。

911 CARRERA 3.2 4×4

1983

René Metge (links), der spätere Sieger der Rallye Paris-Dakar 1984 und 1986, vor dem Porsche Typ 953, dem späteren Siegerwagen. Neben ihm Projektleiter Roland Kussmaul.

René Metge (left), who would go on to win Paris-Dakar in 1984 and 1986, with the Porsche 953 that was his winning car. With him is Project Director Roland Kussmaul.

René Metge (à gauche), futur vainqueur du Paris-Dakar en 1984 et 1986 devant une Porsche type 953, le bolide qui remportera la course. A ses côtés, le chef de projet Roland Kussmaul.

René Metge (izq.), con el Porsche tipo 953. El piloto ganó posteriormente las ediciones de 1984 y 1986 del rallye París-Dakar con este coche. Junto a él, el director del proyecto Roland Kussmaul.

后来在 1984 年和 1986 年巴黎达喀尔拉力赛上获得冠军的 René Metge（左），与其夺冠战车——保时捷 953 的合影。站在他身边的是项目主管 Roland Kussmaul。

911 TURBO 3.3 COUPÉ

1983

John Cooper, Paul Smith und David Ovey aus Großbritannien mit einem 911 Turbo 3.3 in Le Mans 1983. Sie erzielten den Sieg in der Gruppe B und den 11. Platz im Gesamtklassement.

John Cooper, Paul Smith and David Ovey of Great Britain with a 911 Turbo 3.3 at Le Mans in 1983. They won first place in Group B and came in 11th in the overall classification.

Les Britanniques John Cooper, Paul Smith et David Ovey avec une 911 Turbo 3,3 aux 24 Heures du Mans en 1983. Ils remportent le groupe B et décrochent la 11ème place au classement général.

John Cooper, Paul Smith y David Ovey de Gran Bretaña con un 911 Turbo 3.3 en Le Mans en 1983. Consiguieron la victoria en el grupo B y ocuparon el puesto once en la clasificación general.

三位英国车手—— John Cooper、Paul Smith 和 David Ovey 驾驶一台 911 Turbo 3.3 出战 1983 年勒芒赛事。他们在 B 组取胜，总成绩位列 11 名。

911 SC CABRIOLET / 936 JUNIOR

1983

Echte Kinderträume waren das 911 SC Cabriolet und der 936 junior. Beide Wagen hatten einen kleinen Verbrennungsmotor und entsprechende Betriebsanleitungen.

The 911 SC Cabriolet and 936 junior were a child's dream come true and came complete with a small petrol engine and full operating documentation.

La 911 SC Cabriolet et la 936 Junior font rêver les enfants. Chaque véhicule est équipé d'un petit moteur à combustion et de sa notice d'utilisation.

Los niños soñaban con el 911 SC Cabriolet y el 936 Junior. Los dos coches estaban equipados con un pequeño motor de combustión y se vendían con un extenso manual de instrucciones.

911 SC Cabriolet 和 936 儿童版，正是孩子们的梦幻之车。两台车都搭载小型汽油发动机，并配有相应的驾驶指南。

935 »STREET«

1983

Mansour Ojjeh, Inhaber der Firma TAG, bei der Übergabe seines Einzelstücks 935 »Street« durch den damaligen Porsche-Vorstandsvorsitzenden Peter W. Schutz.

Mansour Ojjeh, owner of TAG, receives his one-of-a-kind 935 "Street" from Porsche CEO Peter W. Schutz.

Mansour Ojjeh, propriétaire de la société TAG, lors de la remise de la 935 « Street », un modèle unique, par l'ancien président-directeur général de Porsche, Peter W. Schutz.

Mansour Ojjeh, propietario de la empresa TAG, recibiendo su ejemplar único, un 935 «Street» de manos del entonces Presidente de la Junta Directiva de Porsche, Peter W. Schutz.

TAG 公司的所有人 Mansour Ojjeh 从时任保时捷董事会主席 Peter W. Schutz 手中拿到他定制的一台独一无二的 935“街道版”。

911 TURBO 3.3 COUPÉ

1983

Neben aufwendigen Karosserie-Umbauten wurden von der Sonderwunschabteilung häufig auch besondere Wünsche im Interieur umgesetzt.

Besides major bodywork, the Special Order Department also did interior modifications.

Outre des modifications importantes de la carrosserie, le service des commandes spéciales est souvent mobilisé pour adapter l'intérieur selon les demandes spécifiques de la clientèle.

La sección de personalización de coches de la marca se encargaba de realizar sofisticadas modificaciones de la carrocería, pero también adaptaba el habitáculo a las preferencias del cliente.

除了费工费时的车身改造外，特别定制部门还需要满足顾客对内饰的各种愿望。

911 TURBO 3.3 COUPÉ

1983

Ein 911 Turbo 3.3 »Gruppe B« des Teams Georg Memminger bei den 1000 km von Spa 1983. Die 911 Turbos für die Gruppe B erhielten eine Leistungssteigerung um 65 PS.

A Group B 911 Turbo 3.3 belonging to the Georg Memminger Team at the 1000 km of Spa in 1983. The Group B 911 Turbos had a 65 hp power boost.

Une 911 Turbo 3.3 groupe B de l'équipe Georg Memminger lors des 1 000 km de Spa en 1983. Pour les 911 Turbos destinées au groupe B, la puissance a été augmentée de 65 ch.

Un 911 Turbo 3.3 grupo B de la escudería Goerg Memminger en la carrera de los 1.000 kilómetros de Spa de 1983. Los 911 Turbo del grupo B tenían una potencia aumentada en 65 CV.

1983 年比利时斯帕 1000 公里耐力赛上，Georg Memminger 车队的 "B 组别" 911 Turbo 3.3 战车。为 B 组别打造的 911 Turbo，功率提高了 65 hp。

911 CARRERA 3.2 COUPÉ

1984

Werbeanzeige der Porsche+Audi Vertriebsgesellschaft für den neuen 911 Carrera 3.2.

Advertisement from the Porsche+Audi Sales Company for the new 911 Carrera 3.2

Annonce publicitaire de la société de distribution Porsche+Audi pour la nouvelle 911 Carrera 3.2.

Anuncio publicitario del nuevo 911 Carrera 3.2 de la empresa de ventas Porsche+Audi.

保时捷和奥迪销售公司为新款 911 Carrera 3.2 推出的广告。

911 CARRERA 3.2 COUPÉ TURBOLOOK

1984

Ab 1983 bot Porsche die Turbolook-Version des 911 Carrera 3.2 Coupé an.
Ein Jahr später war diese Variante auch ohne Heckspoiler sowie als Cabriolet und Targa lieferbar.

Starting in 1983 Porsche offered a Turbo-look version of the 911 Carrera 3.2 Coupé.
A year later this version was also available without the rear spoiler and as a Cabriolet or Targa.

A partir de 1983, Porsche propose la 911 Carrera 3.2 Coupé en version relookée Turbo.
Un an plus tard, cette variante est disponible sans aileron arrière ainsi qu'en Cabriolet et Targa.

Porsche ofreció una versión «Turbo-look» del 911 Carrera 3.2 Coupé a partir del año 1983.
Un año después, esta variante también se ofreció sin alerón, así como en versiones Cabriolet y Targa.

从 1983 年起，保时捷提供外形与 Turbo 一致的 911 Carrera 3.2 Coupé。
一年后，这一车型也可选择不配备后扰流板，或选择 Cabriolet 和 Targa 版本。

Carrera

911 CARRERA 3.2 TARGA

1984

Werbeanzeige für den 911 Carrera 3.2 aus Kuala Lumpur.

Print ad for the 911 Carrera 3.2 from Kuala Lumpur.

Annonce publicitaire de Kuala Lumpur pour la 911 Carrera 3.2.

Anuncio publicitario del 911 Carrera 3.2 en Kuala Lumpur.

吉隆坡的 911 Carrera 3.2 广告。

911 CARRERA 3.0 COUPÉ

1984

Werbeanzeige des Schweizer Importeurs AMAG anlässlich des Gesamtsiegs von Eric Ferreux und Serge Audemars im Schweizer Rallyechampionat.

Advertisement by Swiss importer AMAG on the occasion of the overall victory of Eric Ferreux and Serge Audemars in the Swiss Rally Championship.

Publicité de l'importateur suisse AMAG pour célébrer la victoire d'Eric Ferreux et de Serge Audemars au classement général du championnat de rallye suisse.

Anuncio publicitario del importador suizo AMAG con motivo de la victoria en la clasificación general de los pilotos Eric Ferreux y Serge Audemars en el campeonato de rallye suizo.

Eric Ferreux 和 Serge Audemar 夺得瑞士拉力赛冠军后，瑞士的汽车进口商 AMAG 公司推出的广告。

911 CARRERA 3.2 TARGA

1984

911 Carrera 3.2 Targa aus dem Jahr 1984. Die 3.2 Liter-Variante gilt unter Sammlern als einer der besten Elfer überhaupt.

A 911 Carrera 3.2 Targa from 1984. Collectors consider the 3.2 litre variant one of the best Elevens ever.

La 911 Carrera 3.2 Targa, modèle 1984. Les collectionneurs sont unanimes: la variante 3,2 litres est l'une des 911 les plus abouties jamais produites.

911 Carrera 3.2 Targa del año 1984. Los coleccionistas más puristas consideran que esta variante con motor de 3.200 cc es el 911 por excelencia.

1984 年生产的 911 Carrera 3.2 Targa。3.2 升的这一版本，被收藏家们誉为最完美的 911。

VOM PORSCHEFAHREN

VOM PORSCHEFAHREN

»Jedesmal, wenn die Tür meines Porsche sich hinter mir schließt, entdecke ich Züge an mir, die mir bis dahin leider verborgen geblieben waren.

So habe ich zum Beispiel zur Überraschung aller in punkto Geschäftswagen meine nüchterne, pragmatische, um nicht zu sagen: konservative Haltung völlig aufgegeben. Und mir einen Porsche angeschafft.

Seitdem ich ihn fahre, ist mir plötzlich schleierhaft, wieso ich mein früheres Auto immer nur als Mittel zum Zweck betrachtete. Und mir in schöner Regelmäßigkeit ein dementsprechend mittel- und zweckmäßiges Fahrzeug aussuchte.

Ich gebe gern zu, daß mir mein Porsche geradezu ein kindliches Vergnügen bereitet. Und ich streite auch nicht ab, daß er ein bißchen dazu beigetragen hat, wenn ich mich ab und zu wie ein neuer Mensch fühle.

Manchmal stehe ich zwischen zwei Telefonaten auf, gehe zum Fenster und betrachte versonnen meinen Wagen auf seinem Parkplatz.

Unterwegs macht es mir richtig Spaß, wenn mich die Kraft beim Beschleunigen in den Sitz drückt, und wenn ich die Sicherheit spüre, mit der mein Porsche beim Herausbeschleunigen aus der Kurve immer gelassen auf der Ideallinie bleibt.

Seltsam, meine Sekretärin ist tatsächlich der Meinung, daß ich morgens viel entspannter ins Büro komme, seitdem ich den Porsche fahre.

Dennoch ist es mir manchmal so, als ob sich ein wenig von der Dynamik meines Targas auch auf mich übertragen hätte. Jedenfalls beobachtete ich schon oft mit Vergnügen, wenn meine Geschäftsfreunde nur mit Mühe ihr Erstaunen unterdrücken können, sobald sie mich aus meinem Porsche aussteigen sehen.

Wenn ich jetzt abends manchmal früher zu Hause bin, so läßt sich das natürlich nicht damit erklären, daß so ein Porsche ein sehr schnelles Auto ist.

Sondern ausschließlich damit, daß ich meine Person jetzt immer öfter für wichtiger nehme als irgendeine Akte, die eigentlich Zeit hat.«

PORSCHE

FAHREN IN SEINER SCHÖNSTEN FORM

911 CARRERA 3.2 TARGA

1984

Deutsche Werbeanzeige der Kampagne »Vom Porschefahren« aus dem Jahr 1984.

A German advertisement from the "On Driving Porsche" campaign from 1984.

Publicité allemande de 1984 dans le cadre de la campagne Conduire une Porsche.

Anuncio publicitario alemán de la campaña del año 1984, titulada «Conducir un Porsche».

1984 年保时捷的德国广告“驾驶保时捷”。

911 CARRERA 3.2 CABRIOLET TURBOLOOK

1984

Vorder- und Heckansicht eines 911 Carrera 3.2 Turbolook Cabriolet aus dem Jahr 1984.

Front and rear views of a 911 Carrera 3.2 Turbo-look Cabriolet from 1984.

Vues avant et arrière d'une 911 Carrera 3.2 Turbo-look Cabriolet de 1984.

Vista frontal y posterior de un 911 Carrera 3.2 Cabriolet «Turbo-look» del año 1984.

一辆 Turbo 外观的 911 Carrera Cabriolet 3.2，前视图和后视图。

911 CARRERA 3.2 CABRIOLET TURBOLOOK

1984

Der Turbolook beinhaltete eine breite Karosserie sowie Fahrwerk und Bremsanlage des 911 Turbo.

The Turbo-look comprised a broad body and the suspension and brakes of the 911 Turbo.

Le look Turbo comprend la carrosserie large ainsi que le châssis et le système de freinage de la 911 Turbo.

La semejanza con el Turbo se consiguió mediante la carrocería más ancha y con el chasis y los frenos del 911 Turbo.

Turbo 外观包括宽体车身、911 Turbo 的底盘和刹车装置。

VOM PORSCHEFAHREN

»Sie schien an meinem Geschmack zu zweifeln, als ich sie neulich einlud, gemeinsam mit mir den blauen Himmel in meinem roten Porsche zu betrachten.

Schließlich konnte sie nicht ahnen, daß es sich bei dem blauen Himmel tatsächlich um unseren schönen blauen Himmel handelt. Und bei meinem roten Porsche um ein schönes rotes Porsche Cabrio. Als ich auf unserer Fahrt begann, ihr neben den Schönheiten der Landschaft auch die Besonderheiten von Motor und Fahrwerk meines Carrera zu demonstrieren, schlug ihr Herz sofort ein paar Takte höher.

Für ein paar Kilometer lenkte ich mein Cabrio zügig durch die schmalen Kurven der Landstraße. Dabei beschleunigte ich so aus den Kurven heraus, daß genau im Scheitelpunkt die ganze Kraft der 170-kW-Maschine auf die Antriebsräder kam. Man konnte die enorme Beschleu-

VOM PORSCHEFAHREN

nigung des 6-Zylinder-Boxermotors körperlich spüren. Und der typische Porsche-Sound war geradezu Musik in unseren Ohren. Obwohl die Straße nicht gerade eben war, blieb mein Porsche sicher auf seiner Spur.

Dann bat sie mich, selbst ein Stück fahren zu dürfen. Natürlich konnte ich ihr diesen verständlichen Wunsch nicht abschlagen.

Später sagte sie mir, daß sie jetzt wirklich verstehe, weshalb Fahren im Cabrio so faszinierend sei: Man erlebt es noch unmittelbarer. Vielleicht ist das die einzige Möglichkeit, das Porschefahren noch aufregender zu machen, als es schon ist.

Sie muß von unserem ersten Ausflug begeistert gewesen sein, denn seither hat sie mich immer wieder eingeladen, den blauen Himmel in meinem roten Porsche zu betrachten. Nur bin ich mir gar nicht mehr so sicher, ob diese Einladung wirklich mir gilt. Oder vielleicht nur meinem schönen roten Porsche Cabrio.«

PORSCHE

FAHREN IN SEINER SCHÖNSTEN FORM

911 CARRERA 3.2 CABRIOLET

1984

Die deutsche Werbekampagne »Vom Porschefahren« war aufgrund ihres hohen Textanteils nicht unumstritten.

The German "On Driving Porsche" campaign was not entirely uncontroversial, due to its long copy.

Jugée trop verbeuse, la campagne publicitaire allemande « Conduire une Porsche » fait couler de l'encre.

La campaña publicitaria alemana «Conducir un Porsche» originó polémicas debido a la extensión del texto.

保时捷的德国广告攻势“驾驶保时捷”，由于大篇幅文字，引起了一些争议。

911 CARRERA 3.2 CABRIOLET TURBOLOOK

1984

Diese deutsche Werbeanzeige mit einem 911 Carrera 3.2 Turbolook Cabriolet verdeutlichte eindrucksvoll die Qualität des Verdecks.

This German advertisement for a 911 Carrera 3.2 Turbo-look Cabriolet impressively displayed the quality of the top.

Cette publicité allemande pour une 911 Carrera 3.2 Turbo-look Cabriolet souligne de façon impressionnante la qualité de la capote.

Este anuncio publicitario alemán con el 911 Carrera 3.2 Cabriolet «Turbo-look» destacó de manera convincente la cualidad de la capota.

Turbo 外观的 911 Carrera 3.2 Cabriolet 顶篷质量之卓越，在这则德国广告里一目了然，给人留下深刻印象。

911 CARRERA 3.2 CABRIOLET

1984

Der offene Elfer war ein großer Erfolg: Von 1983 bis 1989 wurden 19.987 Cabriolets des 911 Carrera 3.2 produziert.

The open Eleven was a great success – between 1983 and 1989 19,987 911 Carrera 3.2 convertibles were built.

La 911 décapotable décoiffe. De 1983 à 1989, Porsche produit 19 987 Cabriolets de la 911 Carrera 3.2.

El 911 descapotable tuvo mucho éxito: entre 1983 y 1989 se fabricaron 19.987 unidades del 911 Carrera 3.2 Cabriolet.

这款敞篷的 911 销售火爆。1983 年到 1989 年之间，共生产了 19,987 辆 Cabriolet 版本的 911 Carrera 3.2。

911 CARRERA 3.2 CABRIOLET

1984

Beim 911 Carrera 3.2 Cabriolet waren Ledersitze Bestandteil der Grundausstattung.

The 911 Carrera 3.2 Cabriolet came with leather seats as standard.

Pour la 911 Carrera 3.2 Cabriolet, les sièges en cuir font partie de l'équipement de série.

El 911 Carrera 3.2 Cabriolet incluía de serie asientos con tapicería de piel.

真皮座椅是 911 Carrera 3.2 Cabriolet 的标配。

911 TURBO 3.3 COUPÉ

1984

1984 hatte ein Kunde aus den USA den Wunsch, die Produktion seines Fahrzeuges fotografisch zu dokumentieren. Hier steht der 911 Turbo 3.3 zur Auslieferung bereit.

In 1984 a US customer wanted to document the production of his car in photographs. Here the 911 Turbo 3.3 is ready to be delivered.

En 1984, un client américain souhaite photographier les différentes étapes de fabrication de son véhicule. Et voici le résultat : une 911 Turbo 3.3 prête à être livrée.

Un cliente estadounidense expresó en 1984 el deseo de documentar mediante fotografías el proceso de fabricación de su Porsche. Aquí se aprecia el 911 Turbo 3.3 listo para la entrega.

1984 年，有位美国客户希望将其定制车辆的生产全程用照片记录下来。这辆 911 Turbo 3.3 已经做好交车准备。

911 SC/RS

1984

Vom 911 SC/RS entstanden nur 20 Einheiten. Der Gruppe-B Wagen hatte 250 PS und erreichte 160 km/h bereits nach 11,7 Sekunden. 1984 war dies ein Fabelwert.

Only 20 of the 911 SC/RS were made. This Group B car had 250 hp and went from 0 to 100 mph in just 11.7 seconds – fabulous performance in 1984.

Seul 20 exemplaires de la 911 SC/RS ont été produits. La voiture de groupe B développe 250 ch et atteint 160 km/h en 11,7 secondes. En 1984, c'est un résultat qui fait rêver.

Del 911 SC/RS únicamente se fabricaron 20 unidades. El coche del grupo B tenía 250 CV y acelerando de 0 a 160 km/h paraba el crono en 11,7. Un tiempo excepcional en 1984.

911 SC/RS 仅生产了 20 台。这款 B 组别赛车功率达 250 hp，仅需 11.7秒便可加速至 160 km/h。在 1984 年时，这堪称梦幻。

911 TURBO 3.3 COUPÉ

1984

Diese Werbeanzeige für den 911 Turbo 3.3 richtete sich an arabische Kunden.

This advert for the 911 Turbo 3.3 was targeted at Arabian customers.

Cette publicité pour la 911 Turbo 3.3 s'adresse à la clientèle arabe.

Este anuncio publicitario del 911 Turbo 3.3 estuvo dirigido a clientes árabes.

这张 911 Turbo 3.3 的广告专为阿拉伯客户打造。

911 CARRERA 3.2 CABRIOLET

1985

Die US-Version des 911 Carrera 3.2 erhielt eine dritte Bremsleuchte, welche aufgrund ihrer Form den Porsche-internen Spitznamen »E.T. – Der Außerirdische« erhielt.

The US version of the 911 Carrera 3.2 received a third brake light. On account of its shape its nickname at Porsche was E.T., for Extra-Terrestrial.

La version américaine de la 911 Carrera 3.2 bénéficie d'un troisième feu stop. Sa forme curieuse lui vaudra d'être surnommée « E.T. » en interne chez Porsche.

La versión estadounidense del 911 Carrera 3.2 tuvo una tercera luz de freno. Por su forma, en Porsche internamente recibió el apodo de «E.T. – El extraterrestre».

美版 911 Carrera 3.2 安装了一只额外的刹车灯，由于其外形特殊，在保时捷内部被戏称为 “E.T.”（外星人）。

911 CARRERA 3.2 COUPÉ

1985

Die digitale Motor-Elektronik (DME) des Carrera 3.2 Liter-Triebwerks (Typ 930/20) reduzierte den Verbrauch des 911 spürbar. Ein Katalysator war als Sonderwunsch erhältlich.

The digital engine electronics (DME) of the Carrera 3.2 Type 930/20 enabled a noticeable reduction in fuel consumption. A catalytic converter was available as an option.

La gestion numérique de l'électronique moteur (DME) du groupe propulseur de la Carrera 3.2 (Type 930/20) réduit considérablement la consommation de la 911. Le catalyseur est en option.

El sistema electrónico de gestión del motor (DME) del Carrera 3.2 (tipo 930/20) logró reducir perceptiblemente el consumo del 911. Opcionalmente podía adquirirse un catalizador.

Carrera 3.2（930/20 车型）配备了数字式发动机电子控制系统（DME），明显降低了 911 的油耗。该车型可以选装催化转换器。

911 CARRERA 3.2 CABRIOLET

1985

Für das 911 Carrera 3.2 Cabriolet war ein speziell konstruiertes Dachträgersystem erhältlich.

A specially-designed roof rack was offered for the 911 Carrera 3.2 Cabriolet.

Pour la 911 Carrera 3.2 Cabriolet, il existe une galerie spécialement étudiée.

El 911 Carrera 3.2 Cabriolet podía estar equipado con un portaequipajes especial en el techo.

经过特殊设计的车顶行李架可以作为 911 Carrera 3.2 Cabriolet 的选装配置。

911 CARRERA 3.2 CABRIOLET

1985

Für das Modelljahr 1986 wurde die Innenausstattung des 911 deutlich aufgewertet. Das Cabriolet wurde nun auch mit automatischer Heizungs-regelung ausgestattet.

The interior of the 911 got a major upgrade for the 1986 model year, and the Cabrio-let now had automatic heat control.

En 1986, l'équipement intérieur de la 911 bénéficie de nettes améliorations. La décapotable est désormais livrée avec une régulation automatique du chauffage.

El equipamiento del habitáculo del 911 del año 1986 experimentó una mejora considerable. El Cabriolet también se ofreció con un sistema de calefacción de regulación automática.

1986 年，911 的内部配置明显升级。Cabriolet 现在配备了自动暖风控制。

911 CARRERA 3.2 SPEEDSTER TURBOLOOK

1985

Auf Sonderwunsch des Porsche-Vorstandsvorsitzenden Peter W. Schutz entstand dieser besondere 911 Carrera 3.2 Speedster.

This 911 Carrera 3.2 Speedster was built at the special request of Porsche CEO Peter W. Schutz.

Cette 911 Carrera 3.2 Speedster exceptionnelle a été construite sur la demande spéciale du PDG de Porsche, Peter W. Schutz.

Este 911 Carrera 3.2 Speedster fue un pedido especial de Peter W. Schutz, en aquel entonces Presidente de la Junta Directiva de Porsche.

这台 911 Carrera 3.2 Speedster 是应保时捷董事会主席 Peter W. Schutz 的要求特别定制的。

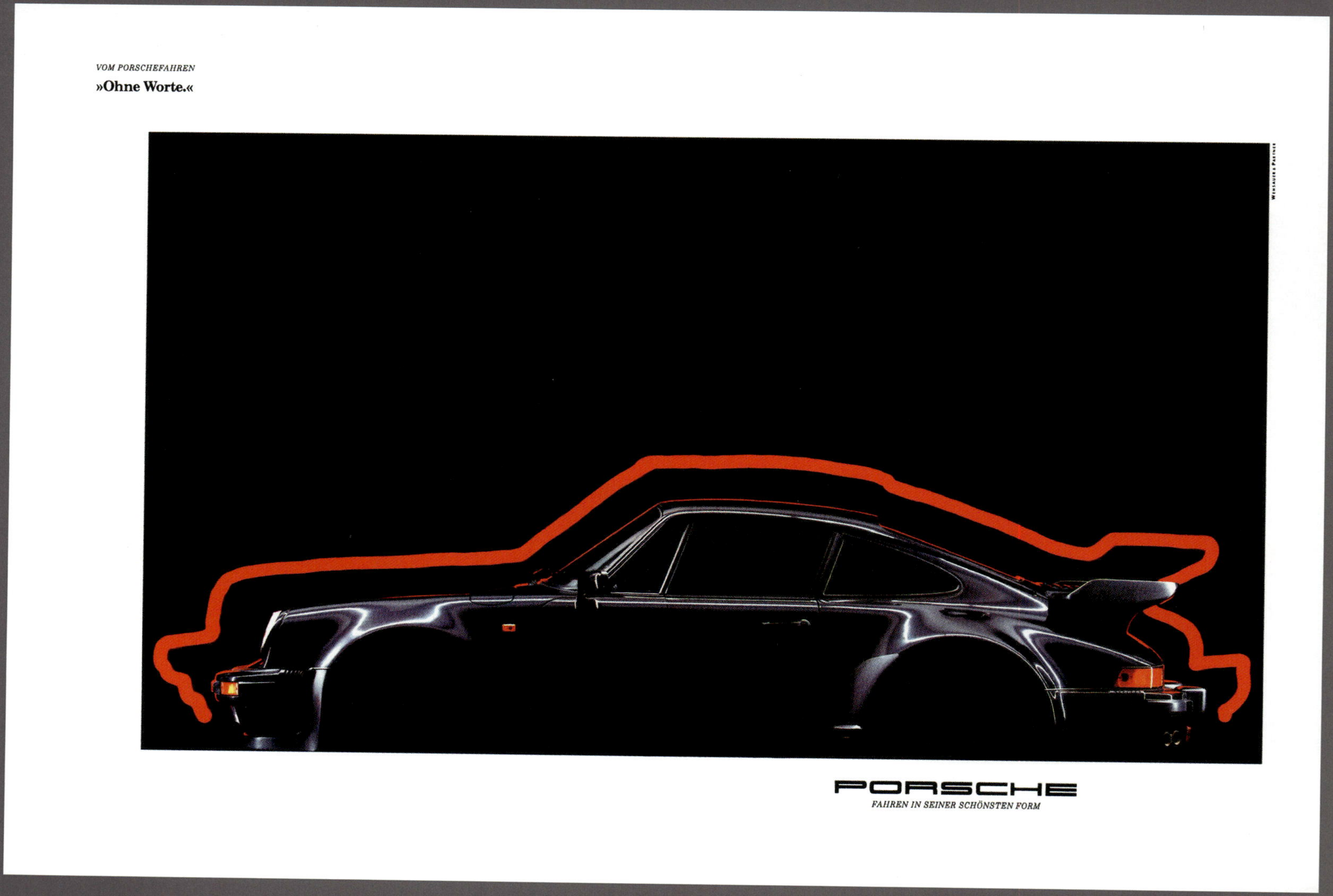

911 TURBO 3.3 COUPÉ

1985

»Ohne Worte« lautet die Headline dieser deutschen Werbeanzeige für den 911 Turbo 3.3 aus dem Jahr 1985.

“No Comment” was the headline of this 1985 German advert for the 911 Turbo 3.3.

Sans paroles – Slogan de cette publicité allemande de 1985 pour la 911 Turbo 3.3.

«Sin palabras» es el título de este anuncio publicitario alemán del 911 Turbo 3.3 del año 1985.

1985 年，911 Turbo 3.3 的这幅德国广告标题是“妙不可言”。

911 TURBO 3.3 COUPÉ

1985

Mitte der achtziger Jahre ist der 911 Turbo 3.3 unverändert das Top-Modell des Porsche-Modellprogramms.

In the mid-eighties the 911 Turbo 3.3 continued to be Porsche's top-of-the-line model.

Au milieu des années 80, la 911 Turbo 3.3 reste le modèle le plus haut de gamme de Porsche.

A mediados de la década de los años ochenta, el 911 Turbo 3.3 continuaba siendo el modelo puntero de la gama de Porsche.

80 年代中期，911 Turbo 3.3 仍处于保时捷所有车款中的顶级位置。

911 CARRERA 3.2 COUPÉ

1985

Auch Werkspilot Manfred Winkelhock erhielt 1985 einen 911 Carrera 3.2.

Works driver Manfred Winkelhock also received a 911 Carrera 3.2 in 1985.

En 1985, le pilote d'usine Manfred Winkelhock reçoit également une 911 Carrera 3.2.

También el piloto oficial de Porsche Manfred Winkelhock obtuvo un 911 Carrera 3.2 en 1985.

公司试车手 Manfred Winkelhock 也于1985 年得到一台 911 Carrera 3.2。

911 CARRERA 3.2 COUPÉ

1985

Porsche-Rennfahrer Stefan Bellof 1985 mit seinem neuen 911 Carrera 3.2 Coupé.

Porsche race driver Stefan Bellof in 1985 with his new 911 Carrera 3.2 Coupé.

En 1985, le pilote de course Porsche Stefan Bellof avec sa nouvelle 911 Carrera 3.2 Coupé.

Stefan Bellof, piloto oficial de Porsche, con su nuevo 911 Carrera 3.2 Coupé de 1985.

1985 年，保时捷赛车手 Stefan Bellof 与其崭新的 911 Carrera 3.2 Coupé 合影。

911 CARRERA 3.2 COUPÉ

1986

Ein französisches 911 Carrera 3.2 Coupé aus dem Jahr 1986. Gelbe Frontscheinwerfer waren in Frankreich bis 1993 Vorschrift.

A French 911 Carrera 3.2 Coupé from 1986. Yellow headlights were required by law in France until 1993.

Une 911 Carrera 3.2 Coupé française de 1986. Jusqu'en 1993, les phares avant devaient obligatoirement être jaunes en France.

Un 911 Carrera 3.2 Coupé del año 1986 con matrícula francesa. Los faros amarillos fueron obligatorios en Francia hasta el año 1993.

1986 年生产的法国版 911 Carrera 3.2 Coupé。1993 年之前，法国规定车辆必须使用黄色的前大灯。

911 TURBO 3.3 COUPÉ

1985

Die US-Version des 911 Turbo 3.3 erhielt ab 1985 einen Katalysator, der die Motorleistung auf 282 PS reduzierte.

In 1985 the US version of the 911 Turbo 3.3 got a catalytic converter, which reduced the engine power to 282 hp.

A partir de 1985, la version américaine de la 911 Turbo 3.3 est équipée d'un catalyseur qui réduit la puissance du moteur à 282 ch.

A partir del año 1985 la versión estadounidense del 911 Turbo 3.3 incluyó un catalizador, con el que su potencia se redujo a 282 CV.

1985 年起，美版 911 Turbo 3.3 开始配备催化转换器，发动机功率下降到 282 hp。

911 CARRERA 3.2 TARGA

1985

1985 besuchte die britische Rockband Dire Straits die Zuffenhausener Produktion.

In 1985 the British rock band Dire Straits visited the Zuffenhausen plant.

En 1985, le groupe de rock britannique Dire Straits visite l'usine de Zuffenhausen.

La banda británica de rock Dire Straits visitó la planta de Zuffenhausen en el año 1985.

1985 年英国著名摇滚乐队恐怖海峡（Dire Straits）到访祖文豪森的生产车间。

911 CARRERA 3.2 CABRIOLET TURBOLOOK

1985

Ein außergewöhnlicher Sonderwunsch war dieses 911 Carrera 3.2 Turbolook Flachbau Cabriolet aus dem Jahr 1985. Ein »echtes« 911 Turbo Cabriolet wurde erst zwei Jahre später angeboten.

This 911 Carrera 3.2 Turbo-look slantnose Cabriolet from 1985 was an unusual special order. A "real" 911 Turbo Cabriolet wasn't offered until two years later.

Cette 911 Carrera 3.2 Turbo-look Flachbau Cabriolet de 1985 est une commande spéciale plutôt extraordinaire. La « véritable » 911 Turbo Cabriolet ne verra le jour que deux ans plus tard.

Este Carrera 3.2 «Turbo-look» Cabriolet de parte frontal plana del año 1985 fue un pedido especial poco común. El 911 Turbo Cabriolet «genuino» solo se ofreció dos años después.

这台 911 Carrera 3.2 Cabriolet 拥有 Turbo 外观和扁平前脸，是 1985 年根据客户的要求特别打造的，非同一般。而量产版 911 Turbo Cabriolet 直到两年后才投入生产。

911 CARRERA 3.2 CABRIOLET

1986

Das ab dem Modelljahr 1987 verfügbare elektrische Cabrio-Verdeck war eine beliebte Sonderausstattungsoption.

The electric convertible top offered starting in the 1987 model year was a popular option.

Disponible à partir de 1987, la capote Cabrio électrique en option est un franc succès.

La capota eléctrica del descapotable, ofrecida a partir de los modelos del año 1987, fue un equipo opcional que tuvo gran acogida.

从 1987 年起，电动顶篷可供选装，这一配置很受顾客欢迎。

911 CARRERA 3.2 CABRIOLET

1986

Auch das Öffnen und Verriegeln der Verdeck-Verschlüsse erfolgte bereits rein elektrisch.

Opening and closing the lock-downs was also all-electric.

L'ouverture et la fermeture du dispositif de verrouillage de la capote est déjà entièrement électrique.

También los mecanismos de cierre de la capota desbloqueaban y bloqueaban eléctricamente.

顶篷锁止装置的打开和闭合也已经实现了全电动操作。

911 CARRERA 3.2 CABRIOLET

1986

Werbeanzeige für das 911 Carrera 3.2 Cabriolet von Porsche Cars North America.

Advertisement for the 911 Carrera 3.2 Cabriolet by Porsche Cars North America.

Publicité pour la 911 Carrera 3,2 Cabriolet de Porsche Cars North America.

Anuncio publicitario del 911 Carrera 3.2 Cabriolet de Porsche Cars North America.

保时捷北美公司为 911 Carrera 3.2 Cabriolet 制作的广告。

911 TURBO 3.3 COUPÉ

1986

Die gesundheitsfördernde Wirkung eines 911 Turbo 3.3 beschreibt diese US-Werbeanzeige aus dem Jahr 1986.

This 1986 US advertisement praises the health benefits of the 911 Turbo 3.3.

Cette publicité américaine de 1986 vante les effets positifs de la 911 Turbo 3.3 sur la santé.

Anuncio publicitario estadounidense de 1986 – «Descongestionando arterias principales» - de ingenioso doble sentido, aludiendo a los efectos que tiene el 911 Turbo 3.3 en el tráfico y en el bienestar del conductor.

1986 年发布的美国广告这样描述一台 911 Turbo 3.3 的保健功能。

911 CARRERA 3.2 CABRIOLET

1986

Im Modelljahr 1987 erhöhte sich die Leistung des 911 Carrera 3.2 mit geregeltem Dreiwege-Katalysator um 10 PS auf 217 PS.

In the 1987 model year the power of the 911 Carrera 3.2 with controlled three-way catalytic converter was raised by 10 hp to 217 hp.

En 1987, la puissance de la 911 Carrera 3.2 avec catalyseur réglé à trois voies augmente de 10 ch et atteint 217 ch.

El 911 Carrera 3.2 del año 1987 con catalizador regulado de tres vías tenía 217 CV, lo que significó un aumento de 10 CV.

1987 年，配备改良后的三元催化转换器的 911 Carrera 3.2 功率提高了 10 hp，达到 217 hp。

911 CARRERA 3.2 COUPÉ

1986

Ein Meilenstein der Elfer-Historie war ab 1986 das neue »G50«-Getriebe. Das verstärkte Getriebe war durch eine neue Synchronisierung erheblich besser bedienbar.

A milestone in Eleven history was the new G50 transmission in 1986. This stronger transmission's new synchronization made it notably easier to operate.

Une révolution dans l'histoire de la 911 : la nouvelle boîte de vitesse G50 montée à partir de 1986. Cette boîte renforcée est plus maniable grâce à une nouvelle synchronisation.

La nueva caja de cambios G50 presentada en 1986, marcó un hito en la historia del 911. Esta caja reforzada con nuevo sistema de sincronización era mucho más sencilla de usar.

1986 年，全新 G50 变速箱投入使用，在 911 的历史上具有里程碑意义。变速箱性能更强，同时配备了新设计的同步器，操控性能明显改善。

911 CARRERA 3.2 COUPÉ

1986

US-Modelle sind unter anderem an den vorderen Blinkergläsern zu erkennen, die bis zum Sicherheitselement der Stoßstange verlaufen. Seitliche Blinker waren somit nicht mehr erforderlich.

US versions are distinguished by several things, including the front turning signals that extend all the way to the bumper safety elements. This eliminated the need for side turning signals.

Les modèles américains sont entre autres reconnaissables aux cabochons de clignotants avant qui se prolongent jusqu'aux éléments de sécurité du pare-choc. Les clignotants latéraux deviennent inutiles.

Los modelos destinados al mercado estadounidense se distinguen, entre otros, por las luces intermitentes delanteras que se prolongan hasta el elemento de seguridad del paragolpes. De esa forma fue posible prescindir de las luces intermitentes laterales.

美版车型可以从几个方面分辨出来，其中包括前转向灯罩一直延伸到保险杠的缓冲部件上。因此不再需要侧转向灯。

911 CARRERA 3.2 TARGA

1986

Dieser schöne 911 Carrera 3.2 Targa hat in Japan eine Heimat gefunden.

This beautiful 911 Carrera 3.2 Targa has found a home in Japan.

Cette belle 911 Carrera 3.2 Targa a trouvé domicile au Japon.

Este bello 911 Carrera 3.2 Targa se siente a gusto en el Japón.

这台漂亮的 911 Carrera 3.2 Targa 在日本落户。

911 CARRERA 3.2 TARGA

1986

Gut zu erkennen an diesem 911 Carrera 3.2 Targa ist die ab Modelljahr 1987 aufgrund der geänderten Drehstäbe vergrößerte Abdeckung im hinteren Schwellerbereich.

The wider panels in the rear sill area necessitated by the different torsion bars starting in 1987 can be easily seen on this 911 Carrera 3.2 Targa.

Sur cette 911 Carrera 3.2 Targa, on reconnaît bien les tôles plus larges des bas de caisse en raison des barres de torsion modifiées à partir de 1987.

En este 911 Carrera 3.2 Targa se aprecia claramente el aumento del tamaño del recubrimiento en la zona posterior de la talonera, que fue necesario a partir del año 1987 debido a la modificación de las barras torsionales.

从 1987 年开始，由于扭力杆设计发生变化，可以明显看到 911 Carrera 3.2 Targa 后部门栏区域采用了更宽的护板。

911 CARRERA 3.2 TARGA

1986

Dank eines Dachträgersystems konnte auch eine Windsurfing-Ausrüstung mit dem 911 Carrera 3.2 Targa transportiert werden.

A roof rack even let this 911 Carrera 3.2 Targa transport a wind surfboard.

Grâce à sa galerie, la 911 Carrera 3.2 Targa peut transporter une planche à voile.

Gracias al sistema portaequipajes, también fue posible transportar una tabla de windsurf en un 911 Carrera 3.2 Targa.

借助车顶运输系统，这台 911 Carrera 3.2 Cabriolet 甚至可以轻松携带一套冲浪板。

911 CARRERA 3.2 CABRIOLET

1986

Preisübergabe des 911 Carrera 3.2 Cabriolet durch Ferry Porsche an die Siegerin des Porsche Tennis Grand Prix von 1986, Martina Navratilova.

Ferry Porsche awards a 911 Carrera 3.2 Cabriolet to Martina Navratilova, winner of the 1986 Porsche Tennis Grand Prix.

En 1986, Ferry Porsche remet une 911 Carrera 3.2 Cabriolet à Martina Navratilova qui vient de remporter le Porsche Tennis Grand Prix.

Ferry Porsche entrega un 911 Carrera 3.2 Cabriolet a Martina Navratilova, ganadora del Porsche Tennis Grand Prix de 1986.

Ferry Porsche 将一台 911 Carrera 3.2 Cabriolet 颁发给 1986 年保时捷网球大奖赛的冠军得主，Martina Navratilova 女士。

911 CARRERA 3.2 CABRIOLET TURBOLOOK

1987

Ab dem Modelljahr 1988 waren die Fuchsfelgen Bestandteil der Serienausstattung des 911 Carrera 3.2.

Fuchs wheels were standard on the 911 Carrera 3.2 starting in the 1988 model year.

A partir de 1988, les jantes Fuchs font partie de l'équipement de série de la 911 Carrera 3.2.

El 911 Carrera 3.2 del año 1988 incluyó de serie las llantas de la marca Fuchs.

从 1988 年起，Fuchs 品牌轮毂便作为 911 Carrera 3.2 的标准配置。

911 CARRERA 3.2 COUPÉ

1987

Ein Le Mans-Sieger als Fahrlehrer: Werbeanzeige für die »Precision Driving School with Derek Bell« von 1987.

A Le Mans winner as a driving instructor: 1987 advert for the "Precision Driving School with Derek Bell."

Un vainqueur des 24 Heures du Mans enseigne la conduite. Publicité de 1987 pour l'école de conduite « Precision Driving School with Derek Bell ».

Un ganador de Le Mans como instructor: anuncio publicitario «Precision Driving School with Berek Bell» de 1987.

勒芒冠军作您的教练：1987 年 "Derek Bell 精准级驾驶体验"的广告。

911 TURBO 3.3 CABRIOLET FLACHBAU

1987

Diese Aufnahme eines 911 Turbo 3.3 Flachbau Cabriolet entstand 1987 im Studio des bekannten Fotografen René Staud.

This shot of a 911 Cabriolet 3.3 slantnose Cabriolet was taken in 1987 in the studio of the well-known photographer René Staud.

Cette photo d'une 911 Turbo 3.3 Flachbau Cabriolet a été réalisée en 1987 dans le studio du célèbre photographe René Staud.

Imagen del 911 Turbo 3.3 Cabriolet de frente plano, captada por el conocido fotógrafo René Staud en su estudio fotográfico en 1987.

911 Turbo 3.3 Cabriolet 扁平前脸款的照片，1987 年由著名摄影师 René Staud 的工作室拍摄。

911 CARRERA 3.2 SONDERMODELL »250.000«

1987

US-Werbeanzeige für das auf 875 Einheiten limitierte Sondermodell anlässlich des 250.000. Porsche 911.

US print advert for the 875-car limited edition to mark the 250,000th Porsche 911.

Publicité américaine pour le modèle spécial limité à 875 unités à l'occasion de la 250 000ème Porsche 911.

Anuncio publicitario en los EE.UU. Modelo especial de edición limitada a 875 unidades con motivo de la fabricación del Porsche 911 número 250.000.

为庆祝第 25 万辆 911 诞生，保时捷特别生产了限量 875 台的特别版，这则美国的广告正是对其的宣传。

911 TURBO 3.3 CABRIOLET FLACHBAU

1987

Die besondere Exklusivität des 911 Turbo 3.3 Flachbau verdeutlichte Porsche Cars North America 1987 mit dieser Anzeige.

Porsche Cars North America communicated the exclusivity of the 911 Turbo 3.3 slantnose with this advert.

Cette publicité de Porsche Cars North America souligne le caractère exclusif de la 911 Turbo 3.3 Flachbau.

En este anuncio publicitario de 1987, Porsche Cars North America recalcó el carácter exclusivo del 911 Turbo 3.3 de parte frontal plana.

保时捷北美公司 1987 年的这则广告，凸显了 911 Turbo 3.3 扁平前脸款的专属性。

911 CARRERA 3.2 COUPÉ

1988

911 Carrera 3.2 Coupé aus dem Modelljahr 1989 mit Front- und Heckspoiler.

A 1989 911 Carrera Coupé with front and rear spoilers.

911 Carrera 3.2 Coupé de 1989 équipée d'un spoiler avant et d'un aileron arrière.

El 911 Carrera 3.2 Coupé del año 1989, con deflector delantero y alerón posterior.

1989 年，911 Carrera 3.2 Coupé 配备前后扰流板。

911 CARRERA 3.2 COUPÉ

1988

Die als Sonderausstattung lieferbaren Spoiler wurden speziell für den 911 Carrera entwickelt.

These optional spoilers were developed especially for the 911 Carrera.

En option, les spoilers spécialement conçus pour la 911 Carrera.

Estos elementos aerodinámicos se ofrecieron como equipos opcionales y fueron desarrollados especialmente para el 911 Carrera.

这款作为选装的扰流板专为 911 Carrera 研发。

911 CARRERA 3.2 COUPÉ

1988

»Serienautos haben wir noch nie gebaut«, lautet die Headline dieser deutschen Werbeanzeige aus dem Jahr 1988.

“We’ve Never Built Standard Cars” is the headline of this German print advertisement from 1988.

« Nous n’avons encore jamais fait de véhicules de série », affirme cette publicité allemande de 1988.

«Nunca fabricamos coches en serie»: título de este anuncio publicitario alemán del año 1988.

“我们从来不生产量产车。” 1988年的这则德国平面广告打出了这个标题。

911 TURBO 3.3 COUPÉ

1988

Mit der langen Rennsport-tradition der Marke warb Porsche Cars North America für den 911 Turbo 3.3.

Porsche Cars North America advertised the 911 Turbo 3.3 with the long racing tradition of the brand.

Porsche Cars North America vante les mérites de la 911 Turbo 3.3 en rappelant la longue tradition de Porsche en matière de voitures de course.

Publicidad para el 911 Turbo 3.3 de Porsche Cars North America, recordando el palmarés deportivo de la marca.

保时捷北美公司为 911 Turbo 3.3 做的宣传，强调保时捷品牌悠久的赛车运动传统。

911 CARRERA 3.2 4×4

1988

Diese beiden 911 Carrera 3.2 4×4 wurden für die Rallye Paris-Dakar 1984 gebaut. 1988 wurden sie noch einmal aufbereitet und an Jacques Laffitte ausgeliehen.

These two 911 Carrera 3.2 4×4s were built for the 1984 Paris-Dakar Rally. In 1988 they were revamped and lent to Jacques Laffitte.

Ces deux 911 Carrera 3.2 4×4 ont été spécialement conçues pour le rallye Paris-Dakar en 1984. En 1988, elles seront prêtées à Jacques Laffitte après avoir subi quelques transformations.

Estos dos 911 Carrera 3.2 4×4 fueron producidos especialmente para el rallye París-Dakar. Fueron preparados nuevamente en 1988 para prestárselos a Jacques Laffitte.

这两台 911 Carrera 3.2 4×4 专门为 1984 年的巴黎达喀尔拉力赛打造。1988 年它们再次整装上阵，交到 Jacque Laffitte 手中。

911 CARRERA RSR

1988

Passend zum 25-jährigen Jubiläum des Elfers siegte 1988 ein 911 Carrera RSR beim 24-Stunden-Rennen auf dem Nürburgring.

Appropriately for the 25-year anniversary of the Eleven, a 911 Carrera RSR won the 24 Hours of Nürburgring in 1988.

La cerise sur le gâteau. En 1988, pour couronner les 25 ans de la 911, une 911 Carrera RSR remporte les 24 Heures du Nürburgring.

Un 911 Carrera RSR ganó la carrera de las 24 horas de Nürburgring de 1988, justo a tiempo para festejar el 25 aniversario del 911.

1988年，一台 911 Carrera RSR 夺得了纽伯格林 24 小时大赛的冠军，恰逢 911 的 25 周年纪念。

911 CARRERA 3.2 SPEEDSTER TURBOLOOK

1989

Mit dem 911 Carrera Speedster führte Porsche 1989 die Tradition des legendären 356 Speedsters fort. Insgesamt entstanden 2.103 Einheiten.

The 911 Carrera Speedster of 1989 carried on the tradition of the legendary 356 Speedster. A total of 2,013 units were built.

En 1989, avec la 911 Carrera Speedster, Porsche renoue avec la tradition de la légendaire 356 Speedster. Au total, Il en sortira 2 103 unités.

El 911 Carrera Speedster de 1989 retoma la tradición del legendario 356 Speedster. En total, se fabricaron 2.103 unidades.

1989 年，保时捷推出 911 Carrera Speedster 车型，再次延续了 356 Speedster 的传奇。该车型一共生产了 2,103 台。

911 CARRERA 3.2 SPEEDSTER TURBOLOOK

1989

911 Carrera 3.2 Speedster Turbolook in Sonderfarbe auf dem Hof des Porsche Werk 1 in Stuttgart-Zuffenhausen

A 911 Carrera 3.2 Speedster Turbo-look in a special colour on the lot of Porsche Works 1 in Stuttgart-Zuffenhausen.

Une 911 Carrera 3.2 Speedster Turbo-look avec une teinte spéciale dans la cour de l'usine 1 de Porsche à Stuttgart-Zuffenhausen.

Un 911 Carrera 3.2 Speedster «Turbo-look» de color especial, aparcado en la planta 1 de Porsche en Stuttgart-Zuffenhausen.

这台 Turbo 外观的 911 Carrera 3.2 Speedster，颜色特别定制，停放在斯图加特祖文豪森保时捷第一工厂的广场上。

911 CARRERA 3.2 SPEEDSTER TURBOLOOK

1989

»Eines der vernünftigsten Autos, die heute gebaut werden«, so diese Werbeanzeige aus dem Jahr 1989. Angesichts des Wertzuwachses des 911 Carrera Speedster absolut zutreffend.

“One Of The Most Reasonable Cars Built Today” said this 1989 advertisement. A completely accurate statement, given the way the 911 Carrera Speedster has appreciated in value.

L’une des voitures les plus raisonnables construites aujourd’hui, affirme cette publicité de 1989. Vue l’évolution de la valeur de la 911 Carrera Speedster, rien n’est plus vrai.

«Uno de los automóviles más sensatos fabricados en la actualidad»: texto publicitario del año 1989. Una afirmación plenamente justificada considerando el aumento del valor de un 911 Carrera Speedster.

“当今制造的最富理性的车辆之一” 1989 年的广告这样宣传。考虑到 911 Carrera Speedster 的升值情况，这句话一点没错。

911 CARRERA 3.2 SPEEDSTER

1989

Die schmale Version des 911 Carrera Speedsters wurde 171 Mal gebaut und stand nur für den Export zur Verfügung.

171 of the narrow version of the 911 Carrera Speedster were built, all for export.

La version étroite de la 911 Carrera Speedster est produite en 171 exemplaires exclusivement réservés à l'exportation.

De la versión menos ancha del 911 Carrera Speedster se fabricaron 171 unidades, todas ellas destinadas a la exportación.

窄体车身的 911 Carrera Speedster 一共生产了 171 台，全部出口海外市场。

911 CARRERA 3.2 COUPÉ

1989

911 Carrera 3.2 Coupé von 1989 für die Stuttgarter Polizei. Dieser Wagen war der letzte 911 für die deutsche Polizei, der für den regulären Einsatz genutzt wurde.

A 1989 911 Carrera 3.2 Coupé for the Stuttgart police. This was the last 911 used for regular duty by a German police department.

La 911 Carrera 3.2 Coupé de 1989 pour la police de Stuttgart. Cette voiture est la dernière 911 utilisée par la police allemande dans ses missions quotidiennes.

Un 911 Carrera 3.2 Coupé del año 1989 de la policía de Stuttgart. Este ejemplar fue el último 911 que utilizó la policía de tráfico alemana.

1989 年为斯图加特警局生产的 911 Carrera 3.2 Coupé。这是最后一台执行日常任务的 911 警车。

911 CARRERA 3.2 CABRIOLET

1989

Im letzten Modelljahr des »G-Modells« warb Porsche in Deutschland mit den Langzeitqualitäten des 911.

In the last year of the G model, Porsche advertised the long-life qualities of the 911 in Germany.

Pour la dernière année de fabrication du Modèle G, Porsche vante la durabilité de la 911 pour le marché allemand.

Durante el último año del «modelo G», la publicidad de Porsche realzó la durabilidad del 911.

在“G系列”生产的最后一年，保时捷将 911 久经时间考验的高端质量作为广告的宣传点。

KAPITEL 3

DIE KLASSISCHE MODERNE

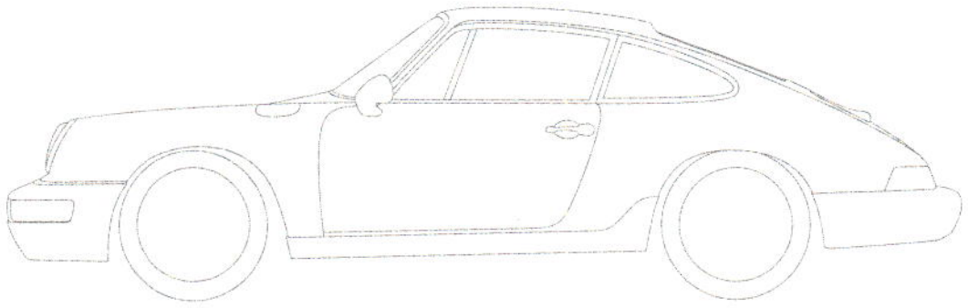

1988–1994

TYP 964

964 MODEL

TYPE 964

TIPO 964

964 车型

ТИП 964

Viele Fachleute prophezeiten schon das Ende einer Ära, da präsentiert Porsche 1988 den 911 Carrera 4 (Typ 964). Nach fünfzehn Jahren Bauzeit wird der 911 zu 85 Prozent überarbeitet, so dass Porsche ein modernes und zukunftsfähiges Fahrzeug anbieten kann. Der luftgekühlte 3.6 Liter-Boxermotor leistet jetzt 250 PS. Äußerlich unterscheidet sich der 964 vom Vorgänger hauptsächlich durch die aerodynamischen PU-Stoßfänger und den elektrisch ausfahrbaren Heckspoiler, technisch sind sie aber kaum noch zu vergleichen. Das neue Modell sollte nicht allein durch seine sportlichen Werte begeistern, sondern auch mit Fahrkomfort überzeugen. Der Fahrer kann sich an ABS, Tiptronic, Servolenkung und Airbags erfreuen. Zudem vertraut der Elfer auf ein vollkommen neues Fahrwerk mit Leichtmetall-Querlenkern und Schraubenfedern statt der altehrwürdigen Drehstabfederung. Nahezu revolutionär: Der neue Elfer wird als Carrera 4 erstmals von Beginn an mit Allradantrieb angeboten. Der heckangetriebene Carrera 2 kommt erst ein halbes Jahr später auf den Markt. Neben den Carrera-Varianten Coupé, Cabriolet und Targa können Kunden ab 1990 auch den 964 Turbo ordern. Zunächst mit dem bewährten 3.3 Liter-Boxermotor ausgeliefert, erhält der Turbo 1992 ein 360 PS starkes 3.6 Liter-Triebwerk. Als begehrte Sammlerfahrzeuge gelten insbesondere 911 Carrera RS, 911 Turbo S sowie 911 Carrera 2 Speedster.

CHAPTER 3
MODERN CLASSIC

Just when many people were concerned that the end of an era might be approaching, Porsche introduced the 911 Carrera 4 (964) in 1988. After remaining unchanged for fifteen years, the 911 was radically renewed with 85 percent new parts, giving Porsche a modern and sustainable vehicle. The air cooled 3.6 liter boxer engine meanwhile delivered 250 hp (182 kW). In purely cosmetic terms, the 964 differed from its precursor mainly in its aerodynamic polyurethane bumpers and automatically extending rear spoiler, though technically there was almost no comparison. The idea was that the new model should captivate drivers not only with its sporty performance but also with enhanced comfort. 911 owners were now also able to enjoy ABS, Tiptronic, power steering, and airbags. What's more, the 911 relied on a completely redesigned chassis with light alloy control arms and coil springs instead of the time-honored torsion-bar suspension. As an almost revolutionary feature the new 911 was available with all-wheel drive right from the start with the Carrera 4. The rear-wheel driven Carrera 2 didn't arrive on the scene until six months later. In addition to the Coupé, Cabriolet, and Targa versions, customers could also order the 964 Turbo as of 1990. Originally shipped with the proven 3.3 liter boxer engine, the Turbo was upgraded to a more powerful 3.6 liter model delivering 360 hp (261 kW) in 1992. The 911 Carrera RS, 911 Turbo S, and 911 Carrera 2 Speedster are particularly in demand today as collector's models.

CHAPITRE 3
CLASSIQUE ET MODERNE À LA FOIS

Lorsque Porsche présente en 1988 la 911 Carrera 4 (Type 964), de nombreux spécialistes annoncent la fin d'une ère. 15 ans après le lancement de la seconde génération, 85 pour cent des éléments de la 911 évoluent pour que Porsche puisse proposer une voiture moderne et tournée vers l'avenir. Désormais, le boxer de 3,6 litres développe 250 chevaux. Extérieurement, la 964 se distingue de sa devancière par ses pare-chocs aérodynamiques en polyuréthane et son aileron escamotable. D'un point de vue technique, en revanche, ce nouveau modèle n'a pas grand-chose à voir avec l'ancien. La sportivité est toujours au rendez-vous, mais le confort aussi. C'est l'avènement de l'ABS, du Tiptronic, de la direction assistée et des airbags. Par ailleurs, cette 911 repose sur un châssis totalement nouveau doté de suspensions à bras obliques et ressorts hélicoïdaux qui remplacent les anciennes barres de torsion. Autre petite révolution : la nouvelle 911 est d'abord disponible en version Carrera 4 avec transmission intégrale, six mois avant le lancement de la propulsion, la Carrera 2. En plus du Coupé, du Cabriolet et de la Targa, les clients pourront dès 1990 commander une 964 Turbo. Dans un premier temps, c'est le boxer 3,3 litres qui est proposé, suivi en 1992 par un moteur Turbo de 3,6 litres développant 360 chevaux. De cette époque, les collectionneurs ont retenu trois modèles emblématiques : la Carrera RS, la Turbo S et la Carrera 2 Speedster.

CAPÍTULO 3
EL MODERNO CLÁSICO

Cuando Porsche presentó el 911 Carrera 4 (tipo 964) en 1988, muchos expertos anunciaron el final de una era automovilística. Tras quince años de fabricación, el 911 se sometió a una profunda remodelación, que afectó al 85 por ciento de sus partes. El nuevo modelo estaba orientado hacia el futuro. También fue más potente, pues su motor bóxer de 3.600 cc refrigerado por aire tenía 250 CV. El diseño del 964 se diferenció del modelo anterior principalmente por sus paragolpes aerodinámicos de poliuretano y el alerón trasero escamoteable, de accionamiento eléctrico. Pero la tecnología del nuevo modelo casi nada tenía en común con la del modelo anterior. El nuevo 911 no solamente brilló por su comportamiento deportivo, sino también por su alto nivel de confort. El conductor se puso a los mandos de un coche provisto de sistemas como ABS, Tiptronic, dirección asistida y airbags. Además, el chasis fue completamente nuevo, con brazos transversales de aleación ligera, muelles helicoidales en sustitución de las clásicas y venerables barras de torsión. Y ocurrió una revolución: el nuevo 911 se ofreció primero en la versión Carrera 4, de tracción total. El Carrera 2 de tracción trasera, se lanzó al mercado seis meses después. Además de las variantes del Carrera, es decir, el Coupé, el Cabriolet y el Targa, se ofreció el 964 Turbo a partir de 1990. Este modelo primero estuvo dotado del motor de 3.300 cc de probada eficiencia, y posteriormente fue equipado con el motor turbo de 3.600 cc de 360 CV en 1992. Principalmente los modelos 911 Carrera RS, 911 Turbo S y 911 Carrera 2 Speedster se han transformado en joyas celosamente cuidadas por coleccionistas.

第 3 章
现代经典的诞生

1988 年，当许多业内专家预言 911 时代即将终结时，保时捷适时发布了 911 Carrera 4（964 型）。经过 15 年的发展，911中 85% 的部件都已更新，成为了一款兼备时尚触觉与可持续性效能的保时捷旗舰车型。其 3.6 升风冷式水平对置（Boxer）发动机的输出功率提升到了250 hp。964 与前代车型在外观方面的差异非常细微，仅限于空气动力学聚氨酯保险杠和自动伸展式后扰流板，而车体内部设计却焕然一新。该款车型旨在以其出类拔萃的运动性能和驾驶舒适性吸引客户，为此特别配备了防抱死制动系统（ABS）、Tiptronic 变速箱、动力转向和安全气囊，并采用轻合金摇臂和螺旋弹簧取代扭杆悬挂的全新底盘。四轮驱动的 Carrera 4 车型，是新一代 911 车系中的一款革命性创新杰作。半年后，后轮驱动的 Carrera 2 车型上市。除了Carrera 硬顶跑车、敞篷跑车和 Targa 版本之外，从 1990 年起，客户还可以订购 964 Turbo。该款车型最初配备的是 3.3 升水平对置（Boxer）发动机，1992 年升级为更强劲的 3.6 升发动机，输出功率达到了360 hp。时至今日，911 Carrera RS、911 Turbo S 和 911 Carrera 2 Speedster 仍倍受收藏家们的青睐。

ГЛАВА́ 3
КЛАССИЧЕСКАЯ СОВРЕМЕННОСТЬ

Многие специалисты уже предрекали конец эпохи, но тут компания Porsche представила в 1988 году 911 Carrera 4 (тип 964). После 15-летнего производства модель 911 была обновлена на 85 процентов, и компания Porsche смогла предложить клиентам современный и жизнеспособный в будущем автомобиль. 3,6-литровый оппозитный двигатель с воздушным охлаждением развивает теперь 250 л.с. Внешне 964-й отличается от предшественника главным образом аэродинамическими полиуретановыми бамперами и выдвижным задним спойлером с электроприводом, но по технической „начинке“ сравнивать их было нельзя. Новая модель должна была приводить в восхищение не только своими спортивными показателями, но и комфортабельностью движения. Водитель получал в свое распоряжение ABS, Tiptronic, усилитель руля и подушки безопасности. Кроме того, „девятьсот одиннадцатый“ оснащался совершенно новой ходовой частью с поперечными рычагами из легкого металла и винтовыми пружинами вместо устаревшей торсионной подвески. Почти революционное событие: новый 911-й в версии Carrera 4 впервые предлагается с полным приводом. Заднеприводный Carrera 2 появляется на рынке только спустя полгода. Наряду с такими вариантами Carrera, как купе, кабриолет и тарга, клиентам с 1990 года предлагается также 964 Turbo. Сначала с зарекомендовавшим себя 3,3-литровым оппозитным двигателем, а с 1992 года с 3,6-литровым силовым агрегатом мощностью 360 л.с. Наибольший интерес у коллекционеров вызвали 911 Carrera RS, 911 Turbo S и 911 Carrera 2 Speedster.

911 CARRERA 4 PROTOTYP

1987

Der zu rund 85 Prozent neu konstruierte 911 Carrera 4 musste auf der Versuchsstrecke in Weissach umfangreiche Härtetests absolvieren.

Development and testing of the 911 Carrera 4 in Weissach: With about 85 percent of the car newly designed, it had to undergo comprehensive endurance testing at the Weissach test track.

Conception et essais de la 911 Carrera 4 à Weissach. Le véhicule, revu à 85 %, est soumis à de nombreux tests d'endurance et de résistance sur la piste d'essai de Weissach.

El 911 Carrera 4, compuesto en un 85 por ciento de componentes nuevos, fue sometido a duras pruebas de resistencia en Weissach.

911 Carrera 4 在魏斯阿赫的开发和测试：由于整车 85% 的部件经过了重新设计，911 Carrera 4 必须在魏斯阿赫的试车赛道上经受全面的耐久性测试。

911 CARRERA 4 PROTOTYP

1987

Bereits ab 1986 fanden die ersten Winterversuche mit 964-Prototypen in USA und Kanada statt. Später folgten weitere Tests in Nordschweden, wo ausgiebige Bremsversuche gefahren wurden.

964 prototypes were tested under winter conditions for the first time in 1986, in the US and Canada. This was followed later by extensive brake tests on frozen lakes in northern Sweden.

Dès 1986, les premiers essais d'hiver sur des prototypes 964 se déroulent aux Etats-Unis et au Canada. Le modèle est ensuite testé dans le nord de la Suède, avec des essais complets de freinage sur des lacs gelés.

Ya a partir del año 1986 se llevaron a cabo las primeras pruebas invernales con prototipos del 964 en EE.UU. y Canadá. Posteriormente se realizaron intensas pruebas de frenos en los lagos congelados del norte de Suecia.

从 1986 年开始，964 原型车便在美国和加拿大进行了首次冬季测试，之后还在瑞典北部冰封的湖面上进行了大量的制动测试。

911 CARRERA 4 PROTOTYP

1987

Winterversuchsfahrten in den USA und in Schweden ergaben, dass die Heckdominanz und die Momentverteilung von 31 Prozent vorn und 69 Prozent hinten die beste Lösung darstellten.

Winter test drives in the US and Sweden showed that rear dominance and a torque distribution of 31 percent front and 69 percent rear was the best solution.

Des essais sur route en hiver aux Etats-Unis et en Suède confirment le rôle dominant du train arrière : une répartition du couple de 31 % à l'avant et de 69 % à l'arrière constitue la meilleure solution.

Las pruebas invernales realizadas en EE.UU. y Suecia demostraron que el predominio de la zaga y la distribución de potencia de 31 por ciento adelante y 69 por ciento atrás fueron la mejor solución.

美国和瑞典的冬季测试结果表明，将更多动力分配到后桥是最好的解决方案，前、后桥所分配的扭矩分别为 31:69。

911 CARRERA 4 COUPÉ

1988

Titelblatt »Christophorus« Nr. 213. In der Juli-Ausgabe 1988 stellt der »Christophorus« den neuen 911 Carrera 4 in einer Titel-Story vor und verweist auch auf die über 80-jährige Allrad-Erfahrung von Porsche.

"Christophorus" No. 213 title page. In the July 1988 issue "Christophorus" featured the new 911 Carrera 4 in the title story and wrote about Porsche's more than 80 years of all-wheel drive experience.

Page de couverture du magazine « Christophorus » N° 213. Dans son édition de juillet 1988, « Christophorus »consacre son dossier à la nouvelle 911 Carrera 4 et met l'accent, entre autres, sur les 80 ans d'expérience de Porsche dans la technologie des 4 roues motrices.

Carátula de «Christophorus» n° 213. La revista presentó en julio de 1988 el nuevo 911 Carrera 4, dedicándole el artículo central y mencionando la experiencia que Porsche pudo acumular durante 80 años con la tracción total.

保时捷车主杂志《Christophorus》213 期的封面。1988 年 7 月号的《Christophorus》以封面故事隆重推介新款 911 Carrera 4，也追溯了保时捷超过80年的四驱经验。

911 CARRERA 4 COUPÉ

1989

Die 200 Fahrzeuge auf der Weissacher Kreisbahn repräsentierten einen Gegenwert von rund 13 Millionen Euro. Einer der Höhepunkte der Veranstaltung war die Fahrt mit den »50.000 PS« zur mittelalterlichen Stadt Rothenburg ob der Tauber.

The 200 cars on the Weissach circular track represented a value of about €13 million. One of the highlights of the event was the trip with "50,000 horsepower" to the medieval city of Rothenburg ob der Tauber.

Les 200 véhicules sur le circuit de Weissach représentent une valeur de 13 millions d'euros. Point fort de cette manifestation : l'excursion de ces « 50 000 ch » dans la ville médiévale de Rothenburg ob der Tauber.

Los 200 coches aparcados en el circuito circular de Weissach tuvieron un valor equivalente a aproximadamente 13 millones de euros. Uno de los momentos estelares del evento fue el paseo con «50.000 CV» a la ciudad medieval Rothenburg ob der Tauber.

停放在魏斯萨赫圆形车道上的这200辆911，当时价值约合1,300万欧元。这"50,000马力"浩浩荡荡驶入陶伯河上的中世纪小城罗滕堡，构成该活动的一大亮点。

911 CARRERA 4 COUPÉ

1989

Im Rahmen einer fünftägigen Veranstaltung lud Porsche Cars North America (PCNA) 200 amerikanische Porsche-Händler ein, die ersten 911 Carrera 4 im Porsche Entwicklungszentrum Weissach zu übernehmen.

In a five-day event, Porsche Cars North America (PCNA) invited 200 American Porsche dealers to Porsche's Weissach Development Center where they took delivery of the first 911 Carrera 4 cars.

Dans le cadre d'une manifestation de cinq jours, 200 concessionnaires américains de Porsche sont invités par Porsche Cars North America (PCNA) à réceptionner les premières 911 Carrera 4 au centre de recherche et de développement Porsche de Weissach.

200 concesionarios de Porsche Cars North America (PCNA) asistieron como invitados al evento de cinco días de duración para recibir los primeros 911 Carrera 4 en el centro de desarrollo de Porsche en Weissach.

在为期 5 天的活动中，200 名来自美国的保时捷经销商受保时捷北美子公司（PCNA）的邀请，前往保时捷魏斯阿赫研发中心接收第一批 911 Carrera 4。

911 CARRERA 4 COUPÉ

1989

Titelblatt »Christophorus« Nr. 217. In der zweiten Titel-Story von März 1989 fasste der »Christophorus« die Medienresonanz der Presse-Fahrvorstellung zusammen, die durchweg positiv war und die Erwartungen sogar überstieg. Der 911 Carrera 4 ging im August 1988 mit einem Grundpreis von 114.400 DM an den Start.

"Christophorus" No. 217 title page. In the second title story in March 1989, "Christophorus" summarized the reactions of the media to the press presentation drive, which were thoroughly positive and in fact exceed expectations. The 911 Carrera 4 launched in August 1988 at a base price of DM 114,400.

Page de couverture de « Christophorus » N°217. L'édition de mars 1989 souligne la réaction résolument positive des médias, au-delà de toute attente, après la présentation du véhicule aux représentants de la presse. La 911 Carrera 4 prit son départ en Août 1988 avec un prix de base de DM 114.400.

Carátula de «Christophorus» n° 217. La revista presentó en marzo de 1988 dedicandó el artículo central a las reacciones a la presentación de prensa que resultaron positivas y superando las expectativas. El 911 Carrera 4 se lanzó al mercado en agosto de 1988 y su precio básico fue de 114.000 DM.

《Christophorus》217 期的封面。媒体试驾活动中，各路媒体对 911 Carrera 4 赞誉有加，反响之强烈超出了预期。1989 年 3 月出版的这期杂志以封面故事的形式，汇总了媒体的反馈。911 Carrera 4 于 1988 年 8 月上市，起价 114,400 马克。

911 CARRERA 4 COUPÉ

1988

Die Karosserieform des 911 zählt seit 1963 zu den Klassikern des Automobil-Designs. Trotz umfangreicher Änderungen setzte die Baureihe 964 diese Tradition fort.

The 911 body shape has been an automotive design classic since 1963, and despite substantial modifications the 964 series continued the tradition.

Depuis 1963, la ligne de la 911 fait partie des grands classiques du design automobile. Malgré de nombreuses modifications, la série 964 perpétue cette tradition.

La forma de la carrocería del 911 es un diseño clásico en el mundo del automóvil desde el año 1963. A pesar de las numerosas modificaciones, el tipo 964 respeta la tradición estética.

911 的车身外形，自 1963 年诞生之初便成为汽车设计史上的经典之作。尽管历经多方面修改，964 系列仍是对经典的传承。

911 CARRERA 4 COUPÉ

1988

»Christophorus«-Chefredakteur Reinhard Seiffert über den neuen Typ 964: »Der 911 ist das Fahrer-Auto par excellence. Alle Neuerungen in seiner Geschichte dienten diesem Zweck – sie waren niemals Gags um ihrer selbst willen.«

"Christophorus" editor-in-chief Reinhard Seiffert on the new Model 964: "The 911 is the driver's car par excellence. Throughout its history, every new feature has been focused on this - they were never just clever for the sake of clever."

Le rédacteur en chef de la revue « Christophorus » Reinhard Seiffert déclare à propos du nouveau type 964 : « La 911 est, par excellence, une voiture faite pour celui qui la conduit. Toutes les innovations de son histoire ont toujours été dans ce sens. Jamais il ne s'est agi de gadgets futiles ».

El redactor jefe de «Christophorus», Reinhard Seiffert, se expresó en los siguientes términos sobre el tipo 964: «El 911 es un coche concebido para el piloto. Todos los cambios que experimentó en el transcurso de su historia únicamente tuvieron la finalidad de servir al piloto. Nunca fueron cambios caprichosos.»

《Christophorus》杂志的主编 Reinhard Seiffert 先生这样评价新车型 964："911 将驾驶者之车的理念发展到极致。在演进过程中，每一项新特性都从驾驶者角度出发——它们绝非哗众取宠的噱头。"

911 CARRERA 4 COUPÉ

1989

Werbeanzeigen aus dem Jahr 1989 anlässlich der Markteinführung des neuen 911 Carrera 4 in den USA.

Print ads from 1989 on the market launch of the new 911 Carrera 4 in the US.

Publicités de l'année 1989 pour le lancement de la nouvelle 911 Carrera 4 aux Etats-Unis.

Avisos publicitarios del año 1989, con motivo del lanzamiento del nuevo 911 Carrera 4 en los EE.UU.

1989 年，新款 911 Carrera 4 在美国上市时的广告。

911 CARRERA 4 COUPÉ

1989

Beim Typ 964 sollten die klassische Linienführung im Heckbereich erhalten und zugleich optimale Strömungsverhältnisse sowie die Reinhaltung der Motor-Ansaugluft gewährleistet sein.
Der Heckspoiler des 964 fährt bei 80 km/h automatisch aus, wodurch der Hinterachsauftrieb auf Null reduziert wird.

On the 964, the classic lines were retained in the rear, but modified for optimum airflow and cleanliness of the engine intake air.
At 50 mph the rear spoiler was automatically extended, reducing the rear wheel lift to zero.

Le type 964 conserve sa ligne classique à l'arrière tout en optimisant l'aérodynamique ainsi que la pureté de l'air d'admission.
A 80 km/heure, le becquet arrière se déploie automatiquement, ce qui permet à la voiture de « coller » à la route.

En el tipo 964 se mantuvieron las clásicas formas de la zaga, aunque optimizando la aerodinámica y el grado de pureza del aire de aspiración del motor.
El alerón posterior del 964 se despliega automáticamente a 80 km/h, anulando completamente las fuerzas ascendentes que actúan sobre el eje trasero.

在 964 身上，车身后端的经典线条得以保留，同时优化了风阻系数，并确保发动机进气的洁净。
时速达到 80 km/h 时，后扰流板自动伸出，将后桥的升力降为零。

911 CARRERA 4 COUPÉ

1989

Für den 911 Carrera 2 bot Porsche ab Modelljahr 1990 das revolutionäre Tiptronic-Getriebe an, das die Vorteile der manuellen Schaltung mit denen des automatischen Lastschaltgetriebes verband. Bei der Tiptronic aktiviert die linke Bedienungsebene die Automatik mit adaptiver Programmsteuerung, die rechte ermöglicht schnelles Schalten von der Hand durch »Tip-Wipp«-Funktion.

For the 911 Carrera 2, starting with the 1990 model year, Porsche offered the revolutionary Tiptronic transmission, combining the advantages of manual and automatic transmission.
The left operating level activates the automatic transmission with adaptive control, while the right enables fast manual gear changes with a "tap rocker" movement.

Pour la 911 Carrera 2, Porsche propose dès 1990 la boîte révolutionnaire Tiptronic qui associe les avantages d'une boîte manuelle à ceux d'une boîte automatique, sans rupture du couple.
Avec la Tiptronic, la coulisse gauche engage la fonction automatique avec son programme adaptatif et celle de droite permet un changement de vitesse manuel rapide grâce à la fonction « Tip-Wipp ».

La revolucionaria caja Tiptronic, que se ofreció en el 911 Carrera 2 a partir del modelo del año 1990, combina las ventajas de una caja manual con las de una caja automática de activación en función de la carga.
El pasillo del lado izquierdo de la palanca de la caja Tiptronic tiene las funciones de la caja automática con sistema de adaptación automática del programa de cambios de marcha, mientras que el de la derecha permite cambiar de marchas manualmente.

1990 车型年开始，保时捷在 911 Carrera 2 车型上配备了革命性的 Tiptronic 变速箱，该系统将手动换挡和自动换挡的优点结合到一起。
Tiptronic 的左侧换挡区域可开启带自适应控制程序的自动换挡模式，而右侧则允许通过“点按拨动”操作，快速手动换挡。

911 CARRERA 2 COUPÉ

1989

Die Karosserien der Baureihe 964 wurden im neuen Karosserie-Werk 5 produziert. Die Kapazität der Anlage betrug 120 Karosserien pro Tag. Die Produktion lief im Aufwärtstrend von Stockwerk zu Stockwerk, die fertigen Karosserien wanderten über eine Brücke in Richtung Lackiererei.

The chassis of the 964 series was built in the new Chassis Works 5. Its production capacity was 120 chassis per day. The chassis went upwards from floor to floor through the various work stages, until the finished bodies crossed a bridge to the paint shop.

Les carrosseries de la série 964 sont produites dans la nouvelle usine de carrosserie 5. La capacité du site est de 120 carrosseries par jour. La production s'organise de bas en haut, en commençant par le premier étage pour finir au dernier. Les carrosseries traversent ensuite une passerelle pour rejoindre l'atelier de peinture.

Fabricación de la carrocería del tipo 964 en la nueva nave 5 de la planta, con capacidad para 120 carrocerías diarias. Las carrocerías se fabricaban en un sistema ascendente, subiendo de una planta a la siguiente. Finalmente se transportaban a la sección de pintura a través de un puente.

964 系列的车身在新建的第五车身工厂生产。当时，其生产能力为每天 120 台车身。
工厂是一幢多层厂房，生产过程中，车身经过各个作业平台一路向上。车身组装完成后，通过建筑之间的桥形传送带进入涂装车间。

911 CARRERA 4 CABRIOLET

1989

Nach dem Anlauf des allradgetriebenen 911 Carrera 4 wurde mit dem Modelljahr 1989 die gesamte 911-Produktion auf die neue Baureihe umgestellt.
Die 911 Carrera-Modelle der Baureihe 964 waren in den drei Karosserie-Varianten Coupé, Targa und Cabriolet erhältlich

After the launch of the all-wheel drive 911 Carrera 4, with the 1989 model year all 911 models were switched to the new series.
The 964 series 911 Carrera models came in three body types, as Coupé, Targa and Cabriolet.

Après le début de la production de la 911 Carrera 4, à transmission intégrale, en 1989, l'ensemble de la production des 911 s'aligne sur la nouvelle série.
Les modèles 911 Carrera de la série 964 sont disponibles en trois variantes de carrosserie : Coupé, Targa et décapotable.

Tras el inicio de la producción del 911 Carrera 4 de tracción total correspondiente al año de modelos de 1989, todo el sistema de producción del 911 se adaptó a la nueva serie de modelos.
Los 911 Carrera tipo 964 se ofrecieron en las versiones Coupé, Targa y Cabriolet.

四轮车型 911 Carrera 4 上市后，自 1989 年起，911 的制造全面转为该新系列。
964 系列的 911 Carrera 车型包括硬顶、Targa 和敞篷三种版本。

STUDIE PANAMERICANA

1989

Ferry Porsche 1989 mit seinen Söhnen Hans Peter, Gerd, Ferdinand Alexander und Wolfgang. Anlässlich seines 80. Geburtstags wurde Ferry Porsche eine in Form, Farbe und Ausstattung außergewöhnliche Studie überreicht: der Panamericana.

Ferry Porsche in 1989 with his sons Hans Peter, Gerd, Ferdinand Alexander and Wolfgang. For his 80th Birthday, Ferry Porsche was presented with a study with an unusual form, colour and features - the Panamericana.

1989 : Ferry Porsche et ses fils Hans Peter, Gerd, Ferdinand Alexander et Wolfgang. A l'occasion de son 80ème anniversaire, Ferry Porsche reçoit en cadeau une étude très originale par sa forme, sa peinture et ses équipements : la Panamericana.

Ferry Porsche con sus hijos Hans Peter, Gerd, Ferdinand Alexander y Wolfgang en 1989. Ferry Porsche recibió un concept-car excepcional por su forma, sus colores y su equipamiento: el Panamericana.

Ferry Porsche 先生与他的儿子 Hans Peter、Gerd、Ferdinand Alexander 和 Wolfgang 在 1989 年的合影。为了庆祝他的八十大寿，公司为 Ferry Porsche 献上一份大礼——无论在外形、颜色、还是配置上都非同寻常的全新概念车：Panamericana。

STUDIE PANAMERICANA

1989

Weissacher Spezialisten aus vielen Abteilungen stellten die Studie innerhalb von nur 11 Wochen fertig. Der Panamericana wurde auf der IAA präsentiert und danach direkt nach Zell am See gebracht.

Weissach specialists from many departments built it in just 11 weeks. The Panamericana was presented at the IAA and then taken directly to Zell am See.

Étude réalisée par les spécialistes de nombreux services du centre de Weissach en 11 semaines seulement. La Panamericana est présentée au Salon international de Francfort puis envoyée directement à Zell am See.

Los especialistas de diversas secciones de Weissach terminaron de confeccionar el concept-car en apenas once semanas. El Panamericana se presentó en el salón del automóvil IAA y, a continuación, fue llevado directamente a Zell am See.

来自魏斯阿赫各个部门的专家们集思广益，在 11 周内攻关成功，交出了作品。Panamericana 在法兰克福车展亮相之后，直接从展厅运到了奥地利滨湖采尔。

911 CARRERA 2 CUP

1990

1990 löste der Porsche Carrera Cup den internationalen 944 Turbo Cup ab. Das neue Cup-Auto basierte auf dem 911 Carrera 2 und stellte ein hervorragendes Instrument für den Breitensport dar.

In 1990 the Porsche Carrera Cup took over from the international 944 Turbo Cup. Based on the 911 Carrera 2, the new Cup automobile was an excellent platform for broad-based motorsport.

En 1990, la Porsche Carrera Cup remplace la 944 Turbo Cup internationale. La nouvelle version Cup s'inspire de la 911 Carrera 2 ; c'est un bolide exceptionnel pour le sport amateur.

La 944 Turbo Cup fue sustituida en 1990 por la Porsche Carrera Cup. El nuevo modelo para esta copa se basó en el 911 Carrera 2 y fue el coche ideal para la difusión del deporte de competición automovilística.

1990 年，保时捷卡雷拉杯赛事取代了当时的国际性赛事 944 Turbo 杯赛。新卡雷拉杯战车以 911 Carrera 2 为基础进行研发，成为普及赛车运动的利器。

911 CARRERA 2 CUP

1990

Der erste Manager des Carrera Cup war kein geringerer als Herbert Linge, langjähriger Porsche-Mitarbeiter, Rennfahrer und Gründer der ONS-Sicherheitsstaffel.

The first manager of the Carrera Cup was no less a personage than Herbert Linge, a long-time Porsche employee, race driver, and founder of the ONS safety team.

Le premier responsable de la Carrera Cup est nul autre que Herbert Linge, collaborateur de Porsche de longue date, pilote de course et fondateur de l'équipe de sécurité ONS.

El primer director de la Carrera Cup fue, ni más ni menos, Herbert Linge, muchos años colaborador de Porsche, piloto y fundador del equipo de seguridad ONS.

卡雷拉杯首任经理正是大名鼎鼎的Herbert Linge。他在保时捷工作多年，享誉赛场，也是德国国家汽车运动委员会安全团队的创建者。

911 CARRERA 2 CUP

1990

Bereits nach der ersten Saison etablierte sich der Porsche Carrera Cup als der erfolgreichste Markenpokal der Welt. Den Gesamtsiegsieg sicherte sich 1990 der Routinier Olaf Manthey, gefolgt von Rüdiger Schmitt und Wolfgang Land.

After just one season the Porsche Carrera Cup had established itself as the most successful single-make championship in the world. In 1990 the very experienced driver Olaf Manthey took home first prize, followed by Rüdiger Schmitt and Wolfgang Land.

Dès sa première saison, la Porsche Carrera Cup se distingue comme la coupe de marque la plus populaire du monde. En 1990, l'habitué Olaf Manthey finit en tête du classement général, suivi de Rüdiger Schmitt et Wolfgang Land.

Ya tras su primera temporada la Porsche Carrera Cup se impuso como la copa de marca más exitosa del mundo. En la edición de 1990, el experimentado piloto Olaf Manthey logró ocupar el primer puesto en la clasificación general, seguido de Rüdiger Schmitt y Wolfgang Land.

仅仅经过一个赛季，保时捷卡雷拉杯便确立了其全球最成功的单一品牌赛事的地位。
1990 年夺冠的是经验老到的赛车高手 Olaf Manthey，Rüdiger Schmitt 和 Wolfgang Land 分获二三名。

PORSCHE
Carrera Cup
1990
SIEG
FÜR DEN
CARRERA CUP
TITEL FÜR
OLAF MANTHEY
1. O. MANTHEY/D
2. R. SCHMITT/D
3. W. LAND/D
4. J. VON GARTZEN/D
5. R. ASCH/D
6. P. MÜLLER/CH
7. G. PACHER/A
8. S. OBERNDORFER/D
9. A. BOVENSIEPEN/D
10. N. LEUTWILER/CH
BLAUPUNKT
PIRELLI
Shell
RECARO
BILSTEIN
EMITEC
BOSCH
PAGID
Bitburger Pils
sportfloor

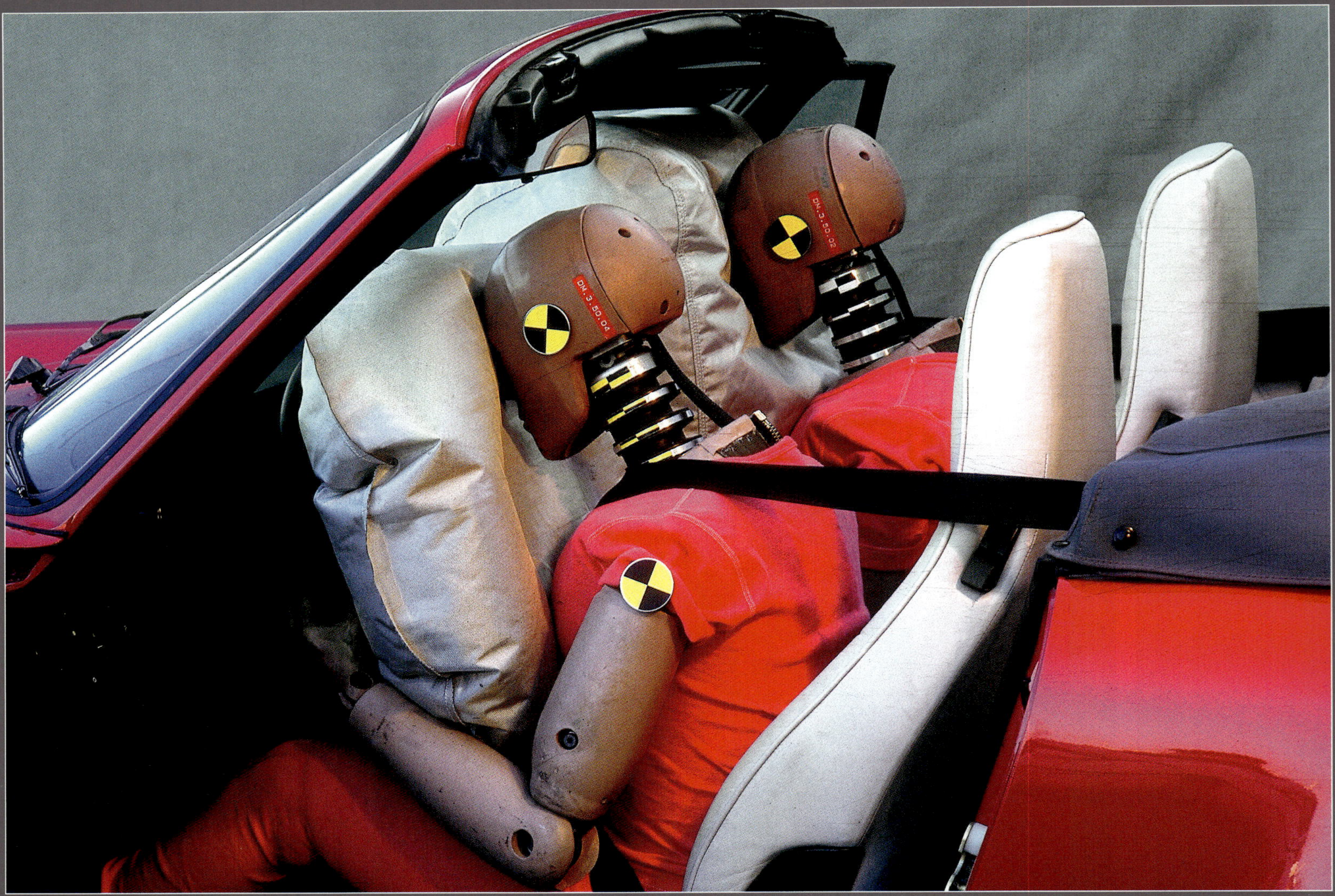

911 CARRERA CABRIOLET

1991

Als erster Automobilhersteller in Deutschland stattete Porsche ab dem 1. Februar 1991 alle Seriensportwagen mit Airbags für Fahrer und Beifahrer aus.

On 1 February 1991 Porsche became the first car maker in Germany to equip all of its production sports cars with driver and passenger airbags.

Porsche est le premier constructeur automobile en Allemagne à équiper de série, dès le 1er février 1991, toutes ses voitures de sport d'un Airbag pour le conducteur et le passager avant.

Porsche fue el primer fabricante de automóviles alemán en equipar de serie a partir de 1991 todos sus modelos con airbags para el conductor y su acompañante.

自 1991 年 2 月 1 日开始，保时捷为其所有量产跑车的正副驾驶座配备了安全气囊，此举先于其他所有德国汽车厂商。

911 CARRERA CABRIOLET

1991

Das Motto hierzu lautete »Sicherheit ist bei Porsche nicht käuflich, sondern Serienausstattung«.

The slogan was "At Porsche, safety isn't an option. It's standard."

Avec pour slogan : « Chez Porsche, la sécurité ne s'achète pas, elle fait partie de l'équipement de série ».

El lema publicitario fue: «En Porsche, la seguridad no se puede comprar, viene incluida de serie».

当时的口号是："安全无需另外破费，这是保时捷的标准配置。"

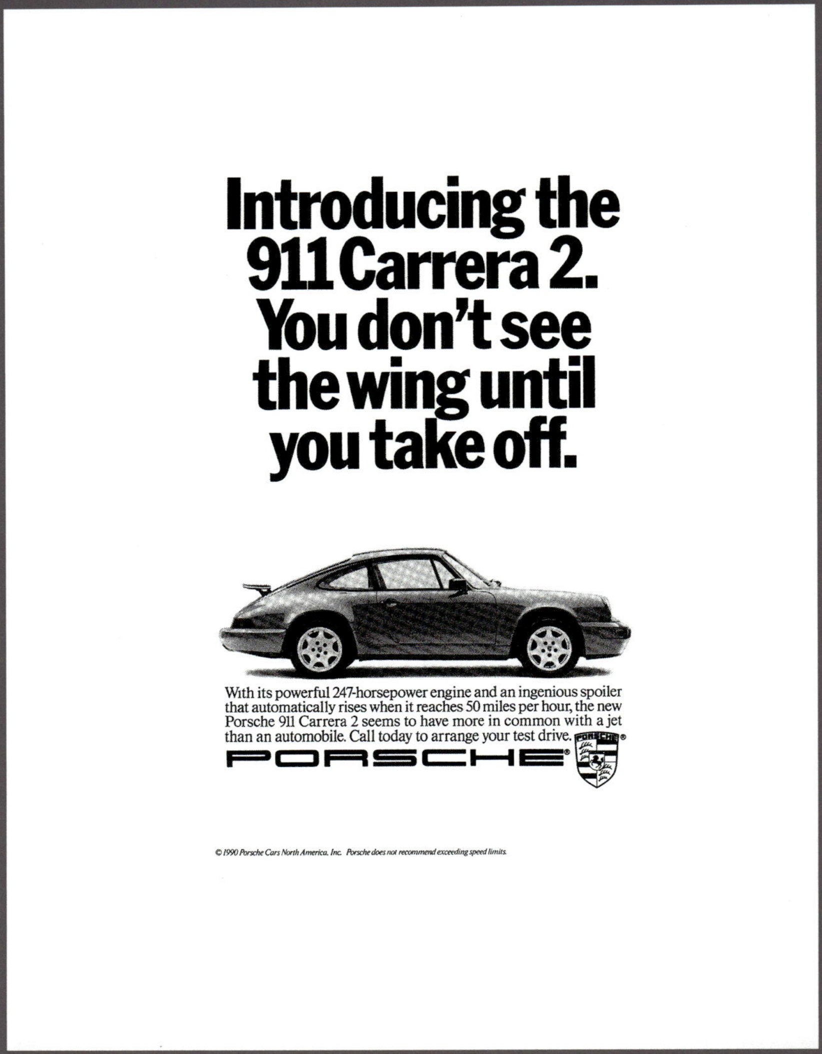

911 CARRERA 2 COUPÉ

1989

Werbeanzeige aus dem Jahr 1989 anlässlich der Markteinführung des neuen 911 Carrera 2 in den USA.

Print ad from 1989 on the market launch of the new 911 Carrera 2 in the US.

Publicité de 1989 pour le lancement de la nouvelle 911 Carrera 2 aux Etats-Unis.

Aviso publicitario del año 1989 con motivo del lanzamiento del nuevo 911 Carrera 2 en los EE.UU.

1989年，新款911 Carrera 2在美国上市时的广告。

911 CARRERA 2 COUPÉ

1991

Werbeanzeige für den 911 Carrera. Porsche Cars North America, 1991.

Print ad for the 911 Carrera. Porsche Cars of North America, 1991.

Publicité pour la 911 Carrera. Porsche Cars of North America, 1991.

Aviso publicitario del 911 Carrera. Porsche Cars North America, 1991.

911 Carrera的广告。保时捷汽车北美分公司，1991年。

911 CARRERA 2 TARGA

1991

Die holländische Autobahn-polizei setzte seit 1962 auf Porsche. Die Porsche 356 wurden als Cabriolets geordert, nach dem Wechsel auf den 911 entschied man sich für den Targa.

The Dutch highway police had used Porsches since 1962. It had driven the Porsche 356 Cabriolet version. Upon switching to the 911 it chose the Targa version.

A partir de 1962, la police néerlandaise des autoroutes roule en Porsche. 356 décapotable d'abord, remplacée plus tard par la 911, version Targa.

La policía de autopistas holandesas optó por usar Porsches desde 1962. Primero fue el descapotable del 356, luego el Targa del 911.

荷兰高速公路警察自 1962 年起便使用保时捷作为警车。最早使用的是保时捷 356 Cabriolet。911 问世后，警车也更新为 Targa 车型。

911 TURBO COUPÉ

1991

Titelseite »Christophorus« Nr. 230. Nach einem turbolosen Jahr war ab Frühjahr 1991 wieder ein 911 Turbo im Programm. Erstmalig kamen 17-Zoll-Aluminiumräder im Cup-Design zum Serieneinsatz.

"Christophorus" No. 230 title page. After a turbo-less year, in the spring of 1991 a 911 Turbo was once again part of the model lineup. It was the first to feature 17 inch aluminium Cup design wheels as standard.

Page de couverture du magazine « Christophorus » N° 230. Après une année sans Turbo au programme, Porsche sort au printemps 1991 une nouvelle 911 Turbo. Pour la première fois, les voitures sont équipées en série de jantes en alliage léger 17 pouces au design Cup.

Carátula de «Christophorus» n° 230. Después de un año sin modelos turbo, volvió a incluirse un 911 Turbo en 1991. Y ese año se utilizaron por primera vez llantas de aluminio de 17 pulgadas de diseño Cup.

《Christophorus》230 期的封面。911 Turbo 在停产一年后，于 1991 年年初重新开始生产。采用赛车设计的 17 英寸铝制车轮首次作为标配运用到了量产车上。

911 TURBO COUPÉ

1991

Am Steuer dieses 911 Turbo sitzt Klaus Parr, der frühere Leiter des Historischen Archivs der Porsche AG.
Der 355 PS starke 911 Turbo beschleunigt in 4,7 Sekunden auf 100 km/h und erreicht bis zu 280 Stundenkilometer.

Behind the wheel of this 911 Turbo is Klaus Parr, formerly the head of the Porsche AG historical archive.
The 355 hp 911 Turbo got from 0-60 mph in just 4.7 seconds, with a top speed of 175 mph.

Au volant de cette 911 Turbo, Klaus Parr, ex-directeur des archives historiques de la Porsche AG.
Avec ses 355 ch, la 911 Turbo accélère de 0 à 100 km/h en 4,7 secondes et atteint une vitesse maxi de 280km/h.

Al volante de este 911 Turbo está Klaus Parr, quien había sido director del archivo histórico de Porsche AG.
El 911 Turbo de 355 CV acelera de 0 a 100 km/h en 4,7 segundos y alcanza una velocidad punta de 280 km/h.

驾驶这台 911 Turbo 的是 Klaus Parr，他曾担任保时捷公司历史档案馆的馆长。
911 Turbo 输出功率达 355 hp，在 4.7秒内便可加速到 100 km/h，最高时速可达 280 km/h。

911 TURBO COUPÉ

1991

US-Werbeanzeige zur Einführung des neuen 911 Turbo.

US advertisement for the launch of the new 911 Turbo.

Publicité américaine pour la sortie de la nouvelle 911 Turbo.

Aviso publicitario estadounidense con motivo del lanzamiento del nuevo 911 Turbo.

新款911Turbo上市时，美国的广告。

911 CARRERA 2 CABRIOLET

1992

Das Modelljahr 1992 brachte auch für die Carrera-Modelle einige kleine Veränderungen wie die serienmäßigen 16-Zoll-Räder im Cup-Design.
Auch die aerodynamischen Cup-Außenspiegel des 911 Turbo kamen nun zum Einsatz.

For the Carrera models the 1992 model year brought some changes, like the standard 16 inch wheels in Cup design. The 911 Turbo also had an aerodynamic Cup outside mirror.

L'année-modèle 1992 apporte également quelques changements pour les modèles Carrera comme les jantes 16 pouces montées en série dans le design Cup.
De même, la 911 Turbo est désormais équipée de rétroviseurs extérieurs aérodynamiques Cup.

Los modelos Carrera del año 1992 incluyeron algunas pequeñas modificaciones, entre ellas las llantas de 16 pulgadas de serie de diseño Cup.
Además, se incluyeron los espejos retrovisores aerodinámicos provenientes del 911 Turbo.

在 1992 年款中，Carrera 车型进行了几处细微改动，包括标准配置的 16 英寸赛车车轮。
911 Turbo 则安装了符合空气动力学性能的车外后视镜。

911 CARRERA 4 COUPÉ

1992

Mit dem 911 Carrera 4 Coupé auf Besuch in Wolfsburg.
Vom 911 Carrera 4 Coupé der Typenreihe 964 wurden von 1988 bis 1993 insgesamt 13.352 Einheiten produziert.

Visiting Wolfsburg in the 911 Carrera 4 Coupé.
A total of 13,352 964 series 911 Carrera 4 Coupés were produced from 1988 to 1993.

Visite à Wolfsburg avec la 911 Carrera 4 Coupé.
De 1988 à 1993, 13 352 unités de la 911 Carrera 4 Coupé de la série 964 sortent des chaînes de montage.

De visita en Wolfsburg con el 911 Carrera 4 Coupé.
Del 911 Carrera 4 Coupé tipo 964 se fabricaron en total 13.352 unidades entre 1988 y 1993.

911 Carrera 4 Coupé 到访狼堡。
964 系列的 911 Carrera 4 Coupé，在 1988 年到 1993 年间，共生产了13,352 辆。

911 CARRERA RS

1992

Das Highlight im Modelljahr 1992: der neue 911 Carrera RS. Der Sportwagen war für den Wettbewerbseinsatz in der Gruppe N bzw. Gruppe GT vorgesehen.

The highlight of the 1992 model year was the new 911 Carrera RS. This sports car was designed for competition in Group N and Group GT.

Point fort de l'année-modèle 1992 : la nouvelle 911 Carrera RS. Cette voiture de sport est prévue pour participer aux compétitions des groupes N et GT.

La estrella entre los modelos del año 1992: el nuevo 911 Carrera RS. Este modelo deportivo fue previsto para la participación en los grupos N y GT.

1992年款的重头戏：新款911 Carrera RS。该款跑车专为赛车N组别即GT组别设计。

911 CARRERA RS

1992

Die Leichtbau-Karosserie erhielt unter anderem eine Fronthaube aus Aluminium, die Seitenfenster und die nicht beheizte Heckscheibe waren aus Dünnglas gefertigt.

The lightweight body had an aluminium hood, while the side and unheated rear windows were of thin glass.

La carrosserie en alliage léger bénéficie, entre autres, d'un capot en aluminium. Les fenêtres latérales et la lunette arrière non chauffée sont en verre mince.

La carrocería de materiales ligeros tuvo, entre otros, una tapa frontal de aluminio. Las ventanas laterales y la luneta posterior sin filamentos de calefacción fueron de cristal delgado.

为减轻车身重量采取了多种措施——例如，前盖为铝合金材质，车侧窗和不带加热功能的车后窗采用较薄的玻璃。

911 CARRERA RS

1992

Der Carrera RS war mit einem sehr harten, um 40 Millimeter tiefergelegten Fahrwerk ausgestattet. Die 17-Zoll-Cup-Felgen wurden aus Magnesium gegossen. Auf eine Servolenkung wurde verzichtet.

The Carrera RS was fitted with a very stiff suspension, lowered by 40 mm. The 17 inch Cup wheels were cast magnesium, and the car did not have power steering.

La Carrera RS est équipée d'une suspension extra-ferme, le châssis étant abaissé de 40 millimètres. Les jantes 17 pouces, design Cup, sont coulées en magnésium. Ce modèle ne dispose pas de la direction assistée.

El Carrera RS tenía una suspensión muy dura, 40 milímetros más baja. Las llantas de diseño Cup de 17 pulgadas eran de fundición de magnesio. Y se prescindió de una dirección asistida.

Carrera RS 的底盘悬挂较硬，高度降低了40 mm。17 英寸赛车车轮由镁合金铸造而成。该车型没有配备助力转向。

911 CARRERA RS

1992

Der 911 Carrera RS wurde in drei Varianten angeboten: Basisversion, Touringversion und Sportversion (NGT). Der einzige Luxus im puristischen Innenraum waren die mit Leder bezogenen Schalensitze.

The 911 Carrera RS was offered in three versions, Basic, Touring and Sport (NGT). The only luxury in its spartan interior was the leather upholstery on the bucket seats.

La 911 Carrera RS existe en trois variantes: la version de base, la version Touring et la version Sport (NGT). Seul élément de luxe dans un habitacle puriste: les sièges-baquet en cuir.

El 911 Carrera RS se ofreció en tres variantes: versión básica, versión Touring y versión deportiva (NGT). El único lujo en el habitáculo de diseño purista fueron las butacas deportivas con tapicería de piel.

911 Carrera RS 共有三个版本：普通版、旅行版和运动版（NGT）。内饰采用极简风格，桶形座椅的真皮坐垫是唯一的奢华元素。

911 CARRERA 2 CABRIOLET TURBOLOOK

1992

Ebenfalls zum Modelljahr 1992 wurde das 911 Carrera 2 Cabriolet im Turbolook vorgestellt – ein 911 Carrera mit dem Fahrwerk, der Bremsanlage, den 17-Zoll-Rädern und den Kotflügelverbreiterungen des Turbo.
Als Antrieb der Turbolook-Elfer diente der 250 PS starke 3.6 Liter-Saugmotor.

The 1992 model year also saw the introduction of the 911 Carrera 2 Cabriolet in Turbo-look – a 911 Carrera with the suspension, brakes, 17 inch wheels and fender extensions of the Turbo.
The Turbo-look 911 was powered by a 250 hp 3.6 litre naturally aspirated engine.

La même année, en 1992, la 911 Carrera 2 Cabriolet est présentée en look Turbo. C'est une 911 Carrera qui s'inspire largement de la Turbo : châssis, freins, jantes 17 pouces et ailes élargies.
La 911 look Turbo est animée par le moteur atmosphérique de 3,6 litres qui développe 250 ch.

En el año 1992 también se presentó el 911 Carrera 2 Cabriolet de diseño tipo Turbo. Se trató de un 911 Carrera con chasis, frenos, llantas de 17 pulgadas y los abombamientos de los pasos de rueda del Turbo.
Este 911 con diseño tipo Turbo estuvo equipado con el motor de aspiración de 3.600 cc de 250 CV.

911 Carrera 2 Cabriolet in Turbo-look 也在 1992 车型年推出，这款 911 Carrera 使用了 Turbo 车型的悬挂系统、制动系统、17 英寸车轮以及加宽的翼子板。
Turbolook 车型搭载一款输出功率为 250 hp 的 3.6 升自然吸气发动机。

Carrera 2
Carrera 2

911 CARRERA 2 CABRIOLET TURBOLOOK

1992

Das Turbolook Cabriolet erhielt zusätzlich zur Serienausstattung der Carrera-Modelle eine Radioanlage mit Zusatzverstärker, eine automatische Klimaanlage, vollelektrische Sitze mit Sitzheizung, Bordcomputer und eine Ganzlederausstattung.

The Turbo-look Cabriolet had, in addition to the standard Carrera features, a sound system with extra amplifier, an automatic air-conditioner, all-electric heated seats, on-board computer and all-leather interior.

Le cabriolet look Turbo reçoit, en plus de l'équipement de série des modèles Carrera, un système radio avec amplificateur supplémentaire, la climatisation automatique, des sièges électriques chauffants, un ordinateur de bord et un intérieur tout cuir.

En comparación con los modelos Carrera, el Cabriolet al estilo Turbo estuvo equipado además con un equipo audio con amplificador adicional, climatizador automático, asientos de regulación eléctrica y con calefacción, ordenador de a bordo y equipamiento completo de piel.

除了 Carrera 的各种标准配置外，Turbolook 车型还配备了带有额外放大器的音响系统、自动空调、全电动调节的加热座椅、行车电脑和全套真皮内饰。

Carrera 2

911 TURBO S COUPÉ LEICHTBAU

1992

Im März 1992 präsentierte Porsche auf dem Genfer Automobilsalon den 911 Turbo S Leichtbau. Der Verkaufspreis betrug stolze 295.000 DM.

In March 1992, Porsche presented the 911 Turbo S lightweight version at the Geneva Automobile Salon. It cost a hefty DM 295,000.

En mars 1992, Porsche présente la 911 Turbo S « Leichtbau » au Salon automobile de Genève. Le prix de cette version allégée atteint 295 000 DM !

En el salón del automóvil de Ginebra de marzo de 1992, Porsche presentó el 911 Turbo S de materiales ligeros. El precio de venta fue de considerables 295.000 DM.

1992 年 3 月，保时捷在日内瓦车展上推出了轻量版 911 Turbo S。当时售价高达 295,000 德国马克。

911 TURBO S COUPÉ LEICHTBAU

1992

Der 3.3 Liter-Turbomotor wurde durch geänderte Nockenwellen, feinbearbeitete Ansaugwege, ein erhöhter Ladedruck und eine optimierte Zünd- und Einspritzanlage auf 381 PS leistungsgesteigert.

The 3.3 litre turbo engine had modified camshafts, finely detailed induction paths, higher charging pressure and an improved ignition and injection system, giving it 381 hp.

Modification des arbres à cames, amélioration des tubulures d'admission, augmentation de la pression de suralimentation et optimisation du système d'allumage et d'injection : le moteur Turbo 3,3 litres développe désormais 381 ch.

La potencia del motor turbo de 3.300 cc aumentó a 381 CV, gracias a árboles de levas modificados, tubos de aspiración de flujo optimizado, una mayor presión de carga del turbo y un sistema optimizado de inyección y encendido.

新版本改进了凸轮轴，对进气通道进行了微调，提高了增压压力，并进一步优化了点火和燃油喷射系统，最终将 3.3 升涡轮增压发动机的功率提升至 381 hp。

911 RS AMERICA

1992

Da der 911 Carrera RS für die USA nicht typisiert werden konnte, wurde für diesen Markt der 911 RS America angeboten. Dieses Fahrzeug wurde serienmäßig mit einem starren Heckflügel und 17-Zoll-Rädern ausgeliefert.

Since the 911 Carrera RS could not be standardized for the US, the 911 RS America was offered there in its stead. This car came with a rigid rear spoiler and 17 inch wheels.

La 911 Carrera RS n'étant pas homologuée aux Etats-Unis, Porsche propose la 911 RS America pour ce marché. Ce véhicule est produit en série avec son aileron arrière fixe et des jantes 17 pouces.

El 911 Carrera RS no pudo homologarse para el mercado estadounidense, por lo que allí se ofreció el 911 RS America. Este coche tenía de serie un alerón fijo y llantas de 17 pulgadas.

由于 911 Carrera RS 不能符合美国市场标准，保时捷为该市场提供了 911 RS America 版本。这款保时捷配备固定尾翼，以及 17 英寸车轮。

911 RS AMERICA

1992

Als Serienfarben standen Schwarz, Indischrot und Grandprixweiß zur Auswahl. Aus Gewichtsgründen wurde unter anderem auf eine Servolenkung verzichtet.

It was offered in black, Indian Red and Grand Prix White. To save weight, it did not have power steering.

Les peintures de série offrent le choix entre le noir, le rouge indien et le blanc Grand Prix. Pour des raisons de poids, entre autres, le véhicule n'est pas équipé d'une direction assistée.

Los clientes pudieron escoger entre los colores de serie negro, rojo índico y blanco Granprix. Para ahorrar peso, se prescindió de una dirección asistida.

量产颜色为黑、印第安红和大奖赛白。出于对重量的考虑，没有配备助力转向等装置。

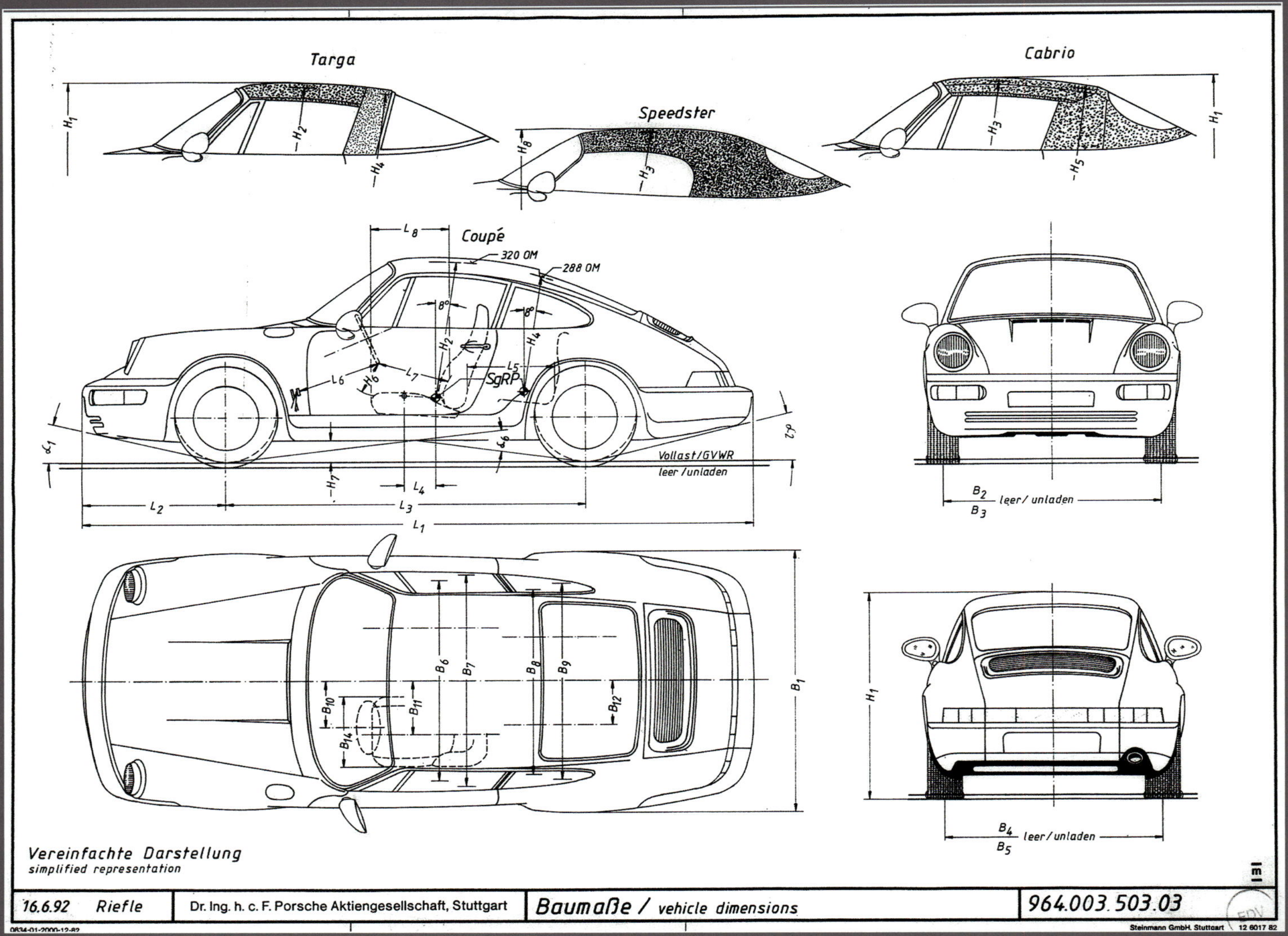

911 CARRERA 2 SPEEDSTER

1992

Bereits auf der Zeichnung vom 16. Juni 1992 fiel eine neue offene 911-Variante auf: der Speedster, der in der schmaleren Carrera-Karosserie angeboten wurde. Die Windschutzscheibe war fest mit der Karosserie verbunden und auch das Verdeck wurde im Vergleich zur ersten 911 Speedster-Version verbessert.

The drawing of 16 June 1992 revealed a new, open 911 version – the Speedster, in the narrower Carrera body. Its windshield was firmly mounted to the body, and the top was also improved over the first 911 Speedster version.

Sur le croquis du 16 juin 1992, on distingue déjà une nouvelle variante décapotable pour la 911 : c'est le Speedster qui reprend la carrosserie de la Carrera, en plus étroite. Le pare-brise est solidaire de la carrosserie, et la capote est améliorée par rapport à la première version du 911 Speedster.

En los dibujos técnicos del 16 de junio de 1992 llamó la atención una nueva variante del 911: el Speedster, un descapotable sobre la base de la versión estrecha del Carrera. El parabrisas estaba fijamente unido a la carrocería, y la capota se optimizó en comparación con la primera versión del 911 Speedster.

在这张 1992 年 6 月 16 日的设计图上，一款全新的 911 敞篷车型已跃然纸上——这便是 Speedster。车身相比 Carrera 更窄，挡风玻璃与车身连成一体；相比前款 911 Speedster，顶篷进行了改进。

911 CARRERA 2 SPEEDSTER

1992

Die Neuauflage des legendären Speedsters wurde serienmäßig mit 17-Zoll-Rädern im Cup-Design ausgeliefert, die in Wagenfarbe lackiert waren. Lieferbar war der Speedster nur in Verbindung mit dem Heckantrieb. Porsche Exclusive baute 15 Speedster in den breiten Turbolook um.

The new edition of the legendary Speedster came with 17 inch Cup design wheels as standard equipment, painted in the body colour. The Speedster was rear-wheel drive only. Porsche Exclusive also built 15 Speedster in the wider Turbo-look.

Cette réédition du légendaire Speedster est livrée en série avec des jantes 17 pouces, design Cup, aux couleurs de la carrosserie. Le Speedster n'est livré qu'en version propulsion. Porsche Exclusive intègre 15 exemplaires du Speedster dans le look Turbo plus large.

La reedición del legendario Speedster incluía de serie llantas de 17 pulgadas de diseño Cup del mismo color que la carrocería. El Speedster únicamente se ofreció con tracción trasera. Porsche Exclusive modificó 15 Speedster confiriéndoles el aspecto más ancho del Turbo.

作为对传奇性跑车 Speedster 的全新演绎，这款 911 Speedster 标配了与车身同色的 17 英寸赛车设计车轮。Speedster 仅提供后驱版本。
保时捷独家配件 (Porsche Exclusive) 将 15 辆 Speedster 打造成较宽的 Turbolook 车型。

911 TURBO 3.3 IMSA-SUPERCAR

1992

In den USA waren die IMSA-Meisterschaften sehr beliebt bei privaten Porsche-Kundenteams. Hurley Haywood konnte auf einem 911 Turbo des Brumos-Teams drei der sieben Rennen und damit auch die Meisterschaft für sich entscheiden.

In the US, the IMSA Championships were very popular with private Porsche customer teams. Hurley Haywood won three of the seven races in a Brumos Team 911 Turbo, winning the championship.

Aux Etats-Unis, les championnats IMSA sont très populaires auprès des écuries privées des clients de Porsche. Au volant d'une 911 Turbo du team Brumos, Hurley Haywood remporte trois des sept courses et le championnat.

Los campeonatos de la IMSA tuvieron una gran acogida entre las escuderías privadas de Porsche en EE.UU. Hurley Haywood del equipo Brumos pudo ganar tres de las siete carreras a los mandos de un 911 Turbo, y hacerse así del primer puesto en el campeonato.

在美国，IMSA 锦标赛广受保时捷私人车队的追捧。
Hurley Haywood 驾驶 Brumos 车队的一辆 911 Turbo 战车，七战三胜，勇夺锦标赛冠军。

911 TURBO 3.3 IMSA-SUPERCAR

1992

Mit dem 911 Turbo 3.3 IMSA-Supercar stellte Porsche das perfekte Fahrzeug für diese Meisterschaft vor, denn in dieser Serie ging es nicht nur um schnelle Rundenzeiten. Da auf serienmäßigen Bridgestone-Reifen gefahren wurde, war feinfühliges und weiches Fahren angesagt.

With the 911 Turbo 3.3 IMSA Supercar Porsche made the perfect car for these races, which took more than just speed to win.
They were run on standard Bridgestone tyres, so sensitive, soft driving was required.

Avec la 911 Turbo 3.3 IMSA Supercar, Porsche détient le véhicule idéal pour ce championnat : réaliser les meilleurs temps au tour n'est pas le seul enjeu.
Equipée de pneus Bridgestone de série, la Supercar nécessite une conduite sensible et souple.

El 911 Turbo 3.3 IMSA Supercar fue el Porsche perfecto para este campeonato, porque en esas carreras no bastaba con disponer de un coche rápido. Los coches competían con neumáticos Bridgestone de serie, por lo que era necesario contar con un coche de reacciones dóciles, que admitiera un estilo de conducción muy fino.

这款 911 Turbo 3.3 IMSA Supercar 堪称为该锦标赛打造的完美战车，因为这项赛事比的不仅仅是最短单圈时间。
由于使用的是标准普利司通轮胎，车手驾驶时必须反应灵敏并保持平稳。

911 TURBO 3.6 COUPÉ

1992

Ab Modelljahr 1992 erhielt der 911 Turbo einen neuen 3.6 Liter-Motor, der nun 360 PS bei 5500/min lieferte. Serienausstattung war ein 5-Gang-Schaltgetriebe und ein verbessertes Bremssystem mit rot lackierten 4-Kolben-Aluminiumfestsätteln.

Starting in the 1992 model year, the 911 Turbo got a new 3.6 litre engine that delivered 360 hp at 5500 rpm. A 5 speed manual transmission was standard, as was an improved brake system with red painted four-piston fixed calipers made of aluminium.

À partir de 1992, la 911 Turbo est équipée d'un nouveau moteur 3.6 litres capable de développer 360 ch à 5 500 tours/minute. En série, ce modèle est équipé d'une boîte à 5 rapports et de nouveaux freins à étriers fixes en aluminium à 4 pistons peints en rouge.

En 1992, el 911 Turbo fue equipado con un nuevo motor de 3.600 cc, capaz de entregar 360 CV a 5.500 rpm. Llevaba de serie una caja de cambios de 5 marchas y un sistema de frenos mejorado, con mordazas fijas de aluminio de cuatro bombines.

从 1992 年款开始，911 Turbo 配备了新款 3.6 升发动机，在 5500 rpm 的转速下输出功率高达 360 hp。标配 5 速手动变速箱，改进过的制动系统使用红色四活塞铝质固定卡钳。

911 CARRERA 2 COUPÉ

1992

Zum Modelljahr 1993 wurde das Farbprogramm übersichtlicher gestaltet. Sonderfarben wurden in die Serie übernommen. So kamen zu den Uni-Farben Signalgrün (Bild), Indischrot, Schwarz, Mintgrün und Maritimblau noch Grandprixweiß und 12 Metallicfarben dazu.

For the 1993 model year the colour palette was cleaned up, and special colours made standard. In addition to the unitary colours Signal Green (photo), Indian Red, Black, Mint Green and Maritime Blue, Grand Prix White and 12 metallic colours were added.

Pour le millésime 1993, la palette de couleurs devient plus cohérente. Certaines peintures spéciales sont proposées en série. Aux peintures unies – vert signal (photo), rouge indien, vert menthe et bleu maritime – s'ajoutent désormais le blanc Grand Prix ainsi que 12 peintures métallisées.

La gama de colores de los modelos de 1993 se estructuró de manera más clara. Diversos colores especiales se incluyeron en los colores ofrecidos de serie. Por lo tanto, a la gama de los colores verde intenso (en la fotografía), rojo índico, negro, verde menta, azul marítimo se sumaron el color blanco Grandprix y además de 12 colores metalizados.

1993 车型年，厂方重新调整了车身颜色配置，多种特殊颜色也作为标配提供。除了信号绿（见图片）、印第安红、黑色、薄荷绿、海洋蓝之外，还增加了大奖赛白和另外十二种金属漆颜色。

911 CARRERA 2 CABRIOLET TURBOLOOK

1992

Die von der Agentur Wensauer-DDB Needham gestaltete Werbekampagne »Vom Porschefahren« präsentierte sich ab Herbst 1991 in einem modifizierten, dreispaltigen Layout.

The “On Driving Porsche” campaign by the Wensauer-DDB Needham agency launched in the fall of 1991 with a new three-column layout.

La campagne publicitaire « De la conduite d’une Porsche » signée par l’Agence Wensauer-DDB Needham est présentée à partir de l’automne 1991 dans une version modifiée à trois colonnes.

La campaña publicitaria de la agencia Wensauer-DDB Needham titulada «Conducir un Porsche» tuvo una maquetación nueva a partir de otoño de 1991, con texto en tres columnas.

由 Wensauer-DDB Needham 公司设计的广告《驾驭保时捷》采用了令人耳目一新的三栏版式，该广告自 1991 年秋季开始投放。

911 CARRERA 4 COUPÉ

1992

Inhalt der neuen Kampagne waren Themen wie Design, Identität, Image, Individualität und Alltagstauglichkeit. Dennoch ging im Geschäftsjahr 1991/92 der Absatz an Fahrzeugen auf rund 23.000 Einheiten zurück.

The campaign revolved around design, identity, image, individuality and everyday use. Nevertheless, in the 1991/92 fiscal year Porsche unit sales declined to about 23,000 cars.

Cette campagne met l'accent sur des thèmes comme le design, l'identité, l'image, l'individualité et l'utilisabilité au quotidien. Mais cela ne suffit pas. Pour l'exercice 1991–92, les ventes affichent un recul et tombent à environ 23 000 unités.

La campaña se centró en temas como diseño, identidad, imagen, individualismo y uso diario. Sin embargo, en el ejercicio 1991/1992 las ventas se contrajeron y únicamente se vendieron alrededor de 23.000 unidades.

广告围绕产品的设计、定位、形象、个性和日常实用性等多个主题展开。然而，1991/92 财年保时捷车辆销售量下降到了23,000台。

911 CARRERA 4 COUPÉ

1992

Durch Kunststoff-Abdeckungen und eine Motorverkleidung (»aerodynamischer Diffusor«) wurde der Auftrieb an der Hinterachse um die Hälfte reduziert. Die Achslenker ragen nur im ausgefederten Zustand aus dem Unterboden heraus.

Plastic panels and an engine cover ("aerodynamic diffusor") reduced the lift at the rear axle by half. The axle struts protrude from the underbody only when rebounding.

Le recours au plastique et l'habillage du moteur (« diffuseur aérodynamique ») ont permis de réduire de moitié la portance à l'arrière. Les bras dépassent uniquement du fond lorsque les amortisseurs sont détendus.

Las fuerzas ascendentes que actúan sobre el eje posterior pudieron reducirse a la mitad con recubrimientos de material sintético y recubriendo el motor («difusor aerodinámico»). Los brazos del eje sobresalían de los bajos únicamente en estado extendido de la amortiguación.

通过使用塑料护板和发动机盖罩（符合空气动力学的扩散板），后桥升力降低了一半。悬挂系统的滑柱仅在车轮处于最大行程时从车底伸出。

PORSCHE SUPERCUP 1993

1993

Als zweiter Porsche-Markenpokal wurde 1993 der Porsche Supercup ins Leben gerufen, der auf europäischen Rennstrecken ausgetragen und mit Fahrern aus verschiedenen Nationen besetzt wurde.

The Porsche Supercup was inaugurated in 1993 and was the second Porsche brand cup. It was held on European tracks, with drivers from many countries.

En 1993, Porsche crée la Porsche Supercup, seconde coupe de marque de Porsche. Cette course sera disputée sur des circuits européens avec des pilotes de différentes nationalités.

En 1993 apareció el segundo campeonato de marca, el Porsche Supercup. Las carreras se disputaron en circuitos europeos y los pilotos provenían de diversos países.

保时捷超级杯作为第二项品牌赛事，1993 年正式揭幕，比赛在欧洲多个赛道上进行，选手来自世界各地。

911 CARRERA 2 CUP

1993

Der internationale Charakter des Supercups wurde durch den Einsatz eines VIP-Fahrzeugs durch das Werk noch unterstützt.
Der VIP-Carrera war durch die auf dem Dach lackierte Europa-Flagge eindeutig zu erkennen.

The international character of the Supercup was underlined by the use of a VIP car by the factory.
The VIP Carrera was easy to tell apart with its European flag painted on the roof.

Porsche souligne encore le caractère international de la Supercup en alignant côté usine un véhicule VIP.
La VIP-Carrera est reconnaissable entre toutes à son drapeau européen peint sur le toit.

El carácter internacional de la Supercup se acentuó adicionalmente con un coche VIP que contó con el apoyo oficial de la marca.
El Carrera VIP era inconfundible con su bandera europea pintada en el techo.

代表厂方出战的 VIP 战车，彰显了超级杯赛事的国际化特性。
这辆 VIP Carrera 车顶漆有欧盟旗帜，非常易于辨识。

911 CARRERA 2 CUP

1993

Sieben Mal war Porsche mit dem Supercup in der Saison 1993 im Rahmen der Formel 1 in Imola, Barcelona, Monte Carlo, Budapest, Silverstone, Hockenheim und Spa unterwegs. Zweimal startete der Supercup im Rahmen der Deutschen Tourenwagen-Meisterschaft.

In the 1993 season Porsche held the Supercup seven times, at the Formula 1 Imola, Barcelona, Monte Carlo, Budapest, Silverstone, Hockenheim and Spa. The Supercup was held twice as part of the German Tourer Championship.

Au cours de la saison 1993, Porsche dispute sept fois la Supercup en marge des Grands Prix de Formule 1 à Imola, Barcelone, Monte-Carlo, Budapest, Silverstone, Hockenheim et Spa. Et à deux reprises, la Supercup se dispute dans le cadre du Championnat allemand des voitures de tourisme.

Las carreras de 1993 de la Supercup de Porsche se disputaron justo antes de las carreras de la Fórmula 1 de Ímola, Barcelona, Monte Carlo, Budapest, Silverstone, Hockenheim y Spa. Además, en dos ocasiones antes de las carreras de la DTM.

1993 赛季，在伊莫拉、巴塞罗那、蒙特卡罗、布达佩斯、英国银石、德国霍根海姆和比利时斯帕赛道，保时捷超级杯七度为 F1 垫赛。两度为德国房车锦标赛垫赛。

911 CARRERA 2 COUPÉ

1993

Unter dem Slogan »So baut man Sportwagen« startete Porsche im September 1992 mit der Werbeagentur Jung von Matt eine neue Kampagne, in der man sich wieder mehr auf die Sportlichkeit der Fahrzeuge besann.

With the headline "How to build a sports car" Porsche launched a new campaign by the agency Jung von Matt which returned to the sporting aspects of the cars.

Avec le slogan « Voilà comment construire une voiture de sport », Porsche lance en septembre 1992, avec l'agence publicitaire Jung von Matt, une nouvelle campagne qui met à nouveau l'accent sur le caractère sportif de ses voitures.

Porsche lanzó una nueva campaña en 1992 con la agencia publicitaria Jung von Matt bajo el lema «Así se hacen coches deportivos», en la que se acentuó el carácter deportivo de los coches.

1992 年 9 月，保时捷与 Jung von Matt 广告公司合作，以“如何打造一辆跑车”为标题，开启了新一轮广告攻势，再度聚焦车辆的运动性。

911 CARRERA 2 COUPÉ

1993

Diese Werbeanzeige aus Thailand aus dem Jahr 1993 nimmt Bezug auf den Porsche 356 Nr. 1 aus dem Jahr 1948.

This 1993 advertisement from Thailand references the Porsche 356 No. 1 of 1948.

Cette publicité thaïlandaise de 1993 se réfère à la Porsche 356 n°1 de 1948.

Este aviso publicitario tailandés del año 1993 hace referencia al Porsche 356 n° 1 del año 1948.

这幅 1993 年的泰国广告揭示了 911 与 1948 年问世的保时捷 356 No.1 车型的渊源。

911 CARRERA 2 COUPÉ

1993

Die Anzeigenthemen stellten ein Bekenntnis zum schnellen, sportlichen und freudigen Fahren dar. Mit den teils provokanten Anzeigen sollte die Marke Porsche wieder ins Gespräch gebracht werden.

The advertisements represent an homage to fast, sporty, fun driving. The sometimes provocative ads were intended to make Porsche a topic of conversation again.

Les annonces publicitaires remettent l'accent sur la conduite rapide, sportive et exaltante. Ces publicités, pour certaines provocantes, sont destinées à refaire parler de la marque Porsche.

Los temas de los avisos publicitarios recalcaban el placer de conducir coches rápidos y deportivos. Los textos, algunos de ellos desafiantes, tuvieron la finalidad de que se volviera a hablar de la marca Porsche.

这些广告体现了同一主题——驾驶保时捷，快速动感而充满乐趣。其中一些很具挑衅意味，这次广告攻势意在引领保时捷品牌重新成为人们津津乐道的话题。

911 CARRERA 2 CABRIOLET

1993

Was auch erreicht wurde:
Die Porsche-Werbung wurde entweder geliebt oder gehasst, aber man konnte nicht darüber hinweg sehen.

And it worked – people loved the ads or hated them, but couldn't ignore them.

Mission accomplie! La publicité pour Porsche suscite l'adhésion ou le rejet, mais jamais l'indifférence.

Esta estrategia fue todo un éxito ya que el público quedaba entusiasmado o rechazaba la publicidad – pero nunca quedaba indiferente.

攻势带来了这样的效果——人们要么对这些保时捷广告赞不绝口，要么厌恶反感——但没有人对它们视而不见。

911 CARRERA 4 COUPÉ TURBOLOOK »30 JAHRE 911«

1993

Das Jubiläumsmodell war nur als Carrera 4 Coupé lieferbar. Die Farbe »Violametallic« wurde exklusiv für dieses Modell reserviert. Alternativ waren aber auch die Farben Silbermetallic und Amethystmetallic erhältlich.

The anniversary model was available only as a Carrera 4 Coupé, and the colour “Viola Metallic” was reserved exclusively for this model, but the car itself was also available in Silver Metallic and Amethyst Metallic.

Le modèle anniversaire n'est disponible qu'en Carrera 4 Coupé. La couleur « Viola Métallisé » est exclusivement réservée à ce modèle, également disponible en « argent métallisé » et « améthyste métallisé ».

El modelo especial con motivo del aniversario únicamente se entregó en la versión Carrera 4 Coupé. El color viola metalizado fue exclusivo de este modelo. Pero alternativamente también se ofreció en color plata metalizado y amatista metalizado.

30 周年纪念版仅提供 Carrera 4 硬顶跑车版本。“紫罗兰金属漆”这个颜色仅为该车型提供，客户还可以选择银色金属漆和紫晶色金属漆。

911 CARRERA 4 COUPÉ

1993

Ferry Porsche zusammen mit seinem ältesten Sohn Ferdinand Alexander Porsche anlässlich des Jubiläums »30 Jahre 911«.

Ferry Porsche with his oldest son Ferdinand Alexander Porsche at the "30 years of the 911" anniversary.

Ferry Porsche avec son fils aîné Ferdinand Alexander Porsche à l'occasion du jubilé « 30 ans de 911 ».

Ferry Porsche junto a su hijo mayor Ferdinand Alexander Porsche durante los festejos con motivo del aniversario «30 años 911».

Ferry Porsche 和他的大儿子 Ferdinand Alexander Porsche，在“911 三十周年”庆祝活动上的合影。

911 CARRERA 4 COUPÉ

1993

Anlässlich der Leichtathletik-WM 1993 in Stuttgart präsentierte der Aktionskünstler Wolfgang Flatz seine Skulptur »Champion piece« auf dem Stuttgarter Schlossplatz. 90 schwarze und weiße Elfer standen Spalier und bildeten eine »Schimmel- und Rappenparade«.

For the 1993 World Track & Field Championship in Stuttgart, well-known action artist Wolfgang Flatz presented his sculpture "Champion piece" at the Stuttgart Schlossplatz. 90 black and white 911 lined up at attention as a "Parade of black and white horses."

En 1993, à l'occasion des championnats du monde d'athlétisme à Stuttgart, l'artiste actionniste Wolfgang Flatz présente sa sculpture « Champion piece » sur la place du château à Stuttgart. 90 Porsche 911 noires et blanches forment une haie d'honneur.

Con motivo del campeonato mundial de atletismo de 1993 en Stuttgart, el artista Wolfgang Flatz, organizador de eventos de arte-acción, presentó su obra «Champion piece» en la plaza del castillo de Stuttgart. 90 modelos 911 de color blanco y negro desfilaron cual corceles de esos colores.

1993年斯图加特世界田径锦标赛之际，行为艺术家 Wolfgang Flatz 在斯图加特宫殿广场展示了他的雕塑《夺冠之作》。90辆黑色和白色的911一字排开，组成“黑白马队”。

911 CARRERA 2 SPEEDSTER TURBOLOOK

1993

Auch privat fuhr der bekannte Künstler Flatz ein besonders Auto: einen Porsche 911 Carrera 2 3.6 Speedster in der breiten Turbolook Version.

Flatz drove a special car in his off-hours as well, a Porsche 911 Carrera 2 3.6 Speedster in the broader Turbo-look version.

En privé, le célèbre artiste actionniste Wolfgang Flatz est également l'heureux propriétaire d'une voiture d'exception : une Porsche 911 Carrera 2, Speedster 3.6 dans la version élargie du look Turbo.

El conocido artista Flatz también conducía un coche muy especial: un Porsche 911 Carrera 2 3.6 Speedster con diseño tipo Turbo.

生活中，这位著名的艺术家开的也是一辆另类车，一台 Turbolook 宽车体版本的 911 Carrera 2 3.6 Speedster。

911 TURBO 3.6 COUPÉ FLACHBAU

1993

Für den 911 Turbo 3.6 wurde im Modelljahr 1994 von Porsche Exclusive eine in nur 76 Stück gebaute Flachbauvariante angeboten. Unter dem in Wagenfarbe lackierten Heckflügel befand sich ein leistungsgesteigerter Motor mit 385 PS.

For the 1994 911 Turbo 3.6 Porsche Exclusive offered a flat design variant in a limited edition of just 76 cars. Underneath the rear wing painted in the car colour, a boosted engine delivered 385 hp.

En 1994, Porsche Exclusive propose pour la Turbo 911 3.6 une variante « basse », produite en seulement 76 exemplaires. Sous l'aileron arrière, de la même couleur que la voiture, un moteur gonflé à 385 ch.

Porsche Exclusive presentó en 1994 un modelo más agazapado del 911 Turbo 3.6, del que se produjeron únicamente 76 unidades. Debajo del alerón del mismo color que la carrocería se encontraba un motor de potencia aumentada a 385 CV.

1994年，保时捷独家配件（Porsche Exclusive）在 911 Turbo 3.6 的基础上打造了扁平前脸款版本，限量 76 台。在与车身同色的尾翼之下，安装着性能进一步提升的 385 hp 发动机。

911 TURBO 3.6 COUPÉ FLACHBAU

1993

In die flachen Kotflügel wurden die ausklappbaren Hauptscheinwerfer aus dem Porsche 968 integriert. Hinzu kamen noch ein »Exclusive Frontspoiler 3.6« sowie neue Lufteinlässe für die Ölkühlung.

The flat fenders carried the pop-up headlights of the Porsche 968. It also featured the “Exclusive Front Spoiler 3.6” and new oil cooling air inlets.

Les ailes aplaties abritent les phares escamotables de la Porsche 968. S’ajoutent un spoiler avant « Exclusive 3.6 » et de nouvelles entrées d’air pour le radiateur d’huile.

En los pasos de rueda más bajos se integraron los faros abatibles del Porsche 968. Además, con un deflector aerodinámico frontal «Exclusive Frontspoiler 3.6» y nuevas entradas de aire para la refrigeración de aceite.

扁平的翼子板结合了保时捷 968 的弹出式大灯。此外，还增加了“前扰流板 3.6 独家配件”，以及新增的机油冷却进气口。

911 AMERICA ROADSTER GS

1993

Als Einzelstück und Sonderanfertigung von Porsche Exclusive entstand 1993 ein 911 America GS 3.6 für einen amerikanischen Kunden.

In 1993 Porsche Exclusive made an even more limited edition of just one, a special 911 America GS 3.6 for an American customer.

En 1993, Porsche Exclusive crée un modèle unique fabriqué sur mesure pour un client américain : une 911 America GS 3.6.

Una pieza única de edición especial de Porsche Exclusive para un cliente norteamericano: el 911 America GS 3.6.

1993 年，保时捷独家配件为一位美国客户特别打造了一台绝无仅有的孤品——一台911 America GS 3.6。

MOTORSPORT 1993

1993

Die Sportgeräte für die Rennsaison 1993: 911 Turbo IMSA-Supercar, 911 Turbo S Le Mans GT, 968 Turbo RS, 911 Carrera 2 Cup Version, 911 Carrera RSR.

The cars for the 1993 racing season: 911 Turbo IMSA-Supercar, 911 Turbo S Le Mans GT, 968 Turbo RS, 911 Carrera 2 Cup Version, 911 Carrera RSR.

Les bolides en lice pour la saison 1993 : la 911 Turbo IMSA-Supercar, la 911 Turbo S Le Mans GT, la 968 Turbo RS, la 911 Carrera 2 Cup Version, la 911 Carrera RSR.

Los bólidos para la temporada de carreras de 1993: 911 Turbo IMSA-Supercar, 911 Turbo S Le Mans GT, 968 Turbo RS, 911 Carrera 2 Cup Version, 911 Carrera RSR.

1993 赛季的战车：911 Turbo IMSA-Supercar、911 Turbo S Le Mans GT、968 Turbo RS、911 Carrera 2 Cup Version、911 Carrera RSR。

911 TURBO S LE MANS GT

1993

Le Mans 1993: Der neue 911 Turbo S Le Mans GT, gefahren von Hans-Joachim Stuck, Hurley Haywood und Walter Röhrl, zeigte eindrucksvoll sein technisches Potential, musste aber bereits in den Abendstunden nach einem Auffahrunfall aufgeben.

Le Mans 1993: The new 911 Turbo S Le Mans GT, driven by Hans-Joachim Stuck, Hurley Haywood and Walter Röhrl, impressively demonstrated its technical potential, but had to give up the first evening after a rear-end collision.

Le Mans 1993 : la nouvelle 911 Turbo S Le Mans GT pilotée par Hans-Joachim Stuck, Hurley Haywood et Walter Röhrl affiche un potentiel technique impressionnant, mais doit abandonner la course dès le premier soir après un incident de course.

Le Mans 1993: el nuevo 911 Turbo S Le Mans GT, pilotado por Hans-Joachim Stuck, Hurley Haywood y Walter Röhrl, impresionò por su potencial tecnológico, pero por la noche tuvo que abandonar debido a un accidente.

勒芒1993：崭新的911 Turbo Le Mans GT，由Hans-Joachim Stuck、Hurley Haywood和Walter Röhrl驾驶，霸气十足地展示了它的技术潜力，然而不幸当晚遭遇追尾事故，不得不退出比赛。

911 TURBO 3.6 IMSA-SUPERCAR

1993

Der große Erfolg des 911 Turbo in der IMSA-Supercar-Rennserie wurde 1993 in verschiedenen Werbeanzeigen thematisiert.

The great success of the 911 Turbo in the IMSA-Supercar was the subject of several advertisements in 1993.

L'immense succès de la 911 Turbo dans la série de courses Supercar IMSA fait l'objet de nombreuses publicités en 1993.

El éxito del 911 Turbo en la serie IMSA-Supercar quedó reflejado en diversos avisos publicitarios de 1993.

911 Turbo在IMSA系列赛事的累累战功，也在不同广告中大为宣传。

911 TURBO 3.6 IMSA-SUPERCAR

1993

Mit großem Erfolg verlief der Einsatz des 911 Turbo 3.6 IMSA-Supercar in den Übersee-Rennen. Porsche sicherte sich zum dritten Mal in Folge die IMSA-Supercar-Meisterschaft. Mit Siegen bei sieben von neun Rennen konnte Hans-Joachim Stuck auch die Fahrerwertung für sich entscheiden.

The 911 Turbo 3.6 IMSA-Supercar was very successful in overseas races, and Porsche took the IMSA-Supercar Championship for the third time in a row.
Winning seven out of nine races, Hans-Joachim Stuck also took the top driver slot.

La 911 Turbo 3.6 IMSA-Supercar cumule les victoires dans les courses outre-mer. Pour la troisième fois consécutive, Porsche remporte le championnat Supercar IMSA. Vainqueur de sept courses sur neuf, Hans-Joachim Stuck remporte également le classement des pilotes.

El 911 Turbo 3.6 IMSA-Supercar tuvo mucho éxito en las carreras disputadas en el continente americano. Porsche logró ganar el campeonato IMSA-Supercar por tercer año consecutivo.
Hans-Joachim Stuck ganó siete de las nueve carreras, coronándose campeón.

911 Turbo 3.6 IMSA-Supercar 在海外赛场战绩骄人。连续三次捧得IMSA 超跑锦标赛冠军。
Hans-Joachim Stuck九战七胜，也为自己赢得了最佳车手的荣誉。

PORSCHE
Triumph in USA ´93
1. Porsche 173 Punkte
2. Lotus 145 Punkte
3. Pontiac 111 Punkte
4. BMW 105 Punkte
5. Chevrolet 102 Punkte
IMSA
Supercar
1. Hans-Joachim Stuck, Porsche 212 Punkte
2. Doc Bundy, Lotus 162 Punkte
Andy Pilgrim, Lotus 162 Punkte
4. Hurley Haywood, Porsche 161 Punkte
5. Mike Gagliardo, Pontiac 141 Punkte
BRIDGESTONE
58
Brumos Porsche
Kendall ELITE
zymöl
IMSA
zymöl
BOSCH
PAGID
Dr.Ing.h.c.F.Porsche AG Stuttgart-Zuffenhausen · Printed in Germany 11/93 · Fotos: H.Crocker · Entwurf: Atelier S.Lagally · WWM 360 710

911 CARRERA RS 3.8

1993

In der Rennsportabteilung in Weissach entstand 1993 der 911 Carrera RS 3.8. Die Fronthaube und die Türen der breiten Turbo-Karosserie wurden aus Aluminium gefertigt.

The 911 Carrera RS 3.8 took shape in the Racing Department in Weissach in 1993. It had the wide Turbo body, and the hood and doors were of aluminium.

En 1993, le département de courses à Weissach conçoit la 911 Carrera RS 3.8. Le capot et les portières de la carrosserie Turbo élargie sont en aluminium.

En la sección de coches de competición de Weissach apareció el 911 Carrera RS 3.8 en el año 1993. El capó y las puertas de la ancha carrocería del coche con motor turbo fueron de aluminio.

911 Carrera RS 3.8，1993年诞生于魏斯阿赫的赛车部门。它配备了Turbo 车型的宽体车身，前盖和车门均为铝制。

911 CARRERA RS 3.8

1993

Der Hubraum wurde durch Zylinder mit 102 Millimeter Bohrung auf 3.8 Liter gesteigert, wodurch nun 300 PS erreicht wurden.

102 mm bore cylinders brought the displacement to 3.8 litres, giving 300 horsepower.

La cylindrée passe à 3.8 litres avec un alésage porté à 102 millimètres. La puissance atteint désormais 300 ch.

Con los cilindros de diámetro de 102 milímetros, el motor aumentó su cilindrada a 3.800 cc, obteniéndose así una potencia de 300 CV.

发动机 102 mm 的缸径使排量达到 3.8 升，可以迸发出 300 hp 的强劲动力。

911 CARRERA 2 CUP

1994

Während im Supercup bereits der neue 911 (993) Carrera zum Einsatz kam, wurde im Carrera Cup die Saison 1994 zur Abschiedsvorstellung für den 964. Sieger dieser Meisterschaft wurde Bernd Mayländer.

The new 911 (993) Carrera was already running in the Supercup, and the 1994 Carrera Cup became the final showing of the 964 on the track. Bernd Mayländer won this particular championship.

Alors que la nouvelle 911 (993) Carrera fait déjà son apparition en Supercup, la 964 tire sa révérence à la Carrera Cup au cours de la saison 1994. Vainqueur de ce championnat : Bernd Mayländer.

Mientras en la Supercup ya participó el nuevo 911 Carrera tipo 993, la Carrera Cup de la temporada de 1994 se transformó en un acto de despedida del 964. El campeonato lo ganó Bernd Mayländer.

尽管新款 911 Carrera（993系列）已经登上超级杯的赛场，但 1994 赛季卡雷拉杯上，964 仍出战告别赛。这次比赛由 Bernd Mayländer 捧杯。

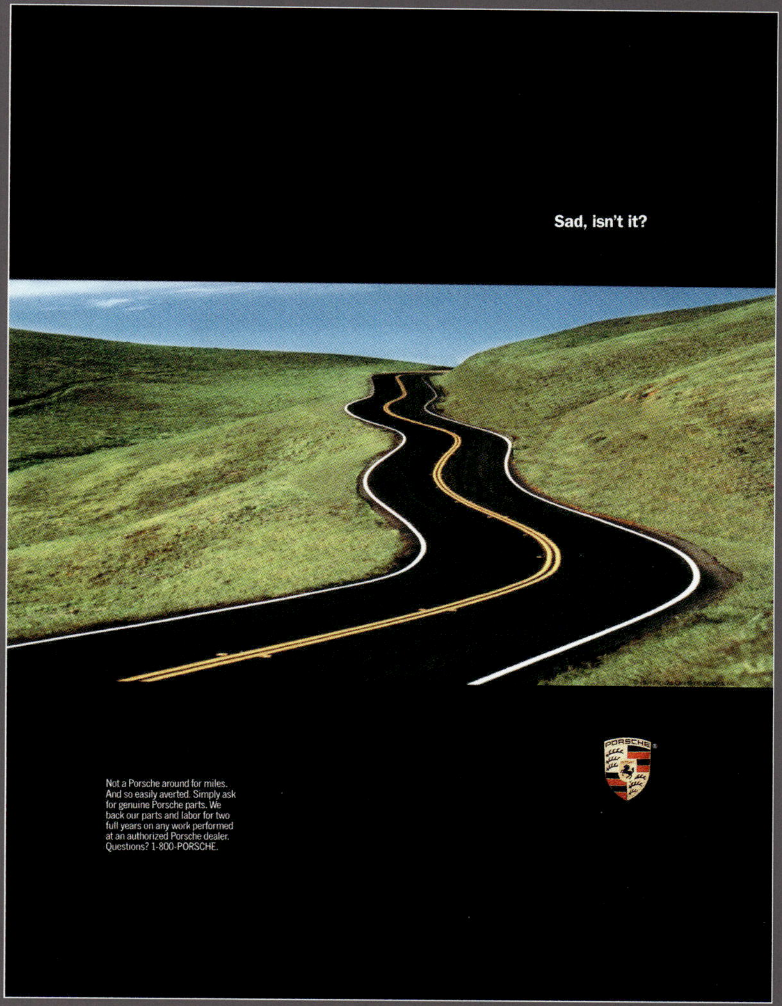

911 CARRERA

1994

Bereits ein Jahr nach Produktionsende wurde in den USA der 911 Carrera der Baureihe 964 als Gebrauchtwagen in einer Anzeigen-Kampagne beworben. Motto dabei: »There are no old Porsches. Only new owners.«

Just a year after the end of production, the 964 series 911 Carrera was the subject of an ad campaign in the US for used cars. The theme was "There are no old Porsches. Only new owners."

Un an à peine après la fin de sa production, une campagne américaine propose la 911 Carrera (version 964) d'occasion avec un slogan qui marque les esprits : « Il n'y a pas de vieilles Porsche, seulement de nouveaux propriétaires ».

Tan solo un año después de finalizar la fabricación del 911 Carrera tipo 964, se lanzó una campaña de venta de coches usados en los EE.UU. El lema de la campaña: «No hay Porsches viejos. Sólo hay propietarios nuevos.»

停产刚一年，964 系列的 911 Carrera 就作为易手车出现在一则美国广告中。宣传语是：“没有过时的保时捷。只有新主人。”

KAPITEL 4

DER LETZTE LUFT-GEKÜHLTE

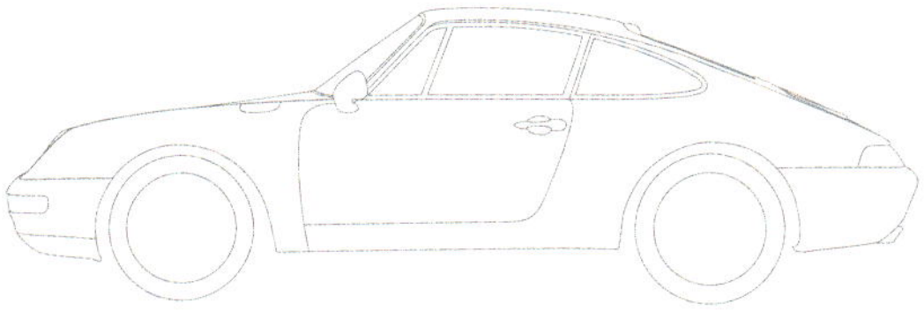

1993–1998

TYP 993

993 MODEL

TYPE 993

TIPO 993

993 车型

ТИП 993

Dieser 911, intern 993 genannt, ist bis heute die große Liebe vieler Porsche-Fahrer. Zum einen liegt das an der auffallend schönen Gestaltung. Die integrierten Stoßstangen unterstreichen den harmonischen Gesamteindruck. Die Frontpartie ist flacher als bei den Vorgängern, möglich gemacht durch den Wechsel von Rund- zu Polyellipsoid-Scheinwerfern. Daneben gilt der 993 als besonders ausgereift und zuverlässig. Und agil, denn als erster 911 erhält er ein neu konstruiertes Aluminiumfahrwerk. Erstmals ist die Turbo-Variante mit einem Biturbo-Aggregat ausgestattet, das 1995 als emissionsärmster Serien-Automobilantrieb der Welt gilt. Eine weitere Innovation der allradangetriebenen Turbo-Version sind die erstmals im Automobilbau verwendeten Hohlspeichen-Aluminiumfelgen. Für ganz schnelle Sportwagenfreunde bietet Porsche den 911 GT2 an. Eine Neuheit des 911 Targa ist das elektrisch hinter die Heckscheibe zurückfahrende Glasdach. Der wichtigste Grund aber, warum die »gusseisernen« Porsche-Enthusiasten den 993 bis heute schätzen: Die von 1993 bis 1998 gebaute Version ist der letzte Elfer mit luftgekühltem Motor.

CHAPTER 4

FINAL AIR-COOLED INCARNATION

Right up until the present, this 911 with the internal design number 993 remains the only true love of many Porsche drivers. One obvious reason is its strikingly beautiful shape. The integrated bumpers underscore the smooth elegance of its styling. The front section is more low-slung than in the earlier models and this revamp was made possible by the change from round to polyellipsoid headlights. The 993 also has a reputation for thoroughly proven reliability – not to mention agility, being the first 911 with a predominantly aluminum chassis. The Turbo version was the first to have a bi-turbo engine, making it the cleanest and greenest regular automotive powertrain in the world in 1995. The hollow-spoke aluminum wheel rims, never previously used in automotive construction, were yet another innovation featured in the all-wheel drive Turbo version. The Porsche 911 GT2 was particularly aimed at sports car purists who cherish the thrill of high speeds. An electric glass roof that slid under the rear window was a novelty in the 911 Targa. Yet the main reason ardent Porsche enthusiasts still revere the 993 is that this model, produced from 1993 to 1998, was the last 911 with an air-cooled engine.

CHAPITRE 4

DERNIER REFROIDISSE-MENT À AIR

Pour de nombreux Porschistes, l'histoire d'amour avec cette 911, appelée en interne 993, ne s'est jamais terminée. Et pour cause ! Sa ligne est particulièrement réussie, avec des pare-chocs parfaitement intégrés qui renforcent l'impression d'harmonie. L'avant est plus plat que sur ses devancières, grâce à l'adoption d'optiques de forme poly-ellipsoïdales à la place des phares ronds. En outre, la 993 a gagné en maturité, en fiabilité et en agilité. C'est la première 911 au châssis tout alu. Autre première : la version Turbo est équipée d'un bloc biturbo, le moins polluant de tous ceux fabriqués en série en 1995. La version Turbo à transmission intégrale innove encore avec ses jantes alu à rayons creux, une première dans l'industrie automobile. Pour les amateurs de vitesse, Porsche propose la 911 GT2. La 911 Targa innove avec son toit de verre à commande électrique, rétractable et qui vient se loger derrière la lunette arrière. En fait, si les Porschistes purs et durs aiment tant la 993, c'est parce que cette version, construite de 1993 à 1998, est la dernière 911 refroidie par air.

CAPÍTULO 4

EL ÚLTIMO CON MOTOR REFRIGERADO POR AIRE

Este 911, que internamente se llamó 993, sigue siendo hasta el día de hoy el preferido de muchos porschistas. Los paragolpes integrados subrayan su bella expresión estética. La parte frontal es algo más baja que la de sus antecesores, una solución de diseño que fue posible gracias al cambio de faros redondos a faros elípticos. Además, el 993 fue y sigue siendo considerado un coche especialmente maduro y fiable. Y, también, muy ágil, pues fue el primer 911 que tuvo un chasis nuevo de aluminio. La variante con motor turbo tenía un sistema biturbo. En 1995, el 993 fue considerado el coche fabricado de serie con el menor nivel de emisiones del mundo. Otra novedad del modelo turbo con tracción total fueron sus llantas de aluminio, las primeras con radios huecos utilizadas en un automóvil. Los amantes de coches deportivos de altas prestaciones pudieron optar por el 911 GT2. El 911 Targa, por su parte, asombró por su techo de vidrio escamoteable de accionamiento eléctrico, que se desliza hasta detrás de la luneta. Pero hay una razón más por la que los entusiastas más acérrimos de la marca siguen siéndole fiel al 993 hasta hoy: esta versión, que se fabricó desde 1993 hasta 1998, fue la última con motor refrigerado por aire.

第 4 章

最后一款风冷车型

这款内部设计编号为 993 的 911车型，至今依然是众多保时捷车主的最爱。其出类拔萃的设计使得它堪称一代经典——一体式保险杠突出了平稳、优雅的风格；将圆形大灯改成椭圆形大灯，使车身其前部线条较前代车型更为平滑。上市之后，993 以其出色的可靠性和稳定性在短时间内声名鹊起，而作为第一款采用全新铝质底盘设计的 911，其卓越的灵活性也迅速得到车坛的认可。Turbo版本首次配备了双涡轮增压发动机，这使其在 1995 年被评为“全球排放最低的量产车动力传动系”。这款四轮驱动涡轮增压跑车的另一项创新是首次用于汽车制造的空心式轮辐合金车轮。除此之外，保时捷还为热爱速度的跑车爱好者推出了 911 GT2。911 Targa还有一项创新：可在后窗下滑动的电动玻璃天窗。不过，让骨灰级保时捷爱好者对 993至今仍难以忘怀的真正原因是：这款生产周期从1993 年到1998 年的跑车是最后一款配备风冷式发动机的 911。

ГЛАВÁ 4

ПОСЛЕДНИЙ С ВОЗДУШНЫМ ОХЛАЖДЕНИЕМ

Этот 911-й с внутризаводским индексом 993 до сих пор остается большой любовью многих водителей Porsche. С одной стороны, это объясняется его ярким и красивым дизайном. Интегрированные бамперы подчеркивают общее гармоничное впечатление. Передняя часть сделана более плоской, чем у предшественников. Это стало возможным благодаря переходу от круглых к полиэллипсоидным фарам. Кроме того, считается, что 993-й отличался особенным техническим совершенством и надежностью. А также маневренностью, так как он первым среди моделей 911 получил новую алюминиевую ходовую часть. Впервые турбированный вариант оснащался двойным турбонаддувом, что позволило в 1995 году назвать этот силовой агрегат самым экологически чистым серийным автомобильным двигателем в мире. Еще одной новинкой полноприводной турбированной версии стали впервые использованные в автомобилестроении алюминиевые диски с полыми спицами. Для любителей высоких скоростей Porsche предлагает модель 911 GT2. Новинкой у 911 Targa стала стеклянная крыша, которая сдвигалась под заднее стекло. Но самая главная причина, по которой стойкие приверженцы Porsche до сих пор высоко ценят модель 993, заключается в том, что это эта выпускавшаяся с 1993 по 1998 год версия была последним „девятьсот одиннадцатым“ с двигателем с воздушным охлаждением.

911 CARRERA COUPÉ

1991

Eine der ersten Designskizzen der 993 genannten Elfer-Generation aus dem Jahr 1991. Die Ideen der Porsche-Designer waren bereits nahe am späteren Serienfahrzeug.

One of the first design sketches of the "993" generation of the Eleven from 1991. The ideas of the Porsche designers were already close to what would later become the production vehicle.

L'un des premiers croquis, de 1991, du design de la nouvelle génération 911, baptisée 993. Les idées des concepteurs de Porsche étaient déjà très proches du véhicule de série développé par la suite.

Uno de los primeros esbozos de la generación 993 del 911 del año 1991. Las ideas de los diseñadores de Porsche ya se asemejaban mucho a lo que posteriormente sería el modelo fabricado en serie.

1991 年，993 系列最初的设计草图之一。保时捷设计师的构思已非常接近后来的量产设计。

911 CARRERA

1991

Diese Designskizze zeigt verschiedene Detaillösungen, die Gesamtform stand zu diesem Zeitpunkt bereits fest.

This design sketch shows various detail solutions. The basic shape had already been decided at this point.

Ce croquis montre différents détails. A ce stade de la conception, la ligne globale est déjà arrêtée définitivement.

Estos borradores de diseño muestran diversos detalles. Por esas fechas, ya se habían definido las formas del coche.

这张草图展示了多个细节处理，当时大体的设计方案已经敲定。

911 CARRERA COUPÉ PROTOTYP

1993

Bevor der neue 911 Carrera auf der IAA in Frankfurt vorgestellt werden konnte, musste er umfangreiche Erprobungs- und Testfahrten absolvieren. Eine wichtige Innovation des 993 war die neue Mehrlenker-Hinterachse.

Before the new 911 Carrera could be unveiled at the IAA in Frankfurt, it had to go through extensive trials and test drives. The new multi-link rear axle was an important innovation of the 993.

Avant d'être présentée au Salon international de l'automobile à Francfort, la nouvelle 911 Carrera doit se soumettre à toute une batterie de tests et essais sur route. L'une des principales innovations de la 993 est le nouvel essieu arrière à bras multiples.

Antes de su presentación en el salón del automóvil de Fráncfort IAA, el nuevo 911 Carrera tuvo que someterse a duras y exhaustivas pruebas. Una de sus principales innovaciones fue el eje posterior de brazos múltiples.

新款 911 Carrera 在法兰克福车展发布之前，首先必须经过大量测试和试车。多连杆后桥是 993 系列的一大重要创新。

Carrera

911 CARRERA COUPÉ

1993

Nach fünf Jahren Entwicklungsarbeit entstand dieses Gruppenfoto mit den Projektverantwortlichen des neuen 911 Carrera.

This group photo of the people responsible for the new 911 Carrera was taken after five years of development work.

Après cinq ans de développement, photo de groupe avec les chefs de projet de la nouvelle 911 Carrera.

Al finalizar el trabajo de desarrollo transcurridos cinco años, se tomó la fotografía en la que aparecen los responsables del proyecto del nuevo 911 Carrera.

长达五年的研发工作结束后，新款 911 Carrera 项目组工作人员拍摄了这张集体照。

911 CARRERA COUPÉ

1993

Genau 30 Jahre nach der Premiere auf der IAA 1963 stellte Porsche 1993 die neueste Entwicklungsstufe dieser Baureihe vor: den neuen 911 Carrera der Baureihe 993.

Exactly 30 years after its premiere at the 1963 IAA, Porsche presented the newest development stage of the series, the new 993 series 911 Carrera, in 1993.

En 1993, 30 ans exactement après sa première au Salon international de Francfort en 1963, Porsche présente la dernière évolution de cette série : la nouvelle 911 Carrera type 993.

Porsche presentó la última generación del 911 Carrera, el tipo 993, exactamente 30 años después del estreno del 911 en el salón del automóvil IAA de 1963.

1963 年，911 在法兰克福车展首次亮相：时隔整整三十年，993 系列的全新 911 Carrera 在 1993 年再次登上了法兰克福的展台。

911 CARRERA COUPÉ

1993

Zum Auftakt der IAA im September 1993 schaltete Porsche in überregionalen Tageszeitungen ganzseitige Anzeigen, in denen man selbstbewusst und detailliert die zahlreichen technischen Neuerungen des 993 beschrieb.

In the run-up to the IAA in September 1993 Porsche ran full-page ads in national dailies, confidently describing the technical innovations of the 993 in detail.

En septembre 1993, pour l'ouverture du Salon international de l'automobile, Porsche publie des encarts d'une page entière dans les quotidiens nationaux pour présenter fièrement et en détail les nombreuses innovations techniques de la 993.

Al inicio del salón del automóvil IAA en septiembre de 1993, Porsche lanzó una campaña de avisos publicitarios en periódicos de difusión nacional, explicando orgullosamente las numerosas innovaciones técnicas del 993.

1993 年 9 月法兰克福车展开幕前夕，保时捷在多家全国性日报上刊登整版广告，充满自信地详尽介绍了 993 车型的多个技术新亮点。

911 CARRERA COUPÉ

1993

Bei der Markteinführung des neuen 911 Carrera lautete der Claim: »Der neue Carrera: 911% Faszination«.
Die optische Gestaltung der Kampagne geriet wieder etwas dezenter als beim Vorgängertyp 964.

The headline for the market launch of the new 911 Carrera was "The new Carrera: 911% fascination."
The visual design of the new campaign was a little more restrained than that for the predecessor 964.

La nouvelle 911 Carrera est lancée avec son slogan : « La nouvelle Carrera : 911 % de liberté »
Sur le plan visuel, cette campagne est légèrement plus sobre et plus discrète que celle pour le modèle 964.

Cuando se lanzó al mercado el nuevo Carrera 911, el lema publicitario fue: «El nuevo Carrera: 911% fascinación».
El diseño de la campaña fue algo más reservado que en el caso del modelo anterior, el 964.

新款 911 Carrera 上市时打出了这样的宣传口号："新款 Carrera: 911% 精彩。"
相比之前的 964 系列，这次广告的视觉设计更加低调雅致。

911 CARRERA COUPÉ

1993

Bei der Auswahl des neuen Claims spielte auch die Internationalität eine wichtige Rolle.

The new headline was chosen with internationality as a high priority.

Le choix du nouveau slogan publicitaire tient compte de la dimension internationale.

Los autores de la campaña también le concedieron más importancia a su carácter internacional.

新的广告语将是否国际通用作为首要标准。

911 CARRERA COUPÉ

1993

Die Botschaften der Kampagne waren in allen Märkten identisch.

The campaign messages were the same in all markets.

Les messages de la campagne sont les mêmes pour tous les marchés.

Los mensajes de la campaña fueron idénticos en todos los mercados.

从而确保了广告传达的讯息在所有市场都保持一致。

911 CARRERA COUPÉ

1993

Die Modellwerbung bewegte sich zwischen den Themenfeldern Emotion, Sportlichkeit und technischer Innovation. Auch die von der Farbe Blau dominierten Bildmotive sollen den Wiedererkennungswert der Werbung verstärken.

Advertising for the series addressed emotions, sportiness and technical innovation. The dominant colour was blue, which was intended to boost recognition for the campaign.

La publicité pour les différents modèles joue sur plusieurs registres : émotion, caractère sportif et innovation technologique. Les visuels à dominante bleue sont destinés à renforcer la notoriété et la visibilité des annonces publicitaires.

La publicidad del modelo abordó temas tan diversos como emoción, deportividad e innovación tecnológica. En las imágenes predominó el color azul, aumentando el grado de identificación de la publicidad.

本系列广告融合了情感要素、运动乐趣和技术创新等多个主题。图片以蓝色为主色调，可以增强广告的辨识度。

PORSCHE
So baut man Sportwagen
Er ist die sportliche Höchstleistung des Jahrzehnts. Ein high-tech Auto, dessen Faszination kein Limit kennt. Denn der neue Elfer ist überraschend neu. So neu, wie sein 6. Vorwärtsgang, seine 272 PS oder das aerodynamische Design. *Wenn Sie mehr über die neue Legende wissen möchten, dann kommen Sie jetzt zu Ihrem Porsche Händler.*
Der neue 911: Charakterstärke bis in den 6. Gang

911 CARRERA CABRIOLET

1994

Anfang Januar 1994 wurde auf der Motor Show in Detroit auch das 911 Carrera Cabriolet der neuen Generation der Weltöffentlichkeit vorgestellt.

In early January 1994 the 911 Carrera Cabriolet of the new generation was introduced to the global public at the Detroit Motor Show.

Début janvier 1994, Porsche profite du Motor Show de Détroit pour présenter au monde entier la version décapotable de cette dernière génération de la 911 Carrera.

A principios de enero de 1994 se estrenó mundialmente el 911 Carrera Cabriolet de la nueva generación en el salón del automóvil de Detroit.

1994 年 1 月初，新一代 911 Carrera Cabriolet 在底特律车展发布，向全世界一展风采。

911 CARRERA CABRIOLET

1994

Mitte März konnten rund 200 Journalisten in der frühlingshaften Toskana die ersten Fahreindrücke sammeln.

In mid-March some 200 journalists were invited to give the car a spin in balmy Tuscany.

A la mi-mars, printemps en Toscane : 200 journalistes peuvent recueillir leurs premières impressions sur route.

A mediados de marzo, unos 200 periodistas pudieron obtener unas primeras impresiones del coche conduciendo por parajes primaverales de la Toscana italiana.

同年 3 月中旬，大约 200 名记者受邀来到早春明媚的托斯卡纳，体验了这款全新敞篷跑车的极致魅力。

911 CARRERA CABRIOLET

1994

Mit einem vollautomatischen Windschott bot Porsche für das 911 Carrera Cabriolet ein exklusives Feature an. Das Windschott stellte sich beim Öffnen selbstständig auf und senkte sich beim Schließen ebenfalls automatisch.

Porsche offered an exclusive wind deflector for the 911 Carrera Cabriolet. The deflector extended automatically when the top went down and retracted automatically when it went back up.

Le filet anti-remous entièrement automatisé de la 911 Carrera Cabriolet est une caractéristique exclusive de ce modèle. Il remonte et s'abaisse automatiquement lors de l'ouverture et de la fermeture de la capote.

El deflector del habitáculo del 911 Carrera Cabriolet fue un sistema de carácter exclusivo. Se colocaba en posición vertical automáticamente al abrir la capota, y se volvía a replegar al cerrarla.

保时捷专为 911 Carrera Cabriolet 配备了全自动挡风板。挡风板在顶篷打开时自动升起；顶篷关闭时则自动降下。

911 CARRERA CABRIOLET

1994

Die international adaptierte Kampagne wurde Anfang 1994 auch bei der Einführung des Cabriolets weitergeführt.
Der Grundpreis des 911 Cabriolet betrug 142.600 DM.
Ebenfalls exklusiv ist die Stückzahl: Nur 7.730 Einheiten wurden produziert.

The campaign was adapted internationally and continued in early 1994 with the launch of the Cabriolet.
The price of the basic 911 Cabriolet was DM 142,600.
The production run was similarly exclusive, at just 7730 cars.

Début 1994, pour le lancement de la décapotable, Porsche décide de reconduire la même campagne publicitaire, avec des adaptations internationales.
Le prix de base de la 911 Cabriolet est de 142 600 DM.
Le nombre de véhicules produits reflète, lui aussi, le caractère plutôt exclusif du produit : en tout et pour tout, il en sortira 7 730 de l'usine.

La campaña publicitaria internacional continuó a principios de 1994 con la presentación del Cabriolet.
El precio básico del 911 Cabriolet fue de 142.600 DM.
Y la cantidad fabricada también fue muy exclusiva: tan sólo fueron 7.730 unidades.

随着 1994 年初 Cabriolet 车型的上市，这一广告攻势也在世界范围内得以延续。
911 Cabriolet 起价为 142,600 德国马克。该车型的产量较少，总共生产了 7,730 辆。

911 CARRERA COUPÉ

1994

Zu Beginn des Geschäftsjahres 1994/95 engagierte Porsche die Full-Service-Werbeagentur KEK, Klaus E. Küster, aus Frankfurt als weltweite Porsche Leadagentur.

At the start of the 1994/95 fiscal year Porsche tapped the full-service Frankfurt ad agency KEK, Klaus E. Küster, as its worldwide lead agency.

Au début de l'exercice 1994–95, Porsche engage l'agence publicitaire « full service » KEK, Klaus E. Küster, de Francfort. Sa mission : orchestrer toutes les activités publicitaires de Porsche dans le monde entier.

Al inicio del ejercicio 1994/1995, Porsche contrató a la agencia publicitaria KEK, Klaus E. Küster, de Fráncfort para que lidere las campañas publicitarias a nivel mundial.

从 1994/95 财年开始，保时捷携手总部位于法兰克福的全方位服务广告机构 KEK (Klaus E. Küster)，统筹规划全球的保时捷广告宣传。

911 CARRERA COUPÉ

1994

Die neue Kampagne unterschied sich nicht nur optisch von der bisherigen Porsche-Werbung. Ziel war auch ein sympathisches und sozial akzeptiertes Markenbild zu etablieren.

The new campaign didn't just look different from previous Porsche advertising. It also had a different goal, to establish the brand as likeable and socially accepted.

La nouvelle campagne se distingue des anciennes publicités de Porsche non seulement par ses visuels mais aussi par son objectif qui est de créer une image de marque sympathique et socialement acceptée.

La nueva campaña publicitaria de Porsche no solamente se diferenció ópticamente de las anteriores. La meta consistió en crear una imagen de marca agradable, de aceptación social.

新一轮的广告攻势不仅在视觉风格上与以前迥异，宣传目标也转变为树立更具亲和力、更为社会认同的品牌形象。

911 CARRERA CABRIOLET

1994

Der Wiedererkennungswert der Porsche-Werbung sollte mit einer weltweit einheitlichen »Porsche Corporate Identity« gesteigert werden.
Ein Ziel der Kampagne war eine sachliche, allgemein verständliche Darstellung sowie eine klare, ästhetisch anspruchsvolle Optik.

A unified corporate identity was deployed worldwide to boost the recognition value of Porsche advertising.
The campaign was designed to present Porsche in a factual, generally understandable way with a clear, aesthetically appealing visual design.

La notoriété et la visibilité de la publicité doivent être renforcées par une identité homogène de la marque Porsche dans le monde entier.
Parmi les objectifs de la campagne : une présentation sobre, facile à comprendre pour tout le monde, et un visuel clair et esthétique.

La identificación de la marca a través de la publicidad de Porsche fue acrecentada mediante una «identidad corporativa de Porsche» uniforme en todo el mundo.
La finalidad de la campaña fue emitir un mensaje claro, así como la utilización de un diseño nítido, de alta cualidad estética.

通过应用全球统一的“保时捷企业形象识别系统”，提高了保时捷广告的辨识度。
广告的内容实事求是、通俗易懂，而在视觉设计上简约明朗、富于美感——这是全新广告策略的着眼点。

La 911 fait reculer les limites du temps

Peinture métal en option · Jantes 17 p. d'un modèle différent en France.

la 911 Carrera 4 fait reculer les limites du possible

Répartir la puissance d'une Porsche sur ses 4 roues, c'est multiplier le plaisir et la sécurité, par tous les temps, dans toutes les situations et sur toutes les routes. Avec la nouvelle 911 Carrera 4, Porsche fait progresser la transmission intégrale. A tel point que maintenant, c'est la route qui colle à la voiture. Tout a été mis en oeuvre pour en faire une référence en matière de sécurité routière : système de freinage à antiblocage (ABS 5ème génération), différentiel Autobloquant, double sac gonflable, nouvel essieu arrière optimisant l'adhérence en courbe, renforts de portières, appuis-tête intégrés aux sièges... A ce niveau, la transmission intégrale est un concept qui tient la route. Intégralement.
Porsche préconise Motul.
Informations au 3615 PORSCHE (1,27F/mn).

MOTUL

PORSCHE

911 CARRERA COUPÉ

1994

Der Wunsch, ein Auto im Einklang mit den Anforderungen der modernen Gesellschaft zu bauen, hatte auf Initiative von Porsche zur Gründung des Forums »Auto und Umwelt« geführt.
Am Beispiel eines 911 Carrera demonstrierte Porsche die Recyclingfähigkeit eines Fahrzeugs.

The desire to build a car that met the needs of modern society led to the founding of the Auto and Environment forum on Porsche's initiative. Using a 911 Carrera as an example, Porsche demonstrated the recyclability of a car.

Le désir de construire un véhicule en harmonie avec les exigences de la vie moderne conduit Porsche à créer le forum « Voiture et environnement ».
En se fondant sur l'exemple de la 911 Carrera, Porsche démontre le potentiel de recyclage d'un véhicule.

Respondiendo al deseo de compaginar los automóviles con las exigencias de la sociedad moderna, Porsche asumió la iniciativa para crear el foro «Automóvil y medio ambiente».
Recurriendo al ejemplo del 911 Carrera, Porsche demostró las posibilidades de reciclar las partes de un coche.

打造一台能够完全胜任现代社会各种需求的汽车——正是在这个愿望的推动下，保时捷发起创办了“汽车和环境”论坛。
保时捷以一台 911 Carrera 为例，展示了车辆循环利用的潜力。

911 CUP 3.8

1994

Porsche-Hausfotograf Christoph Bauer fotografierte die Armada der 911 Cup 3.8 auf dem Weissacher Skidpad, bevor die neuen Supercup-Fahrzeuge an die Kundenteams übergeben wurden.

Porsche in-house photographer Christoph Bauer photographed the 911 Cup 3.8 armada on the Weissach skidpad before the new Supercup cars were delivered to customer teams.

Christoph Bauer, photographe attitré de Porsche, photographie l'armada des 911 Cup 3.8 sur le skidpad de Weissach avant la remise des nouveaux bolides Supercup aux équipes clients.

El fotógrafo oficial de Porsche, Christoph Bauer, captó la imagen de la armada de los 911 Cup 3.8 en la pista de pruebas circular de Weissach, antes de la entrega de los coches a las respectivas escuderías de clientes de la marca.

全新超级杯战车 911 Cup 3.8 交付给客户车队之前，保时捷御用摄影师 Christoph Bauer 在魏斯萨赫的试车场上拍下蔚为壮观的车队。

911 CARRERA COUPÉ

1994

Im Juni 1994 präsentierte Porsche eine neuartige Lenkradschaltung, die Tiptronic S, welche die alte Tiptronic-Schaltung ab Modelljahr 1995 ohne Mehraufpreis ersetzte.

In June 1994 Porsche presented a new type of steering wheel gear shift, Tiptronic S, which replaced the old Tiptronic transmission starting with the 1995 model year. It was included at no extra cost.

En juin 1994, Porsche présente une nouvelle boîte de vitesses avec changement au volant – la Tiptronic S. Elle remplace sans surcoût la vieille Tiptronic sur les modèles construits à partir de 1995.

Porsche presentó en junio de 1994 un novedoso sistema para cambiar de marchas con teclas al volante. La versión Tiptronic S sustituyó la versión anterior a partir de los modelos del año 1995 sin coste adicional para el cliente.

1994 年 6 月，保时捷发布配备全新方向盘换档系统的 Tiptronic S 变速箱，从 1995 年起取代之前的 Tiptronic 变速箱。选装该配置无需另外付费。

911 CARRERA COUPÉ

1994

Bei richtiger Griffposition der Hände am Lenkrad genügte ein leichter Daumendruck nach oben zum Hochschalten – ein Tip nach unten zum Runterschalten.

When the driver held the steering wheel properly, just a light upward pressure of the thumb was enough to shift up, or downward pressure to shift down.

Lorsque les mains sont bien positionnées sur le volant, il suffit d'une pression du pouce vers le haut pour monter les rapports et d'une pression vers le bas pour rétrograder.

Colocando correctamente las manos en el volante, bastaba pulsar levemente cualquiera de las dos teclas con el pulgar para subir o bajar de marchas.

驾驶员在正确抓握方向盘时，大拇指轻轻向上一拨便可升档，一压便可降档。

911 CARRERA CABRIOLET

1995

Für einen »Christophorus«-Bericht konnte Rallye-Legende Walter Röhrl der deutschen Schauspielerin Iris Berben die Vorzüge der neuen Porsche Tiptronic S erläutern.

In a “Christophorus” report, rally legend Walter Röhrl explained the advantages of the new Porsche Tiptronic S to well-known German actress Iris Berben.

Le champion de rallye Walter Röhrl explique pour le magazine « Christophorus » les avantages de la nouvelle Porsche Tiptronic S à l'actrice allemande Iris Berben.

A pedido de la revista «Christophorus», Walter Röhrl accedió a demostrarle a la actriz Iris Berben el funcionamiento y las ventajas del nuevo sistema Tiptronic S.

在保时捷车主杂志《Christophorus》刊登的一篇报道中，拉力赛场上的传奇人物 Walter Röhrl 向德国女演员 Iris Berben 讲解全新保时捷 Tiptronic S 变速箱的过人之处。

911 CARRERA COUPÉ

1994

Der 911 wurde auf der Hannover Messe mit dem iF-Siegel für gutes Design ausgezeichnet: »Das Design des Klassikers unter den Sportwagen wurde nicht grundlegend verändert oder ganz innovativ umgestaltet, sondern organisch weiterentwickelt«.

The 911 was awarded the iF Seal for Good Design at the Hanover Fair. "The design of this classic among sports cars was not fundamentally altered or innovatively recast, but was further developed organically."

La 911 se voit attribuer le label iF du design à la foire de Hanovre : « Le design classique sur lequel repose cette voiture de sport n'a pas été fondamentalement modifié ni totalement revu, mais il évolue de façon organique ».

El 911 recibió el premio iF-Siegel al buen diseño en la feria industrial de Hannover: «El diseño clásico del coche deportivo fue desarrollado orgánicamente, sin modificandolo innovativamente o cambiandolo fundamentalmente.».

911 凭借其出色设计，被汉诺威设计论坛授予 iF 产品设计奖。“911 作为一款经典跑车，其设计从未彻底改变、也没有进行重塑，而是作为有机的整体不断向前进化。”

911 CARRERA 4 COUPÉ

1994

Das Modellprogramm wurde im Herbst 1994 durch den allradangetriebenen 911 Carrera 4 ergänzt, der als Coupé und Cabriolet erhältlich war.

In the autumn of 1994 the model series grew with the addition of the all-wheel drive 911 Carrera 4, available as a Coupé or Cabriolet.

A l'automne 1994, la gamme de modèles est complétée par la 911 Carrera 4 quatre roues motrices, disponible en Coupé et décapotable.

En el otoño de 1994 se amplió la gama de modelos agregando el 911 Carrera 4 de tracción total, que se ofreció en las versiones Coupé y Cabriolet.

1994 年秋，911 家族又添新成员——四驱车型 911 Carrera 4，提供 Coupé 和 Cabriolet 两种版本。

911 CARRERA 4

1994

Eine Visco-Lamellenkupplung am Getriebegehäuse verteilte die Antriebskraft zwischen Vorder- und Hinterachse. Der 911 Carrera 4 war nur mit dem Schaltgetriebe lieferbar.

A visco-lamella clutch on the gearbox distributed the drive force between the front and rear axles. The 911 Carrera 4 was available with manual transmission only.

Un embrayage viscocoupleur relié au boîtier de transmission assure la répartition du couple entre les essieux avant et arrière. La 911 Carrera 4, par contre, était livrée uniquement avec sa boîte mécanique.

La distribución de la fuerza de impulsión entre los dos ejes estuvo a cargo de un acoplamiento viscoso. El 911 Carrera 4 se ofreció únicamente con caja de cambios manual.

安装在变速箱上的粘性多片离合器，将驱动力在前桥和后桥之间分配。911 Carrera 4 只提供手动变速箱。

911 CARRERA 4 CABRIOLET

1994

Porsche Tennis Grand Prix 1994: Obwohl im Viertelfinale ausgeschieden, konnte Martina Navratilova ihren siebten Porsche in Empfang nehmen. Das 911 Carrera 4 Cabriolet war das Abschiedspräsent der Veranstalter zum Ende ihrer aktiven Laufbahn.

Porsche Tennis Grand Prix 1994: Although she was eliminated in the quarter finals, Martina Navratilova still took home her seventh Porsche. The 911 Carrera 4 Cabriolet was a farewell present from the organizer to mark the end of her active career.

En 1994, au Grand Prix de Tennis Porsche , Martina Navratilova, éliminée pourtant en quart de finale, reçoit sa septième Porsche : une 911 Carrera 4 décapotable. Un cadeau d'adieu des organisateurs pour couronner sa carrière.

Porsche Tennis Grand Prix 1994: aunque perdió en cuartos de final, Martina Navratilova recibió su séptimo Porsche. La tenista se retiró del tenis y el organizador del evento le obsequió un 911 Carrera 4 Cabriolet como regalo de despedida.

1994 年保时捷网球大奖赛：尽管止步于四分之一决赛，Martina Navratilova 仍然迎来了生命中的第七台保时捷。她精彩纷呈的职业运动生涯即将告一段落，这辆 911 Carrera 4 Cabriolet，是大赛主办方送给她的告别礼物。

911 CARRERA 4 COUPÉ

1994

Auch Rallye-Weltmeister Carlos Sainz war begeistert von den Fahreigenschaften des neuen Carrera.

World rally champion Carlos Sainz was among those who were enthusiastic about the handling of the new Carrera.

Carlos Sainz, champion du monde des rallyes, est lui aussi impressionné par les qualités routières de la nouvelle Carrera.

También el campeón mundial de Rallye Carlos Sainz se mostró entusiasmado con el comportamiento dinámico del nuevo Carrera.

新款 Carrera 的操控性能令人赞不绝口，其中包括世界拉力赛冠军 Carlos Sainz。

911 CARRERA CABRIOLET

1994

Ferry Porsche feierte im Herbst 1994 seinen 85. Geburtstag. Hier mit seinem 911 Carrera Cabriolet in »aventura grün metallic«.

In the autumn of 1994 Ferry Porsche celebrated his 85th birthday. Here he is seen with his 911 Carrera Cabriolet in "Aventura Green Metallic."

A l'automne 1994, Ferry Porsche célèbre son 85e anniversaire. Ici avec sa 911 Carrera Cabriolet couleur « vert aventura métallisé ».

Ferry Porsche festejó su 85 cumpleaños en 1994. Aquí aparece con su 911 Carrera Cabriolet de color «verde aventura metalizado».

Ferry Porsche 在 1994 年秋天庆祝八十五岁大寿。他与他的那台 "Aventura 绿金属漆" 911 Carrera Cabriolet 合影。

911 CARRERA COUPÉ

1995

Diese französische Werbeanzeige für den 911 Carrera wirbt mit einem günstigen Finanzierungsangebot. Anglo-amerikanischen Kunden wurde der 911 Carrera als kompromissloser Sportwagen präsentiert.

This French print ad for the 911 Carrera offers easy financing. Meanwhile, the 911 Carrera was presented to Anglo-American customers as an uncompromising sports car.

Cette publicité française pour la 911 Carrera propose des conditions de financement avantageuses. Pour la clientèle anglo-américaine, la 911 Carrera est présentée comme une voiture de sport sans aucun compromis.

Este aviso publicitario francés del 911 Carrera hizo referencia a una interesante oferta de financiación. El 911 Carrera se presentó a los clientes angloamericanos como coche radicalmente deportivo.

法国的911 Carrera广告主打条件优渥的购车贷款。
而在英美国家，则重点宣传911 Carrera毫不妥协的运动精神。

911 CARRERA 4 COUPÉ

1995

Die Werbekampagne von Porsche Cars North America zeichnete sich durch wohldosierte Ironie aus. Fahrer eines allradangetriebenen 911 Carrera 4 durften sich auch über schlechtes Wetter freuen.

The Porsche Cars North America advertising campaign featured a healthy dose of irony. Drivers of the all-wheel drive 911 Carrera 4 could look forward to bad weather.

La campagne publicitaire de Porsche Cars North America se distingue par une parfaite dose d'humour et d'ironie. Les conducteurs de la 911 Carrera 4 quatre roues motrices peuvent se réjouir, même du mauvais temps.

La campaña publicitaria lanzada por Porsche Cars North America se distinguió por su fina ironía. Los conductores de un 911 Carrera 4 disfrutando de la conducción en lluvia.

保时捷北美分公司的广告，将恰到好处的幽默自嘲作为点睛之笔。驾驶四驱版 911 Carrera 4，哪怕天气再坏也是一种享受。

PORSCHE
© 1995 Porsche Cars North America, Inc. Porsche recommends seat belt usage and observance of all traffic laws at all times.
Performance specifications for comparison purposes only.
Pray for bad weather.
Any road. Any speed. Any weather. The new Carrera 4's liquid all-wheel drive has redefined handling while riding atop nothing less than our 270-horsepower, re-engineered engine system. Be careful out there. Call 1-800-PORSCHE and find out why: Porsche. There is no substitute.

911 TURBO COUPÉ

1995

Im Frühjahr 1995 wurde auf dem Genfer Autosalon der 911 Turbo auf Basis des 993 vorgestellt. Der neue Turbo war mit seinen 408 PS der stärkste bis dahin jemals gebaute Serien-Porsche.

In the spring of 1995 the 993-based 911 Turbo was presented at the Geneva Autosalon. With 408 horsepower, it was the most powerful production Porsche built up to that time.

Au printemps 1995, la 911 Turbo construite sur la base de la 993 est présentée au Salon de l'automobile de Genève. Avec ses 408 ch, la nouvelle Turbo est la voiture de série la plus puissante jamais construite par Porsche.

En la primavera de 1995 se presentó el 911 Turbo sobre la base del tipo 993 en el salón del automóvil de Ginebra. El motor del nuevo modelo tuvo 408 CV, por lo que el 911 Turbo de aquel año fue el Porsche más potente jamás producido en serie.

1995 年春天，993 系列的 911 Turbo 车型亮相日内瓦车展。全新 Turbo 车型输出功率为 408 hp，是当时保时捷生产的动力最为强劲的量产车型。

turbo
S PR 139

911 TURBO COUPÉ

1995

Der 911 Turbo hatte eine im Heck um 60 Millimeter verbreiterte Karosserie, während das geänderte Bugteil mit drei Lufteinlässe versehen wurde. Der neugeformte, feststehende Heckflügel wurde in der sogenannten RTM-Technik erarbeitet.

The 911 Turbo body was 60 mm wider at the rear and the modified front end had three air intakes. The new, fixed rear wing was made using the resin transfer moulding process.

La carrosserie de la 911 est élargie de 60 millimètres à l'arrière alors que la partie avant modifiée est dotée de trois prises d'air. Entièrement redessiné, l'aileron arrière fixe a été conçu selon la technique RTM.

La zaga del 911 Turbo fue 60 milímetros más ancha, y en la parte frontal modificada tenía tres entradas de aire. El alerón fijo de nuevas formas se fabricó aplicando la tecnología de moldeo RTM.

这款 911 Turbo 的车尾加宽了60mm，车辆前端也进行了改动，安装了三个进气口。全新造型的固定尾翼通过树脂传递模塑（RTM）工艺加工而成。

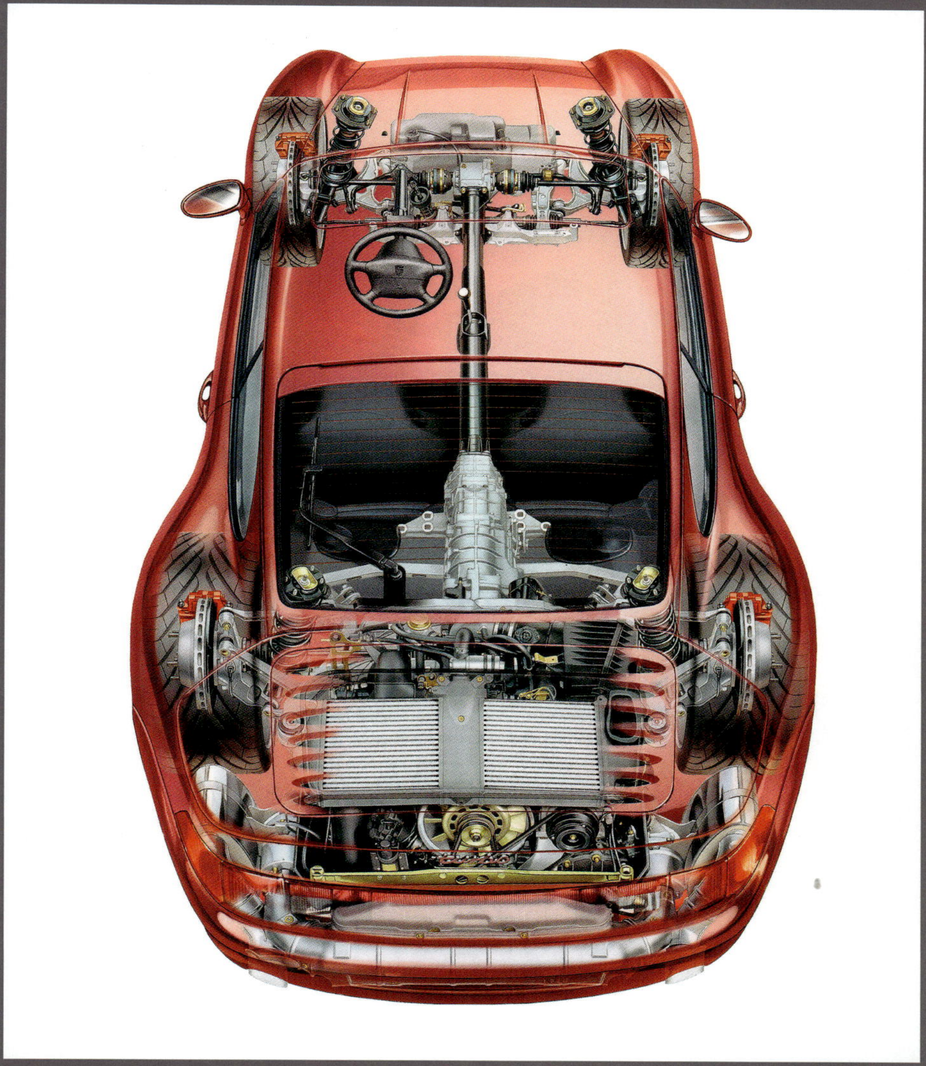

911 TURBO COUPÉ

1995

Eine Innovation war das On-Board-Diagnosesystem OBD II, welches die abgasrelevanten Motor-Komponenten permanent überprüfte. Hierdurch galt der 911 Turbo als das Fahrzeug mit den weltweit geringsten Abgas-emissionen.

One innovation was the OBD II on-board diagnostic system, which continuously monitored the engine components affecting the exhaust. This gave the 911 Turbo the world's lowest exhaust emissions.

Innovation importante : le système de diagnostic de bord OBD II. Il vérifie en permanence les pièces du moteur essentielles pour la qualité des gaz d'échappement. Grâce à ce procédé, la 911 Turbo est considérée comme la voiture la moins polluante au monde.

El sistema de diagnóstico de a bordo OBD II fue una de las novedades. El sistema controlaba ininterrumpidamente todos los componentes del motor relevantes para los gases de escape. Así, el 911 Turbo fue considerado mundialmente el coche que menos gases contaminantes generaba.

车载诊断系统 OBD II 是一大创新亮点，该系统实时监控与尾气排放相关的发动机组件。凭借此系统，911 Turbo 是当时世界公认的尾气排放污染最低的车辆。

911 TURBO COUPÉ

1995

US-Werbeanzeige für den 911 Turbo aus dem Jahr 1995.

US print ad for the 911 Turbo from 1995.

Publicité américaine pour la 911 Turbo de 1995.

Aviso publicitario estado-unidense del 911 Turbo del año 1995.

1995 年美国的 911 Turbo 广告。

911 TURBO COUPÉ

1995

US-Werbeanzeige für den 911 Turbo aus dem Jahr 1995. Humor bewies Porsche Cars North America mit dieser Werbeanzeige.

US print ad for the 911 Turbo from 1995. Porsche Cars North America demonstrated its sense of humour with this ad.

Publicité américaine pour la 911 Turbo de 1995. Avec cette publicité, Porsche Cars North America témoigne d'un sens de l'humour affirmé.

Aviso publicitario estado-unidense del 911 Turbo del año 1995. Porsche Cars North America demostró su buen sentido del humor con este aviso publicitario.

1995 年美国的 911 Turbo 广告。保时捷北美的风趣幽默可见一斑。

911 CARRERA RS

1995

Ab Frühjahr 1995 wurde nicht nur ein neuer 911 Turbo, sondern auch ein Carrera RS angeboten. Die RS-Variante des 993 wurde 1.014 mal gebaut.

A new 911 Turbo as well as a Carrera RS went on offer starting in the spring of 1995. 1014 examples of the 993 RS version were built.

Dès le printemps 1995, Porsche propose non seulement la nouvelle 911 Turbo, mais également une Carrera RS. La variante RS de la 993 est construite en 1 014 exemplaires.

En la primavera de 1995 no solamente apareció el nuevo 911 Turbo, sino también un nuevo Carrera RS. De la variante RS del 993 se fabricaron 1.014 unidades.

除 911 Turbo 车型外，另一款 Carrera RS 也于 1995 年初面世。这款基于 993 系列的 RS 车型仅生产了 1,014 台。

911 CARRERA RS

1995

Gegenüber dem Serien-Carrera wurden durch Leichtbau-maßnahmen rund 100 kg Gewicht eingespart, so dass das Gesamtgewicht nur 1.270 kg betrug.

Thanks to the use of light construction methods, it weighed about 100 kg less than the standard Carrera, for a total weight of just 1270 kg.

Par rapport à la Carrera fabriquée en série, des matériaux légers permettent de gagner quelque 100 kilos si bien que le poids total ne dépasse pas les 1 270 kilos.

Aplicando diversas medidas para aligerar el coche, este modelo pesó unos 100 kg menos que un Carrera de serie, de manera que apenas marcó 1.270 kg en la balanza.

与量产版 Carrera 相比，RS 车型运用轻量化手段，重量降低了近 100 kg，整车重量仅为 1,270 kg。

911 CARRERA RS

1995

Der 911 Carrera RS war in einer Basisversion oder in einer Clubsport-Ausführung erhältlich. Von der Clubsport-Ausführung entstanden nur 227 Einheiten.

The 911 Carrera RS was available in the basic version or in a Club Sport version. Only 227 units of the Club Sport version were made.

La 911 Carrera RS est disponible comme modèle de base et dans une version Sport Club. Cette dernière ne sera fabriquée qu'en 227 exemplaires.

El 911 Carrera RS se ofreció en una versión básica y en una versión Clubsport. De la versión Clubsport únicamente se fabricaron 227 unidades.

911 Carrera RS 提供基础版和赛车版两个车型。赛车版总共只生产了 227 辆。

911 GT2

1995

Auf der Titelseite des »Christophorus« Nr. 252 stellte Porsche Anfang 1995 seinen neuesten Rennwagen vor: den 911 GT2. Der 450 PS starke Rennsportwagen wurde von der Rennsportabteilung »ready to race« ausgeliefert.

On the cover of "Christophorus" No. 252 in early 1995, Porsche presented its latest race car, the 911 GT2. Packing 450 horsepower, it was delivered from the Racing Department "ready to race."

Début 1995, Porsche présente sa dernière voiture de course, la 911 GT2, en couverture du N° 252 du magazine « Christophorus ». Ce bolide de 450 ch sort du département de course « ready to race ».

A principios de 1995, Porsche presentó su nuevo coche de carreras en la carátula del n° 252 de la revista «Christophorus».El departamento de competición de la marca entregó a sus clientes el 911 GT2 de 450 CV «listo para la parrilla de salida».

1995 年初，在《Christophorus》杂志第 252 期的封面上，保时捷展示了最新的赛车车型——911 GT2。保时捷赛车事业部的这件最新作品搭载 450 hp 发动机，可以直接从工厂驶入赛场。

911 GT2

1995

Das sportlichste und schnellste Modell des Jahres 1995 war der 911 GT2. Mit einem Grundpreis von 268.000 DM war der GT2 auch der exklusivste Porsche-Sportwagen seiner Zeit.

The sportiest and fastest model of 1995 was the 911 GT2. With a base price of DM 268,000, the GT2 was also the most exclusive Porsche of its day.

Le modèle le plus sportif et le plus rapide de l'année 1995 est la 911 GT2. Avec un prix de base de 268 000 DM, la GT2 est la Porsche la plus exclusive de son époque.

El modelo más deportivo y veloz del año 1995 fue el 911 GT2. Con su precio básico de 268.000 DM, el GT2 fue el Porsche más exclusivo de su época.

911 GT2 车型可谓 1995 年的最为动感的速度冠军。26.8 万马克起的高昂售价，使 GT2 成为保时捷当时最为稀有的跑车之王。

911 GT2

1995

Im großen Heckflügel waren links und rechts Zusatzlufteinlässe integriert, während der Fronspoiler der Carrera RS Clubsport-Version ähnelte.

Additional intakes were built into the large rear wing on the left and right, while the front spoiler was similar to the Carrera RS Club Sport version.

Le grand aileron arrière abrite de part et d'autre des prises d'air supplémentaires alors que le spoiler avant rappelle la version Sport Club de la Carrera RS.

El alerón tenía entradas de aire adicionales en los costados. El deflector delantero tuvo un diseño similar al del Carrera RS Clubsport.

庞大的尾翼左右两侧增设了进气口，而前扰流板则近似Carrera RS赛车版。

911 GT2

1995

Durch ein modifiziertes Steuergerät und einen zusätzlichen Ölkühler stieg die Leistung des GT2 auf 430 PS bei 5.750/min.

A modified control unit and additional oil cooler increased the GT2's performance to 430 hp at 5750 rpm.

Grâce à une modification du bloc électronique et à un radiateur d'huile supplémentaire, la puissance de la GT2 passe à 430 ch à 5 750 tours/min.

Gracias a una unidad de control del motor modificada y al radiador adicional de aceite, la potencia del GT2 ascendió a 430 CV a 5.750 rpm.

借助改进后的控制单元和新增的机油冷却器，GT2 的输出功率攀升到 5,750 rpm 转时的 430 hp。

911 GT2 EVOLUTION

1995

Dieser 911 GT2 Evolution wurde im »Harlekin-Design« auf der Frankfurter IAA präsentiert. Die Leistung des für die GT1-Klasse geeigneten Rennwagens betrug 600 PS.

This 911 GT2 Evolution was presented at the Frankfurter IAA in "Harlequin" design. With its 600 hp this car was suitable for the GT1 class.

Cette 911 GT2 Evolution est présentée au Salon international de l'automobile de Francfort dans le « design Harlequin ». Cette voiture de course homologuée en catégorie GT1 affiche une puissance de 600 ch.

Este 911 GT2 Evolution de diseño «arlequín» se presentó en el salón del automóvil de Fráncfort IAA. La potencia de este coche de carreras, apropiado para la categoría GT1, fue de 600 CV.

采用拼色涂装的 911 GT2 进化版在法兰克福车展登台亮相。这台可以进入 GT1 组别的赛车，功率高达 600 hp。

911 CARRERA 4S COUPÉ

1995

Porsche-Repräsentant Walter Röhrl mit seinen Lieblingssportgeräten: den Porsche-Fahrrädern Bike S und Bike FS sowie dem nagelneuen 911 Carrera 4S Coupé.

Porsche representative Walter Röhrl with his favourite sport equipment: The Porsche bicycles Bike S and Bike FS and a brand new 911 Carrera 4S Coupé.

Walter Röhrl, représentant de Porsche, avec ses jouets préférés : les vélos Porsche Bike S et Bike FS ainsi que la 911 Carrera 4S Coupé flambant neuve.

El representante de Porsche Walter Röhrl con sus aparatos deportivos preferidos: las bicicletas Bike S y Bike FS de Porsche, y su 911 Carrera 4S Coupé recién salido de fábrica.

保时捷代言人 Walter Röhrl 和他钟爱的运动器械——保时捷 S 系列、FS 系列自行车，以及一台崭新的 911 Carrera 4S Coupé。

911 CARRERA 4S COUPÉ

1995

Der im September 1995 vorgestellte Porsche 911 Carrera 4S erhielt die breite Karosserie sowie die 18-Zoll-Räder samt Bremsanlage des 911 Turbo.

Introduced in September 1995, the Porsche 911 Carrera 4S had the 911 Turbo's wide body, 18 inch wheels and brake system.

Présentée en septembre 1995, la 911 Carrera 4S bénéficie d'une carrosserie élargie et des jantes 18 pouces, système de freins compris, de la 911 Turbo.

El Porsche 911 Carrera 4S que se estrenó en septiembre de 1995 tenía la carrocería más ancha, las llantas de 18 pulgadas y los frenos del 911 Turbo.

1995 年 9 月问世的 911 Carrera 4S，从 911 Turbo 上继承了宽体车身、18英寸车轮及制动系统。

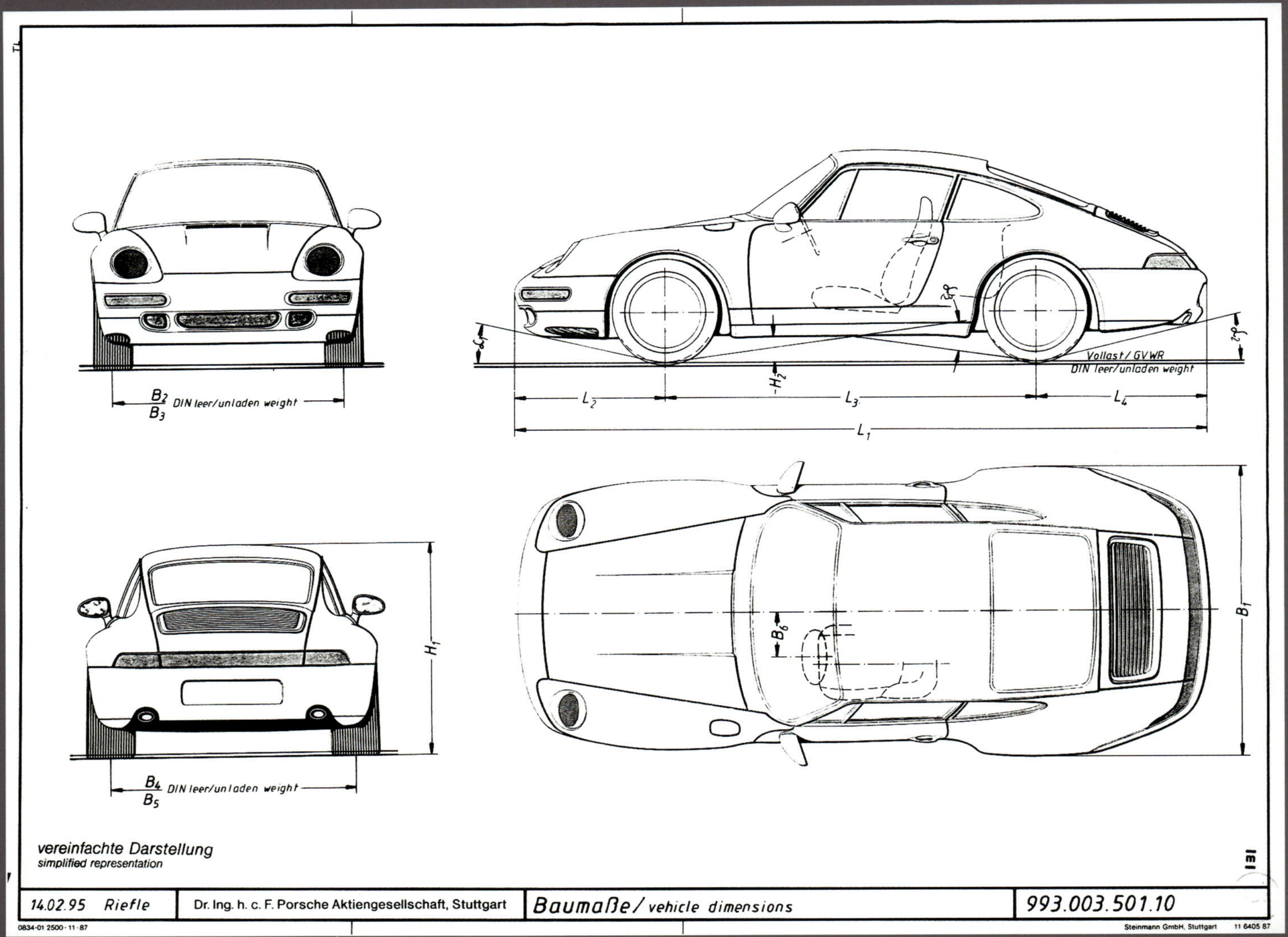

911 CARRERA 4S COUPÉ

1995

Typisch Porsche: Das klassische Karosseriekonzept des 911 erwies sich auch bei der Genration 993 als höchst wandlungsfähig. Ab Herbst 1995 konnten Kunden zwischen Coupé, Cabriolet und Targa wählen.

Typically Porsche: The classic body concept of the 911 proved extremely adaptable for the 993 generation. Starting in autumn of 1995 customers could choose between Coupé, Cabriolet and Targa.

Typiquement Porsche : la carrosserie classique de la 911 se révèle une fois de plus extrêmement modulable dans sa version 993. Dès l'automne 1995, les clients ont le choix entre le Coupé, le Cabriolet et la Targa.

Típico de Porsche: el concepto básico de la clásica carrocería del 911 también demostró ser sumamente versátil en su versión 993. A partir del otoño de 1995 los clientes pudieron elegir entre el Coupé, el Cabriolet y el Targa.

典型的保时捷特征：911 的经典车身设计历经时间考验，到了 993 这一代仍不失其多变的活力。1995 年秋季开始，客户可在 Coupé 、Cabriolet 和 Targa 三种版本之间自由选择。

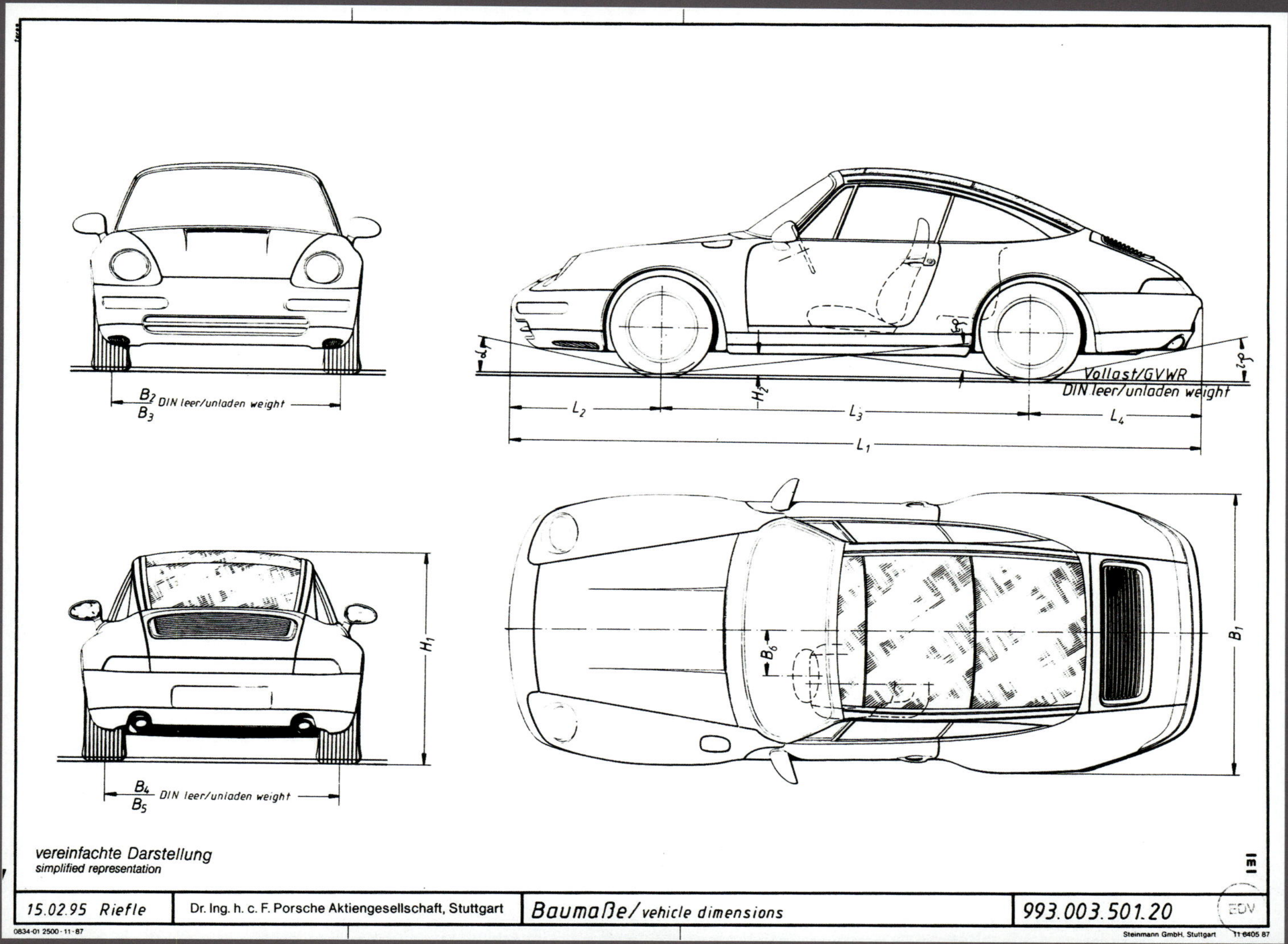

911 TARGA

1995

Der 911 Targa basierte auf einer modifizierten Cabriolet-Karosserie. Das neuartige Glasdach wurde mit der Karosserie verschraubt und verklebt.

The 911 Targa was based on a modified Cabriolet chassis. The newly designed glass top was bolted and bonded to the body.

La 911 Targa repose sur une carrosserie décapotable modifiée. Innovation : le toit en verre est vissé et collé à la carrosserie.

El Targa se basó en la carrocería modificada del Cabriolet. El novedoso techo de vidrio estuvo atornillado y pegado a la carrocería.

911 Targa 以改造过的 Cabriolet 车身为基础打造。全新设计的玻璃车顶与车身之间采用螺栓固定并以粘合剂密封。

911 TARGA

1995

Titelmotiv der September-Ausgabe des »Christophorus« Nr. 256 war der 1995 auf der IAA in Frankfurt präsentierte 911 Targa.

The title shot on "Christophorus" No. 256 of September 1995 was the 911 Targa, which was presented at the IAA in Frankfurt.

En couverture de l'édition de septembre du magazine « Christophorus » N°256 : la 911 Targa présentée au Salon international de l'automobile de Francfort en 1995.

El 911 Targa, presentado en el salón del automóvil de Fráncfort IAA de 1995, apareció en la portada de la edición de septiembre n° 256 de «Christophorus».

1995 年 9 月份出版的《Christophorus》第 256 期刊登了 911 Targa 在法兰克福车展上亮相的大幅照片。

911 TARGA

1995

Auf einer Fläche von 864 m² präsentierte Porsche auf der IAA 1995 erstmals das neue Konzept der Porsche-Erlebnis-Welt. Ein Highlight des Messestands war der neue 911 Targa, der senkrecht präsentiert wurde, um den einzigartigen Dachmechanismus zu demonstrieren.

On its 9400 sq.ft. booth at the 1995 IAA, Porsche presented the new Porsche Experience concept for the first time. A highlight of the booth was the new 911 Targa, which was shown standing vertically in order to demonstrate its unique roof mechanism.

En 1995, au Salon international de l'automobile de Francfort, Porsche présente pour la première fois, sur une surface d'exposition de 864 m², le nouveau concept de l'univers Porsche. Point fort du stand : la nouvelle 911 Targa est suspendue à la verticale pour présenter le mécanisme unique du toit.

En la edición del salón del automóvil IAA de 1995 Porsche presentó el nuevo concepto del «Mundo de vivencias Porsche» en una superficie de 864 m². La estrella del stand fue el nuevo 911 Targa, que se colocó en posición vertical para demostrar el ingenioso mecanismo de su techo.

在 1995 年法兰克福车展的 864 m² 的超大展台上，保时捷体验中心这一全新概念首次揭开帷幕。新款 911 Targa 是展台的一大亮点，全车垂直悬挂，展现其独一无二的车顶设计。

911 TARGA

1995

Der 911 Targa basierte auf der Cabriolet-Karosserie, die zur Aufnahme des Dachmoduls an den Anbindungsstellen modifiziert wurde.
Das gesamte Dachmodul wurde in montiertem und lackiertem Zustand auf das Basisfahrzeug aufgesetzt und an Windschutzrahmen, B-Säule und Hutablage mit der Karosserie verschraubt.

The 911 Targa was based on the Cabriolet chassis, with modified attachment points for the roof module.
The entire roof module was first assembled and painted, then mounted on the vehicle body and bolted down at the windshield frame, B-column and rear-window shelf.

La 911 Targa est basée sur la carrosserie de la version décapotable dont les points d'attache ont été modifiés pour accueillir le module du toit.
Le module complet du toit est installé préfabriqué et pré-peint sur le véhicule de base. Il est vissé à la carrosserie au niveau du cadre de pare-brise, du montant central et de la plage arrière.

El 911 Targa se basó en la carrocería del Cabriolet, modificada para el alojamiento del módulo de techo en sus respectivos puntos de anclaje.
El módulo del techo completo y pintado se colocaba sobre la carrocería y se fijaba mediante pernos al marco del parabrisas, al montante B y a la bandeja posterior.

911 Targa 以 Cabriolet 车身为基础打造，为装配车顶单元，车身在连接处进行了改造。
整个车顶单元组装和涂装完毕后，安装在车身上，在挡风玻璃框架、B 柱和后窗架处使用螺栓与车身紧固。

911 TARGA

1995

Die Bedienung des Targa-Daches erfolgte über zwei in der Mittelkonsole angeordnete Schalter. Das komplette Öffnen oder Schließen des Daches erfolgte in rund zehn Sekunden.

The Targa roof was controlled using two switches on the central console. It took around ten seconds to open or close the roof all the way.

Le toit Targa est commandé par deux boutons intégrés dans la console centrale. L'ouverture ou la fermeture complète du toit ne dure pas plus d'une dizaine de secondes.

El techo se accionaba mediante dos teclas que se encontraban en la consola central. Al abrir o cerrar el techo completamente apenas transcurrían unos diez segundos.

Targa 车型的天窗通过安装在中控台的两个开关控制，仅需 10 秒便可打开或关闭。

911 TURBO COUPÉ

1995

Beim berühmten Bergrennen Pikes Peak in Colorado, USA, siegte 1995 der amerikanische Rennfahrer Jeff Zwart mit einem brandneuen 911 Turbo in der Klasse für seriennahe Fahrzeuge.

At the famous Pikes Peak Race in Colorado in 1995, American driver Jeff Zwart won the near-stock category with a brand-new 911 Turbo.

En 1995, le pilote américain Jeff Zwart remporte la célèbre course de côte Pikes Peak dans le Colorado (États-Unis) au volant d' une 911 Turbo flambant neuve dans la catégorie des voitures de sport proches de la série.

El piloto norteamericano Jeff Zwart ganó la famosa carrera de montaña Pikes Peak de Colorado (EE.UU.) de 1995 a los mandos de un nuevo 911 Turbo de la categoría de coches cercanos a los modelos de serie.

享有盛名的派克峰国际爬山赛在美国科罗拉多州举行，美国车手 Jeff Zwart 驾驶一台崭新的 911 Turbo 夺得了 1995 年度接近量产车组别比赛的胜利。

911 CUP 3.8

1995

Sieger des Porsche Supercups 1995 war der Franzose Jean-Pierre Malcher vor dem Deutschen Jürgen von Gartzen. In einem packenden Finale auf dem Nürburgring reichte dem Franzosen ein zweiter Platz um den schnellsten Markenpokal der Welt zu gewinnen.

France's Jean-Pierre Malcher defeated Germany's Jürgen von Gartzen to win the 1995 Porsche Supercup.
In an exciting finish, Malcher's second place at Nürburgring was enough to take home the world's fastest brand cup.

En 1995, le Français Jean-Pierre Malcher remporte la Porsche Supercup devant l'Allemand Jürgen von Gartzen. Dans une finale chargée de suspense, au Nürburgring, la deuxième place suffit au Français pour remporter le classement général de cette coupe de marque, la plus rapide du monde.

El francés Jean-Pierre Malcher ganó el Porsche Supercup de 1995, por delante del alemán Jürgen von Gartzen.
En una final emocionante, al francés le bastó ocupar el segundo lugar para hacerse del título en la copa monomarca más rápida del mundo.

法国车手 Jean-Pierre Malcher 力克来自德国的 Jürgen von Gartzen，获得 1995 赛季保时捷超级杯的冠军。
震撼人心的最后一轮比赛在纽伯格林赛道举行，这位法国车手只需取得第二名的成绩便可在全球速度最快的单一品牌赛事上捧杯。

911 CUP 3.8

1995

Der Porsche Carrera Cup 1995 startete zum ersten Mal mit Fahrzeugen auf 993-Basis. Der 51-jährige Routinier Harald Grohs konnte die Rennserie knapp vor dem zweitplatzierten Oliver Mathai für sich entscheiden.

The 1995 Porsche Carrera Cup was the first to be run with cars based on the 993. At 51, the experienced driver Harald Grohs took first place just ahead of runner-up Oliver Mathai.

En 1995, la Carrera Cup intègre pour la première fois des véhicules construits sur la base de la 993. Le « vieux briscard » Harald Grohs, 51 ans, remporte de justesse cette série de courses devant Oliver Mathai.

La Porsche Carrera Cup de 1995 se disputó por primera vez con coches del tipo 993. Harald Grohs, experimentado piloto de 51 años de edad, pudo ganar el campeonato en un ajustado final por delante de Oliver Mathai.

1995 赛季的保时捷卡雷拉杯首次以 993 系列车型作为战车。51 岁的赛场老手 Harald Grohs，以微小差距领先第二名 Oliver Mathai，在系列赛上夺冠。

E COLLARD
J V GARTZEN
J P MALCHER
PORSCHE
Supercup
IMOLA 30 APRIL
CATALUNYA 14 MAY
MONTE CARLO 28 MAY
MAGNY COURS 2 JULY
SILVERSTONE 16 JULY
HOCKENHEIM 30 JULY
BUDAPEST 13 AUGUST
SPA-FRANCORCHAMPS 27 AUGUST
NÜRBURGRING 1 OCTOBER
WINNING TEAM J M B COMPETITION FRANCE
1995
Dr. Ing.h.c.F. Porsche AG Stuttgart/Zuffenhausen Printed in Germany 11/95 Design: Carter Wong and Partners

911 TARGA

1995

Für den »Christophorus« Nr. 257 setzte Porsche-Fotograf Christoph Bauer den 911 Targa in der Fränkischen Schweiz bei Nürnberg stimmungsvoll ins Bild.

For “Christophorus” No. 257 Porsche photographer Christoph Bauer shot mood-laden photos of the 911 Targa in the hilly countryside around Nuremberg.

Pour le N° 257 de « Christophorus », le photographe de Porsche Christoph Bauer met en scène la 911 Targa, avec pour toile de fond, la belle Franconie près de Nuremberg.

El fotógrafo oficial de Porsche, Christoph Bauer, hizo la toma del 911 Targa en el ambiente mágico de la región de Franconia cerca de Núremberg. Fue la imagen de portada de la edición n° 257 de la revista «Christophorus».

作为《Christophorus》第 257 期的封面，保时捷御用摄影师 Christoph Bauer 在纽伦堡附近的乡间丘陵上，为 911 Targa 拍下了这张充满韵味的照片。

PORSCHE GT-SIEGE

1995

Plakat »Weltweite Porsche GT-Siege 1995«.

"Worldwide Porsche GT Victories 1995" poster.

Affiche « Les victoires mondiales de la Porsche GT en 1995 ».

Póster «Victorias Porsche GT 1995 en el mundo».

《1995 年保时捷 GT 全球夺冠记录》海报。

911 GT1

1996

Am 14. März 1996 um 20:26 Uhr drehte der neue 911 GT1 mit Jürgen Barth am Steuer in Weissach seine ersten Runden.

On 14 March 1996, at 8:26 P.M., the new 911 GT1 did its first run in Weissach with Jürgen Barth behind the wheel.

Le 14 mars 1996 à 20h26, la nouvelle 911 GT1, pilotée par Jürgen Barth, effectue ses premiers tours sur le circuit de Weissach.

Exactamente a las 20:26 del 14 marzo de 1996 se estrenó el nuevo 911 GT1 en el circuito de pruebas de Weissach, con Jürgen Barth al volante.

996 年 3 月 14 日 20 点 26 分，全新 911 GT1 由 Jürgen Barth 驾驶，第一次驰骋在魏斯阿赫的试车场上。

911 GT1

1996

Projektleiter Norbert Singer und seine Mannschaft waren begeistert: Das Rollout verlief völlig problemlos.

Project leader Norbert Singer and his team were delighted – the rollout was completely problem-free.

Norbert Singer, chef de projet, et son équipe sont ravis. La présentation se déroule sans le moindre accroc.

El jefe del proyecto Norbert Singer y los miembros de su equipo quedaron entusiasmados. Durante las primeras vueltas rápidas del coche no surgió problema alguno.

首次测试取得圆满成功——项目主管 Norbert Singer 和他的团队雀跃不已。

911 GT1

1996

Dreifachsieg für Porsche in Le Mans 1996 und glanzvolle Rückkehr des Werksteams. Die beiden 911 GT1 belegten bei ihrer Premiere die Plätze zwei und drei. Gesamtsieger wurde der werksunterstützte WSC-Porsche des Joest Teams.

Triple victory for Porsche at Le Mans in 1996, with the glorious return of the Works Team. The two 911 GT1s took second and third place at their premiere race. Overall winner was the Works-supported Joest Team WCS Porsche.

En 1996, triple victoire pour Porsche aux 24 heures du Mans et retour victorieux de l'équipe d'usine. Dès leur première sortie, les deux 911 GT1 occupent les deuxième et troisième places. Soutenue par l'usine, la Porsche WSC de l'équipe Joest prend la première place au classement général.

Triple victoria de Porsche en Le Mans 1996 y, a la vez, glorioso retorno de la escudería oficial de la marca. Los dos 911 GT1 ocuparon el segundo y tercer puesto en su primera carrera. El ganador de la clasificación general fue el Porsche WSC del equipo Joest, que contó con el apoyo oficial de la marca.

1996 年，伴随着厂方车队重返勒芒赛场，保时捷在勒芒豪取三胜。两台 911 GT1，首次出战便取得了第二名和第三名的好成绩。保时捷厂方鼎力支持的 Joest 车队，使用保时捷 WCS 赛车，获得了比赛总冠军。

911 CARRERA COUPÉ

1996

Am 15. Juli 1996 rollte in Zuffenhausen der 1.000.000. Porsche vom Band.
Ferry Porsche übergab das Jubiläumsfahrzeug, ein 911 Carrera in Polizei-Ausführung, an den Baden-Württembergischen Ministerpräsidenten.

On 15 July 1996 the millionth Porsche rolled off the assembly line in Zuffenhausen. Ferry Porsche presented the car, a police-equipped 911 Carrera, to the Minister President of Baden-Württemberg.

Le 15 juillet 1996, la millionième Porsche sort de la chaîne de montage à Zuffenhausen. Ferry Porsche remet le véhicule, une 911 Carrera, version police, au ministre-président du Bade-Wurttemberg.

El Porsche número un millón salió de la planta de Zuffenhausen el 15 de julio de 1996. Ferry Porsche entregó el emblemático coche, un 911 Carrera equipado para la policía, al jefe de gobierno del estado federado de Baden-Württemberg.

1996 年 7 月15 日，第一百万辆保时捷从祖文豪森下线。Ferry Porsche 亲自将这辆具有纪念意义的 911 Carrera 警车，交到巴登符腾堡州州长的手中。

MODELLJAHR 1997

1996

Porsche Modelljahr 1997: hintere Reihe v.l.n.r. 911 Carrera Coupé, 911 Carrera Cabriolet, 911 Turbo, vordere Reihe v.l.n.r. 911 Targa, 911 Carrera S sowie der jüngste Spross in der Porsche-Familie, der Boxster.

Porsche's 1997 models: Rear, left to right: 911 Carrera Coupé, 911 Carrera Cabriolet, 911 Turbo. Front, left to right: 911 Targa, 911 Carrera S and the newest member of the Porsche family, the Boxster.

Les Porsches de l'année-modèle 1997 : dernière rangée de gauche à droite : la 911 Carrera Coupé, la 911 Carrera décapotable, la 911 Turbo. 1ère rangée de gauche à droite : la 911 Targa, la 911 Carrera S ainsi que le petit dernier de la famille Porsche, le Boxster.

Los modelos del año 1997: atrás (de izq. a der.): 911 Carrera Coupé, 911 Carrera Cabriolet, 911 Turbo; adelante (de izq. a der.): 911 Targa, 911 Carrera S y el Boxster, el representante más joven de la gama.

保时捷 1997 年款车型系列：后排从左至右分别为：911 Carrera Coupé、911 Carrera Cabriolet、911 Turbo。前排从左至右分别为：911 Targa、911 Carrera S 以及保时捷家族中的新晋成员——Boxster。

911 CARRERA S COUPÉ

1996

Das Modellprogramm 1997 wurde durch den 911 Carrera S ergänzt. Der breite Carrera S war vorn um 10 Millimeter, hinten um 20 Millimeter tiefergelegt und nur mit Heckantrieb, dafür aber auf Wunsch mit der Tiptronic S lieferbar.

The 1997 lineup was supplemented with the 911 Carrera S. It was wide, and lowered by 10 mm at the front and 20 mm at the rear. It came only in a rear-wheel drive version, but was available with Tiptronic S as an option.

Le millésime 1997 est complété par la 911 Carrera S. Ce véhicule plus large est abaissé de 10 millimètres à l'avant et de 20 millimètres à l'arrière. Il est uniquement proposé en propulsion mais avec le Tiptronic S en option.

La gama de modelos del año 1997 se amplió con el 911 Carrera S. El Carrera S fue más ancho y más bajo (adelante 10 milímetros, atrás 20 milímetros). Se ofreció únicamente con tracción trasera, aunque opcionalmente pudo estar equipado con el sistema de cambios de marchas Tiptronic S.

1997 年，911 Carrera S 加入车型系列。其车身更宽，前端降低了10 mm，后端降低了20 mm，仅提供后驱版本，但可选装 Tiptronic S 变速箱。

911 CARRERA S COUPÉ

1996

Auffälliges Merkmal des 911 Carrera S war das geteilte, in Wagenfarbe lackierte Lüftungsgitter im Heckspoiler. Auch die Serienfarbe Vesuvio-metallic war exklusiv für dieses Modell reserviert.

One noticeable feature of the 911 Carrera S was the split air grille on the rear spoiler, painted in the car colour. The colour "Vesuvio Metallic" was reserved exclusively for this model.

Signe particulier de la 911 Carrera S : la grille de ventilation en deux parties intégrée à l'aileron arrière et de même couleur que la voiture. La peinture de série, gris Vesuvio métallisé, est une autre exclusivité de ce modèle.

El rasgo característico más llamativo del 911 Carrera S fue el alerón posterior del mismo color de la carrocería, con rejilla de ventilación partida en dos partes. El color de serie Vesubio metalizado fue exclusivo de este modelo.

后扰流板上的的进气格栅从中一分为二，涂装成和车身一致的颜色——这是 911 Carrera S 的标志特征。维苏威金属漆是本车型特有的颜色。

911 CARRERA S COUPÉ

1996

Der 3.6 Liter-Motor des Carrera S leistete 285 PS bei 6.100/min. Insgesamt wurden 3.714 Einheiten produziert.

The 3.6 litre engine of the Carrera S turned out 285 hp at 6100 rpm. A total of 3714 were built.

Le moteur 3.6 litres de la Carrera S développe 285 ch à 6100 tours/min. Au total, 3 714 units exemplaires seront fabriqués.

El motor de 3.600 cc del Carrera S tenía una potencia de 285 CV a 6.100 rpm. En total se fabricaron 3.714 unidades de este modelo.

Carrera S 车型的 3.6 升发动机在 6100 rpm 的转速下可输出 285 hp 功率。该车型共生产了 3,714 台。

911 CARRERA S COUPÉ

1997

Diese amerikanische Werbeanzeige betonte die Dynamik der 911-Typenreihe 993. Der Werbeclaim hat bis heute Gültigkeit: »Porsche. There is no substitute«.

This American print ad emphasizes the dynamics of the 993 series 911s. The tagline is as true today as it was then: "Porsche. There is no substitute."

Cette publicité américaine souligne la dynamique de la 911 série 993. Le slogan est toujours d'actualité : Porsche. There is no substitute. (« Rien ne remplace une Porsche »).

Este aviso publicitario norteamericanos acentuó el carácter dinámico de los modelos 911, tipo 993. El lema publicitario sigue siendo válido en la actualidad: «Porsche. No hay sustituto.»

这幅美国广告，浓墨重彩地渲染了993系列的强烈动感。广告语直到今天仍掷地有声：“保时捷。无可替代。”

Porsche. There is no substitute.
PORSCHE

911 CARRERA CABRIOLET

1997

1996 siegte Porsche beim Wettbewerb »Fabrik des Jahres«. Die Zeitschrift »Produktion« und die Unternehmensberatung »A.T. Kearney« attestierten Porsche mit dieser Auszeichnung, effizienter als alle anderen deutschen Fabriken zu arbeiten.

In 1996 Porsche won the “Factory of the year” contest. With this award, “Produktion” magazine and consultancy “A.T. Kearney” attested that Porsche worked more efficiently than any other German factory.

En 1996, Porsche remporte le concours « Usine de l’année ». Avec cette distinction, le magazine Produktion et le cabinet de conseil en entreprise A.T. Kearney consacrent Porsche l’usine allemande la plus efficace.

Porsche ganó el premio «Fábrica del año» en 1996. La revista «Produktion» y la empresa asesora «A.T. Karney» confirmaron con esta distinción que en la planta de Porsche se trabaja con mayor eficiencia que en cualquier otra planta alemana.

1996年保时捷公司在“年度工厂”竞赛中获胜。德国工业杂志《生产制造》和企业咨询公司A.T. Kearney在评估之后，认为保时捷的工作效率高于其他所有德国工厂，授予保时捷这项殊荣。

911 CARRERA CABRIOLET

1997

Qualitätsarbeit: Mit Konzentration und Fingerspitzengefühl wurde jede Farbschicht von Hand aufgetragen, bis eine perfekte Fläche entstand. Zur Farbfixierung wurde Klarlack verwendet.

Quality workmanship: With concentration and a sure touch, each coat of paint was applied by hand to get a perfect surface. A coat of clear lacquer was used to fix the colour.

Du travail de qualité: chaque couche de peinture est apposée à la main avec concentration et doigté jusqu'à obtenir une surface parfaite. Pour fixer la couleur, Porsche utilise du vernis transparent.

Acabado de gran cualidad: cada capa de pintura se aplicaba a mano. Un trabajo que requería de gran experiencia y concentración para obtener superficies impecables. La última capa de fijación era de barniz transparente.

对质量精益求精——每一层漆面都由精神高度集中的专业工人细心喷涂，做到完美无瑕。最后用一层清漆固色。

911 TURBO COUPÉ

1996

Seinen dritten Sieg in Folge beim berühmten Pikes Peak-Bergrennen holte Jeff Zwart 1996 erneut in einem Porsche 911 Turbo.

Jeff Zwart took his third consecutive victory in a row in the famous Pikes Peak race in 1996, again in a Porsche 911 Turbo.

En 1996, Jeff Zwart décroche sa troisième victoire consécutive lors de la célèbre course de côte Pikes Peak, une fois de plus au volant d'une Porsche 911 Turbo.

Jeff Zwart logra su tercera victoria consecutiva en la famosa carrera de montaña Pikes Peak nuevamente al volante de un Porsche 911 Turbo.

1996 年，Jeff Zwart 在派克峰国际爬山赛上取得三连胜，他还是驾驶保时捷 911 Turbo 出战。

911 CUP 3.8

1996

Mit fünf Siegen, acht schnellsten Rennrunden und sieben besten Qualifikationszeiten wurde Emmanuel Collard überlegener Sieger des Porsche Supercups 1996. Sein Einsatzauto: ein 911 Cup 3.8.

With five wins, eight fastest laps and seven best qualification times, Emmanuel Collard was the clear winner in the 1996 Porsche Supercup. He did it in a 911 Cup 3.8.

Avec 5 victoires, huit meilleurs tours en course et sept meilleurs temps de qualification, Emmanuel Collard remporte haut la main la Porsche Supercup 1996 au volant d'une 911 Cup 3.8.

Con cinco victorias, ocho vueltas en tiempo récord y siete mejores tiempos de clasificación, Emmanuel Collard ganó holgadamente la Porsche Supercup de 1996. Su coche: un 911 Cup 3.8.

五次获胜、八次单圈最好成绩、七次取得排位赛杆位——Emmanuel Collard 是1996 年度保时捷超级杯当之无愧的王者。他的座驾是一台 911 Cup 3.8。

911 CUP 3.8

1997

In Kooperation mit UPS setzte Porsche 1997 im Carrera Cup zwei 911 Cup 3.8 ein, in denen Nachwuchsfahrer die Chance erhielten, erste Rennerfahrungen zu sammeln.

In cooperation with UPS, Porsche used two 911 Cup 3.8s for the 1997 Carrera Cup to give new racing talents the opportunity to get some track time under their belts.

En 1997, pour la Carrera Cup, et en coopération avec UPS, Porsche participe avec deux 911 Cup 3.8 permettant ainsi à deux jeunes pilotes de faire leurs preuves pour la première fois.

En cooperación con UPS, Porsche permitió que diversos pilotos jóvenes y talentosos acumularan sus primeras experiencias en circuitos a los mandos de dos 911 Cup 3.8. Fue durante la Carrera Cup de 1997.

保时捷在 1997 年与 UPS 携手，在卡雷拉杯比赛中提供了两辆 911 Cup 3.8，帮助初涉赛场的年轻车手积累比赛经验。

911 CUP 3.8

1997

Marc Basseng und Dirk Müller bildeten 1997 das »Porsche UPS Junior Team«.

Marc Basseng and Dirk Müller made up the 1997 "Porsche UPS Junior Team."

En 1997, Marc Basseng et Dirk Müller forment l'équipe « Porsche UPS Junior Team ».

Marc Basseng y Dirk Müller fueron los integrantes del «Porsche UPS Junior Team» de 1997.

Marc Basseng 和 Dirk Müller 组成了 1997 赛季的 "保时捷 UPS 青年队"。

911 TURBO S COUPÉ

1997

In der Porsche Exclusive-Abteilung entstanden von November 1997 bis April 1998 insgesamt 345 Fahrzeuge des 911 Turbo S mit einem 450 PS-Motor. Das Sportfahrwerk wurde um 15 Millimeter tiefergelegt, während die Bremszangen in speedgelb lackiert waren.

From November 1997 to April 1998 the Porsche Exclusive Department made 345 911 Turbo S cars with 450 hp engines. The sport suspension was lowered 15 mm and the brake calipers were painted Speed Yellow.

De novembre 1997 à avril 1998, Porsche Exclusive fabrique au total 345 exemplaires de la 911 Turbo S équipés d'un moteur de 450 ch. Leur châssis sport est abaissé de 15 millimètres, les étriers de frein sont peints en jaune speed.

El departamento Exclusive de Porsche produjo entre noviembre de 1997 y abril de 1998 un total de 345 unidades del 911 Turbo S con motor de 450 CV. El chasis deportivo de estos coches fue 15 milímetros más bajo, y las mordazas fueron de llamativo color amarillo «Speed».

保时捷独家配件部门在 1997 年 11 月到 1998 年 4 月之间，共为 345 台 911 Turbo S 配备了 450 hp 发动机。运动型底盘调低了 15 mm，制动钳喷涂成竞速黄色。

911 CARRERA 4S COUPÉ

1998

Am 31. März 1998 lief der letzte luftgekühlte 911 vom Band. Der Nachfolger, der bereits 1997 auf der IAA in Frankfurt präsentierte Typ 996, erhielt einen wassergekühlten 3.4 Liter-Boxermotor.

On 31 March 1998 the last air-cooled 911 rolled off the assembly line. Its successor, the 996 that had already been introduced at the 1997 Frankfurt IAA, had a water-cooled 3.4 litre boxer engine.

Le 31 mars 1998, la dernière 911 refroidie par air sort de la chaîne de montage. Son héritière, le type 996 déjà présenté au Salon international de Francfort en 1997, est équipée d'un moteur Boxer 3.4 litres refroidi par eau.

El último 911 con refrigeración por aire se fabricó el 31 de marzo de 1998. Su sucesor, el tipo 996 que ya se había presentado en el salón del automóvil de Fráncfort IAA de 1997, tuvo un motor bóxer de 3.400 cc refrigerado por agua.

1998 年 3 月 31 日，最后一辆风冷式 911 下线。它的接棒者 996 系列，配备的是 3.4 升水冷式水平对置发动机。1997 年的法兰克福车展上，996 已经向世界揭开面纱。

911 TURBO S

1997

Pikes Peak 1997: Und wieder siegte Jeff Zwart im 911 Turbo S als Klassenschnellster der serienmäßigen Hochleistungsfahrzeuge.

Pikes Peak 1997: Jeff Zwart was winner once again in a 911 Turbo S, the fastest in the stock high-performance car category.

Pikes Peak 1997 : une nouvelle victoire pour Jeff Zwart au volant de sa 911 Turbo S. Il est le plus rapide parmi les plus puissantes des voitures de sport de série.

Pikes Peak 1997: vuelve a ganar Jeff Zwart con un 911 Turbo S, logrando ser el más rápido entre los modelos superdeportivos cercanos a los de serie.

1997 年派克峰爬山赛——驾驶 911 Turbo S，Jeff Zwart 又一次摘得高性能量产车组别的桂冠。

911 TURBO S

1998

Die Renndistanz beim Pikes Peak International Hill Climb beträgt fast 20 Kilometer und umfasst 156 Kurven. Eine perfekte Strecke für Könner wie Jeff Zwart.

The Pikes Peak International Hill Climb course is 12.42 miles long and has 156 curves - perfect for an expert like Jeff Zwart.

Le parcours du Pikes Peak International Hill Climb mesure près de 20 kilomètres et comporte 156 virages. Un parcours idéal pour les connaisseurs comme Jeff Zwart.

La pista de montaña usada en la carrera Pikes Peak International Hill Climb tiene casi 20 kilómetros y cuenta con 156 curvas. Una pista ideal para un piloto de excepción como Jeff Zwart.

派克峰国际爬山赛赛道全长近 20 公里长，全程共有 156 个弯道。正是 Jeff Zwart 这种专业车手大显身手的好地方。

911 GT2

1997

Im letzten Modelljahr der 993-Baureihe lieferte Porsche noch 21 Einheiten des 911 GT2 mit einem um 20 PS auf 450 PS gesteigerten Bi-Turbo-Motor aus.

In the last model year of the 993 series Porsche delivered 21 of the 911 GT2s with a bi-turbo engine, which was boosted 20 hp to give a total of 450 hp.

Pour la dernière année-modèle de la série 993, Porsche livre encore 21 exemplaires de la 911 GT2 avec le moteur Bi-Turbo qui gagne 20 ch et atteint 450 ch.

Durante el último año de los modelos tipo 993, Porsche entregó 21 unidades del 911 GT2 con un motor biturbo 20 CV más potente, es decir, de 450 CV.

993 系列生产的最后一年，保时捷制造了 21 辆 911 GT2，配备双涡轮增压发动机，功率提高了 20 hp，达到 450 hp。

911 GT2 R

1997

Traditionell besaß der 911 GT2 gegenüber dem Turbo nur Heckantrieb.

The 911 GT2 traditionally only had a rear-wheel drive, unlike the Turbo.

Contrairement à la Turbo, la tradition veut que la 911 GT2 n'existe qu'avec propulsion.

A diferencia del Turbo, el 911 GT2 únicamente se ofreció con la tradicional tracción posterior.

与 Turbo 车型不同的是，传统上 911 GT2 只提供后驱车型。

911 CUP 3.8

1997

Im letzten Rennen des Porsche-Pirelli-Supercup 1997 hatten noch sechs Fahrer Titelchancen. Im 315 PS starken Porsche 911 Cup 3.8 holte sich letztendlich der Niederländer Patrick Huisman die Meisterschaft.

In the last Porsche-Pirelli Supercup race in 1997, six of the drivers starting still had a crack at the title. Patrick Huisman of the Netherlands ended up taking it in a 315 hp Porsche 911 Cup 3.8.

En 1997, lors de la dernière course de la Porsche-Supercup-Pirelli, six pilotes peuvent encore décrocher le titre. Finalement, c'est le Néerlandais Patrick Huisman qui s'empare de la victoire au classement général avec sa Porsche 911 Cup 3.8 de 315 ch.

De los pilotos que se pusieron en la parrilla de la última carrera de la Porsche-Pirelli-Supercup 1997, seis aún tenían posibilidades de ganar el título. El neerlandés Patrick Huisman se coronó campeón a los mandos de un 911 Cup 3.8 de 315 CV.

1997 年的保时捷倍耐力超级杯最后一轮，六名车手为冠军展开激烈争夺。荷兰车手 Patrick Huisman 驾驶 315 hp 的保时捷 911 Cup 3.8 最终力克群雄。

911 TURBO S COUPÉ

1998

1998 wurde Jeff Zwart zum fünften Mal in Folge im 911 Klassensieger beim Bergrennen in Pikes Peak.

In 1998 Jeff Zwart was class winner in the Pikes Peak race for the fifth time in a row in a 911.

En 1998, Jeff Zwart remporte sa catégorie pour la cinquième fois consécutive au volant d'une 911 lors de la course de côtes de Pikes Peak.

Jeff Zwart ganó por quinta vez consecutiva en su categoría la carrera de montaña Pikes Peak en 1998. Lo hizo al volante de un 911.

1998 年，Jeff Zwart 驾驶 911，在派克峰国际爬山赛上连续第五次蝉联组别冠军。

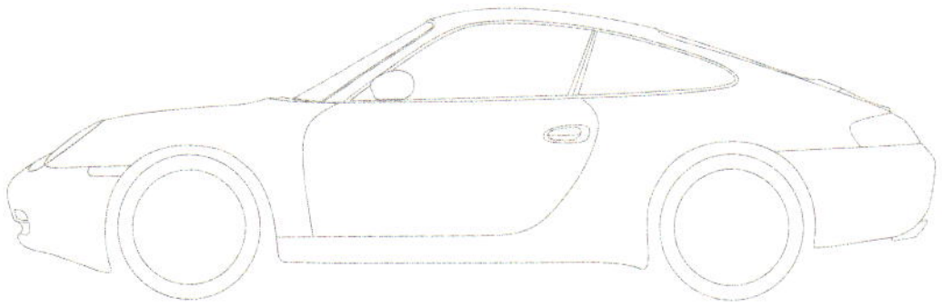

1997–2005

TYP 996

996 MODEL

TYPE 996

TIPO 996

996 车型

ТИП 996

KAPITEL 5

DIE WASSER-KRAFT-ANLAGE

Die großer Zäsur in der 911-Historie: Der Typ 996, der von 1997 bis 2005 vom Band läuft, ist ein ganz neuer Elfer – ohne den Charakter des Klassikers aufzugeben. Als völlige Neuentwicklung wird diese Generation erstmals von einem wassergekühlten Boxermotor angetrieben. Dank Vierventiltechnik leistet er 300 PS und gilt in Punkto Emission, Geräusch und Verbrauch als zukunftsweisend. Das Design interpretiert die klassische Linie des 911 neu und zeichnet sich durch einen niedrigen cW-Wert von 0,30 aus. Die Linienführung des 996 ist zugleich ein Resultat des Gleichteilekonzeptes mit dem Erfolgsmodell Boxster. Auffälligstes Designmerkmal: die Frontscheinwerfer mit integrierten Blinkern – erst umstritten, dann von anderen Herstellern oft kopiert. Im Innenraum findet sich der Fahrer in einem völlig neuen Interieur wieder. Auch der Fahrkomfort spielt neben den typisch sportlichen Eigenschaften jetzt eine größere Rolle. Mit einer Vielzahl neuer Varianten startet Porsche mit dem 996 eine nie zuvor dagewesene Produktoffensive. Ein Höhepunkt des Modellprogramms ist ab 1999 der 911 GT3, der die Tradition des Carrera RS weiter führt. Als Extremsportler wird ab Herbst 2000 der 911 GT2 angeboten, der serienmäßig mit Keramik-Bremsen verzögert.

CHAPTER 5
THE WATERWORKS

The 996 model, which rolled off the assembly line from 1997 to 2005, was a major turning point occuring in the history of the 911: an entirely new automobile – without relinquishing the characteristics of the classic car. This generation, the first to be driven by a water-cooled boxer engine, was the outcome of a comprehensive makeover. Thanks to its four-valve cylinder heads, it achieved 218 kW (300 hp) and was held to be groundbreaking in terms of emissions, noise, and fuel consumption. The design was a reinterpretation of the 911's classic line characterized by a low cW value of 0.30. At the same time, the lines of the 996 were the result of component sharing with the successful Boxster model. The car's hallmark were its front headlights with integrated turn signals – at first controversial but later often copied by other manufacturers. Moreover, drivers experienced an entirely new interior. Driving comfort now also played a greater role alongside the typical sporty characteristics. Porsche took advantage of the 996 to launch an unprecedented product offensive with a whole series of new variations. The 911 GT3, which became one of the highlights of the model range in 1999, kept up the tradition of the Carrera RS. The 911 GT2, which came with ceramic brakes as standard, was sold as an extreme sports vehicle starting in the fall of 2000.

CHAPITRE 5
REFROIDISSE-MENT À EAU

La 996, produite de 1997 à 2005 marque une césure dans l'histoire de la marque. Elle est résolument nouvelle, sans pour autant renoncer au caractère de ses glorieuses devancières. La grande première, c'est que la 911 est dotée d'un moteur boxer à refroidissement par eau. Avec quatre soupapes par cylindre, ce bloc développe 300 chevaux et place la barre très haut en matière d'émissions, de bruit et de consommation. Son design est une réinterprétation de la ligne classique de la 911. Il affiche un coefficient de pénétration dans l'air (Cx) de 0,30. La ligne de la 996 est aussi le résultat d'une volonté de partager certaines pièces avec le Boxster qui se vend si bien, comme les optiques avant avec clignotant intégré. Une idée d'abord critiquée, avant d'être copiée par autant d'autres constructeurs.

Au volant, le conducteur découvre un intérieur complètement nouveau. Au-delà de ses qualités sportives, ce modèle offre un confort à bord en net progrès. Plus que jamais, en proposant une multitude de nouvelles déclinaisons, Porsche passe à l'offensive. Le point d'orgue de cette diversité est atteint en 1999 avec la 911 GT3 qui s'inscrit dans la lignée de la Carrera RS. Au printemps 2000, Porsche propose une version ultra-sportive, la 911 GT2, équipée en série de freins céramique.

CAPÍTULO 5
POTENCIA Y AGUA

En 1997 se produjo un gran cambio en la historia del 911: el tipo 996, que se presentó ese año y que se continuó fabricando hasta 2005, fue un 911 completamente nuevo, aunque sin traicionar el carácter del modelo clásico. Este ejemplar contó, por primera vez, con un motor bóxer refrigerado por agua. Gracias a su sistema de cuatro válvulas por cilindro, tuvo una potencia de 300 CV, y fue considerado un coche futurista debido a su bajo nivel de emisiones, su moderado nivel de ruidos y su consumo relativamente bajo. Su diseño representó una nueva interpretación de las clásicas líneas del 911, distinguiéndose por su excelente coeficiente aerodinámico de apenas 0,30 cW. El trazado de sus líneas también se explica por compartir diversas piezas con el exitoso Boxster. El detalle estético más llamativo fueron sus faros con luces intermitentes integradas. En un primer momento fue una solución que originó gran polémica, pero otros fabricantes terminaron copiándola. También el habitáculo fue objeto de una profunda remodelación. En esta nueva generación del 911, se le concedió mayor importancia al confort, además de mantener las cualidades deportivas típicas. Porsche ofreció numerosas variantes nuevas del 996, lanzando una ofensiva en el mercado hasta entonces desconocida. Una de las estrellas de la gama fue el 911 GT3, que se presentó en el año 1999 y que retomó la tradición del Carrera RS. El 911 GT2, radicalmente deportivo y provisto de serie de frenos de cerámica, se lanzó al mercado en otoño del año 2000.

第 5 章
水冷式发动机

于 1997 至 2005 年间投入生产的 996 车型，堪称 911 发展史中的一大转折点。这是一款具有划时代意义的 911。作为一款经过全面重新设计的 911 车型，它在延续 911 经典特征的同时，首次配备了水冷式水平对置（Boxer）发动机。凭借四气门气缸盖技术，发动机输出功率达到了 300 hp，并且在降低排放、噪音和耗油量方面实现了重大突破。其外观设计对 911 的经典线条进行了重新诠释，并且风阻系数（cW）更低，仅为 0.30。996 与大获成功的 Boxster 车型共享许多部件，勾勒出美妙的车身轮廓。其最显著的设计特征莫过于带一体式转向灯的前大灯——这款大灯最初引发了激烈的争议，后来却被其他制造商争相模仿。进入车内，迎接驾驶者的是焕然一新的驾驶室。除了典型的运动性之外，驾驶舒适性在这一代的 911 车型中同样扮演着至关重要的角色。随着众多新车型加入，保时捷又为 996 车系推出了一款前所未有的产品——诞生于 1999 年的 911 GT3 不但继承了 Carrera RS 的尊贵传统，更将该款车型推上了又一座巅峰。2000 年秋，保时捷推出了具有超凡运动性能的 911 GT2，并为这款车型首次标配了陶瓷制动盘。

ГЛАВÁ 5
ПЕРЕХОД НА ВОДУ

Важный этап в истории модели 911: автомобили серии 996, которые сходили с конвейера с 1997 по 2005 год, были совершенно новыми „девятьсот одиннадцатыми“, которые при этом не утратили классического характера. Абсолютной новинкой в этом поколении стало использование оппозитного двигателя с водяным охлаждением. Благодаря наличию четырех клапанов на каждый цилиндр он развивал 300 л.с. и считался одним из самых лучших по показателям токсичности выхлопов, шумности и расхода топлива. В дизайне были по-новому интерпретированы классические линии 911-го, в результате коэффициент аэродинамического сопротивления был низким – 0,30. Линии серии 996 стали результатом унификации деталей с другой успешной моделью – Boxster. Ярким элементом дизайна стали фары с интегрированными указателями поворота – сначала это решение многими ставилось под сомнение, но затем его часто копировали другие производители. В салоне водителя встречал совершенно новый интерьер. Наряду с типичными спортивными качествами теперь большую роль играла и комфортабельность движения. Представив множество новых вариантов, компания Porsche начала в рамках серии 996 небывалое расширение модельного ряда. Место на вершине программы досталось с 1999 года модели 911 GT3, которая продолжала традиции Carrera RS. В качестве „экстремального спортсмена“ с осени 2000 года предлагался 911 GT2, который серийно комплектовался керамическими тормозами.

911 CARRERA COUPÉ

1995

Designskizze der 911-Generation 996. Die typischen Frontscheinwerfereinheiten sind in dieser frühen Phase der Gestaltung bereits vorhanden.

Design sketch of the 911 generation 996. Its characteristic headlight units are already present even at this early stage.

Croquis pour le design de la 911 génération 996. Les éléments caractéristiques des phares sont déjà présents à ce stade précoce de la conception.

Esbozo del diseño de la generación 996 del 911. En esta temprana propuesta ya se pueden apreciar los típicos faros.

996 系列 911 的设计草图，其特有的大灯造型早在这时便已展露雏形。

911 CARRERA COUPÉ

1995

Diese Designzeichnung zeigt die Heckansicht des späteren 911 Turbo. Die mittig angeordneten Abgasendrohre wurden allerdings nicht realisiert.

This design drawing shows a rear view of what was to become the 911 Turbo. However, the central exhaust pipes were not retained.

Croquis de l'arrière de la future 911 Turbo. Les sorties d'échappement prévues au centre ne seront pas retenues.

Este dibujo de diseño muestra la parte trasera del posterior 911 Turbo. Sin embargo, no se optó por colocar los tubos terminales en el centro de la zaga.

911 Turbo 的后视设计图，但图中的中置排气管没有出现在最终设计上。

911 CARRERA COUPÉ

1996

Full size tape drawing des 996. Nicht nur technisch, sondern auch beim Design ging die Typenreihe 996 ganz neue Wege.

Full size tape drawing of the 996. The 996 series took a completely new direction, not just technically, but also in terms of design.

Tape drawing (dessin grandeur nature) de la 996. La technique et le design de la série 996 sortent des sentiers battus.

Diseño en tamaño real del 996 con el método de cinta adhesiva «tape drawing». El tipo 996 incluyó novedades técnicas y, también, estéticas.

设计师用不同宽度和不同颜色的胶带，粘贴出 1:1 的 996 车型造型轮廓曲线。996 不仅在技术上推陈出新，外型设计上也广开思路，另辟蹊径。

911 CARRERA COUPÉ

1996

1:1-Tonmodell des 996 bei Style Porsche in Weissach. Hinten (v.l.) die Porsche-Designer Pinky Lai und Harm Lagaay.

1:1 clay model of the 996 at Style Porsche in Weissach. In the rear (left to right) are Porsche designers Pinky Lai and Harm Lagaay.

Maquette en argile grandeur nature de la 996 chez Style Porsche à Weissach. Au fond (de g. à d.), les stylistes de Porsche Pinky Lai et Harm Lagaay.

Modelo de arcilla en escala de 1:1 del 996 en Style Porsche, en Weissach. Detrás del modelo, los diseñadores de Porsche Pinky Lai (izq.) y Harm Lagaay (der.).

魏斯阿赫保时捷造型设计工作室制作的 996 1:1 粘土模型。模型后方左右站着的分别是保时捷的两位设计师赖平（Pinky Lai）和 Harm Lagaay。

911 CARRERA COUPÉ

1996

Auf dem Lichthof beurteilen die Designer die Form der neuen Elfer-Generation. Der Radstand war inzwischen auf 2.350 mm gewachsen.

In the atrium, the designers assess the form of the new Eleven generation. The wheelbase had grown to 2350 mm.

Les designers évaluent la forme de la nouvelle génération de 911. L'empattement est allongé et atteint désormais 2 350 mm.

Exponiéndolo a la luz natural, los diseñadores evalúan las formas de la nueva generación del 911. La distancia entre ejes había aumentado entretanto a 2.350 mm.

新一代 911 的轴距加长到了 2,350 mm。设计师们在光线充足的室外环境中讨论评判它的外型设计。

911 CARRERA COUPÉ

1997

Porsche 911 Carrera Coupé im Windkanal des Entwicklungszentrums Weissach. Der cW-Wert des 996 mit schmaler Karosserie betrug hervorragende 0,30.

A Porsche 911 Carrera Coupé in the wind tunnel at the Weissach Development Center. The cW of the 996 with the narrow chassis was an outstanding 0.30.

Une Porsche 911 Carrera Coupé dans la soufflerie du centre de recherche et de développement de Weissach. Avec sa carrosserie plus étroite, la 996 bénéficie d'un excellent coefficient Cx de 0,30.

Porsche 911 Carrera Coupé en el túnel de viento del centro de desarrollo de Weissach. El coeficiente aerodinámico del 996 con carrocería estrecha fue excelente: cW = 0,30.

保时捷 911 Carrera Coupé 正在魏斯阿赫研发中心进行风洞测试，窄车身的 996 车型风阻系数仅为 0.30。

911 CARRERA COUPÉ

1996

Während der Wintererprobung in Kanada absolvierten die Ingenieure zwei Wochen lang jeden Tag 1.000 km in zwölf Stunden.

During winter testing in Canada the engineers drove 600 miles in twelve hours every day for two weeks.

Pendant les essais d'hiver au Canada, les ingénieurs effectuent chaque jour mille km en douze heures, pendant deux semaines.

Durante las pruebas en condiciones invernales, llevadas a cabo en Canadá durante dos semanas, los ingenieros recorrieron todos los días 1.000 km en doce horas.

在为期两周的加拿大冬季测试期间，工程师们日夜兼程，每天工作 12 小时，每天行驶的里程数达到 1,000 公里。

911 CARRERA COUPÉ

1996

Erprobung des 996 in den USA im Twenty Mule Team Canyon. Auch im Death Valley bei 48°C Außentemperatur erreichte das Kühlwasser nicht mehr als 116°C.

Testing the 996 in the US in Twenty Mule Team Canyon. Even in Death Valley at outside temperatures reaching 118°F the coolant never exceeded 241°F.

Essais de la 996 aux États-Unis dans le Twenty Mule Team Canyon. Même dans la Vallée de la mort, avec une température extérieure de 48°C, l'eau de refroidissement ne dépasse pas 116°C.

Pruebas con el 996 en el Twenty Mule Team Canyon, en EE.UU. A pesar de la temperatura ambiente de 48°C en el Death Valley, el agua refrigerante nunca pasó de los 116°C.

996 测试车队正行驶在美国大峡谷国家公园的“二十骡队峡谷”内。即使在死亡谷 48 摄氏度的高温下，996 冷却液的温度也从未超过 116 摄氏度。

911 CARRERA COUPÉ

1997

Teamwork: Die Entwicklungsmannschaft des neuen 911 Carrera in Weissach.

Teamwork: The development team for the new 911 Carrera in Weissach.

Travail d'équipe : l'équipe chargée du développement de la nouvelle 911 Carrera à Weissach.

Trabajo en equipo: el equipo de desarrollo del nuevo 911 Carrera en Weissach.

团队协作，共创辉煌 – 新款 911 Carrera 全体研发人员在魏斯阿赫合影。

911 CARRERA COUPÉ

1997

Unter dem Motto »Evolution 911« fand die offizielle Präsentation des 911 Carrera im September 1997 auf der Internationalen Automobilausstellung (IAA) in Frankfurt statt.

Headlined "Evolution 911", the official unveiling of the 911 Carrera was held in September 1997 at the International Motor Show (IAA) in Frankfurt.

C'est avec le slogan « Evolution 911 » que la 911 Carrera est officiellement présentée au Salon international de l'automobile (IAA) de Francfort en septembre 1997.

Presentación oficial del 911 Carrera en septiembre de 1997 bajo el lema «Evolution 911». El escenario: el salón internacional del automóvil de Fráncfort (IAA).

1997 年 9 月保时捷在法兰克福国际车展上以 "911 的进化" 为主题正式发布 911 Carrera。

TYP M96/01

1997

Der wassergekühlte Vierventil-Sechszylinder-Boxermotor hatte 3.387 ccm Hubraum und erreichte eine Leistung von 300 PS bei 6.800 U/min.

Its water-cooled four-valve six-cylinder boxer engine displaced 3387 ccm and achieved 300 hp at 6800 rpm.

Le moteur boxer six cylindres/24 soupapes refroidi par eau affiche une cylindrée de 3 387 cc et développe 300 ch à 6 800 tours/min.

El motor bóxer de seis cilindros refrigerado por agua y de cuatro válvulas por cilindro tuvo 3.387 cc y su potencia máxima fue de 300 CV a 6.800 rpm.

该车型搭载的水冷水平对置四气门六缸发动机，排量为3,387 ccm，可在 6,800 rpm 的转速下迸发出 300 hp 的最大输出功率。

911 GT1

1997

Der 911 GT1 1997 in Le Mans mit Emmanuel Collard, Yannick Dalmas und Ralf Kelleners. Diese Variante des 911 GT1, der von 1996 bis 1998 in drei Versionen gebaut wurde, war die Basis für das in Kleinauflage von 21 Stück gebaute Straßenmodell.

The 911 GT1 1997 in Le Mans with Emmanuel Collard, Yannick Dalmas and Ralf Kelleners. This variant of the 911 GT1, which was built in three versions from 1996 to 1998, was the basis for the small run of 21 street models.

La 911 GT1 au Mans en 1997 avec Emmanuel Collard, Yannick Dalmas et Ralf Kelleners. Cette variante de la 911 GT1, construite en trois versions entre 1996 et 1998, sert de base à l'édition limitée à 21 exemplaires du modèle conçu pour la route.

El 911 GT1 1997 en Le Mans con los pilotos Emmanuel Collard, Yannick Dalmas y Ralf Kelleners. Esta variante del 911 GT1, del que se fabricaron tres versiones entre 1996 y 1998, fue la base para la pequeña serie de 21 unidades destinadas al uso en el tráfico vial.

车手 Emmanuel Collard、Yannick Dalmas 和 Ralf Kelleners 驾驶 1997 年款 911 GT1 出战勒芒耐力赛。1996 年至 1998 年间保时捷共推出过 3 款不同版本的 911 GT1 赛车，并以此为基础衍生出了限量版公路跑车，这款公路跑车只生产了 21 台。

911 GT1

1998

Rollout des ersten 911 GT1, Jahrgang 1998, in Weissach. Diese Variante des 911 GT1 hatte eine aerodynamisch optimierte Karosserie mit Kohlefaser-Monocoque.

Rollout of the first 1998 model 911 GT1 in Weissach. This version of the 911 GT1 had an aerodynamically optimized body with a carbon fibre monocoque.

Présentation au public de la première 911 GT1, millésime 1998, à Weissach. L'aérodynamique de cette variante de la 911 GT1 a été optimisée, la carrosserie est réalisée en fibre de carbone monocoque.

Weissach: el primer 911 GT1 del año 1998 sale de la planta. Esta variante del 911 GT1 tenía una carrocería de aerodinámica optimizada y un monocasco de fibra de carbono.

第一台 1998 年款 911 GT1 在魏斯阿赫下线。这款 911 GT1 具有经过空气动力学优化的碳纤维单壳体车身。

911 GT1

1998

Der 911 GT1 '98, der im Jahre 1998 pünktlich zum Produktionsjubiläum »50 Jahre Porsche« bei den 24 Stunden von Le Mans den Gesamtsieg erzielte.

The '98 911 GT1 sped to overall victory in the 1998 24 Hours of Le Mans just in time for the "50 Years of Porsche" production anniversary.

En 1998, pour célébrer les « 50 ans de Porsche », la 911 GT1 98 termine première au classement général des 24 Heures du Mans. Un timing parfait !

El 911 GT1 98 que ganó las 24 horas de Le Mans ocupando el primer puesto en la clasificación general, justo a tiempo para festejar el aniversario de producción «50 años de Porsche».

好事成双。1998 年正值庆祝“保时捷 50 周年”之际，这台 1998 年款 911 GT1 在勒芒 24 小时耐力赛上出手不凡，一举摘得总冠军桂冠。

911 CARRERA CABRIOLET

1998

Das 911 Carrera Cabriolet mit vollelektrischem Stoffverdeck wurde 1998 auf dem Genfer Automobilsalon präsentiert.

The 911 Carrera Cabriolet with all-electric fabric top premiered in 1998 at the Geneva Auto Show.

En 1998, la 911 Carrera Cabriolet équipée d'une capote en toile entièrement électrique est présentée au Salon automobile de Genève.

Presentación del 911 Carrera Cabriolet con capota textil de accionamiento eléctrico en el salón del automóvil de Ginebra de 1998.

1998 年，配备全电动织物顶篷的 911 Carrera Cabriolet 在日内瓦车展上首发。

911 CARRERA CABRIOLET

1998

Das Verdeck wurde komplett neu konstruiert und erforderte nicht mehr das mühsame Aufknöpfen einer Persenning. Das automatische Öffnen bzw. Schließen dauerte nur 20 Sekunden.

The top was completely redesigned. Users no longer had to bother with snapping on the fabric. It opened and closed automatically in just 20 seconds.

La capote a été entièrement redessinée. Pour l'ouverture, plus besoin de procéder au déboutonnage fastidieux de la bâche. L'ouverture et la fermeture sont automatisées et ne durent que 20 secondes.

En este descapotable ya no era necesario abrir y cerrar los botones de la lona protectora antes de abrir o después de cerrar la capota. Con el sistema de accionamiento automático, apenas transcurrían 20 segundos al abrir o cerrarla.

经过重新设计的顶篷操作方便，开关迅速，省却了手动关闭顶篷的繁琐过程，仅需 20 秒钟便可自动打开或关闭。

911 CARRERA CABRIOLET

1998

Ein Porsche 911 macht glücklich. US-Werbeanzeige für das 911 Carrera Cabriolet aus dem Jahr 1998.

A Porsche 911 brings happiness. US advertisement for the 911 Carrera Cabriolet from 1998.

Le bonheur en Porsche 911. Publicité américaine pour la 911 Carrera Cabriolet de 1998.

Un Porsche hace feliz. Aviso publicitario norteamericano del 911 Carrera Cabriolet del año 1998.

保时捷 911 令人心花怒放——这是 1998 年保时捷 911 Carrera Cabriolet 进军美国市场时使用的广告语。

911 CARRERA CABRIOLET

1998

Das 911 Carrera Cabriolet erschien im Frühjahr 1998. Neu war das Hardtop, das bereits in der Serienausstattung enthalten war.

The 911 Carrera Cabriolet came out in the spring of 1998. The hardtop was new but was already standard equipment.

La 911 Carrera Cabriolet sort au printemps 1998. Parmi les innovations, la capote rigide comprise dans l'équipement de série.

El 911 Carrera Cabriolet se estrenó en la primavera del año 1998. La novedad: el techo duro incluido de serie.

911 Carrera Cabriolet 在 1998 年春季上市，全新设计的硬顶作为该车型的一项标准配置提供。

911 CARRERA CABRIOLET

1998

Erst die zweite Generation des 996 ab 2001 besaß ein Handschuhfach, was vielfach erst beim zweiten Hinsehen entdeckt wurde.

The second generation of the 996 in 2001 was the first to have a glove compartment, which is often only apparent at second glance.

Seule la deuxième génération de la 996, à partir de 2001, est équipée d'une boîte à gants. Mais pour s'en rendre compte, il faut y regarder à deux fois.

Sólo a partir de la segunda generación del 996 de 2001 se incluyó una guantera. Había que fijarse bien para descubrirla.

2001 年推出的第二代 996 车型开始配备手套箱。然而注重功能的手套箱外型设计含蓄，不细看还真看不出。

911 CARRERA COUPÉ

1997

Der Platz im Fond des 996 ist wie eh und je recht überschaubar. Ferry Porsches Postulat, dass der 911 ein 2+2-Sitzer sein sollte, wurde bis heute – zum fünfzigsten Geburtstag des 911 – konsequent umgesetzt.

As ever, the back seat of the 996 offers only modest room. Yet Ferry Porsche's requirement that the 911 be a 2+2 seater has been met to this day, the 50th birthday of the 911.

Comme toujours, l'espace à l'arrière de la 996 est plutôt limité. Pour Ferry Porsche, la 911 devait être une 2+2. Un postulat toujours respecté jusqu'à ce jour... et d'actualité pour le cinquantième anniversaire de la 911.

El espacio disponible en el fondo del 996 fue, como siempre, bastante justo. El postulado de Ferry Porsche, según cual el 911 debía ser un coche de 2+2 asientos, se aplicó fielmente hasta ahora, que se festeja el cincuenta aniversario del 911.

996 系列的后座空间仍然相当紧凑，而费利・保时捷所坚持的 2+2 座设计理念却贯穿了 911 的整个发展历程，即使到了 50 年后的今天也丝毫未变。

911 CARRERA COUPÉ

1998

Der bekannte australische Künstler Biggibilla gestaltete diesen außergewöhnlichen 911 Carrera. Das besondere »Art car« steht heute im Porsche-Museum in Stuttgart-Zuffenhausen.

Well-known Australian artist Biggibilla designed this unusual 911 Carrera "Art Car", which today stands in the Porsche Museum in Stuttgart-Zuffenhausen.

Cette curieuse 911 Carrera est l'œuvre du célèbre artiste australien Graham Rennie Biggibilla. Cette « art car » exceptionnelle est désormais exposée au musée Porsche à Stuttgart-Zuffenhausen.

El conocido artista australiano Biggibilla decoró este excepcional 911. Este «art car» tan especial se encuentra en el museo de Porsche en Stuttgart-Zuffenhausen.

这辆非同凡响的 911 Carrera “艺术之车”由澳大利亚知名艺术家 Biggibilla 一手打造，现收藏于斯图加特—祖文豪森的保时捷博物馆。

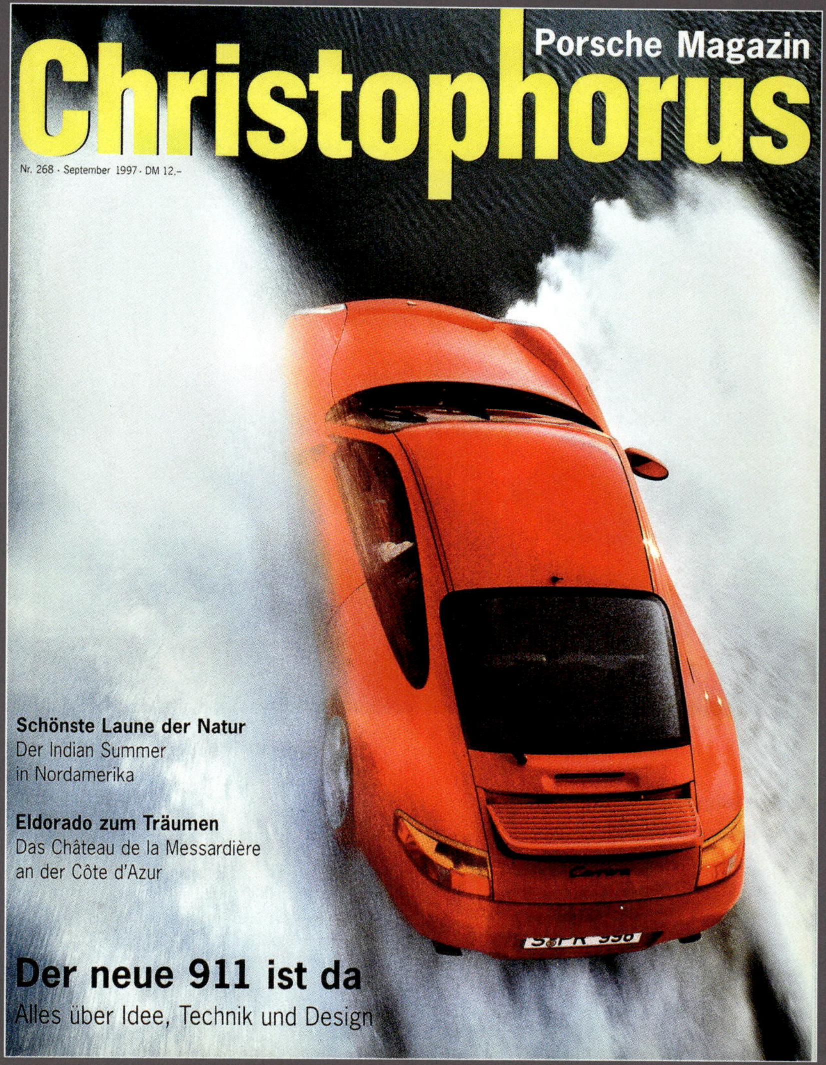

911 CARRERA COUPÉ

1997

Die Titelseite des »Christophorus« Nr. 268 vom September 1997 zeigt den neuen 911 Carrera.

The cover of "Christophorus" No. 268 of September 1997 features the new 911 Carrera.

En septembre 1997, la nouvelle 911 Carrera fait la une du N°268 du magazine « Christophorus ».

El nuevo 911 Carrera en la carátula de la revista «Christophorus» n° 268 de septiembre de 1997.

911 Carrera 登上 1997 年 9 月出版的第 268 期《Christophorus》杂志封面。

911 CARRERA COUPÉ

1998

Geht es nach dieser Werbeanzeige aus dem Jahre 1998 für den US-Markt, erscheint es nur schwer möglich, die Begeisterung für einen Porsche 911 verständlich in englischer Sprache auszudrücken.

Judging by this 1998 advert for the US market, it appears to be difficult for people to fully express their enthusiasm for a Porsche 911 in English.

A en croire cette publicité de 1998 destinée au marché américain, l'enthousiasme suscité par une Porsche 911 doit être difficile à communiquer en langue anglaise.

Según este aviso publicitario del año 1998, destinado al mercado estadounidense, parece difícil expresar en inglés el entusiasmo que despierta un Porsche 911.

从这则 1998 年美国市场的广告中不难看出，人们对保时捷 911 的热情简直无法用语言表达。

911 CARRERA COUPÉ

1998

Auf diesem Plakat von 1998 greifen die Werber diverse Kompetenzen verschiedener Nationen auf. Deutschland hat in dieser Hinsicht etwas ganz Besonderes zu bieten…

This poster from 1998 speaks of the various special abilities of different nations. Germany has something quite remarkable to offer in this regard.

Sur cette affiche de 1998, les publicitaires soulignent certaines compétences de diverses nations. L'Allemagne a quelque chose de très particulier à proposer…

En este afiche del año 1998 se realzan las virtudes de diversas naciones. Y, en ese sentido, Alemania tiene algo muy especial que ofrecer…

1998 年发布的这张海报罗列了各国的代表性物产，保时捷当之无愧成为德国的代表。

911 GT3 CUP

1998

Fertigstellung der 911 GT3 Cup-Fahrzeuge 1998 in der Motorsport-Abteilung in Weissach.

Finishing the 1998 911 GT3 Cup cars in the Motorsports Department at Weissach.

Finition des véhicules 911 GT3 Cup 1998 au département sport-auto de Weissach.

Puesta a punto de los 911 GT3 Cup de 1998 en la sección de competición automovilística de Weissach.

1998 年魏斯阿赫赛车运动部门顺利完成 911 GT3 Cup 赛车的制造。

911 GT3 CUP

1998

Henri Leconte 1998 mit einem 911 GT3 Cup bei einem Rennen des Porsche Supercups. 1998 wurde der neue 911 GT3 Cup ausschließlich für den Supercup zur Verfügung gestellt, der Carrera Cup bekam dieses Fahrzeug ein Jahr später. Dieser Ablauf ist bis heute traditionell bei den Porsche-Markenpokalen.

Henri Leconte in 1998 with a 911 GT3 Cup at a Porsche Supercup race. In 1998 the new 911 GT3 Cup was made available exclusively for the Supercup. The car was raced in the Carrera Cup a year later, as is traditional to this day at Porsche Cup races.

Henri Leconte au volant d'une 911 GT3 Cup lors d'une course de la Porsche Supercup en 1998. En 1998, la nouvelle 911 GT3 Cup est exclusivement alignée pour la Supercup. Elle concourra la Carrera Cup l'année suivante, comme le veut la tradition. Cet ordre a toujours été respecté jusqu'à ce jour pour les coupes constructeur Porsche.

Henri Leconte a los mandos de un 911 GT3 en una de las carreras de la Porsche Supercup de 1998. Ese año, el 911 GT3 Cup únicamente se ofreció para la participación en la Supercup. Un año después, este modelo se ofreció para la Carrera Cup. Esta secuencia sigue siendo tradicional en relación con las copas de la marca Porsche.

1998 年 Henri Leconte 驾驶 911 GT3 Cup 赛车参加保时捷超级杯赛（Porsche Supercup）。当年度新款 911 GT3 Cup 只用于参加超级杯赛事，一年后它才开始征战卡雷拉杯赛（Porsche Carrera Cup）。这一传统在保时捷品牌赛事中一直保持至今。

911 GT3 CUP

1998

Die Produktion des 911 GT3 Cup 1998 in Zuffenhausen. Der Beginn der Fertigung fand in Zuffenhausen statt, fertiggestellt wurden die 911 GT3 Cup dann allerdings in der Motorsport-Abteilung in Weissach.

Building the 1998 911 GT3 Cup in Zuffenhausen. Production started there, with finishing work taking place in the Motorsports Department in Weissach.

La production de la 911 GT3 Cup 1998 à Zuffenhausen. La fabrication est initiée à Zuffenhausen, mais les finitions sont réalisées au département sport de Weissach.

Producción del 911 GT3 Cup en 1998 en Zuffenhausen. El 911 GT3 Cup se empezaba a fabricar en la planta de Zuffenhausen, y su puesta a punto final estuvo a cargo de los especialistas de la sección de competición automovilística de Weissach.

1998 年款 911 GT3 Cup 赛车在祖文豪森生产。911 GT3 Cup 赛车前期制造在祖文豪森完成，然后送往魏斯阿赫赛车运动部门进行总装。

911 GT3

1999

Im Mai 1999 ergänzte der 911 GT3 das Modellprogramm. Der Motor basierte auf dem 964-Kurbelgehäuse, das auch im 911 GT1 verbaut wurde. Aus 3.6 Liter Hubraum holte er eine Leistung von 360 PS.

In May 1999, the 911 GT3 completed the model line-up. This engine was based on the 964 crankcase, which was also installed in the 911 GT1. It produced a power of 360 hp from 3.6 litres of displacement.

La 911 GT3 arrive au catalogue Porsche en mai 1999. Développant 360 ch pour une cylindrée de 3.6 l, son moteur est basé sur le carter-cylindres de la 964, également monté sur la 911 GT1.

En mayo de 1999, el 911 GT3 completaba el programa de modelos. El motor, con una cilindrada de 3.6 litros y una potencia de 360 CV, se basaba en el cárter del cigüeñal del 964 que también se equipó en el 911 GT1.

1999年5月，911 GT3 加入车型阵容。其搭载的发动机基于在 911 GT1 中也采用的 964 曲轴箱。发动机输出功率为360 hp，排量为3.6升。

911 GT3

1999

Für ambitionierte Sportwagenfahrer war der mindestens 179.500 DM teure 911 GT3 eine Sensation. Zwischen Frühjahr 1999 und Ende 2000 entstanden 1.868 Einheiten des GT3 der ersten Serie.

The 911 GT3, which sold for at least 179,500 DM, created a sensation among ambitious sports car drivers. 1,868 units of the first GT3 series were built from spring 1999 until the end of 2000.

Avec un tarif d'entrée de 179 500 deutsche marks, la 911 GT3 est à l'époque une sensation pour les coureurs amateurs. La GT3 première série sera construite en 1 868 exemplaires entre le printemps 1999 et la fin de l'an 2000.

Para los pilotos más ambiciosos, el 911 GT3, con un precio mínimo de 179.500 marcos alemanes, era toda una sensación. Entre la primavera de 1999 y finales de 2000 se produjeron 1.868 unidades del GT3 de la primera serie.

911 GT3 当时售价179,500德国马克起，在雄心勃勃的跑车车主中造成了轰动。从1999年春至2000年底，首批 GT3 系列共1,868台车下线。

911 TURBO COUPÉ / 911 GT3

1999

Walter Röhrl mit einem 911 Turbo (links) und dem 911 GT3 bei Testfahrten im Herbst 1999. Beim 911 GT3 handelte es sich um den Wagen, den Walter Röhrl und Christian Geistdörfer später bei der Deutschland Rallye 2001 als Vorausfahrzeug einsetzten.

Walter Röhrl with a 911 Turbo (left) and a 911 GT3 during test driving in the autumn of 1999. The 911 GT3 was the car Walter Röhrl and Christian Geistdörfer would later use as their advance car at the 2001 Germany Rally.

Automne 1999, Walter Röhrl effectue des essais au volant d'une 911 Turbo (à gauche) et de la 911 GT3. La 911 GT3 avec au volant Walter Röhrl et Christian Geistdörfer, fera office de voiture ouvreuse au Rallye d'Allemagne en 2001.

Walter Röhrl con un 911 Turbo (izq.) y un 911 GT3, realizando pruebas en otoño de 1999. Walter Röhrl y Christian Geistdörfer utilizaron ese 911 GT3 posteriormente en el rallye de Alemania de 2001 como coche cero para abrir la ruta.

1999 年秋天 Walter Röhrl 驾驶 911 Turbo（左）和 911 GT3 进行路试的照片。这台 911 GT3 后来承担了 2001 年德国拉力赛前导车的重任，Walter Röhrl 和 Christian Geistdörfer 联手出色完成了这一任务。

911 GT3 CUP

1999

Blick ins Cockpit des 911 GT3 Cup im Jahre 1999, aufgenommen bei einem Rennen des Carrera Cup in Zweibrücken.

A look at the cockpit of the 1999 911 GT3 Cup, taken at a Carrera Cup race in Zweibrücken.

Intérieur du cockpit de la 911 GT3 Cup en 1999. Cette photo a été prise lors d'une course de la Carrera Cup à Zweibrücken.

Vistazo al puesto de mando del 911 GT3 Cup del año 1999. Fotografía hecha durante una carrera de la Carrera Cup, en Zweibrücken.

1999 年在德国茨魏布吕肯参加卡雷拉杯赛事（Carrera Cup）的 911 GT3 Cup 赛车的驾驶舱风貌。

911 CARRERA COUPÉ

1999

Als Sonderwunsch stand beim 996 von 1999 an der Seiten-airbag zur Verfügung. Er hatte 30 Liter Inhalt und schützte so-gar bei einem offen gefahrenen Cabrio.

Starting in 1999 side air bags were available as an option on the 996. The bag inflated to 30 litres of air and offered protection even in an open convertible.

Dès 1999, la 996 est livrée avec un airbag latéral en option. D'une contenance de 30 litres, il protège même en conduite à ciel ouvert.

El tipo 996 del año 1999 podía estar equipado opcionalmente con un airbag lateral. La bolsa inflable de protección tenía un volumen de 30 litros y servía de protección incluso en el descapotable con la capota abierta.

1999 年开始，996 系列可以选装侧安全气囊。安全气囊容积 30 升，即使在敞篷车顶篷打开的情况下也能为驾乘者提供保护。

911 CARRERA 4 COUPÉ

1999

Ein 911 Carrera 4 Coupé im Jahre 1999 in der weltberühmten Weißenhof-Siedlung in Stuttgart, wo zahlreiche berühmte Häuser der Bauhaus-Architektur entstanden.

A 911 Carrera 4 Coupé in 1999 at the world-famous Weissenhof housing estate in Stuttgart, with its many Bauhaus buildings.

Une 911 Carrera 4 Coupé en 1999 devant la Weißenhof-Siedlung à Stuttgart. Cette cité célèbre est mondialement réputée pour ses maisons de style Bauhaus.

El 911 Carrera 4 Coupé del año 1999 en el barrio de Weissenhof en Stutgart, conocida mundialmente por sus famosas casas de arquitectura Bauhaus.

1999 年一台停放在斯图加特魏森霍夫住宅区的 911 Carrera Coupé。魏森霍夫住宅区以拥有大量包豪斯风格的建筑而闻名。

911 CARRERA

1999

Der 3.4 Liter-Motor des 911 Carrera war sehr kompakt eingebaut. Bei der Entwicklung wurde darauf geachtet, dass die für die Wartung erforderlichen Öffnungen für das Motoröl und die Kühlflüssigkeit sowie der Luftfilter gut erreichbar blieben.

The 911 Carrera's 3.4 litre engine was installed very compactly. Attention was paid during development to easy maintenance access for changing the engine oil, coolant and air filter.

Le moteur 3.4 litres de la 911 Carrera s'insère au millimètre près. Lors de la conception, on a veillé à prévoir des ouvertures faciles d'accès pour changer l'huile moteur, le liquide de refroidissement et le filtre à air.

El motor de 3.400 cc del 911 Carrera fue muy compacto. Durante su desarrollo se puso especial cuidado en el acceso fácil para rellenar aceite y líquido refrigerante, así como para cambiar el filtro de aire.

911 Carrera 搭载结构紧凑的 3.4 升发动机。为了便于维护，设计师们早在研发初期便精心规划了机油、冷却液的加注口以及空气滤清器的更换位置。

911 CARRERA 4 CABRIOLET

1999

Das 911 Carrera 4 Cabriolet 1999 in St. Moritz. Mit dem Dachträger für das Cabrio und dem Allradantrieb wurde deutlich, dass man auch mit einem 911 ohne Probleme die Fahrt zum Wintersport genießen kann.

The 1999 911 Carrera 4 Cabriolet in St. Moritz. With its roof rack and all-wheel drive, it showed that a 911 could get you to the ski resorts in style.

La 911 Carrera 4 Cabriolet en 1999 à Saint-Moritz. Grâce à sa galerie et à sa transmission intégrale, partir aux sports d'hiver est une partie de plaisir, même au volant d'une 911 décapotable.

El 911 Carrera Cabriolet de 1999 en San Mauricio, Suiza. El portaequipajes en el techo del descapotable y el sistema de tracción total no dejaron lugar a dudas: con un 911 se puede disfrutar del viaje invernal a una estación de esquí.

行驶在瑞士圣莫里茨山间的 1999 年款 911 Carrera 4 Cabriolet。配备了车顶行李架和四驱系统的 911 可以载着您随心所欲地驶往冬季运动圣地。

911 CARRERA COUPÉ

1999

Eine Anzeige für Porsche Tequipment im Jahre 1999. Mit abgebildet ist ein 911 Carrera 4S der Baureihe 993, der zu diesem Zeitpunkt bereits nicht mehr produziert wurde.

An advertisement for Porsche Tequipment from 1999. In addition to the 911 Carrera from that year, it shows a 993 series 911 Carrera 4S, which was already out of production when this ad appeared.

Publicité de 1999 pour Porsche Tequipment. La 911 Carrera 4S de la série 993 représentée sur la photo n'est déjà plus produite à l'époque.

Aviso publicitario del Porsche Tequipment del año 1999. En la fotografía también aparece un 911 Carrera 4S del tipo 993, que en esas fechas ya no se fabricaba.

1999 年发布的保时捷精装配件广告。广告中的一台 993 系列的 911 Carrera 4S 当时已停产。

911 CARRERA 4 COUPÉ

1999

In dieser Anzeige aus dem Jahre 1999 wurde in den USA auf die verborgenen Vorteile des 911 Carrera 4 hingewiesen, die einzig beim Fahren zu entdecken seien.

This US advertisement for the 911 Carrera 4 from 1999 points out the hidden benefits that you can only discover when you drive it.

Cette publicité de 1999 destinée au marché américain vante les atouts cachés de la 911 Carrera 4, des qualités qui ne se révèlent qu'au volant.

En este aviso estadounidense del 911 Carrera 4 del año 1999 se realzan las virtudes del Carrera 4, indicando que para descubrirlas, hay que conducirlo.

911 Carrera 4 拥有很多不为人知的优点，只有亲身驾驶，才能体验它的美妙——1999 年保时捷在美国市场的广告语。

911 GT3 R

1999

Blick ins Cockpit eines 911 GT3 R von 1999. Die GT3 R (1999–2000), GT3 RS (2001–2003) und GT3 RSR (2004–2005) waren oberhalb des 911 GT3 Cup angesiedelt.

A look at the cockpit of a 1999 911 GT3 R. The GT3 R (1999–2000), GT3 RS (2001–2003) and GT3 RSR (2004–2005) were positioned higher than the 911 GT3 Cup.

Vue du cockpit d'une 911 GT3 R de 1999. Les GT3 R (1999–2000), GT3 RS (2001–2003) et GT3 RSR (2004–2005) seront plus puissantes que la 911 GT3 Cup.

Vista del puesto de mando de un 911 GT3 R del año 1999. Los modelos GT3 R (1999–2000), GT3 RS (2001–2003) y GT3 RSR (2004–2005) se ubicaron por encima del 911 GT3 Cup.

1999 年款 911 GT3 R 驾驶舱一瞥。众所周知，GT3 R（1999 - 2000）、GT3 RS（2001 - 2003）和 GT3 RSR（2004 - 2005）的定位均高于 911 GT3 Cup 赛车。

911 GT3 / 911 GT3 R

1999

Ein 911 GT3 (hinten) und sein Rennableger 911 GT3 R beim Vergleich 1999 in der Boxengasse des Hockenheimrings.

1999 comparison shot of a 911 GT3 (rear) and its racing progeny the 911 GT3 R in the Hockenheimring pit lane.

En 1999, pour comparaison, une 911 GT3 (au fond) et le bolide de course dérivé, une 911 GT3 R (au premier plan) sur la voie des stands du circuit de Hockenheim.

Comparación entre un 911 GT3 (atrás) y la correspondiente versión de competición 911 GT3 R en pits del circuito de Hockenheim.

1999 年停放在德国霍根海姆赛道维修区的 911 GT3（后）及其赛车版衍生车型 911 GT3 R。

911 GT3 R

1999

Bernd Mayländer, Dirk Müller und Bob Wollek auf dem 911 GT3 R 1999 in Le Mans.

Bernd Mayländer, Dirk Müller and Bob Wollek with a 911 GT3 R in Le Mans in 1999.

Bernd Mayländer, Dirk Müller et Bob Wollek et leur 911 GT2 R au Mans en 1999.

Bernd Mayländer, Dirk Müller y Bob Wollek con el 911 GT3 R de 1999 en Le Mans.

1999 年 Bernd Mayländer、Dirk Müller 和 Bob Wollek 驾驶一台 911 GT3 R 出战勒芒赛场。

911 TURBO COUPÉ
1999

Im Jahre 1999 wurde der neue 911 Turbo auf der Internationalen Automobilausstellung (IAA) in Frankfurt präsentiert.

In 1999 the new 911 Turbo was presented at the International Motor Show (IAA) in Frankfurt.

En 1999, la nouvelle 911 Turbo est présentée au Salon international de l'automobile (IAA) de Francfort.

Estreno del nuevo 911 Turbo en el salón internacional del automóvil de Fráncfort (IAA) de 1999.

1999 年新款 911 Turbo 在法兰克福国际车展上正式亮相。

911 TURBO COUPÉ

2000

Bei der Pressevorstellung des neuen 911 Turbo 3.6 in Spanien im Jahr 2000 wird das neue Fahrzeug als Schnittmodell mit tiefen Einblicken in die Technik präsentiert.

At the press premiere of the new 911 Turbo 3.6 in Spain in 2000, the car was shown in a cutaway view to give a closer look at the technology.

En 2000, pour la présentation à la presse de la nouvelle 911 Turbo 3.6 en Espagne, le véhicule en coupe présente la technologie dans ses moindres détails.

Modelo seccionado dejando al descubierto su tecnología, mostrado a la prensa en España en el año 2000 con motivo de la presentación de prensa del 911 Turbo 3.6 en España.

2000 年，在西班牙举办的 911 Turbo 3.6 媒体发布会上，保时捷别出心裁地将新车剖开，向媒体记者近距离展示车辆采用的技术。

911 CARRERA COUPÉ

1999

Das 911 Carrera Coupé 1999 ganz in weiß. Weiß wurde zur Zeit des 996 in Deutschland sehr selten gewählt. In anderen Ländern wie etwa in den USA oder im arabischen Raum war die Farbe hingegen sehr beliebt.

An all-white 911 Carrera Coupé. Very few German customers chose white during the 996's tenure, but in other countries including the Arab world and the US it was very popular.

Une 911 Carrera Coupé 1999 entièrement blanche.
A l'époque de la 996, cette teinte est rarement choisie en Allemagne à la différence des États-Unis ou du monde arabe où le blanc est une couleur très appréciée.

El 911 Carrera Coupé de 1999 totalmente de blanco. En la época del 996, eran pocos los clientes alemanes que optaban por ese color. Sin embargo, fue muy popular en los EE.UU. y en la región árabe.

白色涂装的 1999 年款 911 Carrera Coupé。白色的 996 车型在德国少有拥趸，但在美国以及阿拉伯地区国家，则广受客户青睐。

911 CARRERA 4 CABRIOLET

1999

Ein 911 Carrera 4 Cabriolet aus dem Jahre 1999. Eines der Kennzeichen des 911 Carrera der Generation 996 waren die titanfarben gehaltenen Bremssättel.

A 911 Carrera 4 Cabriolet from 1999. One of the marks of the 996 generation 911 Carrera were the titanium-coloured brake calipers.

Une 911 Carrera 4 Cabrio de 1999. Parmi les caractéristiques de la 911 Carrera de la génération 996 : ses étriers de freins couleur titane.

Un 911 Carrera 4 Cabriolet del año 1999. Las mordazas de color titanio fueron uno de los distintivos del 911 Carrera de la generación 996.

1999 年款 911 Carrera 4 Cabriolet。钛金属色的制动卡钳是 996 系列 911 Carrera 的显著标志。

911 CARRERA 4 COUPÉ

2000

Das 911 Carrera 4 Coupé im Jahr 2000 als Streckensicherungsfahrzeug des Deutschen Motor Sport Bunds (DMSB) am Hockenheimring. Seit Anfang der 70er-Jahre unterstützte Porsche die Oberste Nationale Sportkommission für den Automobilsport (ONS) beziehungsweise ab 1998 den DMSB mit Fahrzeugen.

The 911 Carrera 4 Coupé in 2000 as the intervention car of the German Motorsports Association (DMSB) at Hockenheimring. Since the early 70s Porsche had supported the Highest National Sport Commission for Automotive Sport (ONS), which in 1998 became the DMSB, by supplying it with vehicles.

En 2000, la 911 Carrera 4 Coupé est utilisée comme voiture de sécurité sur le circuit de Hockenheim par la Fédération allemande des sports mécaniques (DMBS). Depuis le début des années 70, Porsche soutient avec ses véhicules la Commission nationale supérieure du sport automobile (ONS) rebaptisée DMSB en 1998.

Un 911 Carrera 4 Coupé usado en el año 2000 como pace-car en el circuito de Hockenheim por la Federación Alemana del Deporte del Motor (DMSB). Porsche apoyó desde principios de la década de los años setenta a las máximas autoridades del deporte automotor (primero a la ONS y, a partir de 1998, a la DMSB) ofreciéndoles diversos coches.

这台 911 Carrera 4 Coupé 在霍根海姆赛道充当德国赛车运动协会（DMSB）的安全车。保时捷自上世纪 70 年代初便开始以提供车辆的方式鼎力支持德国全国最高赛车运动委员会（ONS）的工作。该委员会于 1998 年更名为德国赛车运动协会。

911 GT3 CUP »SPECIAL«

2000

Im Jahre 2000 setzte die Rennabteilung ihre persönlichen Vorstellungen für ein Fahrerlager-Auto höchst konsequent um.

In 2000 the Racing Department implemented its personal vision of a driver team car in every detail.

En 2000, le département course réalise dans les moindres détails sa vision d'un véhicule « paddock ».

Una versión especial del año 2000, concebida por la sección de coches de competición para trabajar en pits.

2000 年，保时捷赛车部门如愿以偿地制造出了他们梦想中的补给车。

911 GT3 R

2000

Ein 911 GT3 R am 9. April 2000 auf dem Croft Race Curcuit bei einem Rennen zur British GT Series Championship.

A 911 GT3 R on 9 April 2000 at the Croft Race Circuit at a British GT Series Championship race.

Une 911 GT3 R le 9 avril 2000 sur le circuit de Croft Race lors d'une course du British GT Series Championship.

Un 911 GT3 R el 9 de abril de 2000 en el circuito Croft Race, durante una carrera del campeonato de la serie GT británica.

2000 年 4 月 9 日，参加英国 GT 锦标赛的 911 GT3 R 驰骋在克罗夫特赛道上。

911 GT3 R

2000

Das Team von Dick Barber mit dem 911 GT3 R in Le Mans im Jahr 2000. Den Wagen fuhren Lucas Luhr, Dirk Müller und Bob Wollek.

Dick Barber's team with the 911 GT3 R at Le Mans in 2000. The car was driven by Lucas Luhr, Dirk Müller and Bob Wollek.

L'écurie de Dick Barber avec la 911 GT3 R au Mans en 2000. La voiture est pilotée par Lucas Luhr, Dirk Müller et Bob Wollek.

Los integrantes de la escudería Dick Barber con el 911 GT3 R en Le Mans en el año 2000. Los pilotos: Lucas Luhr, Dirk Müller y Bob Wollek.

2000 年 Dick Barber 车队携 911 GT3 R 出战勒芒，参加比赛的三位车手分别是：Lucas Luhr、Dirk Müller 和 Bob Wollek。

911 CARRERA 4 »MILLENNIUM«

2000

Der 911 Carrera 4 »Millennium«, ein Sondermodell für den Jahrtausendwechsel 2000, das mit besonders vielen Luxusoptionen ausgestattet war.

The 911 Carrera 4 Millennium, a special model for the year 2000 with especially lavish luxury options.

Une 911 Carrera 4 Millennium. Ce modèle spécial, équipé d'un nombre impressionnant d'options de luxe, est lancé en 2000 pour célébrer le passage au nouveau millénaire.

El 911 Carrera 4 Millennium, un modelo de edición especial con motivo del cambio del milenio en el año 2000, con numerosos equipos de lujo.

911 Carrera 4 Millennium 是专为 2000 年世纪之交推出的特别版本，提供丰富的选装配置，彰显奢华品质。

911 TURBO COUPÉ

2000

Werbung für den 911 Turbo in den USA im Jahre 2000. Klein geschrieben wird hier auf die Anwendung des Sicherheitsgurtes hingewiesen. Gerade in den USA hatte man Sicherheitsaspekte bereits damals besonders zu berücksichtigen.

A US 911 Turbo advertisement from 2000. The fine print encourages readers to use safety belts. Safety was already a very important issue in the US at that time.

Publicité de 2000 pour la 911 Turbo aux États-Unis. En petits caractères, la mention concernant le port de la ceinture de sécurité. A l'époque déjà, les constructeurs automobiles doivent porter une attention toute particulière aux aspects sécuritaires pour les véhicules destinés au marché américain.

Aviso publicitario estadounidense del 911 Turbo en el año 2000. En letras pequeñas se explica el uso del cinturón de seguridad. En los EE.UU. se le concedía ya entonces especial importancia a la seguridad.

2000 年 911 Turbo 进军美国市场时发布的广告。当时，安全性已经日益成为美国市场关注的问题。保时捷因地制宜，在广告中特别用小字提醒驾乘者使用安全带。

911 TURBO COUPÉ

2000

Als im Jahr 2000 der 911 Turbo der Baureihe 996 debütierte, bot dieser erstmals in einem 911 Turbo die Fünfgang-Tiptronic S und damit eine automatische Kraftübertragung an. Alle seine Vorgänger wurden ausschließlich mit Schaltgetriebe angeboten.

When the 996 generation of the 911 Turbo debuted in 2000, it was the first 911 Turbo to offer five-speed Tiptronic S and thereby automatic power transfer. All previous versions had been manual-only.

En 2000, la 911 Turbo de la série 996 bénéficie d'une boîte Tiptronic S à cinq rapports et par conséquent d'une transmission automatique.
Une première pour une 911 Turbo ! Les modèles précédents étaient exclusivement proposés avec une boîte mécanique.

El 911 Turbo tipo 996 que debutó en el año 2000 fue el primero 911 Turbo en incluir una caja de cambios Tiptronic S de cinco marchas. Por lo tanto, fue el primero con caja automática. Todos sus antecesores se habían ofrecido únicamente con una caja manual.

996 系列的 911 Turbo 车型在 2000 年上市时，首次提供了 5 速 Tiptronic S 变速箱配置，由此成为第一款采用自动变速装置的 911 Turbo 车型，前代车型仅提供手动变速箱。

911 TURBO COUPÉ

2000

Hier posiert der 911 Turbo im Jahr 2000 vor einem der wenigen noch erhaltenen Teile der Berliner Mauer.

Here the 911 Turbo is seen in 2000 in front of one of the few remaining sections of the Berlin Wall.

En l'an 2000, la 911 Turbo pose devant l'un des rares pans encore préservés du Mur de Berlin.

El 911 Turbo posando junto a uno de los pocos trozos que quedaban del muro de Berlín en el año 2000.

2000 年，一台 911 Turbo 停放柏林墙前。背景中的这段柏林墙是拆除后保留下来的为数不多的几段之一。

911 TURBO COUPÉ

2000

Der im Jahre 2000 vorgestellte 911 Turbo war fünf Jahre im Angebot und damit nach dem 911 Turbo 3.3 der am längsten gebaute Elfer mit Turbo-Motor.

The 911 Turbo presented in 2000 remained in the line-up for five years, making it the second longest-built Turbo eleven after the 911 Turbo 3.3.

La 911 Turbo présentée en l'an 2000 restera sur le marché pendant cinq ans. Après la 911 Turbo 3.3, c'est la 911 à moteur turbocompressé construite le plus longtemps.

El 911 Turbo presentado en el año 2000 fue ofrecido durante cinco años. Después del 911 Turbo 3.3, fue el 911 con motor turbo que durante más tiempo se vendió.

2000 年推出的这款 911 Turbo 共生产了 5 年，使其成为继 911 Turbo 3.3 之后，生产时间最长的涡轮增压发动机 911。

911 TURBO COUPÉ

2000

Der Heckspoiler des 911 Turbo von 2000 wurde komplett neu konstruiert – kompakter als bei den bisherigen 911 Turbo Modellen, aber genauso effizient.

The rear spoiler of the 911 Turbo from 2000 was completely redesigned. It was more compact than that of previous 911 Turbo models, but just as efficient.

Entièrement revu, l'aileron arrière de la 911 Turbo de 2000 est plus compact que sur les modèles précédents des 911 Turbo, mais tout aussi efficace.

El alerón completamente nuevo del 911 Turbo del año 2000. Más compacto que el de los modelos 911 Turbo anteriores, pero igualmente eficiente.

2000 年款 911 Turbo 的后扰流板经过了彻底的重新设计——与前代车型相比，结构更为紧凑，而效果丝毫未减。

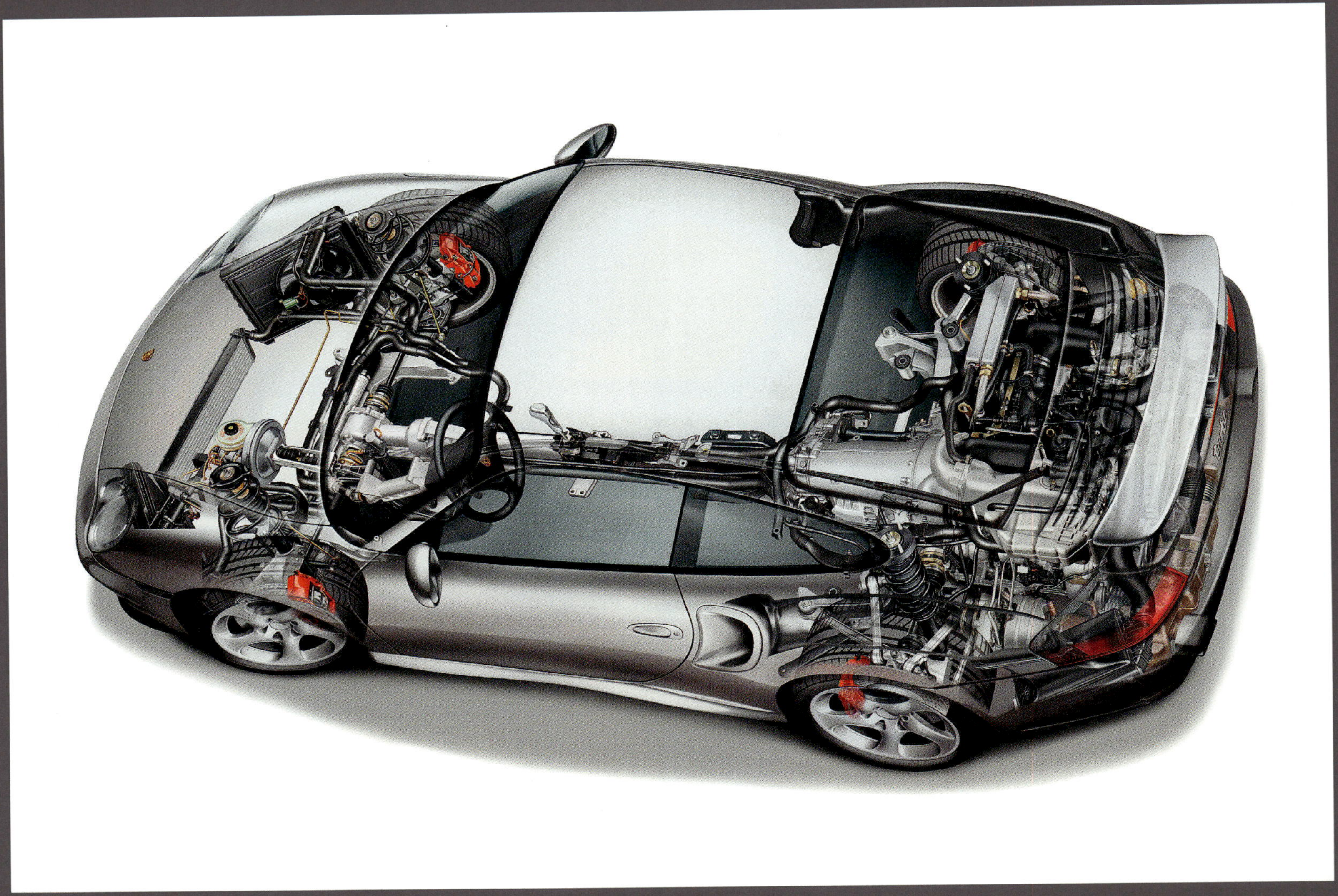

911 TURBO COUPÉ

2000

Phantomzeichnung des 911 Turbo aus dem Jahr 2000. Gut zu erkennen ist der Allradantrieb des 420 PS starken Spitzensportlers.

Phantom drawing of the 911 Turbo from 2000. The all-wheel drive of this high-end 420 hp sports car can be easily seen.

Portrait-robot de la 911 Turbo de l'année 2000. On reconnaît facilement la transmission intégrale de cette bête de course qui affiche 420 ch.

Imagen transparente del 911 Turbo del año 2000. Se puede apreciar bien el sistema de tracción total del coche superdeportivo de 420 CV.

2000 年款 911 Turbo 的透视图。这台 420 hp 顶级跑车配备的四驱系统在图中清晰可见。

911 GT3 R

2000

Der 911 GT3 R des Dick Barber Teams, wie er 2000 in der American Le Mans Series (ALMS) in den USA eingesetzt wurde.

The 911 GT3 R of the Dick Barber Team, as used in the US in the 2000 American Le Mans Series (ALMS).

La 911 GT3 R de l'équipe de Dick Barber telle qu'alignée en 2000 pour l'American Le Mans Series (ALMS) aux États-Unis.

El 911 GT3 R de la escudería Dick Barber, tal como se usó en el año 2000 en la American Le Mans Series (ALMS) estadounidense.

Dick Barber 车队用这款 911 GT3 R 赛车参加了 2000 年度美国勒芒系列赛（ALMS）。

911 GT2

2000

Auf Basis des 911 Turbo kam im Herbst 2000 der Extremsportler 911 GT2 auf den Markt. Im Gegensatz zum normalen Turbo war der GT2 nur mit Heckantrieb und Schaltgetriebe erhältlich.

The 911 GT2 extreme sports car was launched on the market in autumn 2000; it was based on the 911 Turbo. Unlike the normal Turbo, the GT2 was only available with rear-wheel drive and a manual transmission.

Basée sur la 911 Turbo, la 911 GT2, sportive de l'extrême, arrive sur le marché à l'automne 2000. Contrairement à la Turbo de base, la GT2 est disponible uniquement avec une boîte mécanique et des roues arrière motrices.

En otoño de 2000 llegaba al mercado el superdeportivo 911 GT2 desarrollado en base al 911 Turbo. Al contrario que el Turbo convencional, el GT2 solo podía adquirirse con propulsión trasera y caja de cambios manual.

2000年秋，911 GT2 极限跑车上市。该车基于911 Turbo而设计。与一般涡轮增压车型不同，GT2仅配备后轮驱动系统和手动变速箱。

911 GT2

2000

Der Bi-Turbomotor des GT2 leistete 462 PS und beschleunigte den Extremsportler in 4.1 Sekunden auf 100 km/h. Die Höchstgeschwindigkeit war bei 315 km/h erreicht.

The bi-turbo engine of the GT2 had a power output of 462 hp, and it accelerated the extreme sports car to 62 mph in 4.1 seconds. Its top speed was 195 mph.

Le moteur biturbo de la GT2 développe 462 ch et lui permet de passer de 0 à 100 km/h en 4,1 s. La vitesse maximale de cette sportive de l'extrême est de 315 km/h.

El motor biturbo del 911 GT2 desarrollaba una potencia de 462 CV y aceleraba el superdeportivo de 0 a 100 km/h en solo 4,1 segundos alcanzando una velocidad máxima de 315 km/h.

GT2 搭载的双涡轮增压发动机输出功率为462 hp，使这款超级跑车从静止加速到100 km/h仅需4.1秒。该车最高时速达315 km/h。

911 CARRERA 4S COUPÉ

2001

Das 911 Carrera 4S Coupé erschien 2001. Wie schon zuvor war der 4S mit einem straffer abgestimmten Fahrwerk und Turbobremsen ausgestattet. Als Option stand die Tiptronic S zur Verfügung.

The 911 Carrera 4S Coupé came out in 2001. As before, the 4S was fitted with a tighter suspension and turbo brakes. Tiptronic S was available as an option.

La 911 Carrera 4S Coupé sort en 2001. Comme le modèle précédent, la 4S bénéficie d'une suspension plus ferme et de freins Turbo. En option, la boîte Tiptronic S.

El 911 Carrera 4S Coupé se estrenó en el año 2001. Al igual que en los modelos anteriores, también este 4S tenía una suspensión más dura y los frenos del Turbo. Opcionalmente podía adquirirse el sistema Tiptronic S.

2001 年新款 911 Carrera 4S Coupé 问市。这款四驱运动版车型配备了Turbo 车型的制动器，悬挂系统采用更硬的调校。Tiptronic S 变速箱作为选装配置提供。

911 CARRERA 4S COUPÉ

2001

Die Pressefahrvorstellung des neuen 911 Carrera 4S fand 2001 im italienischen Brescia statt, wo die Journaille Gelegenheit bekam, den neuen Elfer ausgiebig zu fahren.

The press driving presentation of the new 911 Carrera 4S was held in 2001 in Brescia, Italy, where journalists had an opportunity to drive the new Eleven to their hearts' content.

En 2001 en Italie, la nouvelle 911 Carrera 4S est présentée à la presse à Brescia. L'occasion pour les journalistes d'essayer et d'étudier la nouvelle 911 sous toutes ses coutures.

Presentación de prensa del nuevo 911 Carrera 4S en 2001 en Brescia, Italia. Los periodistas tuvieron la oportunidad de probar exhaustivamente el nuevo 911.

911 Carrera 4S 的媒体试驾活动于 2001 年在意大利雷西亚举行，媒体记者们不仅一睹这款车的典雅风姿，更能通过试驾来体验它的极限动感和驾驶乐趣。

911 TURBO COUPÉ

2001

Reifenerprobung beim 911 Turbo unter Extrembedingungen im Contidrom bei Hannover.

Tyre testing on the 911 Turbo under extreme conditions in the Contidrom near Hanover, Germany.

Tests de pneus sur la 911 Turbo dans des conditions extrêmes sur le circuit d'essai du Contidrom près de Hanovre.

Prueba de neumáticos en condiciones extremas en el Contidrom, cerca de Hannover.

在汉诺威附近的 Contidrom 轮胎试验场，911 Turbo 正在进行极端条件下的轮胎测试。

911 TURBO COUPÉ

2001

Der 911 Turbo mit optionaler Porsche Ceramic Composite Brake (PCCB). Die Vorteile: extrem geringer Verschleiß, der den Bremsscheiben eine Lebensdauer von bis zu 300.000 km gewährte, sowie eine Gewichtsersparnis von rund 50 Prozent.

The 911 Turbo with optional Porsche Ceramic Composite Brake (PCCB). Its advantages were extremely low wear with a disc life of up to 300,000 km and weight saving of around 50 percent.

Cette 911 Turbo bénéficie du système de freinage optionnel Porsche Ceramic Composite Brake (PCCB). Ce système comporte plusieurs avantages : une usure extrêmement faible qui garantit aux disques de freins une durée de vie allant jusqu'à 300 000 km et un gain de poids d'environ 50 %.

El 911 Turbo con frenos opcionales de cerámica (Porsche Ceramic Composite Brake, PCCB). Ventajas: mínimo desgaste (los discos tenían una duración de hasta 300.000 kilómetros) y reducción del peso a más o menos la mitad.

选装保时捷陶瓷复合制动系统（PCCB）的 911 Turbo。该制动系统的优点是磨损低，重量轻。配备该系统后，制动盘寿命可达 300,000 km，重量却只有原来的 50%。

911 CARRERA CABRIOLET

2001

Ein 911 Carrera Cabriolet im Jahre 2001 auf dem Rollenprüfstand, mit dem die korrekte Funktion der Bremse, des ABS und des On-Board-Diagnose-Systems getestet werden konnte.

A 911 Carrera Cabriolet in 2001 on a roller dynamometer for testing the functioning of the brake, the ABS and the onboard diagnostics system.

Une 911 Carrera Cabriolet de 2001 sur le banc d'essai pour vérifier le bon fonctionnement des freins, mais aussi des systèmes ABS et On Board Diagnostic.

Un 911 Carrera Cabriolet sometido a pruebas en el dinamómetro en el año 2001, para controlar el buen funcionamiento de los frenos, del ABS y del sistema de diagnóstico de a bordo.

2001 年，一台 911 Carrera Cabriolet 正在转鼓测试台上测试防抱死制动系统（ABS）和车载诊断系统的功能。

911 GT3 RS

2001

Für das Jahr 2001 wurde aus dem 911 GT3 R der 911 GT3 RS. Zwei Luftmengenbegrenzer statt bisher einem ermöglichten jetzt 420 PS, und das Getriebeöl wurde jetzt über einen Wasser-Öl-Wärmetauscher gekühlt.

For 2001 the 911 GT3 R turned into the 911 GT3 RS. Two air-flow limiters instead of one let it get to 420 hp, and the engine oil was now cooled by a water-oil heat exchanger.

En 2001, la 911 GT3 R devient la 911 GT3 RS. Elle bénéficie désormais de deux brides d'admission d'air au lieu d'une seule, ce qui lui permet de développer 420 ch. Autre innovation : l'huile de transmission est refroidie par un échangeur eau/huile.

En el año 2001, el 911 GT3 R se transformó en el 911 GT3 RS. Con dos limitadores de caudal de aire en vez de uno, el motor alcanzó una potencia de 420 CV. Nuevo: refrigeración del aceite de la caja de cambios mediante un intercambiador de calor agua/aceite.

2001 年，保时捷对 911 GT3 R 加以调校，打造出 911 GT3 RS，其发动机进气节流器从一个增加到两个，从而将功率提高到了 420 hp，变速箱油通过油水热交换器进行冷却。

911 CARRERA COUPÉ / 911 CARRERA 4 CABRIOLET

2001

Im Jahr 2001 wurde der 996 – hier das 911 Carrera Coupé und das 911 Carrera 4 Cabriolet – überarbeitet. Er erhielt einen überarbeiteten Motor mit 3.6 Liter Hubraum und 320 PS sowie neue Frontscheinwerfer, die bislang nur der 911 Turbo und der 911 GT2 hatten.

In 2001 the 996 – here the 911 Carrera Coupé and 911 Carrera 4 Cabriolet – was revamped with a redesigned 320 hp, 3.6 litre engine and the headlights formerly seen only on the 911 Turbo and 911 GT2.

En 2001, la 996 – ici une 911 Carrera Coupé et une 911 Carrera 4 Cabriolet – est remaniée. Avec un nouveau moteur de 3,6 litres, elle développe 320 ch. Autre amélioration : les nouveaux phares jusqu'à présent réservés à la 911 Turbo et à la 911 GT2.

Remodelación del tipo 996 en el año 2001. En la fotografía: el 911 Carrera Coupé y el 911 Carrera 4 Cabriolet. Con motor mejorado, de 3.600 cc, 320 CV, además de nuevos faros que antes únicamente tenían el 911 Turbo y el 911 GT2.

2001 年，保时捷对 996 系列进行改款。发动机排量增加至 3.6 升，输出功率达 320 hp。之前 911 Turbo 和 GT2 车型独有的大灯设计现广泛应用在全系车型上。图中显示的是 911 Carrera Coupé 和 911 Carrera 4 Cabriolet。

911 CARRERA 4 CABRIOLET

2002

Die überarbeiteten 911 der Generation 996 sind ab 2001 an den leistungsstarken Bi-Xenon-Scheinwerfern zu erkennen.

The revisited 996 generation 911s can be recognized by the hi-power bi-xenon headlights they were starting in 2001.

A partir de 2001, les 911 remaniées de la génération 996 sont reconnaissables à leurs puissants phares Bi-Xénon.

Los remodelados 911 de la generación 996 se distinguieron a partir del año 2001 por sus potentes faros bi-xenón.

从 2001 年起，改款后的 996 车型配备了标志性的高功率双氙气大灯，外观更加时尚动感。

911 TARGA

2001

Im Jahr 2001 debütierte der 911 Targa – wie schon sein Vorgänger – mit einem Glasdach. Die hochklappbare Heckscheibe war indes neu und vereinfachte das Beladen des Fahrzeuges erheblich.

In 2001 the 911 Targa, like its predecessor, debuted with a glass roof. The folding rear window was new and made loading the car much simpler.

En 2001, la 911 Targa fait ses débuts – comme le modèle précédent – avec un toit en verre. La nouvelle lunette arrière rabattable vers le haut facilite considérablement le chargement du véhicule.

Debut del 911 Targa en el año 2001, con techo de cristal, igual que su antecesor. La luneta abatible sí fue nueva, y facilitó considerablemente la introducción de objetos en el habitáculo.

2001 年，新款 911 Targa 面世。这款车继承了前代车型使用的全景式玻璃天窗。全新设计的后窗可向外掀开，大大方便了行李的取放。

911 TURBO COUPÉ

2001

Jeff Zwart mit einem 911 Turbo beim Pikes Peak Rennen 2001 in den USA. Im Jahr darauf errang er dort mit einem 911 GT2 den Klassensieg.

Jeff Zwart with a 911 Turbo at the 2001 Pike's Peak race in the US. The year after that he took home the class victory in a 911 GT2.

En 2001, Jeff Zwart au volant d'une 911 Turbo lors de la course de côtes de Pikes Peak aux États-Unis. L'année suivante, au volant d'une 911 GT2, il décrochera la première place au classement général.

Jeff Zwart en la carrera Pikes Peak de 2001 en los EE.UU., a los mandos de un 911 Turbo. Un año después ganó su categoría conduciendo un 911 GT2.

2001 年 Jeff Zwart 驾驶一台 911 Turbo 参加美国派克峰挑战赛。一年后，他凭借一台 911 系列的 GT2 赛车力克群雄，夺取该组别的冠军。

911 GT2

2001

Mit einem Grundpreis von 339.000 DM bildete der 911 GT2 die Spitze des Porsche-Modellprogramms. Bis Ende 2002 wurden 963 Einheiten gebaut.

The 911 GT2 represented the peak of the Porsche model line-up with a base price of 339,000 DM. 963 units were built by the end of 2002.

Avec un tarif de base de 339 000 deutsche marks, la 911 GT2 s'installe au sommet de la gamme Porsche. Elle sera produite à 963 unités jusqu'à la fin 2002.

Con un precio básico de 339.000 marcos alemanes, el 911 GT2 representaba la cima del programa modelos de la marca Porsche. Hasta finales de 2002 se construyeron 963 unidades.

911 GT2 代表着保时捷车型阵容的巅峰，基础版售价为339,000德国马克。到2002年末，该车共生产了963台。

911 GT3

2001

Mi diesem 911 GT3, der speziell für den Rallye-Einsatz abgestimmt war, übernahm Walter Röhrl die Rolle des Vorausfahrzeugs bei der Deutschland Rallye 2001. Seine spektakuläre Fahrt mit Copilot Christian Geistdörfer stahl zahlreichen Teilnehmern die Show.

This 911 GT3 was specially configured for rally use. Walter Röhrl used it as an advance car in the 2001 Germany Rally. His spectacular run with co-pilot Christian Geistdörfer stole the show from many of the participants.

La voiture ouvreuse, une 911 GT3, spécialement réglée pour le Rallye, est pilotée par Walter Röhrl au Rallye d'Allemagne de 2001. Auteur d'une course spectaculaire aux côtés de son copilote Christian Geistdörfer, Röhrl vole la vedette à de nombreux participants.

Walter Röhrl con el coche de reglaje especial para rallyes, que abrió la ruta como coche cero en el rallye de Alemania de 2001. Contando con Christian Geistdörfer como copiloto, su espectacular estilo de conducción le robó el show a muchos pilotos que compitieron en la carrera.

这台专为拉力赛调校的 911 GT3，在传奇车手 Walter Röhrl 的操控下担当 2001 年德国拉力赛的前导任务。Walter 娴熟高超的驾驶技术，加上副驾驶员 Christian Geistdörfer 的密切配合，让不少赛车手黯然失色。

911 GT3 RS

2001

Wolfgang Kaufmann, der Sieger des Porsche Cups 2001, mit dem 911 GT3 RS in FIA-Ausführung.

Wolfgang Kaufmann, winner of the 2001 Porsche Cup, with an FIA-outfitted 911 GT3 RS.

Wolfgang Kaufmann, vainqueur de la Porsche Cup 2001 avec la 911 GT3 RS dans la version FIA.

Wolfgang Kaufmann, ganador de la Porsche Cup 2001, con la versión FIA del 911 GT3 RS.

2001 年保时捷杯（Porsche Cup）冠军得主 Wolfgang Kaufmann 和他驾驶的按国际汽联规定改装的 911 GT3 RS。

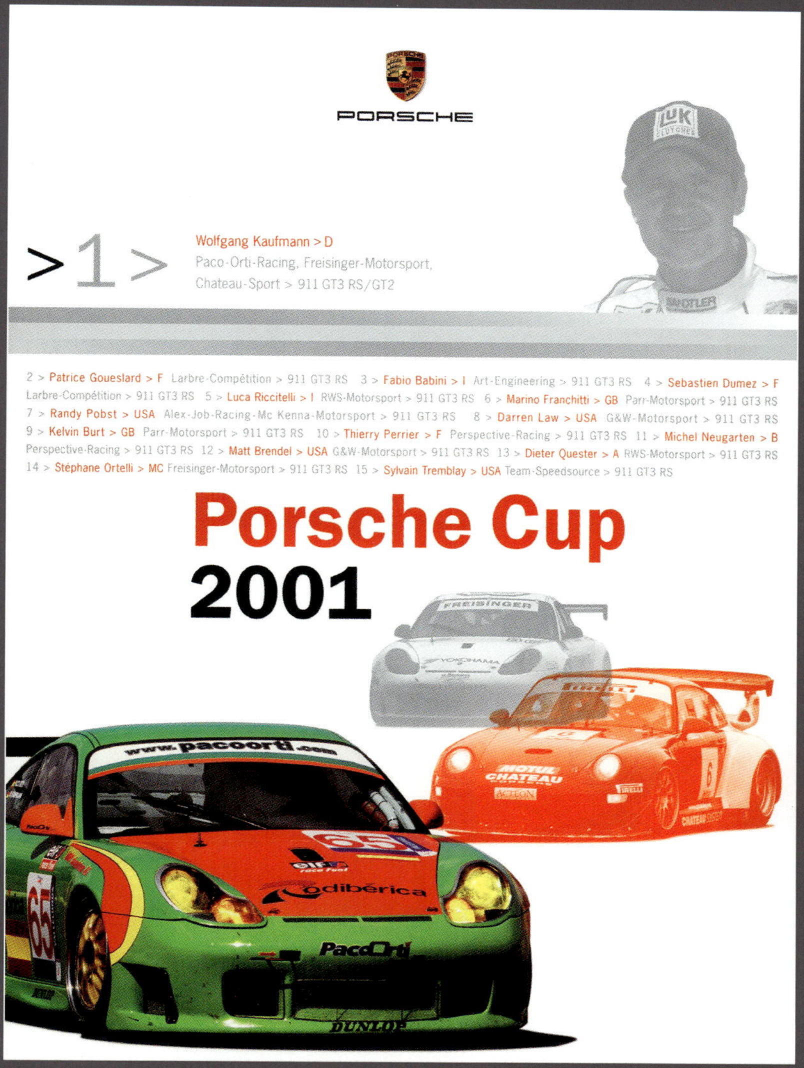

911 GT3 RS

2001

Plakat des Siegers im Porsche Cup 2001, Wolfgang Kaufmann. Der Sieger des Porsche Cup wird durch die Summe seiner Erfolge in weltweiten GT-Rennen ermittelt. Dieser Porsche Cup, den es seit 1970 gibt, ist nicht zu verwechseln mit dem Supercup (seit 1993) oder dem Carrera Cup (seit 1990).

Poster of Wolfgang Kaufmann, winner of the 2001 Porsche Cup. The Porsche Cup winner is the one with the most wins in worldwide GT racing. The Cup has been in existence since 1970 and is not to be confused with the Supercup (since 1993) or the Carrera Cup (since 1990).

Affiche du vainqueur de la Porsche Cup 2001, Wolfgang Kaufmann. Est désigné vainqueur de la Porsche Cup le pilote qui a remporté le plus grand nombre de succès dans les courses GT du monde entier. Cette coupe de Porsche a été créée en 1970. A ne pas confondre avec la Supercup (depuis 1993) ou la Carrera Cup (depuis 1990).

Póster del ganador de la Porsche Cup 2001, Wolfgang Kaufmann. Para ganar esta copa hay que acumular puntos en carreras GT en todo el mundo. Este campeonato, que se disputa desde el año 1970, no debe confundirse con la Supercup (desde 1993), y tampoco con la Carrera Cup (desde 1990).

2001 年保时捷杯冠军得主 Wolfgang Kaufmann 的海报。保时捷杯创立于 1970 年，采用分站累加计分形式，将全球各站 GT 组别赛事的成绩相加，得分最高者摘得桂冠。注意不要将保时捷杯和超级杯（1993 年创立）及卡雷拉杯（1990 年创立）混淆。

911 GT3 RS

2002

Plakat anlässlich des Gewinns des FIA N-GT Cups 2002 durch Stéphane Ortelli, der für das Team Freisinger einen 911 GT3 RS pilotierte.

A poster celebrating FIA N-GT Cup 2002 winner Stéphane Ortelli, who drove a 911 GT3 RS for the Freisinger team.

Affiche célébrant la victoire de Stéphane Ortelli pour l'équipe Freisinger, au volant d'une 911 GT3 RS, à la FIA N-GT Cup en 2002.

Afiche con motivo de la victoria conseguida por Stephane Ortelli en la copa FIA N-GT, piloto de un 911 GT3 RS de la escudería Freisinger.

Freisinger 车队的 Stephane Ortelli 驾驶一台 911 GT3 RS 赛车赢得了 2002 年度 FIA GT 锦标赛 N-GT 组别的冠军，这是夺冠后发布的海报。

911 CARRERA 4S COUPÉ

2002

Das rote Leuchtband am Heck zierte nur den 911 Carrera 4S. Weitere Kennzeichen des Allradlers waren die Bug- und Heckteile, geänderte Seitenschweller sowie verbreiterte hintere Kotflügel.

The red light band on the back was found only on the 911 Carrera 4S. Other distinguishing features of this all-wheel drive car were its nose and tail elements, changed side sills and the wider rear fenders.

La bande lumineuse rouge à l'arrière est réservée à la 911 Carrera 4S. Autres signes distinctifs de ce véhicule à quatre roues motrices : l'avant et l'arrière, les bas de caisse modifiés et les ailes arrière élargies.

El listón rojo luminoso en la zaga únicamente apareció en el 911 Carrera 4S. Este modelo de tracción total se distinguió, además, por diversos rasgos diferentes en el frente y en la zaga, umbrales de las puertas modificados y pasos de ruedas posteriores más abombados.

尾部的红色灯带为 911 Carrera 4S 所独有。该车型的其他特征还包括前部及车尾的轮廓细节调整，侧裙板形状的变化以及进一步加宽的后扰流板等。所有这些造就了这款四驱车型与众不同的个性。

911 TARGA

2002

Beim Öffnen fährt das aus getöntem Drei-Schichten-Sicherheits-Verbundglas gefertigte Glasdach des 911 Targa nach innen unter die Heckscheibe.

When opened, the tinted triple-layer safety glass roof of the 911 Targa disappears inside below the rear window.

A l'ouverture, le toit en verre sécurité de la 911 Targa, feuilleté triple couche et teinté, coulisse à l'intérieur sous la lunette arrière.

Al abrir el cristal tintado de tres capas de laminado de seguridad del 911 Targa, éste se desplazaba hacia atrás hasta quedar debajo de la luneta.

911 Targa 的玻璃天窗由有色三层安全玻璃构成，天窗打开后会自动收缩到后窗下方。

911 CARRERA COUPÉ

2001

Endkontrolle eines fertiggestellten 911 Carrera in der Produktion in Zuffenhausen im Jahre 2001.

Final inspection of a finished 911 Carrera in Zuffenhausen in 2001.

Contrôle final d'une 911 Carrera dans l'usine de production de Zuffenhausen en 2001.

Control final de un 911 Carrera en la planta de Zuffenhausen en el año 2001.

祖文豪森生产车间的技术人员正对已组装完毕的 911 Carrera 进行最终检验。摄于 2001 年。

911 GT3

2001

Ab 2001 nutzte Porsche den Verladebahnhof in Kornwestheim, Nachbarstadt von Zuffenhausen, für die Auslieferung der Porsche-Fahrzeuge. Viele davon wurden nach Emden transportiert und von dort in alle Welt verschifft.

Starting in 2001 Porsche used the freight railway station in Kornwestheim, the next town over from Zuffenhausen, to ship its cars. Many of them went from there to Emden for sea shipping around the globe.

A partir de 2001, Porsche expédie ses véhicules depuis la gare de chargement de Kornwestheim, ville voisine de Zuffenhausen. De nombreux véhicules partent pour Emden où ils sont chargés sur des navires pour être expédiés dans le monde entier.

Estación de ferrocarril de Kornwestheim, ciudad vecina de Zuffenhausen, para el transporte de modelos Porsche hacia los concesionarios. Muchos coches se trasbordaban en el puerto de Emden para continuar por barco hacia sus destinos en todo el mundo.

2001 年起，保时捷利用与祖文豪森相邻的科恩威斯特海姆货运火车站交运车辆，其中很多车从这里运到埃姆登，装船后再发往全球各地。

911 CARRERA COUPÉ

2002

Die Produktion des 911 in Zuffenhausen im Jahre 2002. Ausnahmslos alle 911 seit 1964 sind in Zuffenhausen produziert worden – abgesehen von Rennversionen und Prototypen, die in Weissach entstanden. Bei Karmann in Osnabrück wurde ab 1965 der 912 gebaut.

Making 911s in Zuffenhausen in 2002. Since 1964 all 911s have been produced exclusively in Zuffenhausen, except for racing versions and prototypes that were built in Weissach. Starting in 1965 the 912 was built at Karmann in Osnabrück.

Production de la 911 à Zuffenhausen en 2002. Depuis 1964, toutes les 911 sans exception y sont produites, hormis les variantes de course et les prototypes produits à Weissach. A partir de 1965, la 912 est construite chez Karmann à Osnabrück.

Línea de producción del 911 en la planta de Zuffenhausen en el año 2002. Desde 1964, todos los 911 se fabricaron en Zuffenhausen, únicamente exceptuando las versiones de carreras y los prototipos, que se produjeron en Weissach. El 912 se fabricó en la planta de Karmann de Osnabrück a partir de 1965.

2002 年祖文豪森 911 生产车间的忙碌景象。自 1964 以来祖文豪森一直就是 911 唯一的生产基地，魏斯阿赫则仅生产赛车版本和原型车。奥斯纳布吕克的卡曼工厂在 1965 年前后为保时捷生产过 912 车型。

911 TARGA

2001

Werbeanzeige für den neuen 911 Targa zur Markteinführung in den USA im Jahre 2001.

A US advertisement from 2001 for the launch of the new 911 Targa.

Publicité de 2001 pour le lancement de la nouvelle 911 Targa sur le marché américain.

Aviso publicitario del nuevo 911 Targa con motivo de su lanzamiento al mercado estadounidense en el año 2001.

2001 年新款 911 Targa 进军美国市场时发布的广告。

911 CARRERA 4 CABRIOLET

2002

Auch an diesem 911 Carrera 4 Cabriolet des Modelljahrs 2002 ist die Überarbeitung des 996 an der geänderten Form der Abgasendrohre sowie der geänderten Formgebung der Heckpartie zu erkennen.

This 2002 911 Carrera 4 Cabriolet shows the changes made to the 996, with the different exhaust pipes and the different shape of the rear.

Sur cette 911 Carrera 4 Cabriolet de 2002 également, la nouvelle 996 se distingue par les modifications effectuées sur les sorties d'échappement et la forme de la partie arrière.

También en este 911 Carrera 4 Cabriolet del año 2002 se aprecia el cambio que experimentó el 996: forma modificada de los tubos terminales y diseño remodelado de la zaga.

2002 年款 911 Carrera 4 Cabriolet 车型，与改款前的 996 系列相比，排气尾管和尾部轮廓均有变化。

911 GT3

2003

Auf dem Genfer Autosalon wurde 2003 der weiterentwickelte 911 GT3 präsentiert. Der Vorgänger erschien bereits 1999, verfügte mit 360 PS Leistung aber über 21 PS weniger als das neue Modell.

The improved version of the 911 GT3 was presented at the 2003 Geneva Auto Show. Its predecessor had come out in 1999, but at 360 hp had 21 hp less than the new model.

En 2003, cette nouvelle 911 GT3 est présentée au salon automobile de Genève. Le modèle précédent remontait à 1999 et affichait 360 ch, soit 21 ch de moins que le nouveau.

En el salón del automóvil de Ginebra de 2003 se presentó la versión desarrollada del 911 GT3. El antecesor había aparecido ya en el año 1999 y había tenido una potencia de 360 CV, 21 CV menos que el modelo nuevo.

2003 年，保时捷在日内瓦车展上推出改款后的 911 GT3，吸引了众多参观者。这款车的前身早在 1999 年就已面市，拥有 360 hp 的不俗表现，但和新款相比还是少了 21 hp。

911 GT3 CUP

2002

Die rot hervorgehobenen Länder auf dem Dekor des Showcars 911 GT3 Cup von 2002 zeigten, wo auf der Welt in jenem Jahr ein länder-spezifischer Carrera Cup stattfand.

The countries in red on this 2002 911 GT3 Cup showcar indicate where national Carrera Cups were held that year.

La 911 GT3 Cup de présen-tation de 2002. En rouge, les pays du monde dans lesquels se déroule une Carrera Cup nationale en 2002.

Los países marcados en rojo en el show-car 911 GT3 Cup de 2002 indican en qué partes del mundo se organizó en aquél año un campeonato nacional Carrera Cup.

2002 年款 911 GT3 Cup 展示车，车身涂装上用红色标出的是该年度举办卡雷拉杯赛的国家。

911 GT3 RS

2002

Stéphane Ortelli im Jahre 2002 auf einem 911 GT3 RS, mit der er die FIA N-GT-Klasse gewann. Im Jahr darauf konnte er seinen Titel verteidigen.

Stéphane Ortelli in 2002 with the 911 GT3 RS with which he won the FIA N-GT class, going on to successfully defend his title the year after.

Stéphane Ortelli, en 2002, au volant d'une 911 GT3 RS. Avec ce véhicule, il remporte la catégorie N-GT de la FIA. Il conservera son titre l'année suivante.

Stéphane Ortelli en el año 2002 a los mandos de un 911 GT3 RS, con el que ganó la categoría FIA N-GT. Al año siguiente pudo defender su título.

2002 年，Stéphane Ortelli 驾驶 911 GT3 RS 赛车摘得 FIA GT 锦标赛 N-GT 组别的桂冠，并在一年后卫冕成功。

911 CARRERA COUPÉ »40 JAHRE 911«

2003

Plakat des 911 Carrera Coupé »40 Jahre 911« aus dem Jahre 2003.

Poster of the "40 years of the 911" 911 Carrera Coupé from 2003.

Affiche de la 911 Carrera Coupé « 40 ans de 911 » en 2003.

Afiche del 911 Carrera Coupé «40 años 911» del año 2003.

2003 年推出的 "40 周年纪念版" 911 Carrera Coupé 的宣传海报。

911 CARRERA COUPÉ »40 JAHRE 911«

2003

Das 911 Carrera Coupé »40 Jahre 911« von 2003 hatte mit 345 PS gegenüber den regulären 320 PS des Basismodells eine deutliche Leistungssteigerung vorzuweisen.

The “40 years of the 911” 911 Carrera Coupé from 2003 had 345 hp, noticeably more than the 320 hp of the basic model.

Avec ses 345 ch, la 911 Carrera Coupé « 40 ans de 911 » de 2003 affiche une puissance nettement supérieure aux 320 ch du modèle de base.

El 911 Carrera Coupé «40 años 911» de 2003 tenía 345 CV en vez de los 320 CV del modelo básico: un considerable aumento de potencia.

2003 年推出的 “40 周年纪念版” 911 Carrera Coupé，功率高达 345 hp，相比基础版的 320 hp，动力明显提升。

911 GT3

2003

Der überarbeitete 911 GT3 von 2003 ist deutlich am neuen Heckspoiler zu erkennen. Neben der gesteigerten Leistung von 381 PS besaß der Wagen optimierte Bremsen mit 350 mm Bremsscheiben-Durchmesser sowie 6-Kolben-Monobloc-Bremssättel vorn.

The redesigned 2003 911 GT3 can be easily identified by the new rear spoiler. Besides its higher 381 hp, it also had improved brakes with 350 mm diameter discs and 6-piston monoblock calipers in front.

La 911 GT3 remaniée de 2003 est facilement reconnaissable à son nouvel aileron arrière. Avec une puissance poussée à 381 ch, cette Porsche bénéficie par ailleurs d'un système de freinage optimisé avec des disques de 350 mm de diamètre et des étriers monobloc à 6 pistons à l'avant.

El nuevo alerón fue el rasgo más llamativo que identificó al remodelado 911 GT3 del año 2003. Pero, además, tuvo una potencia aumentada a 381 CV, frenos optimizados con discos de 350 mm de diámetro y mordazas monobloque delanteras de seis bombines.

2003 年款 911 GT3 配备全新设计的后扰流板，非常醒目。新款车型搭载 381 hp 发动机，动力更为强劲；与此同时，前桥配备直径 350 mm 的制动盘，配合六活塞单体制动卡钳，使得制动性能更加卓越。

911 GT2

2003

Der im Frühjahr 2003 modellgepflegte 911 GT2 leistete nun 483 PS. Das Exterieur-Paket Carbon umfasst einen Heckflügel, Außenspiegel und Kühler-Abluftrahmen in Carbon-Optik.

The facelifted 911 GT2 introduced in spring 2003 had a power output of 483 hp. Its carbon exterior package included a rear wing, exterior mirror and radiator exhaust air outlet in carbon look.

Rajeunie à l'automne 2003, la 911 GT2 développe désormais 483 ch. Le pack Extérieur Carbone inclut une finition d'aspect carbone sur l'aileron arrière, les rétroviseurs extérieurs et l'écope pour radiateur.

El 911 GT2, actualizado en primavera del 2003, ofrecía ahora una potencia de 483 CV. El paquete de diseño exterior de carbono incluía un alerón trasero, los retrovisores exteriores y la rejilla de la parrilla con aspecto de carbono.

新款 911 GT2 于2003年春推出，输出功率为483 hp，其碳纤维外部组件包括碳纤维外观的尾翼、车外后视镜以及散热器排气口。

911 GT3 RS

2003

Mit dem 911 GT3 RS präsentierte Porsche im Herbst 2003 ein limitiertes Homologationsmodell für den Motorsport nach dem Reglement FIA-N/GT und ACO. Die seitlichen Schriftzüge in rot oder blau waren eine Hommage an den legendären Carrera RS.

In autumn 2003, Porsche presented the 911 GT3 RS, which was a limited homologation model for motorsport that was based on the FIA-N/GT and ACO race regulations. The badges on the side panels, in red or blue, paid tribute to the legendary Carrera RS.

À l'automne 2003, Porsche présente la 911 GT3 RS, édition limitée homologuée pour la route et destinée à la course selon le règlement FIA-N/GT et ACO. Les marquages latéraux en rouge et bleu rendent hommage à la légendaire Carrera RS.

Con el 911 GT3 RS, Porsche presentaba en otoño de 2003 un modelo limitado homologado para el automovilismo de competición según el reglamento Reglement FIA-N/GT y ACO. Los emblemas laterales de color rojo o azul eran un homenaje al legendario Carrera RS.

2003年秋，保时捷推出 911 GT3 RS，该车是基于FIA-N/GT和ACO的比赛规则为赛车运动设计的限量版核准认证车型。侧围板上的红色或蓝色徽标致敬了传奇车型Carrera RS。

911 GT3 RS

2003

Mit nur 1.360 kg wog der RS 20 kg weniger als ein regulärer GT3. Das Fahrwerk war für die Rundstrecke optimiert, Spur, Sturz und Stabilisatoren waren einstellbar.

At just 1,360 kg, the RS weighed 20 kg less than a regular GT3. The chassis was optimised for the circuit track, and its track, camber and anti-roll bars were adjustable.

La RS pèse 1 360 kg, soit 20 kg de moins qu'une GT3 de base. Les trains roulants sont optimisés pour le circuit, avec la possibilité de régler la voie, le carrossage et les barres stabilisatrices.

El RS, con un peso total de 1.360 kilos, era 20 kilos más ligero que un GT3 convencional. El chasis había sido optimizado para los circuitos. El ancho de rodadura, la inclinación y los estabilizadores eran ajustables.

911 GT3 RS 的车重仅为1,360 kg，比普通 GT3 车型轻20 kg。底盘针对赛道经过优化，轮距、外倾角和防侧倾杆均可调节。

911 GT3 RS

2003

Exakt nach 30 Jahren gewann 2003 wieder ein 911 die 24 Stunden von Daytona. Diesen 911 GT3 RS fuhren Jörg Bergmeister, Timo Bernhard, Kevin Buckler und Michael Schrom zum Erfolg.

After exactly 30 years a 911 finally won the 24 Hours of Daytona again in 2003. Jörg Bergmeister, Timo Bernhard, Kevin Buckler and Michael Schrom drove this 911 GT3 RS to victory.

En 2003, 30 ans après sa précédente victoire, c'est à nouveau une 911 qui remporte les 24 Heures de Daytona. Cette 911 GT3 RS victorieuse est pilotée par Jörg Bergmeister, Timo Bernhard, Kevin Buckler et Michael Schrom.

Transcurrieron exactamente 30 años hasta que un 911 volvió a ganar las 24 horas de Daytona en 2003. Los pilotos de este 911 GT3 RS fueron Jörg Bergmeister, Timo Bernhard, Kevin Buckler y Michael Schrom.

有志者事竟成。时隔整整30年后，Jörg Bergmeister、Timo Bernhard、Kevin Buckler 和 Michael Schrom 驾驶这台 911 GT3 RS 重新捧回2003年戴通纳24小时耐力赛的冠军奖杯。

911 CARRERA COUPÉ

2003

Eine Anzeige für den Porsche 911 in den USA im Jahre 2003. Der 996 der zweiten Generation ist hier an den neuen Rädern zu erkennen.

A US ad for the Porsche 911 from 2003. The new wheels show it to be a second-generation 996.

Publicité de 2003 pour la Porsche 911 aux États-Unis. La 996 de la deuxième génération est reconnaissable à ses nouvelles roues.

Aviso publicitario estadounidense del Porsche 911 del año 2003. En la fotografía se aprecian las nuevas llantas del 996 de la segunda generación.

2003 年保时捷在美国市场发布的一张 911 广告，从车轮的全新造型可以看出这是一台第二代 996 车型。

911 CARRERA COUPÉ

2003

Das Jubiläum »40 Jahre 911« sorgte auch in Mexico in Form einer Werbeanzeige für Aufmerksamkeit.

The “40 years of the 911” anniversary was promoted in Mexico as well.

Grâce à cette publicité, le jubilé « 40 ans de 911 » attire l'attention jusqu'au Mexique.

En México también se festejaron los 40 años del 911, tal como lo prueba este aviso publicitario.

这张 “911 诞辰 40 周年” 的广告在墨西哥发布后也引起了广泛反响。

911 TURBO S COUPÉ / 911 TURBO S CABRIOLET

2004

Ab Sommer 2004 war der 911 Turbo S als Coupé und Cabriolet im Angebot. Mit 450 PS Leistung erreichte das Coupé eine Höchstgeschwindigkeit von 307 km/h, das Cabriolet war exakt 300 km/h schnell.

Starting in the summer of 2004 the 911 Turbo S was available as a Coupé and Cabriolet. With its 450 hp the Coupé reached 192 mph while the Cabriolet managed 187 mph.

A partir de l'été 2004, les 911 Turbo S sont disponibles en Coupé et en Cabriolet. Avec une puissance de 450 ch, le Coupé atteint une vitesse de pointe de 307 km/h et le Cabriolet de 300 km/h.

El 911 Turbo S se ofreció a partir del verano de 2004 en versiones coupé y descapotable. Con el motor de 450 CV, el coupé alcanzaba una velocidad punta de 307 km/h, mientras que la velocidad máxima del descapotable fue de exactamente 300 km/h.

2004 年夏季，911 Turbo S Coupé 和 Cabriolet 隆重上市。凭借 450 hp 的强劲动力，Coupé 版和 Cabriolet 版的最高时速分别达到了 307 km/h 和 300 km/h。

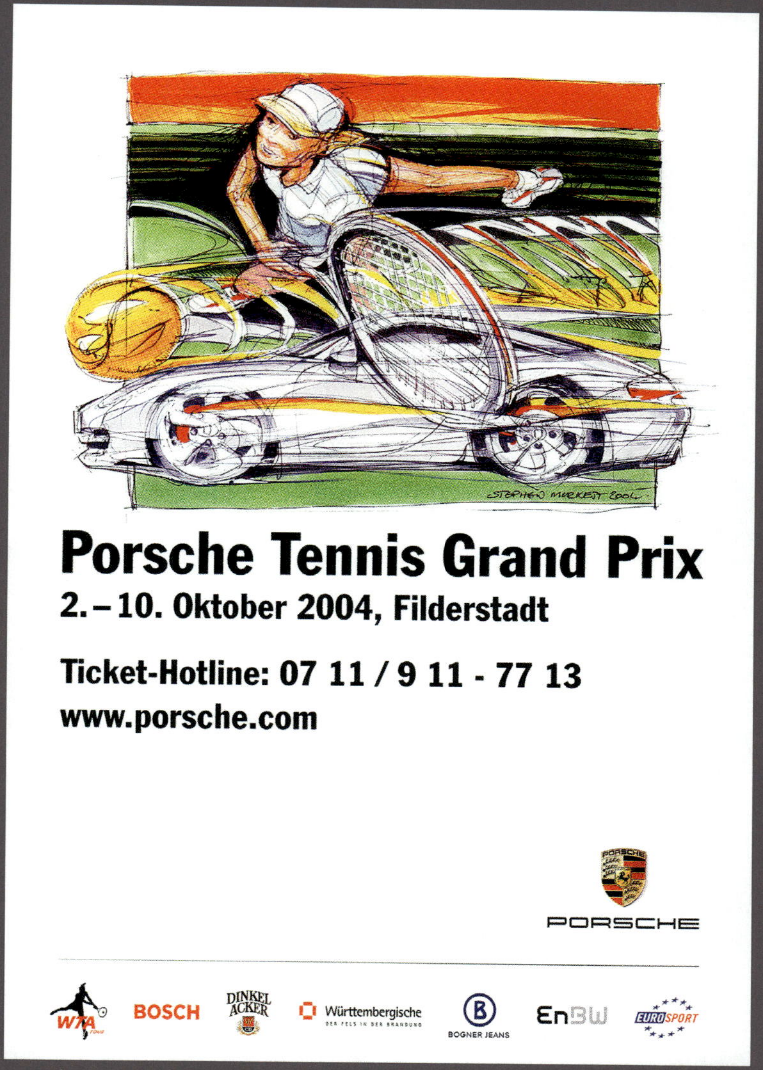

PORSCHE TENNIS GRAND PRIX

2004

Plakat des Porsche Tennis Grand Prix von 2004, den Lindsay Davenport gewann.

Poster for the 2004 Porsche Tennis Grand Prix, won by Lindsay Davenport.

Affiche du Porsche Tennis Grand Prix de 2004 remporté par Lindsay Davenport.

Afiche del Porsche Tennis Grand Prix de 2004 que ganó Lindsay Davenport.

2004 年保时捷网球大奖赛的海报。比赛中达文波特（Lindsay Davenport）表现不俗，力挫劲敌最终夺冠。

911 TARGA

2004

Ein 911 Targa aus dem Jahre 2004 in US-Version, jedoch in Deutschland zugelassen. Den 911 Targa gab es innerhalb der 996-Baureihe ausschließlich mit Heckantrieb, während er in der 997-Palette nur mit Allrad zu haben war.

A 2004 911 Targa, in the US version but legal to drive in Germany. The 996 series 911 Targa only came with rear-wheel drive, while the 997 series was available only with all-wheel drive.

Version américaine d'une 911 Targa de 2004 homologuée en Allemagne. La 911 Targa de la série 996 existe uniquement avec une propulsion, alors que dans la gamme des 997 elle est exclusivement proposée en transmission intégrale.

Una versión norteamericana del 911 Targa del año 2004, aunque matriculado en Alemania. Los 911 Targa del tipo 996 se ofrecieron únicamente con tracción trasera, mientras que la versión del tipo 997 se ofreció exclusivamente con tracción total.

2004 年款的美国版 911 Targa 获得了允许在德国上路的牌照。值得一提的是，996 系列的 Targa 车型只提供后驱版本，而 997 系列则仅提供四驱版本。

911 GT3 RSR

2004

Der 911 GT3 RSR von 2004. Das Team Alex Job Racing aus den USA wurde 1988 gegründet und erreichte hauptsächlich mit Porsche sehr viele Erfolge wie etwa Klassensiege in Le Mans und zahlreiche Siege in der American Le Mans Series (ALMS).

The 2004 911 GT3 RSR. The Alex Job Racing Team in the US was formed in 1988 and enjoyed numerous victories, mostly with Porsche, including class wins at Le Mans and many American Le Mans Series (ALMS) wins.

La 911 GT3 RSR de 2004. Fondée en 1988, l'équipe américaine Alex Job Racing décroche, principalement avec Porsche, de nombreux succès dans plusieurs catégories au Mans ainsi que de multiple victoires à l'American Le Mans Series (ALMS).

El 911 GT3 RSR de 2004. La escudería estadounidense Alex Job Racing se fundó en 1988 y obtuvo numerosas victorias, especialmente con modelos Porsche. Por ejemplo, ganó su categoría en Le Mans y consiguió ganar varias carreras de la American Le Mans Series (ALMS).

2004 年款 911 GT3 RSR。美国的 Alex Job Racing 车队创立于 1988 年，取得过辉煌的战绩，特别是在驾驶保时捷赛车时更是成绩斐然，曾和保时捷联手多次斩获勒芒赛事的组别冠军，并多次在美国勒芒系列赛（ALMS）上夺冠。

911 GT3 »RALLYE«

2004

Auf Basis des 911 GT3 entwickelte die Porsche Motorsport-Abteilung in Weissach eine seriennahe Rallye-Version, die in der nationalen Belgischen Meisterschaft zum Einsatz kam – fast genau 20 Jahre nach dem Rallye-Engagement bei der Rallye Paris-Dakar.

The Porsche Motorsports Department in Weissach developed a 911 GT3-based rally version that was used in the Belgian National Championship, almost exactly 20 years after the Paris-Dakar Rally showing.

Le département sport de Porsche à Weissach développe sur la base de la 911 GT3 une version Rallye proche de la série, alignée au championnat national belge, 20 ans ou presque après la participation de Porsche au Paris-Dakar.

La sección de coches Porsche de competición de Weissach desarrolló una versión de rallye similar a la versión de serie, recurriendo como base al 911 GT3. Este coche participó en el campeonato de rallye de Bélgica, casi exactamente 20 años después de la participación de Porsche en el rallye París-Dakar.

魏斯阿赫保时捷赛车运动部门以911 GT3 为基础，打造了一款拉力赛版本。距离保时捷在巴黎达喀尔拉力赛上谱写传奇整整 20 年后，新一代的保时捷出现在比利时汽车拉力赛的赛场上。

911 GT3 RSR

2005

Mit dem 911 GT3 RSR belegten Timo Bernhard, Patrick Long und Michael Petersen in Le Mans 2005 den zweiten Platz in der GT2-Klasse.

Timo Bernhard, Patrick Long und Michael Petersen used this 911 GT3 RSR in the 2005 Le Mans race to take second place in the GT2 class.

En 2005, Timo Bernhard, Patrick Long et Michael Petersen décrochent la deuxième place au volant d'une 911 GT3 RSR au 24 Heures du Mans dans la catégorie GT2.

Timo Bernhard, Patrick Long y Michael Petersen ocuparon el segundo lugar en la categoria GT2 en Le Mans en el año 2005 a los mandos de un 911 GT3 RSR.

2005 年 Timo Bernhard、Patrick Long 和 Michael Petersen 驾驶这台 911 GT3 RSR 参加勒芒耐力赛，获 得 GT2 组别的亚军。

911 GT3 RSR

2006

Der 911 GT3 RSR im Jahre 2006 in Le Mans. Zwar lief die 911-Generation 996 im Jahre 2005 aus, doch setzten einige Teams den 911 GT3 RSR weiterhin ein, da dessen Nachfolger auf 997-Basis erst ab 2007 zur Verfügung stand.

The 911 GT3 RSR in 2006 in Le Mans. The 996 generation 911 was discontinued in 2005, but some teams continued to use the 911 GT3 RSR, as its 997-based successor was not available until 2007.

La 911 GT3 RSR au Mans en 2006. La génération 996 des 911 est arrêtée en 2005, même si plusieurs équipes continuent à aligner la 911 GT3 RSR en attendant l'arrivée du modèle suivant, prévu pour 2007 et construit sur la base de la 997.

El 911 GT3 RSR en Le Mans en el año 2006. Aunque el tipo 996 del Porsche 911 se dejó de fabricar en el año 2005, algunas escuderías siguieron utilizando el 911 GT3 RSR, pues su sucesor sobre la base del tipo 997 no estuvo disponible hasta el año 2007.

2006 年勒芒赛场上 911 GT3 RSR 风驰电掣的英姿。尽管 996 系列在 2005 年已经停产，但因为保时捷 2007 年起才开始提供基于 997 车型打造的赛车，所以数个车队仍驾驶 996 系列参赛。

911 GT3 RSR

2006

In der American Le Mans Series in den USA wurde der 911 GT3 RSR 2006 ebenfalls eingesetzt. Hier war der 911 GT3 RSR des dort aktiven US-Teams Flying Lizard in Europa bei den 24 Stunden von Le Mans unterwegs.

The 911 GT3 RSR 2006 was also used in the American Le Mans Series. The 911 GT3 RSR of America's Flying Lizard Team competed in the 24 Hours of Le Mans as well.

En 2006, la 911 GT3 RSR est également alignée à l'American Le Mans Series aux États-Unis. En Europe, la 911 GT3 RSR de l'équipe américaine Flying Lizard concourt aux 24 Heures du Mans.

El GT3 RSR también estuvo presente en la American Le Mans Series norteamericana en el año 2006. La escudería estadounidense Flying Lizard también participó en Europa en las 24 horas de Le Mans con un 911 GT3 RSR.

911 GT3 RSR 参加了 2006 年度的美国勒芒系列赛。活跃在美国的飞翔蜥蜴（Flying Lizard）车队还驾驶 911 GT3 RSR 完成了欧洲赛场的勒芒 24 小时耐力赛。

KAPITEL 6

KLASSIK UND MODERNE

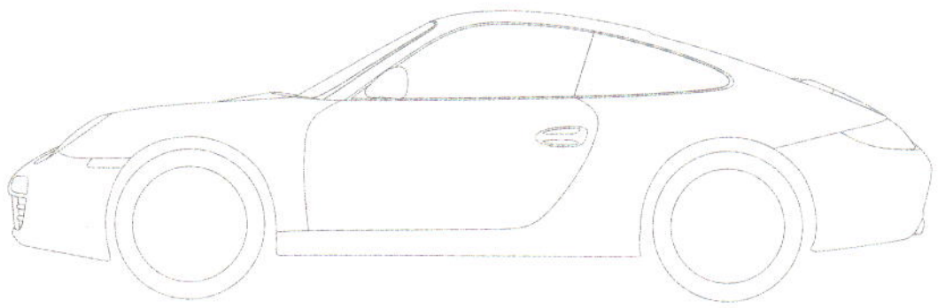

2004–2012

TYP 997

997 MODEL

TYPE 997

TIPO 997

997 车型

ТИП 997

Im Juli 2004 ist es soweit: Porsche präsentiert mit den Typen 911 Carrera und 911 Carrera S eine weitere Elfer-Generation, die intern als Typenreihe 997 bezeichnet wird. Seine ovalen Klarglas-Frontscheinwerfer mit den Zusatzleuchten im Bugteil knüpfen wieder an das traditionelle 911-Design an. Doch nicht nur beim Design, auch bei den Fahrleistungen kann der 997 überzeugen: Der 3.6 Liter-Boxermotor des Carrera leistet 325 PS, der neu entwickelte 3.8 Liter des Carrera S sogar 355 PS. Erheblich überarbeitet wird auch das Fahrwerk, das im Carrera S serienmäßig mit Porsche Active Suspension Management ausgeliefert wird. 2006 stellt Porsche einen 911 Turbo vor, der als erstes Serienautomobil mit Benzinmotor über einen Turbolader mit variabler Turbinengeometrie verfügt. Nach der Modellpflege im Herbst 2008 wird der 997 dank Benzin-Direkteinspritzung und Doppelkupplungsgetriebe nochmals effizienter. Nie zuvor wurde bei einem Elfer der Individualität der Fahrer in diesem Maße Rechnung getragen. Carrera, Targa, Cabriolet, Heck und Allradantrieb, Turbo, GTS, Sondermodelle und Straßenversionen von GT-Rennfahrzeugen – die Elfer-Familie umfasst am Ende 24 Modellvarianten.

CHAPTER 6

TRADITION-RICH AND CUTTING-EDGE

July 2004 was an eagerly awaited date: Porsche unveiled the 911 Carrera and 911 Carrera S models as the latest 911 generation, internally referred to internally as the 997. The clear glass headlights reverted to the original bug-eye design with separate auxiliary light modules in the front apron, reminiscent of the older 911 models. The 997 convinced not only with its striking design but also with its fantastic driving performance: the Carrera's 3.6 liter boxer engine produced 325 hp (236 kW) while the new 3.8 liter engine of the Carrera S managed an incredible 355 hp (261 kW). The chassis likewise underwent a major revamp, and the Carrera S included Porsche Active Suspension Management as a standard feature. In 2006, Porsche introduced a 911 Turbo – the first regular gasoline powered automobile to integrate a turbocharger with variable turbine geometry. Following the model update in the autumn of 2008, the 997 became even more efficient thanks to direct fuel injection and a dual clutch transmission. Never before had such extensive allowances been made in a 911 to suit the driver's individual preferences. Carrera, Targa, Cabriolet, rear or all-wheel drive, Turbo, GTS, special models, and road versions of GT racing cars – in the end, the 911 family comprised 24 model versions.

CHAPITRE 6

CLASSIQUE ET MODERNE

L'histoire se poursuit en juillet 2004 avec la présentation des modèles 911 Carrera et 911 Carrera S qui marquent le début d'une nouvelle génération, appelée 997 en interne. Les optiques avant ovales et transparentes avec les clignotants séparés et intégrés dans le pare-choc renouent avec le design traditionnel de la 911. Au-delà de sa ligne flatteuse, la 997 impressionne par ses performances : le boxer 3,6 litres de la Carrera développe 325 chevaux et le nouveau bloc de 3,8 litres qui anime la Carrera S même 355 chevaux. Le châssis fait également l'objet d'une sérieuse évolution. Ainsi, la Carrera S est équipée en série du système Porsche Active Suspension Management. En 2006 Porsche présente une version Turbo de sa nouvelle 911. Pour la première fois sur une voiture de série, un moteur essence est équipé d'un turbocompresseur à géométrie variable. Suite au toilettage intervenu à l'automne 2008, la 997 gagne en puissance avec l'adoption de l'injection directe d'essence, et en efficacité avec la boîte robotisée à double embrayage (PDK). Jamais la 911 n'avait su répondre aussi bien aux attentes d'individualités aussi diverses. Carrera, Targa, Cabriolet, propulsion ou transmission intégrale, Turbo, GTS, séries spéciales et versions route de GT de course... Au total, 24 modèles composent la famille 911.

CAPÍTULO 6
CONJUGADO LO CLÁSICO CON LO MODERNO

En julio de 2004 apareció la siguiente generación con los modelos 911 Carrera y 911 Carrera S. Este 911, que internamente se llamó 997, tenía faros de cristales transparentes y de forma oval, y faros adicionales en el faldón delantero, volviendo a darle vida al diseño tradicional del 911. Pero el 997 no solamente convenció por su expresión estética; también lo hizo por sus prestaciones. El motor bóxer de 3.600 cc del Carrera tenía 325 CV, y el nuevo propulsor de 3.800 cc del Carrera S incluso brilló con 355 CV. También el chasis fue objeto de cambios fundamentales, y el Carrera S se entregaba de serie con el sistema de regulación activa de la suspensión de Porsche. En 2006 se presentó el 911 Turbo, el primer coche de serie con motor de gasolina con sistema turbo de turbina de geometría variable. La eficiencia del 997 mejoró aún más en 2008 con la inyección directa de gasolina y la caja con doble embrague. Nunca antes se había ofrecido tantas variantes de un 911: Carrera, Targa, Cabriolet, tracción trasera y tracción total, Turbo, GTS, modelos especiales, y versiones de carrera GT homologadas para el uso en el tráfico vial. Al final de su ciclo, la gama de modelos de esta generación del 911 incluyó 24 variantes.

第 6 章
经典与现代

2004 年 7 月，保时捷发布了第六代 911 Carrera 和 911 Carrera S，内部编号 997。前裙板配备了带有独立闪光灯的椭圆形透明玻璃大灯，彰显了传统 911 的经典设计风格，但又展现出卓尔不群的全新面貌。第六代 911 拥有了让人更加惊叹的强大性能：Carrera 的 3.6 升水平对置（Boxer）发动机能够产生 325 hp 的输出功率，而 Carrera S 配备的全新 3.8 升发动机能够产生 355 hp 的输出功率，让人叹为观止。同样经过大幅改造的还有底盘——Carrera S 标配了保时捷主动悬挂管理系统（PASM）。2006 年，保时捷推出 911 Turbo，这是首款配备汽油发动机的量产车型，涡轮增压器采用了可变几何涡轮。2008 年秋，保时捷对这款车型进行了二次升级，依靠燃油直喷和双离合器变速箱提高了 997 的效率。从这一代车型开始，911 将对驾驶者的个人偏好的重视上升到一个更加重要的层面——Carrera、Targa、Cabriolet、后轮和四轮驱动、Turbo、GTS、特别版和 GT 赛车公路版，最终，这一代 911 系列共包含了 24 款不同的车型，以满足车主不同的个性需求。

ГЛАВÁ 6
КЛАССИКА И СОВРЕМЕННОСТЬ

В июле 2004 года состоялось долгожданное событие: компания Porsche представила 911 Carrera и 911 Carrera S, а тем самым очередное поколение „девятьсот одиннадцатого“, получившего внутризаводское обозначение 997. Его овальные фары из идеально прозрачного стекла и дополнительные светотехнические модули в передней части снова были ориентированы на традиционный дизайн 911-го. Но серия 997 впечатляла не только своим дизайном, но и техническими характеристиками. 3,6-литровый оппозитный двигатель Carrera развивал 325 л.с., а новый 3,8-литровый силовой агрегат Carrera S - даже 355 л.с. Основательно обновлена была также ходовая часть, которая у модели Carrera S серийно комплектовалась активной подвеской Porsche Active Suspension Management. В 2006 году компания Porsche представила 911 Turbo, который был первым серийным автомобилем с бензиновым двигателем, имевшим турбонагнетатель с изменяемой геометрией направляющего аппарата. После обновления весной 2008 года серия 997 становится еще более эффективной благодаря использованию непосредственного впрыска бензина и коробки переключения передач с двумя сцеплениями Porsche Doppelkupplung. Еще никогда в „девятьсот одиннадцатом“ не уделялось такое внимание учету индивидуальных потребностей водителя. Carrera, Targa, Cabriolet, задний и полный привод, Turbo, GTS, специальные модели и дорожные версии гоночных GT – в итоге семейство моделей 911 насчитывало 24 варианта.

911 CARRERA COUPÉ

2004

Die beiden Designer Grant Larson und Hakan Saracoglu aus dem Team des damaligen Porsche-Designchefs Harm Lagaay entwarfen 1998 die ersten Skizzen des neuen 911 der Baureihe 997.

Designers Grant Larson and Hakan Saracoglu of the team around Porsche's then chief designer Harm Lagaay made the first sketches of the new 997 series 911 in 1998.

En 1998, les deux stylistes Grant Larson et Hakan Saracoglu, membres de l'équipe du chef designer de Porsche Harm Lagaay réalisent les premiers croquis pour la nouvelle 911 de la série 997.

Los diseñadores Grant Larson y Hakan Saracoglu del equipo liderado por el jefe de diseño Harm Lagaay, esbozaron en 1998 las primeras propuestas para el nuevo 911 de la serie 997.

1998 年，Harm Lagaay 时任保时捷首席设计师，而 997 系列新款 911 的首批草图就出自他团队里的两位设计师 Grant Larson 和 Hakan Saracoglu 之手。

911 CARRERA COUPÉ

2004

Bereits in der frühen Design-Phase wurde der geschärfte Charakter des 997 erkennbar: noch dynamischer, selbstbewusster und maskuliner. Festgeschrieben war die Rückkehr zu den runden Scheinwerfern.

Even in the earliest design phase, the honed character of the 997 was evident – more dynamic, more confident, more masculine. The return to the round headlights was a given.

Dès les premières phases de sa conception, la 997 affiche un tempérament résolument plus dynamique, plus affirmé et plus masculin. Elle signe aussi le retour aux phares ronds.

El carácter más dinámico, masculino y de mayor aplomo del 997 se puso de manifiesto nítidamente desde las primeras fases del proceso de diseño. Se había tomado la decisión de retornar a los faros redondos.

997“更动感、更自信、更阳刚”的鲜明个性早在设计初期阶段便已展现出来，而大灯在造型上则回归了经典的圆形设计。

911 CARRERA COUPÉ

2004

Nach Fertigstellung der ersten Prototypen folgte die Testphase. Porsche-Ingenieur Benno Brandlhuber umriss es wie folgt: »Wir stellen hier sicher, dass aus den Fahrzeugen, die bei uns entstehen, echte Porsche werden«.

After the first prototypes were built the test phase started. Porsche engineer Benno Brandlhuber summarized it like this: "We make sure that the cars we build are truly Porsches."

Après la réalisation des premiers prototypes, place aux essais, que l'ingénieur de Porsche Benno Brandlhuber résume ainsi : « Nous nous assurons que les véhicules conçus chez nous deviennent de véritables Porsche ».

Una vez concluida la fabricación de los primeros prototipos, empezó la fase de pruebas. Benno Brandlhuber, ingeniero de Porsche, resume el propósito de las pruebas: «Así aseguramos que los coches que creamos se transformen en Porsches genuinos».

第一台原型车制造出来后，紧锣密鼓的测试工作便开始了。保时捷工程师 Benno Brandlhuber 一针见血地指出："我们必须保证从我们手中诞生的是一台名符其实的保时捷。"

911 CARRERA COUPÉ / 911 CARRERA S COUPÉ

2004

Die Erprobungsfahrten mit dem neuen 997 wurden in zahlreichen Ländern durchgeführt. Zu Tarnzwecken wurde die Frontpartie der des bekannten Vorgängers 996 nachempfunden.

The new 997 was test-driven in many countries. For camouflage, the front was shaped like its predecessor, the 996.

Les essais sur route de la nouvelle 997 sont réalisés dans de nombreux pays. A des fins de camouflage, la partie avant s'inspire du modèle précédent, la fameuse 996.

El 997 se sometió a pruebas en numerosos países. Para camuflarlo, su parte frontal se asemejó a la de su antecesor, el 996.

新款 997 在多个国家进行了路试。为保密起见，车头伪装成了前款 996 系列的样子。

911 CARRERA COUPÉ

2004

Die Montage des 997 erfolgte auf einer neuen Aufbaulinie, der Geolinie. Roboter führten Dach und Seitenteile zu und verschweißten diese mit der Bodengruppe.

The 997 was put together on a new assembly line, the Geoline. Robots added the roof and side sections, and welded them to the floor assembly.

L'assemblage de la 997 s'effectue sur une nouvelle chaîne de montage, la ligne Geo. Des robots apportent le toit et les parties latérales pour les souder au plancher.

El montaje del 997 se realizó en la nueva línea «Geoline». Los robots posicionaban el techo y las chapas laterales para soldarlos al grupo de los bajos del coche.

997 在新投产的装配线上焊装。机器人将车顶、车身侧面定位到焊接位置，然后和底板总成焊接在一起。

PORSCHE 911 CARRERA COUPÉ

2004

Bei Einführung des Porsche 911 vom Typ 997 wurden etwa zwei Drittel der Fahrzeuge im Farbspektrum von Silber, Grau, Schwarz und Blau lackiert. Doch die Farbpalette bot auch ein Kontrastprogramm in Form von Indischrot, Speedgelb oder Lagogrün.

When the 997 series of the Porsche 911 was introduced, about two thirds of them were painted in silver, grey, black or blue. But other colours were also available – Indian Red, Speed Yellow, Lago Green.

Pour le lancement de la série 997de la Porsche 911, environ deux-tiers des véhicules sortent dans les coloris argent, gris, noir et bleu. Mais le contraste ne manque pas : le modèle est aussi disponible dans une gamme de couleurs plus vives : rouge indien, jaune speed, vert lagon.

Cuando se lanzó al mercado el Porsche 911 tipo 997, aproximadamente dos tercios de todos los modelos fueron de color plata, gris, negro y azul. Pero la gama de colores también incluyó los colores rojo índico, amarillo Speed y verde Lago.

997 系列 911 上市时，约三分之二的新车采用了银色、灰色、黑色和蓝色的车身颜色，不过也有印度红、极速黄和礁壁湖绿等颜色可供选择。

911 CARRERA S COUPÉ

2004

Die Entwicklung eines Porsche-typischen Motorsounds stand ebenfalls im Lastenheft. Diesen erzielten die Ingenieure über den gesamten Last- und Drehzahlbereich unter anderem auch durch ein überarbeitetes Ansaugsystem.

Part of the design specification was a Porsche-like engine sound. The engineers achieved it over all loads and engine speeds by means of a revised induction system and other tweaks.

Également au cahier des charges : développer un son moteur caractéristique de Porsche. En révisant le système d'admission, les ingénieurs y parviennent quels que soient le régime et la charge.

En el pliego de condiciones se incluyó el desarrollo de la sonoridad típica de Porsche. El resultado fue óptimo a cualquier carga y en todo el margen de revoluciones. Para conseguirlo, se adoptaron diversas medidas, entre ellas la remodelación del sistema de aspiración.

实现保时捷典型的发动机声浪是一项明确的设计要求。为此工程师们集思广益，通过对发动机进气系统进行优化，配合其他调校，确保发动机在整个转速区间和载荷范围内都能迸发出保时捷所特有的发动机轰鸣。

911 CARRERA COUPÉ

2004

Der erste produzierte Porsche 911 Carrera der Baureihe 997 beim Fototermin mit seinen Schöpfern.

The first ever Type 997 Porsche 911 Carrera at a photoshoot with its creators.

La première Porsche 911 Carrera de la série 997, sortie de l'usine, est immortalisée aux côtés de ses créateurs lors d'une séance photo.

Sesión fotográfica del primer Porsche 911 Carrera tipo 997 en compañía de sus creadores.

第一台 997 系列的保时捷 911 Carrera 与其缔造者合影。

911 CARRERA COUPÉ

2004

Der neue starke 911 Carrera, Typ 997, auf der Titelseite der Juni/Juli-Ausgabe 2004 des »Christophorus«. Aus seinem wassergekühlten 3.6 Liter-Sechszylinder-Boxer schöpft er 325 PS.

The powerful new 911 Carrera Type 997 on the title page of the June/July 2004 issue of "Christophorus". Its water-cooled 3.6 litre six-cylinder boxer engine developed 325 hp.

En 2004, la nouvelle et puissante 911 Carrera de la série 997 fait la une du numéro de juin-juillet du magazine « Christophorus ». Son moteur Boxer six cylindres de 3.6 litres refroidi par eau développe 325 ch.

El nuevo y potente 911 Carrera tipo 997 en la carátula de la edición junio/julio de 2004 de la revista «Christophorus». Su motor bóxer de seis cilindros de 3.600 cc tenía una potencia de 325 CV.

997 系列新款 911 Carrera 登上《Christophorus》车主杂志 2004 年 6/7 月号的封面。这款车搭载水冷 3.6 升水平对置六缸发动机，输出功率可达 325 hp。

911 CARRERA S COUPÉ

2004

Zwei Doppelendrohre charakterisierten den 997 in der Carrera S Ausführung. Eine um 3 mm größere Zylinderbohrung resultierte in 3.8 Litern Hubraum und damit im bisher größten Boxer-Motor eines Serien-Elfers.

Twin double exhaust pipes characterized the 997 Carrera S version. The 3 mm larger cylinder bore gave it 3.8 litres displacement, making it the largest boxer engine of any series production 911.

Signe caractéristique de la 997 Carrera S : sa double sortie d'échappement. Les 3 mm d'alésage additionnels portent la cylindrée à 3.8 litres. C'est le plus gros moteur Boxer équipant des 911 de série.

Dos tubos terminales dobles identificaron la versión Carrera S del 997. El motor tenía 3.800 cc gracias al diámetro 3 mm mayor de los cilindros. Por lo tanto, fue el motor bóxer de mayor cilindrada que hasta entonces tuvo un 911 fabricado en serie.

两只双尾管设计为 997 系列 Carrera S 车型所独有。由于发动机缸径增加了 3 mm，排量提高到 3.8 升，这也是量产 911 车型上搭载的排量最大的水平对置发动机。

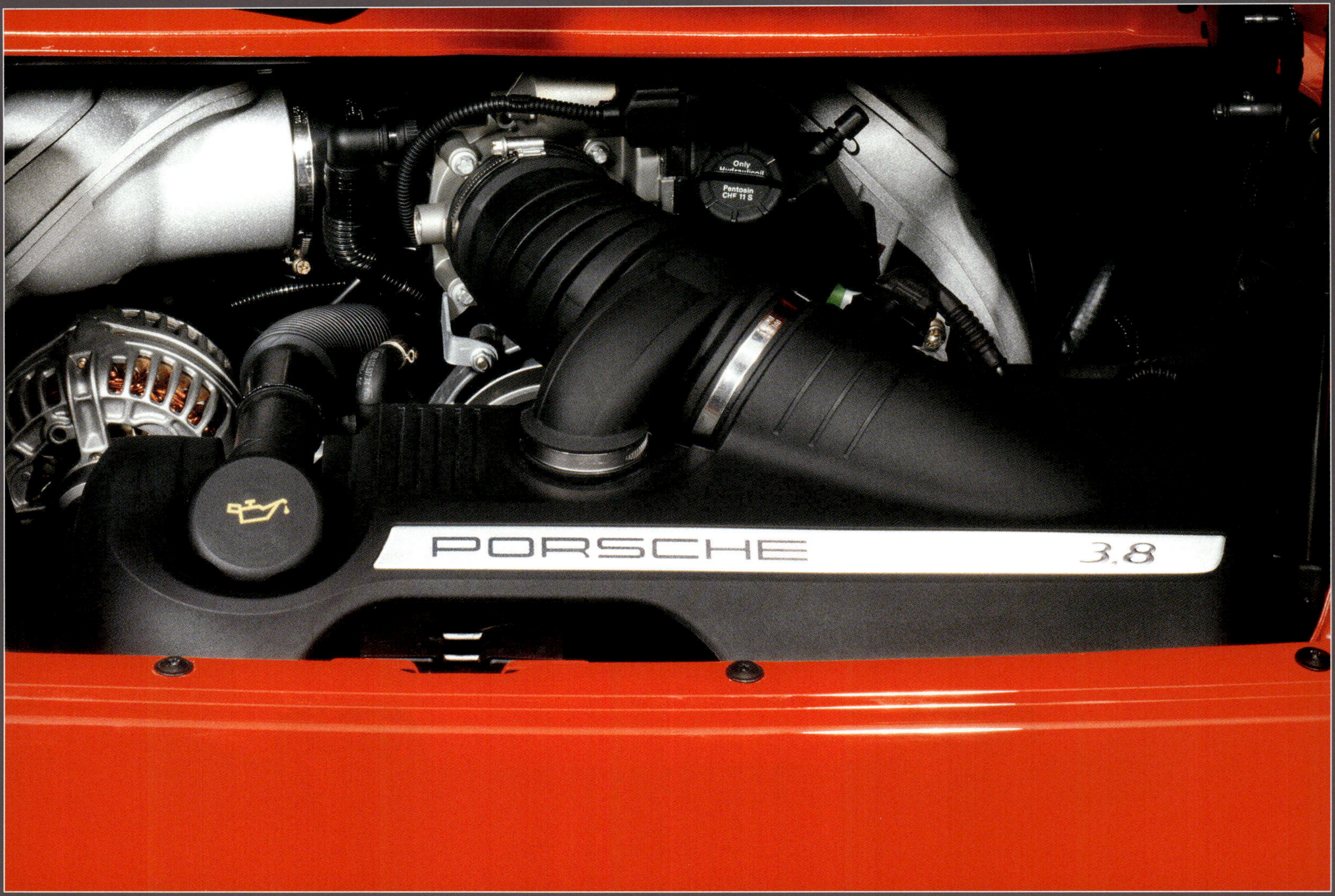

911 CARRERA S

2004

Der neue 3.8 Liter-Motor leistete 355 PS bei 6.600/min. und absolvierte den Sprint von 0 auf 100 km/h in 4,8 Sekunden. Die Höchstgeschwindigkeit betrug 293 km/h.

The new 3.8 litre engine put out 355 hp at 6600 rpm, and launched the car from 0 to 60 mph in 4.8 seconds. Top speed was 183 mph.

Le nouveau moteur 3.8 litres développe 355 ch à 6 600 tours/min et accélère de 0 à 100 km en 4,8 secondes. Il atteint la vitesse vertigineuse de 293 km/heure.

El nuevo motor de 3.800 cc tenía una potencia de 355 CV a 6.600 rpm. Con él, el 997 era capaz de parar el crono en 4,8 segundos al acelerar de 0 a 100 km/h. La velocidad punta fue de 293 km/h.

全新 3.8 升发动机，可在 6,600 rpm 的转速下输出 355 hp 的输出功率，零至百公里加速仅需 4.8 秒，最高时速可达 239 km/h。

Carrera S

911 CARRERA S COUPÉ

2004

Auch im Innenraum hatte sich einiges geändert: Die Rundinstrumente wurden deutlicher betont und trugen im Carrera schwarze, im Carrera S aluminium-farbige Zifferblätter. Zentral angeordnet wurde der Zeitmesser des optionalen Sport Chrono Pakets.

The interior was revamped as well. The round instruments were emphasized more, and had black faces in the Carrera or aluminium-coloured faces in the Carrera S. The chronograph of the optional Sport-Chrono Package was placed centrally.

L'habitacle aussi présente diverses innovations comme une mise en valeur plus prononcée des cadrans circulaires : noirs pour la Carrera, argentés pour la Carrera S. Le chronomètre du Pack Sport Chrono disponible en option figure au centre.

También se efectuaron cambios en el habitáculo. Se acentuaron más los instrumentos redondos. En el Carrera, las esferas de los instrumentos eran de color negro, en el Carrera S de color aluminio. En el centro: el medidor de tiempo del kit Sport Chrono.

内饰也经过了重新设计。圆形仪表更加醒目。Carrera 车型使用黑色仪表盘，Carrera S 则配备铝色仪表盘。选配 Sport Chrono 组件时，仪表板中央装有计时器。

14:58
Pforzheim
Leonberg
Stuttgart
Reutlingen
Tübingen
REPEAT
MAP
SET
ECO
21.0°C
SPORT
PSM OFF

911 CARRERA COUPÉ

2004

Der 911 Carrera verfügte serienmäßig über 18-Zoll-Carrera-III-Aluminiumfelgen mit Hochgeschwindigkeitsreifen der Dimension 235/40 ZR 18 vorn und 265/40 ZR 18 hinten. Mit dem 997 wurde gleichzeitig auch die neueste Generation des optionalen Reifendruckkontrollsystems RDK eingeführt.

The 911 Carrera came with 18" 911 Carrera III aluminium wheels as standard, with high-speed 235/40 ZR 18 tyres at the front and 265/40 ZR 18 ones at the rear. The latest generation of the optional RDK tyre pressure monitoring system was introduced with the 997.

La 911 Carrera est équipée de série de jantes en aluminium 18 pouces Carrera III et de pneus grande vitesse 235/40 ZR 18 à l'avant et 265/40 ZR 18 à l'arrière. Le lancement de la 997 s'accompagne, en option, de la dernière génération du système RDK de contrôle de pression des pneus.

El 911 estuvo equipado de serie con llantas de aluminio de 18 pulgadas Carrera-III, con neumáticos de alta velocidad de 235/40 ZR 18 adelante y de 265/40 ZR atrás. Junto con el 997 se presentó la nueva generación del sistema opcional de control de la presión de los neumáticos RDK.

911 Carrera 标配 18 英寸 Carrera III 铝合金车轮，搭配的高速轮胎的规格为：前轮 235/40 ZR 18，后轮 265/40 ZR 18。与 997 系列同时推出的还有供选配的最新一代轮胎气压监控系统（TPM）。

911 CARRERA S COUPÉ

2004

Alle Carrera S rollten vorne auf Rädern der Dimension 8J×19 mit 235/35 ZR 19 Reifen respektive 11J×19 Rädern und Pneus der Größe 295/30 ZR 19 hinten. Optional konnte der Kunde auch die weiterentwickelte Porsche Ceramic Composite Brake (PCCB) mit 350 mm großen Keramikscheiben und gelben Bremssätteln ordern.

All Carrera S cars had 8J×19 front wheels with 235/35 ZR 19 tyres and 11J×19 rear wheels with 295/30 ZR 19 tyres. The upgraded Porsche Ceramic Composite Brake (PCCB) with 350 mm ceramic discs and yellow calipers was available as an option.

Toutes les Carrera S sont équipées à l'avant de roues 8Jx19 avec des pneus 235/35 ZR 19 et à l'arrière de roues 11J×19 avec des pneus 295/30 ZR 19. En option, les freins Porsche Ceramic Composite Brake (PCCB) perfectionnés avec des disques en céramique de 350 mm et les étriers jaunes.

Todos los Carrera S tenían llantas de 8J×19 con neumáticos de 235/35 ZR 19 adelante, y llantas de 11J×19 con neumáticos de 295/30 ZR 19 atrás. El cliente podía optar adicionalmente por el freno de cerámica Porsche Ceramic Composite Brake (PCCB) con discos de 350 mm y mordazas de color amarillo.

Carrera S 车型的前轮轮毂规格为8J×19，配 235/35 ZR 19 轮胎；后轮轮毂为 11J×19，配 295/30 ZR 19 轮胎。客户还可选装经过优化的保时捷陶瓷复合制动系统（PCCB），陶瓷制动盘直径为 350 mm，搭配黄色卡钳。

911 CARRERA COUPÉ / 911 CARRERA S COUPÉ

2004

Die weiterentwickelte Form des 997 bot auch aerodynamische Vorteile. So verbesserte sich der Luftwiderstands-Beiwert beim 911 Carrera (links) auf cW=0,28 sowie auf cW=0,29 beim Carrera S (rechts).

The further refined shape of the 997 also offered aerodynamic benefits. The drag coefficient of the 911 went to cW=0.28 for the Carrera (left) or cW=0.29 for the Carrera S (right).

La ligne affinée de la 997 présente également des avantages aérodynamiques. Pour la 911 Carrera (à gauche), le coefficient de traînée est amélioré à cW=0,28 et pour la Carrera S (à droite) à cW=0,29.

Las formas remodeladas del 997 también ofrecieron ventajas aerodinámicas. El coeficiente aerodinámico cW mejoró a 0,28 en el caso del 911 Carrera (izq.), y a 0,29 en el del Carrera S (der.).

997 系列进一步优化的外形还带来了空气动力学方面的优势，风阻系数进一步降低：911 Carrera（左）的风阻系数为 0.28；Carrera S（右）的风阻系数为 0.29。

911 CARRERA COUPÉ

2004

Die Presse-Fahrvorstellung des neuen 911 fand auf dem Flughafen Paderborn statt. Journalisten, die mit dem Flugzeug anreisten, konnten ihre Testwagen direkt an den Hangars in Empfang nehmen.

The new 911 was introduced to the press at the airport in Paderborn, Germany. Journalists who flew in could pick up their test cars right at the hangar.

Présentation à la presse de la nouvelle 911 à l'aéroport de Paderborn. Dès leur atterrissage, les journalistes arrivés par avion peuvent réceptionner leur véhicule d'essai près des hangars.

Presentación de prensa del nuevo 911 en el aeropuerto de Paderborn. Los periodistas que llegaron por avión recibieron sus coches de prueba directamente en los hangares.

新款 911 的首次媒体试驾活动在德国帕德博恩机场举行。停放在机库中的试驾车严阵以待，迎接搭乘飞机前来的记者们。

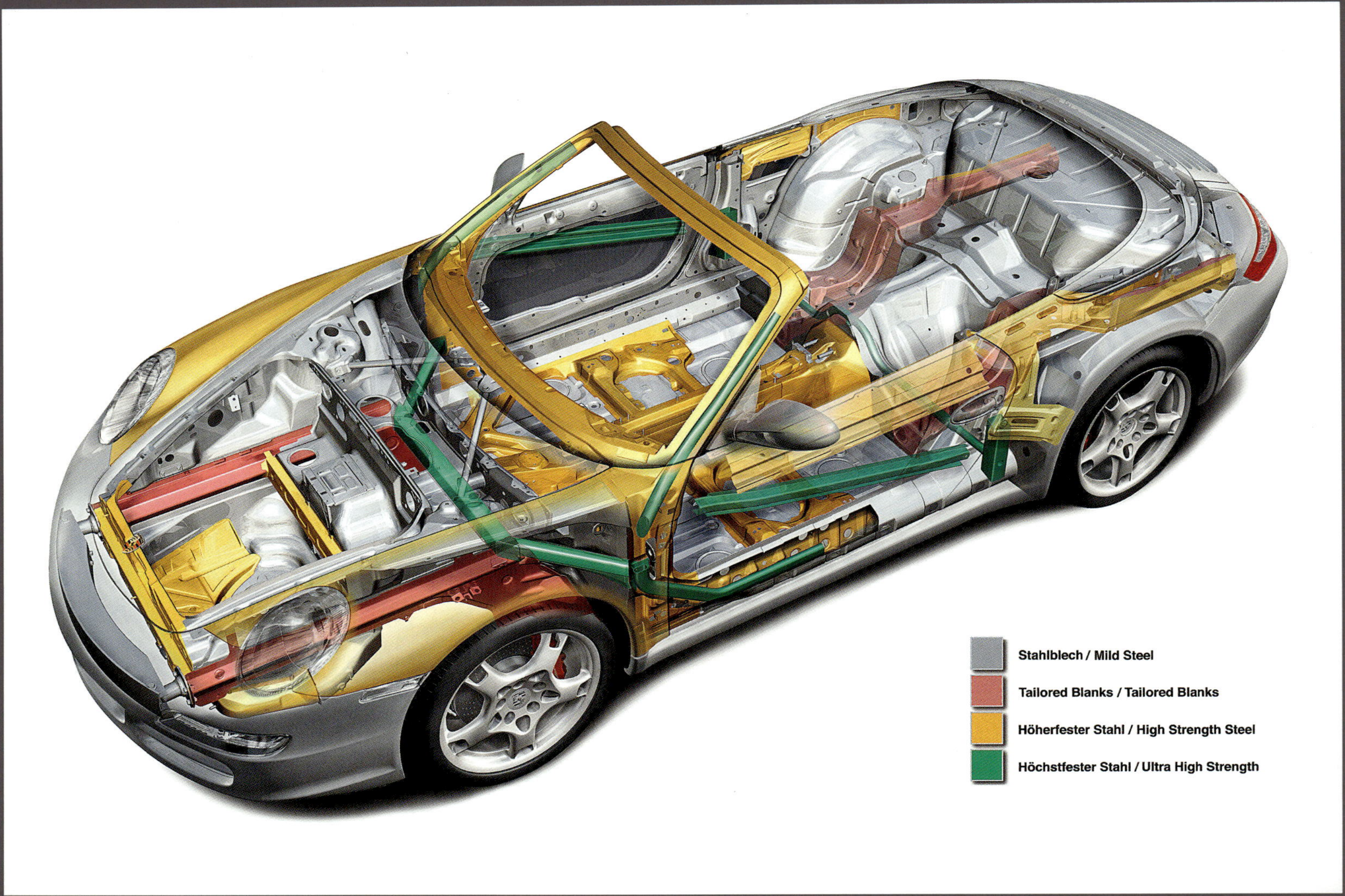

911 CARRERA S CABRIOLET

2005

Die Karosserien von Coupé und Cabriolet wurden gleichzeitig entwickelt und aus beidseitig feuerverzinktem Stahlblech gefertigt. An wichtigen Stellen wurden Verstärkungen vorgesehen, die beim Coupé nicht zwingend nötig gewesen wären.

The Coupé and Cabriolet bodies were developed simultaneously and made of sheet steel, galvanized on both sides. Reinforcements were provided at important points, although not strictly necessary for the Coupé.

Développées simultanément, les carrosseries du Coupé et du Cabriolet sont fabriquées en tôle d'acier galvanisée à chaud double face. Les points stratégiques sont renforcés, même si ce n'est pas absolument indispensable pour le Coupé.

Las carrocerías del coupé y del descapotable se desarrollaron simultáneamente y ambas eran de acero galvanizado al calor. En diversas partes clave se agregaron refuerzos que no habrían sido necesarios en la versión coupé.

Coupé 和 Cabriolet 车型的车身同步研发，采用双面热浸镀锌钢板制成。重要部位均进行了强化，虽然有些强化对于 Coupé 车型而言并不必要。

911 CARRERA S CABRIOLET

2005

Der Überschlagschutz des Cabriolets sah zwei feste, in die A-Säulen integrierte Stahlrohre sowie zwei automatisch ausfahrbare Überrollbügel hinter den Fondsitzen vor.

The rollover protection of the Cabriolet consisted of two rigid steel tubes in the A-columns and two automatically extending rollover bars behind the rear seat.

La protection anti-retournement du Cabriolet est composée de deux tubes fixes en acier intégrés dans les montants de pare-brise ainsi que de deux arceaux de sécurité à déploiement automatique derrière les sièges arrière.

El sistema de protección antivuelco estuvo constituido por dos barras de acero integradas en los montantes A, y por dos barras de accionamiento automático detrás de los asientos posteriores.

Cabriolet 车型的翻滚保护系统包括两根固定在 A 柱内的钢管，以及后座背后两根可自动伸出的翻滚防护杆。

911 CARRERA CABRIOLET

2005

Auf der Detroit Motor Show zündete Porsche die zweite Stufe der Modelloffensive der sechsten Elfer-Generation: Weltpremiere für die 911 Cabriolets in den Ausführungen Carrera und Carrera S.

At the Detroit Motor Show Porsche unleashed the second stage of the sixth Eleven generation model offensive: The world premiere of the 911 Cabriolet in the Carrera and Carrera S versions.

Au salon automobile de Détroit, Porsche allume le second étage de son offensive pour la sixième génération des 911. En première mondiale : la 911 Cabriolet dans les versions Carrera et Carrera S.

Segunda fase de la presentación de modelos de la sexta generación del 911 en el salón del automóvil de Detroit: estreno mundial del 911 Cabriolet, en sus versiones Carrera y Carrera S.

在底特律车展上，保时捷为 911 Carrera Cabriolet 和 Carrera S Cabriolet 举行了全球首发。这标志着第六代 911 车型的上市进入了第二阶段。

911 CARRERA CABRIOLET

2005

Das aerodynamisch optimierte Faltverdeck ließ sich innerhalb von 20 Sekunden auch während der Fahrt bis zu einer Geschwindigkeit von 50 km/h per Knopfdruck öffnen oder schließen. Die Höchstgeschwindigkeiten von Cabriolets und Coupés waren identisch.

The aerodynamically improved folding top could be opened or closed within 20 seconds at the press of a button, including while travelling at speeds up to 35 mph. The top speeds of Cabriolets and Coupés were identical.

La capote pliante plus aérodynamique s'ouvre et se referme en 20 secondes sur simple pression d'un bouton, même en roulant jusqu'à 50 km/heure. Les vitesses de pointe du Cabriolet et du Coupé sont identiques.

La capota plegable, optimizada aerodinámicamente, podía abrir y cerrarse en apenas 20 segundos simplemente pulsando una tecla, incluso estando en movimiento el coche hasta una velocidad de 50 km/h. Las velocidades máximas del descapotable y del coupé eran idénticas.

仅需轻触按钮，经过空气动力学优化的折叠顶篷便可在时速低于 50 km/h 的情况下在 20 秒打开或关闭。Cabriolet 车型与 Coupé 车型的最高时速相同。

911 CARRERA S CABRIOLET

2005

Der wie bei den Vorgänger-Modellen ausfahrbare, aerodynamisch jedoch weiter optimierte Heckspoiler fügte sich im eingefahrenen Zustand noch ebenmäßiger in die Motorhaube ein. Darüber wurde die dritte Bremsleuchte – nun mit LED-Technik ausgestattet – in einer den Lüftungsschlitzen des Heckspoilers nachempfundenen Sicke integriert.

Like on the predecessor models the rear spoiler was extendible, but aerodynamically improved, and had a smoother fit with the engine hood when retracted. The third brake light – now with LED lamps – was set in a slot designed to look like one of the ventilation slots on the spoiler.

Si l'aileron arrière reste déployable, comme son prédécesseur, il bénéficie d'une aérodynamique perfectionnée et s'intègre encore plus harmonieusement au capot en position rétractée. Le troisième feu stop – désormais équipé de technologie LED – est placé au-dessus, dans une nervure semblable aux fentes de ventilation de l'aileron arrière.

El alerón, similar al de los modelos antecesores, fue objeto de mejoras aerodinámicas y al cerrarse, se amoldaba mejor a la forma de la tapa del motor. La tercera luz de freno, entretanto de diodos luminosos, estuvo integrada en un pliegue que retomaba el diseño del alerón.

后扰流板与前款车型一样可以伸缩，其空气动力学性能得以进一步优化，扰流板收回后可以与发动机罩更好地贴合。第三制动灯首次采用 LED 照明，安装制动灯的凹槽设计成了与扰流板通风槽相同的造型。

911 CARRERA S CABRIOLET

2005

Die runden Klarglasscheinwerfer und die Zusatzleuchten mit den Positionsleuchten, Blinkern und Nebelscheinwerfern erinnerten an die klassischen Stilelemente der früheren luftgekühlten Porsche 911-Generationen.

The round clear headlights and the position lights, indicator lights and fog lamps were reminiscent of the classic style elements of earlier air-cooled generations of the Porsche 911.

Les phares ronds en verre transparent et les blocs additionnels avec feux de position, clignotants et feux antibrouillard rappellent les éléments de style classique des précédentes générations de la Porsche 911, refroidies par air.

El diseño de los faros redondos de cristal transparente y de los grupos ópticos complementarios con las luces de posición, intermitentes y antiniebla, recordaron los elementos estilísticos clásicos de las anteriores generaciones del 911 con motor refrigerado por aire.

圆形透明玻璃大灯和示廓灯、转向灯及前雾灯都颇具经典复古色彩，令人回想起早年风冷发动机时代的保时捷 911。

911 CARRERA S COUPÉ

2005

Nicht nur am Fahrzeug, sondern auch in der Produktion wurde mit Einführung des 997 vieles optimiert: »Fit für 911«, lautete dabei das Motto. Achsen und Motoren wurden »just in time« angeliefert, und die Daten jeder Schraube waren mit Anzugsdrehmoment und Drehwinkel in einem Rechner gespeichert.

The launch of the 997 saw not just improvements to the car but many production improvements as well. The motto was "911-ready." The axles and engines were delivered just in time, and the angles and torques of all threaded fasteners were stored in a computer.

L'introduction de la 997 s'accompagne de nombreuses améliorations pour le véhicule, mais aussi pour la production, comme l'indique le slogan « Prêt pour la 911 ». Les essieux et les moteurs sont livrés « juste à temps » et les données de chaque vis y compris le couple de serrage et l'angle de rotation sont informatisées.

El lanzamiento del 997 implicó numerosas optimizaciones en el coche, pero también en los sistemas utilizados para su fabricación. El lema que se aplicó fue «Preparados para el 911». La entrega de los ejes y motores se hizo «justo a tiempo». Los datos de cada tornillo estaban memorizados en un ordenador, con indicación del par de ajuste y el ángulo de giro.

随着 997 系列的发布，保时捷不仅对车辆技术进行了革新，也对自身生产方式进行了多方面优化。"为911量身定制"成为生产过程的座右铭。装配车间的车桥和发动机都按准时生产方式供货，每颗螺栓的数据，包括紧固扭矩和拧紧角度等都保存在电脑中。

911 CARRERA COUPÉ

2005

Bereits seit Februar 2001 wurden alle in Zuffenhausen produzierten und für Übersee und Großbritannien bestimmten Fahrzeuge per Bahn von Kornwestheim zur Seeverladung nach Emden transportiert.

Since February 2001 all cars made in Zuffenhausen for overseas markets including the UK have been sent by rail from Kornwestheim to Emden for embarcation.

Dès février 2001, tous les véhicules produits à Zuffenhausen et destinés aux marchés britannique et d'outre-mer sont expédiés en train de Kornwestheim, près Stuttgart, à Emden, au bord de la Mer du Nord.

A partir del mes de febrero de 2001 se transportaron por tren desde Kornwestheim al puerto de Emden todos los ejemplares fabricados en Zuffenhausen, destinados a otros continentes y a Gran Bretaña.

自 2001 年 2 月起，所有在祖文豪森为海外市场（包括英国市场）生产的车辆都通过铁路从科恩威斯特海姆运输至埃姆登装船。

911 CARRERA 4S COUPÉ

2005

Das Bugteil des 997 enthielt drei Kühlluftöffnungen. Durch die beiden äußeren, mit einem horizontalem Steg geteilten Schächte wurden die Wasserkühler mit Kühlluft angeströmt. Hinter der zentralen Öffnung war bei Fahrzeugen mit Tiptronic S ein Zusatzkühler eingebaut.

The nose of the 997 had three cooling air intakes. The two outer ones had horizontal webs and supplied air to the radiator. The central opening led air to an additional radiator on cars with Tiptronic S.

Le bouclier avant de la 997 comporte trois admissions d'air. Les radiateurs d'eau sont alimentés en air de refroidissement par les deux puits extérieurs, séparés par une traverse horizontale. Un radiateur supplémentaire est intégré derrière l'ouverture centrale pour les véhicules équipés du Tiptronic S.

El faldón delantero del 997 tenía tres entradas de aire. Las dos exteriores, provistas de una varilla divisora horizontal, permitían la entrada de aire para refrigerar los radiadores. Los ejemplares con Tiptronic S tenían un radiador adicional detrás de la entrada central.

997 的车头设有三个冷却空气进气口。外侧的两个进气口带有水平隔板，将冷却空气源源不断导向散热器。而对于配备 Tiptronic S 变速箱的车型，中央通风口可将空气送往一台附加散热器。

911 CARRERA S COUPÉ

2005

An Vorder- und Hinterachse trugen die Carrera S-Modelle rot lackierte 4-Kolben-Monobloc-Aluminium-Festsättel und innenbelüftete, gelochte Bremsscheiben mit 330 mm Durchmesser.

Carrera S models had red painted 4-piston monobloc aluminium calipers on the front and rear axles, with 330 mm inside-ventilated perforated discs.

Les modèles Carrera S sont équipés sur les essieux avant et arrière d'étriers de freins monobloc en aluminium à quatre pistons peints en rouge et de disques de freins perforés et ventilés de l'intérieur de 330 mm de diamètre.

Los modelos Carrera S tenían en todas las ruedas frenos con mordazas fijas monobloque de aluminio de color rojo y de cuatro bombines, con discos autoventilados y perforados de 330 mm de diámetro.

Carrera S 车型的前后桥均配备红色 4 活塞铝制单体制动卡钳，以及直径 330 mm 的钻孔式通风制动盘。

911 CARRERA 4S COUPÉ

2005

Im Juni 2005 erhielten internationale Journalisten in Südfrankreich die Gelegenheit, erstmals die neuen Allrad-Modelle der Baureihe 997, den 911 Carrera 4 und 4S, zu fahren. Der Allradantrieb der Coupés leitete permanent zwischen fünf und 40 Prozent der Antriebskraft an die Vorderräder.

In June 2005 international journalists had an opportunity to drive the new all-wheel drive versions of the 997 series, the 911 Carrera 4 and 4S Coupés in the South of France. The drive train sent between five and forty percent of the power to the front wheels at all times.

En juin 2005, réunis dans le Midi de la France, des journalistes du monde entier ont le privilège d'essayer les nouveaux modèles 4 roues motrices de la série 997 : les 911 Carrera 4 et 4S. La transmission intégrale des Coupés transmet en permanence entre 5 et 40 % de la force motrice aux roues avant.

En junio de 2005, los periodistas internacionales tuvieron la oportunidad de probar en el sur de Francia por primera vez los nuevos modelos de tracción total del tipo 997: el 911 Carrera 4 y 4S. El sistema de tracción total del coupé desviaba entre el cinco y el cuarenta por ciento de la fuerza de impulsión a las ruedas delanteras.

2005 年 6 月，世界各地的记者齐聚法国南部，率先体验 997 系列四驱版本 911 Carrera 4 Coupé 和 Carrera 4S Coupé 的驾驶乐趣。在四驱版上，传动系统源源不断地将 5% 到 40% 的动力传输到前轮。

911 CARRERA 4 COUPÉ / 911 CARRERA 4S COUPÉ

2005

Zuständig für die zentrale Kraftverteilung der neuen Elfer mit Allradantrieb war eine Visco-Lamellenkupplung. Das Vorderachsgetriebe entsprach dem der allradangetriebenen Vorgängermodelle, war jedoch mit einer geänderten Übersetzung ausgestattet.

A viscous clutch handled the central power distribution. The front axle transmission was like that of all-wheel drive predecessor models, but had a different ratio.

La répartition centrale de la force motrice des nouvelles 911 à transmission intégrale est assurée par un embrayage visco-coupleur. La transmission de l'essieu avant est identique à celle des modèles précédents à quatre roues motrices, mais elle bénéficie d'un rapport modifié.

La distribución central de la fuerza en el 911 con tracción total estuvo a cargo de un acoplamiento viscoso de discos. El diferencial del eje delantero era similar al de los modelos antecesores con tracción total, aunque con relación modificada.

四驱版车型主要通过一个粘性多片离合器分配动力，前桥传动与上一代四驱版相同，但传动比有所改变。

911 CARRERA 4 CABRIOLET

2005

Bereits einen Monat nach den Coupés wurden im Bergischen Land auch die offenen Varianten des 997 mit Allradantrieb präsentiert.

Just one month after the Coupés, the open-top versions of the 997 with all-wheel drive were presented in the Bergisch Land area of Germany.

Un mois à peine après la présentation des Coupés, la version décapotable de la 997 quatre roues motrices est présentée dans le Bergisches Land, en Rhénanie du Nord-Westphalie.

Transcurrido apenas un mes tras la aparición del coupé, se presentaron en el Condado del Monte de Alemania las versiones descapotables del 997 con tracción total.

硬顶版推出一个月后，保时捷便在德国北威州贝吉施地区展示了 997 系列的四驱敞篷版。

911 CARRERA 4S CABRIOLET

2005

Die neuen 911 Carrera 4 und 4S Cabriolets verbanden die Fahrdynamik des Allradantriebs mit dem Fahrgefühl eines offenen Sportwagens.

The new 911 Carrera 4 and 4S Cabriolets combined the driving dynamics of all-wheel drive with the feeling of an open sports car.

Les nouvelles 911 Carrera 4 et 4S Cabriolet conjuguent le dynamisme de la transmission intégrale et le plaisir d'une voiture de sport décapotable.

Los nuevos 911 Carrera 4 y 4S combinaron el dinamismo de la tracción total con la inigualable sensación de estar a los mandos de un coche deportivo con el techo abierto.

新款 911 Carrera 4 Cabriolet 和 Carrera 4S Cabriolet 将四驱版的驾驶动态和敞篷跑车的驾乘乐趣完美结合，无与伦比。

911 TURBO COUPÉ

2002

Bereits im Jahr 2002 entstanden die ersten Designskizzen für den neuen 911 Turbo, die fahrdynamische Speerspitze im neuen Elfer-Programm.

As early as 2002 the first design sketches had been made for the new 911 Turbo, which would be the performance spearhead of the new Eleven range.

Les premiers croquis pour la nouvelle 911 Turbo, fer de lance dynamique de la nouvelle gamme des 911, sont esquissés dès 2002.

Las primeras propuestas de diseño del nuevo 911 Turbo, la punta de lanza de la gama del 911, datan del año 2002.

早在 2002 年，911 家族的性能冠军 – 新款 911 Turbo 的第一幅设计草图便已问世。

911 TURBO COUPÉ

2003

Im Laufe der Designentwicklung des 911 Turbo der Generation 997 näherte man sich mehr und der endgültigen Form.

As the development of the 997 generation 911 Turbo progressed, the designers came closer and closer to the final form.

Au fil de son élaboration, le design de la 911 Turbo de la génération 997 se rapproche de plus en plus du modèle définitif.

Durante el desarrollo del diseño del 911 Turbo de la generación del 997, las formas se fueron acercando poco a poco a la propuesta definitiva.

随着 997 系列 911 Turbo 设计的不断推进，外观基本定型。

911 TURBO COUPÉ

2005

Ausgiebige Erprobungsfahrten auf Passstraßen und im Schnee führten den 911 Turbo zur Serienreife.

Through extended test drives on mountain passes and snowy roads the 911 Turbo approached series production maturity.

Après de nombreux essais sur des cols enneigés, la 911 Turbo est enfin prête pour la série.

El 911 Turbo fue preparado para la producción en serie mediante exhaustivas pruebas en carreteras de montaña y sobre nieve.

通过在山间公路和冰雪路面上的大量测试和考验，911 Turbo 日趋成熟，可以进入量产阶段。

911 TURBO COUPÉ

2006

Auch der zweifache Rallye-Weltmeister Walter Röhrl übernahm Aufgaben bei der Erprobung des 911 Turbo, insbesondere im Bereich der Fahrwerksabstimmung.

Two-time rally world champion Walter Röhrl helped test the 911 Turbo, especially the suspension adjustment.

Le double champion du monde de rallye Walter Röhrl participe également aux essais de la 911 Turbo, notamment pour les réglages du châssis.

También Walter Röhrl, dos veces campeón mundial de rallye, participó en las pruebas del 911 Turbo, encargándose especialmente del reglaje del chasis.

曾两次夺得世界拉力赛冠军的传奇车手 Walter Röhrl 也参与了 911 Turbo 的试车工作，特别是悬挂系统的调校。

911 TURBO COUPÉ

2006

Am 28. Februar 2006 feierte die sechste Generation des Porsche 911 Turbo auf dem Genfer Automobilsalon ihre Weltpremiere. Ein charakteristisches Merkmal stellten die drei großen Kühllufteinlässe vorne dar. Bei einer Geschwindigkeit von 300 km/h ermöglichten sie einen Kühlluftdurchsatz von circa 4.000 Litern pro Sekunde.

On 28 February 2006 the sixth generation of the Porsche 911 Turbo celebrated its world premiere at the Geneva Auto Show. Its three big front cooling air intakes were a defining characteristic. At 187 mph they drew in some 4000 litres of air per second.

Le 28 février 2006, la sixième génération de la Porsche 911 Turbo célèbre sa première mondiale au salon de l'automobile de Genève. Signe distinctif : les trois grandes prises d'air à l'avant. A une vitesse de 300 km/h, elles assurent un débit d'air de refroidissement d'environ 4 000 litres par seconde.

La sexta generación del Porsche 911 Turbo se estrenó mundialmente el 28 de febrero de 2006 durante el salón internacional del automóvil de Ginebra. Su rasgo más característico fueron las tres entradas de aire frontales, que permitían un flujo de aproximadamente 4.000 litros de aire refrigerante por segundo a una velocidad de 300 km/h.

2006 年 2 月 28 日，第六代保时捷 911 Turbo 在日内瓦车展上首次与世人见面。这款车最鲜明的特征是位于车头的三个大尺寸冷却空气进气口，当车速达到 300 km/h 时每秒钟的进气量高达 4,000 升。

911 TURBO COUPÉ

2006

Der Spaltflügel am Heck, der automatisch bei 120 km/h um 35 mm ausfuhr und bei 60 km/h wieder eingezogen wurde, ermöglichte herausragende Abtriebswerte.

The automatic split wing in the rear extended 35 mm at 75 mph and retracted at 37 mph, giving excellent negative lift.

L'aileron dédoublé à l'arrière, qui sort automatiquement de 35 mm à 120 km/h et se rétracte à 60 km/h, améliore considérablement l'appui.

El alerón segmentado posterior de accionamiento automático se activaba a 120 km/h extendiéndose 35 mm. Al reducir la velocidad a menos de 60 km/h, volvía a retraerse. Con este alerón, las cualidades aerodinámicas del coche fueron extraordinarias.

分流式尾翼在速度达到 120 km/h 时自动伸出 35 mm，降至60 km/h 时自动收回，产生极佳的下压力。

911 TURBO

2006

Als Spitzenmodell der 911-Baureihe verfügte der Turbo als erstes Serienautomobil mit Benzinmotor über einen Turbolader mit variabler Turbinengeometrie (VTG). Die Leistung betrug nun 480 PS bei 6.000 Umdrehungen pro Minute. Das maximale Drehmoment lag im Bereich zwischen 1.950 und 5.000 Touren.

As the top 911 model, the Turbo was the first petrol powered stock automobile to include a turbocharger with variable turbine geometry (VTG). Its power plant developed 480 hp at 6000 rpm and gave maximum torque in the range between 1950 and 5000 rpm.

Modèle haut de gamme de la série 911, la Turbo est la première voiture de série à moteur à essence équipée d'un turbocompresseur à géométrie de turbines variable (GVT). Sa puissance est désormais de 480 ch à 6 000 tours/min avec un couple maxi disponible entre 1 950 et 5 000 tours.

Siendo el modelo tope de la gama de los 911, el Turbo fue el primer coche fabricado en serie con motor de gasolina y geometría variable del turbo (VTG, según sus siglas en alemán). Su potencia aumentó a 480 CV a 6.000 vueltas. El par máximo estuvo disponible entre 1.950 y 5.000 rpm.

作为 911 家族的顶级车型，997 系列的 911 Turbo 是首款使用带有可变几何涡轮（VTG）增压器的量产汽油车型。6,000 rpm 的转速下功率可达 480 hp，在1,950 到 5,000 rpm 的转速区间内可以连续输出峰值扭矩。

911 TURBO COUPÉ

2006

Auch das Interieur wurde neu gestaltet. Für eine größere Leuchtkraft der Zifferblätter bei Nacht wurden weiße Leuchtdioden eingesetzt. Im Display des mittleren Rundinstrumentes wurde der Ladedruck erstmals auch als Balkendiagramm angezeigt.

The interior was revamped as well. White diodes made the instrument dials more visible at night. For the first time, the boost pressure was shown as a bar chart in the centre round instrument panel.

L'intérieur fait également peau neuve. Pour assurer une meilleure visibilité de nuit, les cadrans sont équipés de diodes blanches plus lumineuses. Pour la première fois, la pression de suralimentation est indiquée à l'aide d'un diagramme à barres dans le cadran central.

También cambió el habitáculo. Los instrumentos contaron con diodos luminosos de color blanco para acrecentar su luminosidad de noche. El display incluido en el instrumento redondo central indicaba por primera vez la presión del turbo mediante un diagrama de barras.

内饰经过全新打造，焕然一新。使用了白色发光二极管以提高夜间行车时仪表盘的亮度。另外，首次可以在中央的圆形仪表上用条形图显示涡轮增压的压力。

911 TURBO COUPÉ

2006

Der neue 911 Turbo verfügte über eine Fronthaube und Türen aus Aluminium. Die Türen brachten dadurch nur noch 22 Kilogramm und damit ganze 14 Kilogramm weniger als Türen aus Stahl auf die Waage.

The new 911 Turbo had an aluminium front hood and doors. This gave the doors a weight of just 22 kilogrammes, 14 less than steel doors.

La nouvelle 911 Turbo est équipée d'un capot avant et de portières en aluminium. Avec seulement 22 kilos, elles pèsent 14 kilos de moins que les portières en acier.

El 911 Turbo tenía el capó frontal y las puertas de aluminio. Por lo tanto, las puertas apenas pesaban 22 kilogramos, es decir, 14 kilogramos menos que las puertas de acero.

新款 911 Turbo 的前盖和车门均由铝合金制成。车门重量仅为 22 kg，相比钢制车门轻了整整 14 kg。

911 TURBO CABRIOLET

2007

Einen wesentlichen Unterschied des 911 Turbo Cabriolets zum Coupé stellte der Heckspoiler dar. Wegen der unterschiedlichen Umströmung des Stoffverdecks beim Cabriolet war eine größere Ausfahrhöhe erforderlich. Während diese beim Coupé 35 mm betrug, fuhr der Heckflügel beim Cabriolet 65 mm weit aus.

The rear spoiler was one of the big differences setting the 911 Turbo Cabriolet apart from the Coupé. The air flow around the fabric top made higher extension necessary for the Cabriolet. The spoiler extended 65 mm on the Cabriolet instead of 35 mm on the Coupé.

La 911 Turbo Cabriolet se distingue du Coupé par son aileron arrière. Une différence de taille ! L'écoulement très différent de l'air sur la capote en toile du Cabriolet nécessite une plus grande hauteur de déploiement : de 35 mm pour le Coupé elle passe à 65 mm pour le Cabriolet.

El alerón fue una de las diferencias más marcadas entre el 911 Turbo Cabriolet y modelo coupé. El alerón del descapotable fue más alto debido al flujo de aire diferente a lo largo de la capota textil. El alerón escamoteable del coupé tenía una altura de 35 mm, mientras que la altura del alerón del descapotable era de 65 mm.

911 Turbo Cabriolet 与 Coupé 车型的一大显著区别在于后扰流板。由于织物顶篷的气流特性与硬顶不同，导致 Cabriolet 车型的后扰流板需要伸出更多的距离。相比 Coupé 车型的 35 mm，Cabriolet 车型的后扰流板需要伸出 65 mm。

911 TARGA 4S

2006

Im November 2006 brachte Porsche wieder einen Targa auf den Markt. Neben dem charakteristischen Glasdach und der klappbaren Heckscheibe wurde er als 911 Targa 4 und 4S erstmals ausschließlich mit Allradantrieb angeboten.

In November 2006 Porsche once again put a Targa on the market. In addition to its characteristic glass roof and folding rear window, it was offered exclusively with all-wheel drive for the first time as the 911 Targa 4 and 4S.

En novembre 2006, Porsche lance une nouvelle Targa sur le marché. Équipée du fameux toit en verre et d'une lunette arrière escamotable, elle est proposée dans les versions 911 Targa 4 et 4S exclusivement avec quatre roues motrices, une première.

Porsche volvió a presentar un Targa en noviembre de 2006. Además del característico techo de cristal y de la luneta abatible, el 911 Targa 4 y 4S se ofreció por primera vez únicamente con sistema de tracción total.

2006 年 11 月，保时捷新款 Targa 车型上市。新款 911 Targa 4 和 Targa 4S 在保留了标志性的玻璃天窗和可掀开的后窗的基础上，首次作为四驱版本提供。

911 CARRERA COUPÉ

2005

Seit Herbst 2005 war der 911 Carrera das schnellste Einsatzfahrzeug der österreichischen Polizei. Damit es kein Kompetenzgerangel unter den Polizeidienststellen gab, wechselte der Elfer alle zwei bis drei Wochen in die Obhut eines anderen der neun Bundesländer.

Since the autumn of 2005 the 911 Carrera has been the fastest car in the Austrian police vehicle park. To prevent squabbles over who gets to use it, the car is rotated among Austria's nine federal states, staying in each one for two or three weeks at a time.

Depuis l'automne 2005, la 911 Carrera est le véhicule d'intervention le plus rapide de la police autrichienne. Pour éviter les conflits de compétences entre les différents services de police, la 911 passe toutes les deux ou trois semaines sous l'égide d'un autre des neuf Länder.

A partir del otoño de 2005, el 911 Carrera fue el coche más rápido de la policía austriaca. Para no crear rivalidades entre las autoridades policiales, las comandancias de cada uno de los nueve estados federados se turnaban cada tres semanas para usar el coche.

2005 年秋季开始，这台 911 Carrera 成了奥地利警方速度最快的警用车辆。为了避免九个联邦州的警局因车辆分配问题发生纠纷，每个州轮流使用这台 911，两到三周轮换一次。

911 GT3

2006

Auf dem Genfer Autosalon präsentierte Porsche im Frühjahr 2006 den neuen 911 GT3 der Baureihe 997. Der 415 PS starke 3.6 Liter-Boxermotor erzielte eine spezifische Leistung von 115,3 PS pro Liter Hubraum. Die Höchstgeschwindigkeit des 911 GT3 betrug 310 km/h.

In the spring of 2006 Porsche presented the new 997 series 911 GT3 at the Geneva Auto Show. Its 415 hp 3.6 litre boxer engine had a specific output of 115.3 hp per litre displacement, and the car's top speed was 194 mph.

Au printemps 2006, Porsche présente la nouvelle 911 GT3 de la série 997 au salon automobile de Genève. Le moteur Boxer 3.6 litres de 415 ch développe une performance spécifique de 115,3 ch par litre de cylindrée. La nouvelle 911 GT3 atteint 310 km/h.

En la primavera del año 2006 Porsche presentó en el salón del automóvil de Ginebra el nuevo 911 GT3 tipo 997. El motor bóxer de 3.600 cc y 415 CV tenía una potencia relativa de 1153 CV por cada 1.000 cc. La velocidad punta del 911 GT3 fue de 310 km/h.

2006 年春，保时捷在日内瓦车展上隆重推出 997 系列的新款 911 GT3。这款 911 GT3 搭载 3.6 升水平对置发动机，最大功率 415 hp，相当于每升排量可产生 115.3 hp 功率，最高时速可达 310 km/h。

911 GT3 CUP

2006

Im Jahr 2006 startete der 911 GT3 Cup auf Basis des 997 zum ersten Mal auch im Carrera Cup. Mit seinen 400 PS, der sequentiellen Schaltung und neuen Rundenrekorden auf allen Strecken konnte sich der neue Rennwagen auf Anhieb etablieren.

In 2006 the 911 GT3 Cup, based on the 997, raced in the Carrera Cup for the first time. With its 400 hp engine, sequential shifting and new lap records on all courses, it was an instant success.

En 2006, la 911 GT3 Cup, construite sur la base de la 997, prend pour la première fois le départ de la Carrera Cup. Avec ses 400 ch, sa boîte séquentielle et de nouveaux records au tour sur tous les circuits, cette nouvelle sportive réussit d'emblée à s'imposer.

La Carrera Cup incluyó a partir del año 2006 la 911 GT3 Cup con coches sobre la base del 997. Gracias a sus 400 CV, la caja de cambios secuencial y reiterados récords en todos los circuitos, este nuevo coche de carreras se impuso rápidamente.

2006 年，基于 997 车型的 911 GT3 Cup 赛车首次出战卡雷拉杯赛事（Carrera Cup）。凭借其 400 hp 的强劲发动机和序列式变速箱，新款赛车所向披靡，刷新了所有赛道的单圈记录。

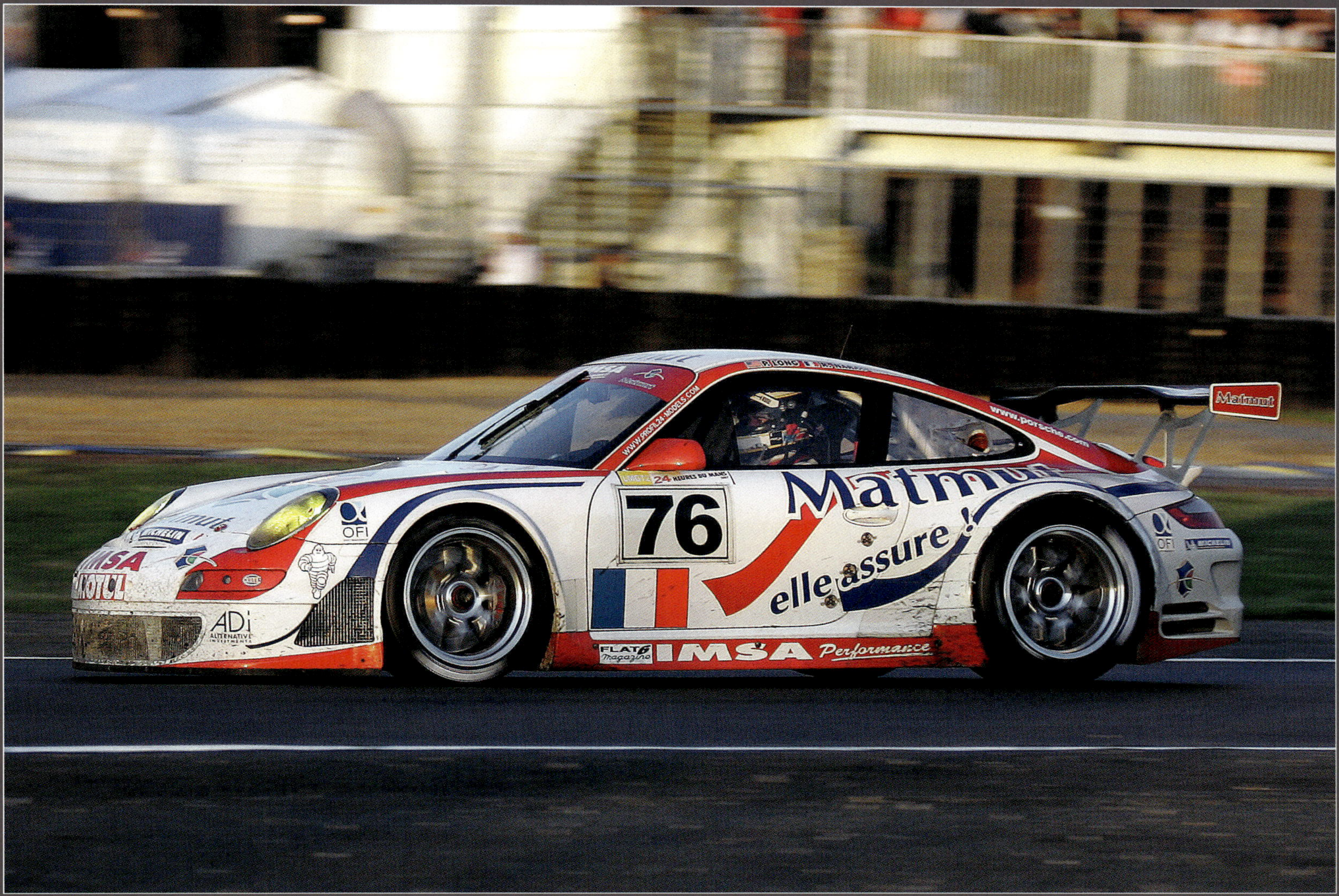

911 GT3 RSR

2007

Im Jahr 2007 gelang es dem Team IMSA Performance Matmut und den Fahrern Patrick Long, Richard Lietz sowie Raymond Narac, mit dem 911 GT3 RSR bei den 24 Stunden von Le Mans den ersten Platz in der GT2-Klasse zu belegen.

In 2007 Team IMSA Performance Matmut with drivers Patrick Long, Richard Lietz and Raymond Narac won first place in the GT2 class at the 24 Hours of Le Mans with a 911 GT3 RSR.

En 2007, l'équipage IMSA Performance Matmut avec les pilotes Patrick Long, Richard Lietz et Raymond Narac décroche la première place avec la 911 GT3 RSR dans la catégorie GT2 aux 24 Heures du Mans.

En el año 2007, los pilotos Patrick Long, Richard Lietz y Raymond Narac de la escudería IMSA Performance Matmut lograron ocupar el primer lugar en las 24 horas de Le Mans en la categoría GT2 a los mandos del 911 GT3 RSR.

2007 年，IMSA Performance Matmut 车队的车手 Patrick Long、Richard Lietz 和 Raymond Narac 以一台 911 GT3 RSR 出战勒芒 24 小时耐力赛，夺取 GT2 组别的冠军。

911 GT3 RSR

2007

Sieger bei den 24 Stunden von Spa-Francorchamps in der GT2-Klasse wurde 2007 der 911 GT3 RSR des Teams BMS Scuderia Italia mit den Fahrern Marc Lieb, Emmanuel Collard und Matteo Malucelli.

Victory at the 2007 24 Hours of Spa-Francorchamps in the GT2 class went to Team BMS Scuderia Italia with drivers Marc Lieb, Emmanuel Collard and Matteo Malucelli in their 911 GT3 RSR.

En 2007, la 911 GT3 RSR de l'équipage BMS Scuderia Italia avec les pilotes Marc Lieb, Emmanuel Collard et Matteo Malucelli remporte les 24 Heures de Spa-Francorchamps dans la catégorie GT2.

En el año 2007, los pilotos Marc Lieb, Emmanuel Collard y Matteo Malucelli de la BMS Scuderia Italia ganaron la categoría GT2 en las 24 horas de Spa-Francorchamps conduciendo un 911 GT3 RSR.

2007 年比利时斯帕 24 小时耐力赛 GT2 组别的冠军由驾驶 911 GT3 RSR 的 BMS Scuderia Italia 车队获得，车手是 Marc Lieb、Emmanuel Collard 和 Matteo Malucelli。

911 GT3 CUP

2008

Für die Motorsportsaison 2008 wurden 265 Exemplare des in Weissach entwickelten 911 GT3 Cup auf der Produktionslinie in Zuffenhausen gefertigt. Der 3.6 Liter-Sechszylinder-Boxermotor leistete mit 420 PS jetzt 20 PS mehr als sein Vorgänger.

For the 2008 motorsports season 265 of the 911 GT3 Cup cars developed in Weissach were built on the Zuffenhausen production line. The 3.6 litre boxer engine now gave 420 hp, 20 more than its predecessor.

Pour la saison 2008 de sport auto, 265 exemplaires de la 911 GT3 Cup conçue à Weissach sortent de la chaîne de montage de Zuffenhausen. Avec ses 420 ch, le moteur Boxer six cylindres de 3.6 litres développe désormais 20 ch de plus que le modèle précédent.

265 unidades del 911 GT3 Cup desarrollado en Weissach se fabricaron en Zuffenhausen con miras a la temporada de carreras de 2008. Su motor de seis cilindros y 3.600 cc tenía 420 CV, es decir, 20 CV más que su antecesor.

2008 赛季，祖文豪森的生产线一共为各项汽车赛事制造了 265 台 911 GT3 Cup 赛车。这款赛车在魏斯阿赫研发，其 3.6 升水平对置六缸发动机输出功率为 420 hp，相比前代提高了 20 hp。

911 GT3 CUP S

2008

Die Weissacher Ingenieure entwickelten den Cup-Elfer 2008 weiter. Insbesondere, um im internationalen GT-Sport konkurrenzfähig zu bleiben.

Weissach engineers continued to refine the 2008 Cup 911 to remain competitive in international GT racing.

Pour rester compétitifs dans les compétitions GT internationales, les ingénieurs de Weissach perfectionnent la 911 Cup 2008.

Los ingenieros de Weissach continuaron desarrollando el 911 Cup en el año 2008, especialmente para que el coche siga siendo competitivo en las carreras GT internacionales.

魏斯阿赫的工程师们为保持保时捷在国际 GT 赛事中的竞争力，仍在不断改进 2008 年款 911 Cup 赛车。

911 GT3 CUP S

2008

Die Leistung des komplett in Weissach gebauten Rennwagens 911 GT3 Cup S stieg auf nunmehr 440 PS. Karosserieseitig basierte der 911 GT3 Cup S auf dem breiteren 911 GT3 RS.

The performance of the 911 GT3 Cup S racer, built entirely in Weissach, now reached 440 hp. Its chassis was based on the broader 911 GT3 RS.

La 911 GT3 Cup S est entièrement construite à Weissach et développe désormais 440 ch. Sa carrosserie s'inspire de la 911 GT3 RS, plus large.

La potencia del coche de carreras 911 GT3 Cup S, íntegramente construido en Weissach, aumentó a 440 CV. La carrocería del 911 GT3 Cup S se basó en el 911 GT3 RS más ancho.

这台 911 GT3 Cup S 赛车完全在魏斯阿赫打造，基于车身较宽的 911 GT3 RS，功率提升到了 440 hp。

911 TURBO COUPÉ

2008

»Au Backe, ist das'n Hammer«, sagte Udo Lindenberg 2008 bei seinem Besuch im Porsche-Werk über seinen neuen, schwarzen 911 Turbo, den er persönlich abholte.

"Wow, that's the bomb" said German rock star Udo Lindenberg in 2008 on a visit to the Porsche factory to pick up his new black 911 Turbo.

« Elle est canon ! » lance Udo Lindenberg venu en 2008 réceptionner personnellement sa nouvelle 911 Turbo noire à l'usine Porsche.

«Caramba, es sorprendente», exclamó el rockero alemán Udo Lindenberg cuando recogió personalmente su 911 Turbo de color negro en la planta de Porsche.

“天呐，真是了不起的杰作。” 2008年，德国家喻户晓的摇滚歌手 Udo Lindenberg 到保时捷工厂提取他崭新的黑色 911 Turbo 时，按捺不住激动心情，脱口而出。

911 TURBO COUPÉ

2008

Auch Formel-1-Pilot Adrian Sutil war von seinem Testwagen, einem roten 911 Turbo, begeistert.

Formula 1 driver Adrian Sutil was also enthusiastic about his test car, a red 911 Turbo.

Le pilote de Formule 1 Adrian Sutil est lui aussi emballé par son modèle d'essai, une 911 Turbo rouge.

El piloto de Fórmula 1 Adrian Sutil también quedó impresionado con su coche de pruebas, un 911 Turbo rojo.

一级方程式车手 Adrian Sutil 对自己试驾的红色 911 Turbo 也赞不绝口。

911 GT3 RSR

2008

Der 911 GT3 RSR sicherte dem werksunterstützten Team von Olaf Manthey beim 24-Stunden-Rennen auf dem Nürburgring 2008 den dritten Gesamtsieg in Folge. Mit acht Porsche 911 in den Top Ten war Porsche einmal mehr die überlegene Marke.

The 911 GT3 RSR brought Olaf Manthey's works-supported team the third overall victory in a row at the 2008 Nürburgring 24 Hour Race. With eight 911s in the top ten Porsche was once again the brand to beat.

Aux 24 Heures du Nürburgring de 2008, la 911 GT3 RSR offre à l'équipe de Olaf Manthey, soutenue par l'usine, une troisième victoire consécutive au classement général. Avec huit Porsche 911 dans le Top 10, Porsche s'impose une fois de plus par rapport aux autres marques.

La escudería de Olaf Manthey, apoyada oficialmente por la marca, logró ganar la edición de 2008 de las 24 horas de Nürburgring por tercera vez consecutiva con un 911 GT3 RSR. Porsche fue, una vez más, la marca predominante, logrando colocar ocho 911 entre los diez primeros.

获得保时捷鼎力支持的 Olaf Manthey 车队在 2008 年纽伯格林 24 小时耐力赛上驾驶这台 911 GT3 RSR 出战，连续第三次摘取总冠军桂冠。共有 8 台 911 跻身前 10 名，保时捷的王者地位毋庸置疑。

911 GT3 RSR

2008

In der American Le Mans Series sicherte sich das Team Flying Lizard 2008 mit dem 911 GT3 RSR und dem Fahrer-Duo Jörg Bergmeister und Wolf Henzler den Gesamtsieg in der GT2-Klasse.

In the 2008 American Le Mans Series the Flying Lizard Team with the 911 GT3 RSR and driver duo Jörg Bergmeister and Wolf Henzler took the overall victory in the GT2 class.

En 2008, avec la 911 GT3 RSR, l'écurie Flying Lizard et le duo des pilotes Jörg Bergmeister et Wolf Henzler décrochent la première place au classement général de l'American Le Mans Series dans la catégorie GT2.

En el año 2008, la escudería Flying Lizard logró ocupar el primer puesto en la categoría GT2 de la American Le Mans Series con un 911 GT3 RSR. Los pilotos fueron Jörg Bergmeister y Wolf Henzler.

2008 年美国勒芒系列赛中，飞翔蜥蜴（Flying Lizard）车队的车手组合 Jörg Bergmeister 和 Wolf Henzler 驾驶这台 911 GT3 RSR，勇夺 GT2 组别的总冠军。

911 GT2

2008

Der 911 GT2 der 997-Baureihe war das Topmodell des Sportwagenprogramms mit Straßenzulassung.

The 997 series 911 GT2 was the company's top street-legal sports car model.

La 911 GT2 de la série 997 est le modèle phare de la gamme de voitures de sport homologuées pour la route.

El 911 GT2 tipo 997 fue el modelo tope de la gama de coches deportivos aptos para la matriculación.

997 系列 911 GT2 是获得上路许可的顶级跑车。

911 GT2

2008

Er stellte die perfekte Verbindung von hoher Motorleistung, ausgefeilter Aerodynamik, rennsport-erprobtem Fahrwerk und herausragenden Bremsen dar.

It represented a perfect combination of high power, sophisticated aerodynamics, race-proven chassis and outstanding brakes.

Avec son moteur puissant, une aérodynamique affinée, un châssis aguerri à la course automobile et un système de freinage hors pair, c'est une combinaison gagnante !

Fue la combinación perfecta entre potencia, sofisticada aerodinámica, chasis de coche de carreras y frenos extraordinarios.

它动力强劲，空气动力学技术成熟，并具有久经大赛考验的底盘调校和卓越的制动性能，精湛卓越，出类拔萃。

911 GT2

2008

Der Motor des 911 GT2 basierte auf dem Sechszylinder des 911 Turbo mit zwei Abgasturboladern und variabler Turbinengeometrie (VTG). Mit 530 PS übertraf er die Leistung des Turbo um 50 PS.

The engine of the 911 GT2 was based on the six-cylinder unit of the 911 Turbo, with two exhaust turbochargers and variable turbine geometry (VTG). With 530 hp it had 50 hp more than the Turbo.

Le moteur de la 911 GT2 reprend les six cylindres de la 911 Turbo avec deux turbocompresseurs à géométrie de turbines variable (GTV). Avec ses 530 ch, sa puissance dépasse de 50 ch celle de la Turbo.

El propulsor del 911 GT2 se basó en el motor de seis cilindros del 911 Turbo provisto de dos unidades turbo de turbinas de geometría variable (VTG). Con sus 530 CV superó en 50 CV la potencia del 911 Turbo.

911 GT2 的发动机基于 911 Turbo 的六缸发动机打造，采用可变几何涡轮（VTG），并配备双涡轮增压器，功率可达 530 hp，比 Turbo 车型增加了 50 hp。

911 GT2

2008

Die 10-Speichen-Räder ermöglichten eine besonders effiziente Kühlung der PCCB-Bremsanlage mit gelb lackierten Monobloc-Bremssätteln.

Its ten-spoke wheels allowed especially efficient cooling of the PCCB brakes, which featured yellow monobloc calipers.

Les roues à 10 rayons assurent un refroidissement particulièrement efficace du système de freins PCCB doté d'étriers monobloc peints en jaune.

Las llantas de diez radios permitieron una refrigeración especialmente eficiente de los frenos de cerámica PCCB, provistos de mordazas monobloque de color amarillo.

该车型配备保时捷陶瓷复合制动系统（PCCB），带有黄色单体制动卡钳，十辐车轮造型可充分确保制动系统的高效冷却。

911 CARRERA COUPÉ

2008

Zum Ende des Betriebsurlaubs 2008 wurden umfangreiche Änderungen in der Produktion abgeschlossen: So bot die neue Montagelinie nicht nur mehr Platz, sondern die Mitarbeiter konnten die Arbeitshöhe an den Gehängen jetzt auch individuell einstellen.

By the end of the 2008 plant holidays, extensive production changes had been completed. Workers came back to a new assembly line that offered more space and let them set their own individual working height on suspended workpieces.

En 2008, à la fin des congés annuels, la production subit de nombreux changements. La nouvelle chaîne de montage offre davantage d'espace et les ouvriers peuvent désormais régler individuellement la hauteur d'accès aux suspensions.

Al finalizar las vacaciones estivales de 2008, concluyeron las amplias remodelaciones de la planta. La nueva línea de montaje no solamente ofreció más espacio, sino que también resultó más ergonómica, pues los trabajadores podían ajustar la altura de trabajo según sus preferencias.

2008 年全厂休假结束之后，生产部门的大规模改造也告一段落：新的装配线给予工人更大的作业空间，并允许他们根据自身需要调节悬挂工件的作业高度。

NOT-AUS

911 CARRERA COUPÉ

2008

Im Sommer 2008 wurde der 911 Carrera einer gründlichen Überarbeitung unterzogen. Das neue Gesicht des 911 prägten nun das LED-Tagfahrlicht und Bi-Xenon-Scheinwerfer.

In the summer of 2008 the 911 Carrera was given a complete overhaul. The new face of the 911 featured LED daytime running lights and bi-xenon headlights.

A l'été 2008, la 911 Carrera est remaniée. Le nouveau profil de la 911 se distingue par des feux de circulation de jour à LED et des phares Bi-Xenon.

El 911 Carrera fue objeto de una profunda remodelación en el verano de 2008. La luz de conducción diurna de diodos luminosos y los faros bi-xenón redefinieron la estética de la parte frontal del coche.

2008 年夏季，保时捷对 911 Carrera 进行全面该款。LED 日间行车灯和双氙气大灯是新车前脸上最醒目的标志。

911 CARRERA COUPÉ

2008

Ein weiteres optisches Highlight des 2008 präsentierten Facelifts stellten die neuen LED-Heckleuchten dar. Die Vorteile der neuen LED-Technik bestanden nicht nur in einer längeren Lebensdauer und niedrigerem Stromverbrauch, sondern auch in einer kürzeren Ansprechzeit.

Another optical highlight of the 2008 facelift were the new LED rear lights. The advantages of LED were longer life, lower power consumption and faster response times.

Autre point fort du modèle relooké : ses nouveaux feux arrière à LED. Cette nouvelle technologie LED présente de nombreux avantages : allongement de la durée de vie, consommation électrique en baisse, et temps de réponse plus rapide.

Las nuevas luces posteriores de diodos luminosos fue otro de los rasgos de diseño incluidos en la remodelación del 2008. La ventaja de la nueva tecnología de LED no solamente consistió en su mayor duración y menor consumo de corriente, sino también en su respuesta más rápida.

LED 尾灯也是 Carrera 在 2008 年改款后的一大亮点。LED 灯具有使用寿命长、耗电量低、反应灵敏等多项优点。

911 CARRERA COUPÉ

2008

Während die 3.6 Liter-Boxermotoren jetzt 345 PS leisteten, brachten es die 3.8 Liter-Boxer-Motoren der S-Modelle nun auf 385 PS. Dank der neuen Benzindirekteinspritzung lag der Kraftstoffverbrauch trotz gesteigerter Leistung bei deutlich weniger als 11 Litern auf 100 Kilometern.

While the 3.6 litre boxer now produced 345 hp, the 3.8 litre boxers in the S models brought that figure up to 385 hp. Thanks to the new direct fuel injection consumption was notably lower than 11 litres per 100 kilometres (over 21 mpg US) despite the higher power.

Les moteurs Boxer 3.6 litres développent désormais 345 ch alors que les blocs 3.8 litres des modèles S passent à 385 ch. Grâce à la nouvelle injection directe d'essence et malgré l'augmentation de la puissance, la 911 Carrera consomme nettement moins de 11 litres aux 100 kms.

Mientras que los motores de cilindros opuestos de 3.600 cc alcanzaron los 345 CV, los de 3.800 de los modelos S contaron con una potencia de 385 CV. Gracias al sistema de inyección directa de gasolina, el consumo logró reducirse a menos de 11 litros a los 100 kilómetros, a pesar del aumento de potencia.

3.6 升水平对置发动机输出功率为 345 hp，而 S 车型搭载的 3.8 升发动机则可输出 385 hp。由于采用了燃油直喷技术，虽然发动机功率进一步提升，但油耗显著降低，每百公里油耗少于 11 升。

911 CARRERA S COUPÉ

2008

Auf Wunsch war auch für die Carrera-Modelle eine Porsche Ceramic Composite Brake (PCCB) mit Keramikbremsscheiben und gelb lackierten 6-Kolben-Aluminium-Monobloc-Festsätteln an der Vorderachse lieferbar.

If desired, customers could obtain the Carrera with Porsche Ceramic Composite Brakes (PCCB) for the front axle, with ceramic discs and yellow six-piston aluminium monobloc calipers.

Les modèles Carrera sont livrés, sur demande, avec le système de freinage Porsche Ceramic Composite Brake (PCCB) équipé de disques en céramique ainsi que d'étriers monobloc en alliage léger à 6 pistons et peints en jaune sur l'essieu avant.

También los modelos Carrera podían estar equipados opcionalmente con discos de freno de cerámica (Porsche Ceramic Composite Brake, PCCB) y mordazas monobloque fijas de seis bombines de aluminio de color amarillo en las ruedas delanteras.

客户也可以根据需要为 Carrera 前轮选配保时捷陶瓷复合制动系统（PCCB），该系统带有陶瓷制动盘及黄色 6 活塞铝制单体制动卡钳。

911 TARGA 4S

2008

Der 911 Targa war neben dem 911 Turbo das einzige Modell der 997-Baureihe, das nur mit der breiten Karosserie und mit Allradantrieb lieferbar war. Technisches Highlight stellte auch weiterhin das 1,54 Quadratmeter große Glasdach dar, das die Insassen mittels eines Ultraviolettfilters vor Sonneneinstrahlung schützte.

The 911 Targa and 911 Turbo were the only 997 models available exclusively with the broader chassis and with all-wheel drive. The 1.54 square metre glass roof of the 911 Targa continued to be a technical highlight. Its ultraviolet filter protected the passengers from excessive sunlight.

Avec la 911 Turbo, la 911 Targa est l'unique modèle de la série 997 à être exclusivement livré avec la carrosserie large et quatre roues motrices. Prouesse technologique, le toit en verre de 1,54 mètre carré équipé d'un filtre ultraviolet pour protéger les passagers du rayonnement solaire.

Además del 911 Turbo, el 911 Targa fue el único modelo tipo 997 disponible exclusivamente con la carrocería más ancha y el sistema de tracción total. La característica más resaltante de este modelo siguió siendo el techo de cristal de 1,54 metros cuadrados, provisto de un filtro de rayos ultravioleta para proteger a los ocupantes de la radiación solar.

911 Targa 和 911 Turbo 是 997 系列中仅提供宽体车身和四驱系统的车型。911 Targa 面积为 1.54 平方米的大型玻璃天窗仍是一项技术亮点。天窗带有紫外线过滤涂层，能保护车内空间免受阳光过度照射。

911 CARRERA COUPÉ

2009

Der chinesische Markt entwickelte sich nicht zuletzt auch dank der neu gegründeten Tochtergesellschaft Porsche China zum drittgrößten Einzelmarkt für Porsche. Im Geschäftsjahr 2008/2009 erfasste die Handelsorganisation 25 Händler im Reich der Mitte.

Thanks in great part to the newly established Porsche China subsidiary, that country became the third-largest single market for Porsche. In the 2008/2009 fiscal year the Chinese sales organization had 25 dealers.

Grâce, entre autres, à la création de la filiale Porsche China, le marché chinois devient le troisième marché national de Porsche. Pour l'exercice 2008–2009, le réseau de distribution comporte 25 concessionnaires Porsche dans l'Empire du Milieu.

El mercado chino se transformó en el tercer mercado más importante para Porsche. Esta evolución fue impulsada por la fundación de la nueva filial Porsche China. La red china de concesionarios incluyó 25 establecimientos en el ejercicio 2008/2009.

保时捷中国的成立，极大地推动了保时捷在中国市场的业务，中国一跃成为保时捷在全球的第三大单一市场。2008/2009 财年，中国大陆地区的保时捷经销商已达 25 家。

911 GT3

2009

Der 2009 auf dem Genfer Automobilsalon vorgestellte 911 GT3 der zweiten Generation präsentierte sich noch stärker, schneller und noch präziser zu fahren. Zudem verlieh das weiterentwickelte Aerodynamikpaket dem 911 GT3 ein noch dynamischeres Auftreten, insbesondere geprägt durch die modifizierten Luftöffnungen.

The second-generation 911 GT3 presented at the 2009 Geneva Auto Show had even more power, even higher speed and even more precise handling. The further refined aerodynamics package of the 911 GT3, especially the modified air intakes, also gave it an even more dynamic look.

Présentée en 2009 au Salon automobile de Genève, la 911 GT3 deuxième génération se distingue par une conduite encore plus puissante, plus rapide et plus précise. A cela s'ajoute le nouveau paquet aérodynamique qui renforce le dynamisme de la 911 GT3, avec notamment des prises d'air modifiées.

El 911 GT3 de segunda generación, estrenado en el salón del automóvil de Ginebra de 2009, fue más potente y veloz, además de permitir una conducción aún más precisa. El nuevo conjunto de elementos aerodinámicos le confirió al 911 GT3 un aspecto más dinámico, determinado por las entradas de aire modificadas.

第二代 911 GT3 在 2009 年日内瓦车展亮相。新款车型动力更加强劲，最高时速更高，操控也更加精准。空气动力学套件经过了进一步优化，特别是改进后的进气口设计，赋予 911 GT3 更为动感的外形。

GT3
BB EM 4007

911 GT3 RSR
2009

Der von den Weissacher Ingenieuren für die Rennsaison 2009 neu aufgebaute 911 GT3 RSR ließ aufhorchen: Der Sechszylinder-Motor wurde von 3.6 auf 4.0 Liter erweitert und leistete nun 450 PS bei 7.500 Umdrehungen pro Minute. Von diesem Langstreckenrenner wurden insgesamt 15 Einheiten gebaut.

The 911 GT3 RSR built by the engineers in Weissach for the 2009 racing season had a surprise in store. Its six-cylinder power plant was enlarged from 3.6 to 4.0 litres and punched out 450 hp at 7500 rpm. A total of 15 of this long-distance racer were built.

Entièrement revue par les ingénieurs de Weissach pour la saison 2009, la 911 GT3 RSR ne passe pas inaperçue. Le moteur six cylindres passe de 3,6 à 4,0 litres et développe désormais 450 ch à 7 500 tours/min. Ce bolide conçu pour l'endurance est construit en 15 exemplaires.

El 911 GT3 RSR preparado por los ingenieros de Weissach para la temporada 2009 causó sensación: la cilindrada de su motor aumentó de 3.600 cc a 4.000 cc y su potencia se incrementó a 450 CV a 7.500 rpm. De este coche concebido para carreras de resistencia se fabricaron en total 15 unidades.

魏斯阿赫的工程师们为 2009 赛季设计的 911 GT3 RSR 为赛车运动的爱好者们带来了无限惊喜。该车型搭载的六缸发动机排量从 3.6 升增加到 4.0 升，可以在 7,500 rpm 的转速下压榨出 450 hp 的最大输出功率。这款长跑高手只限量生产了15 台。

RSR

911 TURBO CABRIOLET / 911 TURBO COUPÉ

2009

Zum ersten Mal kam im 911 Turbo die Benzindirekteinspritzung und optional das Porsche-Doppelkupplungsgetriebe (PDK) mit sieben Gängen zum Einsatz. Neu waren auch die Mehrloch-Injektoren, die den Kraftstoff mit bis zu 140 bar direkt in die Brennräume spritzten.

For the first time, the 911 Turbo came with direct fuel injection and optional seven-speed Porsche Dual Clutch Transmission (PDK). The multi-hole injectors were also new. They injected fuel directly into the combustion chambers at up to 140 bar of pressure.

Pour la première fois, la 911 Turbo est équipée d'une injection directe d'essence. En option, la boîte de vitesse Porsche Doppelkupplung (PDK) à double embrayage et sept rapports. Autre innovation, les injecteurs multi-trous qui envoient directement le carburant dans les chambres de combustion avec une pression pouvant atteindre 140 bars.

Por primera vez se incluyeron en el 911 Turbo el sistema de inyección directa de gasolina y, como opción, la caja con doble embrague de Porsche (PDK, por sus siglas en alemán). Otra novedad consistió en los inyectores de orificios múltiples, con los que se inyectó el combustible a una presión de 140 bares directamente en las cámaras de combustión.

911 Turbo 首次采用燃油直喷技术（DFI），并可选配 7 速 Porsche Doppelkupplung（PDK）保时捷双离合器变速箱。多孔式喷油器也是首次在 911 上使用，它能以高达 140 bar 的压力将燃油直接喷射到燃烧室内。

S GO 506
Details
Oslo
Helsinki
Kyyiv
Madrid
Beograd
500 km

911 TURBO CABRIOLET

2009

Mit dem Sport Chrono Paket absolvierte der Turbo den Sprint von 0 auf 100 km/h in nur 3,4 Sekunden. Seine Höchstgeschwindigkeit betrug 312 km/h, die Leistung: 500 PS.

With the Sport Chrono Package the Turbo did the 0–60 mph sprint in just 3.4 seconds. Top speed was 195 mph, while power was 500 hp.

Avec le Pack Sport Chrono, la Turbo accélère de 0 à 100 km/h en seulement 3,4 secondes. Elle atteint 312 km/h et affiche une puissance de 500 ch.

Provisto del kit Sport Chrono, el 911 Turbo era capaz de parar el crono en 3,4 segundos al acelerar de 0 a 100 km/h. Su velocidad punta: 313 km/h. Su potencia: 500 CV.

配备 Sport Chrono 组件的 911 Turbo 零至百公里的加速仅需 3.4 秒，最高时速可达 312 km/h，输出功率 500 hp。

911 TURBO CABRIOLET

2009

Heckflügel, Fahrdynamik und Effizienz waren seine Kennzeichen. Im neuen 911 Turbo mit PDK reduzierte sich der CO_2 -Ausstoß gegenüber dem Vorgänger um bis zu 18 Prozent. Je nach Fahrzeugkonfiguration begnügte er sich mit einem Kraftstoffverbrauch von 11,4 bis 11,7 Liter pro 100 Kilometer.

The rear wing, driving dynamics and efficiency were its trademarks. The CO_2 emissions of the new 911 Turbo with PDK were as much as 18 percent lower than those of its predecessor. Depending on the configuration, it used just 11.4 to 11.7 litres per 100 kilometres (20–21 mpg US).

Signes distinctifs : son aileron arrière, sa dynamique de conduite et son efficacité. Avec la nouvelle 911 Turbo équipée du double embrayage PDK, les émissions de CO_2 sont réduites jusqu'à 18 % par rapport au modèle précédent. En fonction de la configuration du véhicule, ce modèle peu gourmand consomme seulement entre 11,4 et 11,7 litres aux 100 kms.

El alerón, un comportamiento dinámico impecable y la gran eficiencia fueron los elementos que distinguieron al nuevo 911 Turbo con doble embrague. En comparación con el modelo antecesor, las emisiones de CO_2 se redujeron en hasta un 18 por ciento. Dependiendo de la configuración del modelo, el consumo era de apenas 11,4 hasta 11,7 litros a los 100 kilómetros.

尾翼设计、驾驶动态和燃油效率都是新款 911 Turbo 与众不同的独特标志。配备 Porsche Doppelkupplung（PDK）保时捷双离合器变速箱的新款 911 Turbo 二氧化碳排放量相比前款降低了 18%，百公里的耗油量仅为 11.4 升到 11.7 升（取决于车辆配置）。

911 GT3 RS

2010

Höhere Motorleistung, niedrigeres Gewicht, kürzere Getriebeübersetzung und weiterentwickelte Karosserie- und Fahrwerkselemente: Der neue 911 GT3 RS führte die Serie kompromisslos sportlicher 911-Modelle mit Straßenzulassung für das Modelljahr 2010 fort. Er wurde als Homologationsbasis für den Rennsport entwickelt.

Higher power, lower weight, shorter gear ratios and improved body and chassis elements: The 2010 911 GT3 RS was an uncompromising continuation of the street-legal sport 911s. It was developed as a homologation basis for motorsports.

Puissance moteur en hausse, poids en baisse, rapports de boîte plus courts, amélioration de la carrosserie et du châssis… Pour le millésime 2010, la 911 GT3 RS perpétue la lignée des voitures de sport sans compromis de la gamme des 911 homologuées pour la route mais conçue pour la course.

Mayor potencia, menor peso, relaciones más cortas de la caja de cambios y evolución de la carrocería y del chasis: con el nuevo 911 GT3 RS del 2010 continuó la serie de modelos radicalmente deportivos del 911, aptos para la matriculación. Este coche constituyó la base para la homologación de la versión de competición.

输出功率更高、车身重量更轻、变速箱传动比更短、车身和底盘部件得以改进——2010 年款 911 GT3 RS 集各项卓越性能于一身，是街道版 911 赛车的延续。这款车型的推出是为了满足赛车运动竞赛规则的要求。

911 GT3 RS

2010

Der Renn-Elfer mit Straßenzulassung war nur mit manuellem Sechsgang-Schaltgetriebe lieferbar. Ein speziell abgestimmtes PASM-Fahrwerk und eine breitere Spur an der Vorder- und Hinterachse sorgten für ein noch sportlicheres Fahrverhalten.

The street-approved racing Eleven was only offered with six-speed manual transmission. A specially tuned PASM suspension and wider track at both axles gave it even sportier handling.

La 911 de course homologuée pour la route est livrée uniquement avec une boîte de vitesse manuelle à six rapports. Un châssis PASM à réglage spécifique et une voie élargie à l'avant et à l'arrière assurent une conduite encore plus sportive.

El 911 de carreras apto para la matriculación únicamente se ofreció con caja de cambios manual de seis marchas. La suspensión PASM (Porsche Active Suspension Management) de reglaje especial y el mayor ancho entre ruedas de ambos ejes redundaron en un comportamiento dinámico aún más deportivo.

这款拥有上路许可的 911 赛车仅提供 6 速手动变速箱。底盘带有经过特别调校的保时捷主动悬挂管理系统（PASM），前后桥轮距也更宽，赋予了这款车更加动感的操控性。

911 SPORT CLASSIC

2010

Traditionelle Elemente in moderner Interpretation waren die äußeren Merkmale des auf 250 Exemplare limitierten 911 Sport Classic.

The 911 Sport Classic was limited to 250 cars and featured modern interpretations of traditional exterior elements.

L'aspect extérieur de la 911 Sport Classic, limitée à 250 exemplaires, se caractérise par des éléments traditionnels à interprétation contemporaine.

El 911 Sport Classic, una edición especial limitada a 250 unidades, se distinguió por la interpretación moderna de diversos elementos tradicionales.

这款仅生产了 250 台的限量版 911 Sport Classic 不仅对外观的经典元素进行了富有现代感的演绎，车辆配置也相得益彰。

911 SPORT CLASSIC

2010

Aber auch die inneren Werte waren nicht zu verachten. So verfügte der 911 Sport Classic über 408 PS Leistung, Sport Chrono Paket Plus, PASM-Sportfahrwerk, ein Sechsgang-Schaltgetriebe und die Porsche Ceramic Composite Brake (PCCB).

Its inner values were special as well – 408 hp power, Sport Chrono Package Plus, PASM suspension, six-speed manual transmission and Porsche Ceramic Composite Brakes (PCCB).

A l'intérieur, elle présente également de nombreux attraits : la 911 Sport Classic développe 408 ch. Elle est équipée d'un Pack Sport Chrono Plus, du châssis sport PASM, d'une boîte de vitesses à six rapports et du système de freins Porsche Ceramic Composite Brake (PCCB).

Y su tecnología también fue digna de respeto: motor de 408 CV, kit Sport Chrono Plus, suspensión PASM deportiva, caja de cambios manual de seis marchas y frenos de cerámica PCCB (Porsche Ceramic Composite Brake).

搭载了 408 hp 发动机，配备 Sport Chrono 升级版组件、配备 PASM 的悬挂系统、6 速手动变速箱和保时捷陶瓷复合制动系统（PCCB）。

911 SPEEDSTER

2010

Als Kleinserie konzipierten die Spezialisten von Porsche Exclusive den auf 356 Einheiten limitierten 911 Speedster. Die um 60 mm niedrigere Frontscheibe und die charakteristische Doppelhutze auf dem Heck verliehen dem neuen Speedster ein ganz eigenes Profil.

The specialists at Porsche Exclusive designed the 911 Speedster as a limited edition series, building a total of 356 units. Its windscreen was 60 mm lower, and its characteristic double bubble at the rear gave the Speedster a very unique profile.

Les spécialistes de Porsche Exclusive proposent la 911 Speedster dans une édition limitée à 356 exemplaires. Le pare-brise abaissé de 60 mm et le double bossage caractéristique sur l'arrière confèrent une silhouette unique au nouveau Speedster.

Los especialistas de Porsche Exclusive crearon una edición limitada a 356 unidades del 911 Speedster. El parabrisas, rebajado en 60 mm, y la característica doble bóveda de la zaga, le conferían al nuevo Speedster un perfil muy individual.

保时捷独家配件（Porsche Exclusive）的专家设计了限量版911 Speedster，共生产356台。该车挡风玻璃降低60 mm，搭配独特的后部双泡设计，赋予Speedster与众不同的轮廓。

911 TURBO COUPÉ / 911 GT2 / 911 TURBO COUPÉ

2010

Für die Dauer der Fußball-Weltmeisterschaft 2010 in Südafrika symbolisierten auf dem Vorplatz des Porsche-Museums zwei 911 Turbo (links und rechts) sowie ein 911 GT2 die deutschen Landesfarben.

For the duration of the 2010 Football World Cup in South Africa, two 911 Turbos (left and right) and a 911 GT2 parked in front of the Porsche Museum represented the colours of the German flag.

En 2010, pendant la Coupe du Monde de Football en Afrique du Sud, deux 911 Turbo (à gauche et à droite) ainsi qu'une 911 GT2 représentent les couleurs de l'Allemagne devant le Musée Porsche.

Los dos 911 Turbo a la derecha e izquierda y el 911 GT2 en el centro estuvieron aparcados delante del museo de Porsche durante el campeonato mundial de fútbol de 2010, simbolizando la bandera alemana.

2010 年南非足球世界杯期间，保时捷博物馆门前的广场上按照德国国旗的色彩组合停放了两台 911 Turbo（左右两侧）和一台 911 GT2。

911 TURBO S COUPÉ

2010

Höchste Ansprüche an Sportlichkeit, Fahrdynamik und Leistung: Der neue 911 Turbo S startete vor dem Porsche-Museum, wo er der nationalen und internationalen Presse vorgestellt wurde, in die weltweiten Märkte.
Mit 530 PS sprintete der 911 Turbo S in 3,3 Sekunden von 0 auf 100 km/h. Das maximale Drehmoment betrug 700 Nm.

High demands on sport performance, handling and power – the new 911 Turbo S started its journey to the world markets in front of the Porsche Museum, where it was unveiled to the national and international press. With its 530 hp, the 911 Turbo jumped from 0 to 60 mph in 3.3 seconds. Its maximum torque was 700 Nm.

De nouvelles exigences en matière de sportivité, de dynamisme et de puissance : la nouvelle 911 Turbo S est présentée à la presse nationale et internationale devant le musée Porsche avant de partir sur les marchés du monde. Avec ses 530 ch, la 911 Turbo S accélère de 0 à 100 km/h en 3,3 secondes avec un couple maximum de 700 Nm.

Antes de su venta en los mercados del mundo, el nuevo 911 Turbo S fue presentado a la prensa nacional e internacional delante del museo de Porsche. El nuevo modelo consiguió satisfacer las expectativas más exigentes en relación con deportividad, dinamismo y potencia: con su motor de 530 CV, era capaz de acelerar de 0 a 100 km/h en apenas 3,3 segundos. El par motor máximo fue de 700 Nm.

在德国和国际媒体的瞩目下，新款 911 Turbo S 在保时捷博物馆前缓缓起步，踏上了征服全球市场的旅途。这款新车搭载 530 hp 发动机，零至百公里加速仅需 3.3 秒，最大扭矩达 700 Nm，无论在赛道性能、驾驶操控和输出功率方面都能满足最苛刻的要求。

911 CARRERA GTS

2010

Französische Anzeige für den auf dem Pariser Automobilsalon erstmals vorgestellten 911 Carrera GTS. Mit dieser betont sportlichen Variante wurde die Lücke zwischen dem 911 Carrera S und dem 911 GT3 geschlossen. Auffälligstes Erkennungsmerkmal waren die schwarzen RS Spyder-Räder mit Zentralverschluss.

A French ad for the 911 Carrera GTS, first presented at the Paris Auto Show. This sport-forward version bridged the gap between the 911 Carrera S and the 911 GT3. Its most obvious characteristic were the black RS Spyder wheels with central lock.

Publicité française pour la 911 Carrera GTS à l'occasion de sa première au Mondial de l'automobile à Paris. Cette version très sportive comble une certaine lacune entre la 911 Carrera S et la 911 GT3. Signe distinctif le plus frappant : les roues Spyder RS noires avec verrouillage central.

Aviso publicitario francés del 911 Carrera GTS, que se había estrenado en el salón del automóvil de París. Esta variante de carácter marcadamente deportivo cerró la brecha entre el 911 Carrera S y el 911 GT3. Su rasgo más llamativo fueron las llantas negras RS Spyder con fijación central.

这是 911 Carrera GTS 在巴黎车展首度亮相时，在法国刊登的广告。这款新车强调运动性能，填补了 911 Carrera S 和 911 GT3 之间的空白。带有中央锁止装置的黑色 RS Spyder 车轮是它最为醒目的标志。

911 TURBO CABRIOLET

2010

Das 911 Turbo Cabriolet unter dem schützenden Flügel der Pützer Elster B aus dem Jahr 1963. Der Porsche-Flugmotor Typ 678, der erstmals in der Elster eingebaut wurde, basierte auf dem Antrieb des Porsche 356.

The 911 Turbo Cabriolet under the protective wing of a 1963 Pützer Elster B aircraft. The Porsche Type 678 aircraft engine was first installed in the Elster and was based on the Porsche 356 engine.

La 911 Turbo Cabriolet sous l'aile protectrice d'un Pützer Elster B de 1963. Monté pour la première fois sur cet avion de tourisme, le moteur d'avion Porsche de type 678 est dérivé du groupe propulseur de la Porsche 356.

El 911 Turbo Cabriolet bajo la sombra del ala de un Pützer Elster B del año 1963. El motor de avión de Porsche tipo 678 que se montó en el Elster, se basó en el propulsor del Porsche 356.

一台 911 Turbo Cabriolet 静驻在 1963 年制造的 Pützer Elster B 飞机的机翼下。Elster 飞机上首次安装了保时捷 678 型飞机发动机，这款发动机是在 356 车型发动机的基础上开发的。

911 GT3 CUP

2010

Der amerikanische Rennfahrer Jeff Zwart beim Pikes Peak International Hill Climb 2010 auf einem 911 GT3 Cup. Am Ende konnte nicht nur ein souveräner Klassensieg, sondern auch ein neuer Rekord gefeiert werden.

American race driver Jeff Zwart at the Pikes Peak International Hill Climb 2010 in a 911 GT3 Cup. He took home a clear class victory and a new record to celebrate.

Le pilote de course automobile américain Jeff Zwart au volant d'une 911 GT3 Cup lors de la course de côtes Pikes Peak International Hill Climb en 2010. Premier incontesté dans sa catégorie, il décroche également un nouveau record. Quelle classe !

El piloto norteamericano Jeff Zwart en el Pikes Peak International Hill Climb 2010 a los mandos de un 911 GT3 Cup. Terminó ganando holgadamente su categoría y estableció un nuevo récord.

美国赛车手 Jeff Zwart 驾驶一台 911 GT3 Cup 出征 2010 年度派克峰国际爬山赛。他表现出色，不仅夺取了组别冠军，还创造了一项新的纪录。

911 GT2 RS

2010

Als schnellster Serien-Elfer aller Zeiten ging im Herbst 2010 der GT2 RS an den Start. Dank Leichtbau und 620 PS umrundete der 1.370 kg leichte Supersportler die Nordschleife des Nürburgrings in nur 7 Minuten und 18 Sekunden.

The fastest 911 ever produced, the GT2 RS, was launched in autumn 2010. The super sports car, weighing a mere 1,370 kg, had a lap time of just 7 minutes 18 seconds on the North Loop of the Nürburgring, thanks to its lightweight design and 620 hp of power.

Arrivée sur le marché à l'automne 2010, la GT2 RS s'impose comme la 911 de série la plus rapide de tous les temps. Forte de 620 ch et d'une carrosserie allégée, la supersportive de 1 370 kg parcourt la boucle Nord du Nürburgring en seulement 7 minutes 18 secondes.

En otoño de 2010, el GT2 RS arrancaba como el 911 de serie más rápido de todos los tiempos. Gracias a la construcción ligera y a una potencia de 620 CV, el ligero superdeportivo (1.370 kilos) logró dar una vuelta al Anillo Norte del Nürburgring en solo 7 minutos y 18 segundos.

2010年秋季推出的 GT2 RS 是有史以来速度最快的 911 车型。这款超级跑车重量仅为1,370 kg，轻质设计结合620 hp的超强功率，使其在纽伯格林北环赛道跑完一圈仅需7分18秒。

911 GT3 R HYBRID

2010

Anlässlich des 1 millionsten Porsche-Fans bei Facebook wurde eine besondere Aktion ins Leben gerufen: Porsche-Fans erhielten die Möglichkeit, ihren Namen auf dem 911 GT3 R Hybrid zu verewigen. Mehr als 27.000 Fans aus aller Welt machten davon Gebrauch.

To mark the millionth Porsche fan on Facebook, fans were given the opportunity to immortalize their names on the 911 GT3 R Hybrid. Over 27,000 fans from around the world took advantage.

Événement exceptionnel : pour célébrer le millionième fan de Porsche sur Facebook, les inconditionnels de la marque peuvent immortaliser leur nom sur la 911 GT3 R Hybrid. Plus de 27 000 fans du monde entier ont répondu à l'appel.

Para festejar el millón de amigos de Porsche en Facebook, se invitó a los amantes de la marca a escribir su nombre sobre el 911 GT3 R Hybrid. Más de 27.000 amigos de Porsche de todo el mundo lo hicieron.

为庆祝保时捷在社交网站 Facebook 上的粉丝数量突破一百万，保时捷开展了一项特别活动：保时捷粉丝可以让自己的名字永久铭刻在这台 911 GT3 R Hybrid 赛车上。全世界超过 27,000 名保时捷爱好者参与了这项活动。

911 GT3 R HYBRID

2011

Der Einsatz beim 24-Stunden-Rennen 2011 auf dem Nürburgring dauerte 22 Stunden und 15 Minuten, dann schied der 911 GT3 R Hybrid in Führung liegend aus. Das Porsche Race Lab demonstrierte mit seinem deutlichen Verbrauchsvorteil eindrucksvoll die Leistungsfähigkeit des Hybrid-Konzepts.

After 22 hours and 15 minutes, the 911 GT3 R Hybrid withdrew from competition in the 2011 Nürburgring 24 Hour Race while in the lead. With a remarkable advantage in fuel consumption, the Porsche Race Lab impressively demonstrated the potential of the hybrid concept.

22 heures et 15 minutes, c'est la durée de la course pour la 911 GT3 R Hybrid, en tête, avant d'être contrainte à l'abandon aux 24 Heures du Nürburgring en 2011.
En mettant en avant sa consommation extrêmement faible, ce « Race Lab » de Porsche démontre clairement le potentiel impressionnant du concept hybride.

El 911 GT3 R Hybrid estuvo en la pista durante 22 horas y 15 minutos. Tuvo que retirarse de las 24 horas de Nürburgring de 2011 liderando la carrera. Pero Porsche Race Lab pudo demostrar de manera contundente el bajo consumo y la eficiencia del sistema híbrido.

2011 年纽伯格林 24 小时耐力赛上，配备创新混合动力系统的保时捷 911 GT3 R Hybrid 一路领先。虽然在 22 小时 15 分钟后退出了比赛，但凭借其在油耗方面的明显优势，“保时捷赛车实验室”向业界展示了混合动力设计的巨大潜力。

911 GT3 R HYBRID

2011

Die Premiere des neuen, weiterentwickelten 911 GT3 R Hybrid in der American Le Mans Series fand im September 2011 in Laguna Seca statt und konnte mit einem Klassensieg gekrönt werden.

The new, improved 911 GT3 R Hybrid premiered in September 2011 in the American Le Mans Series at Laguna Seca and came away with a class win.

En septembre 2011 à Laguna Seca, première apparition de la dernière évolution de la 911 GT3 R Hybrid à l'American Le Mans Series. Une première couronnée par une victoire dans sa catégorie.

La nueva versión mejorada del 911 GT3 R Hybrid se estrenó en Laguna Seca en septiembre de 2011 con una victoria en su categoría.

升级后的新款 911 GT3 R Hybrid 赛车于 2011 年 9 月第一次亮相拉古纳-塞卡（Laguna Seca）赛道，出战美国勒芒系列赛。它锋芒毕露，首战告捷，一举夺取组别冠军。

911 GT3 CUP

2011

Das Brumos Racing Team mit den Fahrern Andrew Davies und Leh Keen gewann mit dem 911 GT3 Cup den Titel in der Grand-Am Rolex GT Meisterschaft. Die Verbindung zwischen Porsche und Brumos Racing geht zurück bis in die frühen 1970er-Jahre.

The Brumos Racing Team with drivers Andrew Davies and Leh Keen in the 911 GT3 Cup took the title in the Grand-Am Rolex GT Championship. The relationship between Porsche and Brumos Racing goes back to the early 1970s.

L'écurie Brumos Racing avec les pilotes Andrew Davies et Leh Keen remporte le titre au championnat du Grand-Am Rolex GT au volant de la 911 GT3 Cup. Le partenariat entre Porsche et Brumos Racing date du début des années 70.

Los pilotos Andrew Davies y Leh Keen del Brumos Racing Team ganaron el campeonato Grand-Am Rolex GT a los mandos de un 911 GT3 Cup. La relación entre Porsche y Brumos Racing Team data de principios de los años setenta.

Brumos Racing 车队的两位车手 Andrew Davies 和 Leh Keen 驾驶这台 911 GT3 Cup 赛车，捧得美国大满贯超级运动跑车场地系列赛（Grand-Am）劳力士杯大奖赛的冠军。保时捷与 Brumos Racing 车队的渊源可追溯到 20 世纪 70 年代初期。

911 TURBO S »EDITION 918 SPYDER«

2011

Zur Verkürzung der Wartezeit bot Porsche den 918 Spyder-Kunden exklusiv die Möglichkeit, einen von ebenfalls auf 918 Exemplare limitierten 911 Turbo S »Edition 918 Spyder« zu erwerben. Optisch war die Sonderedition sowohl bei Exterieur als auch Interieur an charakteristische Merkmale des 918 Spyder angelehnt.

To shorten the wait, Porsche offered 918 Spyder customers the option of buying a 911 Turbo S "Edition 918 Spyder," also limited to 918 units. This special edition featured characteristic 918 Spyder styling elements both inside and out.

Pour réduire le temps d'attente, Porsche propose en exclusivité aux clients de la 918 Spyder d'acquérir une 911 Turbo S « Edition 918 Spyder » également limitée à 918 exemplaires. Sur le plan visuel, l'extérieur comme l'intérieur de l'édition spéciale s'inspirent des caractéristiques de la 918 Spyder.

Con el fin de reducir el tiempo de espera para los clientes del 918 Spyder, Porsche les ofreció la posibilidad de adquirir un 911 Turbo S «Edition 918 Spyder», también limitado a 918 ejemplares. Tanto el exterior como el interior de esta edición especial se rigieron por las características del 918 Spyder.

由于 918 Spyder 的交付周期较长，保时捷专为钟情这款超级跑车的客户推出了 911 Turbo S "Edition 918 Spyder" 车型，供他们选择。这个特别版 911 Turbo S 同样限量 918 台，其外观和内饰元素呼应了 918 Spyder 与众不同的个性特征。

911 GT3 RS 4.0

2011

In der Porsche Motorsport-abteilung entstand 2011 die Krönung der Baureihe 997: der 911 GT3 RS 4.0. Auf 600 Einheiten limitiert, war der 500 PS starke GT3 bereits vor Produktionsbeginn ausverkauft.

In the Porsche Motorsport department, the crowning model of the 997 series, the 911 GT3 RS 4.0, was created in 2011. Limited to 600 units, the GT3 with its 500 hp of power was already sold out before production began.

En 2011, le département sport de Porsche donne naissance au fleuron de la gamme 997 : la 911 GT3 RS 4.0. Les 600 exemplaires de cette GT3 de 500 ch sont vendus avant même le lancement de la production.

En 2011, el Departamento de Automovilismo de Competición de Porsche creó el supermodelo de la gama 997: el 911 GT3 RS 4.0. Con una edición limitada a 600 unidades, el GT3 de 500 CV de potencia ya estaba agotado antes de iniciarse la producción.

2011年，保时捷赛车部打造了997系列的至尊车型 911 GT3 RS 4.0。这款 GT3 限量600台，输出功率为500 hp，在生产开始之前便已售罄。

S GO 5013
RS 40

KAPITEL 7

DER REIFE-FAKTOR

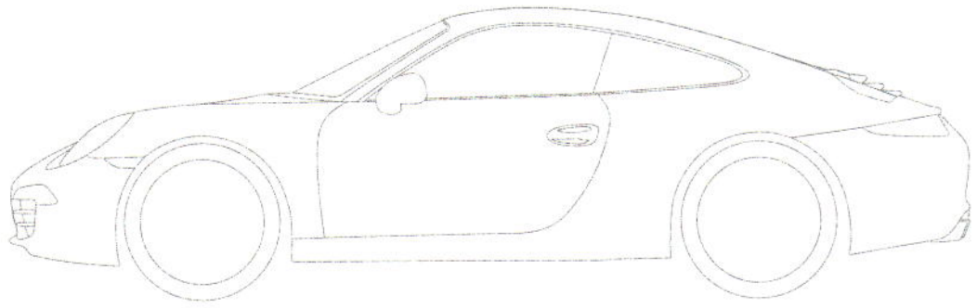

2011–

TYP 991

991 MODEL

TYPE 991

TIPO 991

991 车型

ТИП 991

Der intern 991 genannte Sportwagen verkörpert den größten technischen Sprung in der Geschichte des Elfers. Seit Generationen Maßstab seiner Klasse, legt diese Elfer-Generation die Messlatte bei Performance und Effizienz noch einmal höher. Ein komplett neues Fahrwerk mit geändertem Radstand, größerer Spurbreite und mächtigeren Reifen sowie ein ergonomisch optimierter Innenraum sorgen für ein noch sportlicheres und komfortableres Fahrgefühl. Technisch steht der Elfer ganz im Zeichen der Porsche Intelligent Performance: noch weniger Verbrauch, noch mehr Leistung. Etwa durch die Hubraumverkleinerung auf 3,4 Liter beim Grundmodell Carrera (dennoch fünf PS mehr als der 997/II) und die Hybrid Bauweise (Stahl/Aluminium), die zur deutlichen Gewichtsreduzierung führt. Außerdem neu: die Porsche Dynamic Chassis Control und das manuelle Siebengang-Schaltgetriebe. Großes Lob gibt es auch für das Design des 991. Mit seiner flach gestreckten Silhouette, seinen spannungsgeladenen Flächen und präzise gestalteten Details ist der Porsche 911 Carrera auch in der siebten Generation unverkennbar ein 911 und setzt damit einmal mehr Maßstäbe im Automobildesign.

CHAPTER 7
THE MATURITY FACTOR

This sports car, known internally as the 991, represents the greatest technical leap forward in the evolution of the 911. Having already set the pace in its class for several decades, the new 911 generation raised the benchmarks of performance and efficiency still further. A totally new suspension with a longer wheelbase, increased track width, larger tires, and an ergonomically optimized interior – it all adds up to an even more sporty and comfortable driving experience. Technically, the 911 is the epitome of Porsche Intelligent Performance: even less fuel consumption, even higher performance. This is due in part to the displacement being downsized to 3.4 liters in the Carrera basic model (yet with 5 hp (4 kW) more than the 997/II) as well as to its hybrid steel/aluminium construction, which significantly reduces the curb weight. Other technical innovations include the Porsche Dynamic Chassis Control (PDCC) and the seven-gear manual transmission. The design of the 991 has likewise met with high critical acclaim. With its flat, stretched silhouette, exciting contours, and precisely designed details, the seventh generation of the Porsche 911 Carrera remains unmistakably a 911 that has once again succeeded in redefining the standard in automobile design.

CHAPITRE 7
LA MATURITÉ

Avec l'arrivée de la 991, Porsche fait le plus grand saut technique de son histoire. Certes, la 911 avait toujours été l'étalon dans sa catégorie, mais cette fois, la barre est encore un cran plus haut en performance et en efficacité. Ce modèle s'appuie sur un châssis totalement nouveau où tout progresse : l'empattement, les voies et la taille des pneumatiques. Au volant, l'ergonomie est parfaite, pour encore plus de sportivité et de confort. D'un point de vue technique, la 911 est digne du système qui l'anime, le Porsche Intelligent Performance : consommation en baisse et puissance en hausse, grâce notamment à une réduction de la cylindrée qui revient à 3,4 litres en entrée de gamme pour la Carrera (dont la puissance augmente pourtant de 5 chevaux par rapport à la 997/II) et à une construction hybride (acier et aluminium) qui permet de faire baisser son poids. Autre nouveauté : le système Porsche Dynamic Chassis Control (PDCC) et la boîte manuelle à sept rapports. Côté design, la 991 n'est pas en reste : sa silhouette est plate et allongée, ses surfaces tendues et nombre de détails de carrosserie font de la dernière Carrera une vraie 911. La septième génération est donc aboutie et fixe ainsi de nouveaux repères en matière de design automobile.

CAPÍTULO 7
LA VENTAJA DE LA MADUREZ

El deportivo 991 representa el salto tecnológico más importante en la historia del 911. Habiendo sido el listón de referencia de su segmento durante varias generaciones, la nueva versión consigue marcar un hito más en relación con las prestaciones y la eficiencia. El coche es más deportivo y cómodo, gracias a su chasis completamente nuevo, a la modificación de la distancia entre ejes, a su mayor ancho de vía y a sus neumáticos más imponentes. A todo ello se sumó un habitáculo de ergonomía optimizada. En términos técnicos, este Porsche se rige por el criterio del rendimiento inteligente de la marca: reducir el consumo y, a la vez, aumentar la potencia. Esta meta se alcanzó mediante la reducción de la cilindrada del motor a 3.400 cc del Carrera, el modelo básico de la gama. A pesar de ello, su potencia fue 5 CV mayor que la del 997/II. Un factor que contribuyó a alcanzar los objetivos es el uso de materiales mixtos (acero y aluminio) en la estructura del coche, que permitió reducir considerablemente el peso. Otra novedad fue el sistema de Porsche de control dinámico del chasis, además de la caja de cambios manual de siete marchas. El diseño del 991 cosechó muchos elogios. Gracias a su alargada silueta, sus tensas superficies y a diversos detalles de estética muy lograda, el Porsche 911 Carrera de la séptima generación es, inconfundiblemente, un 911. Así, este nuevo modelo vuelve a ser una referencia en el mundo del diseño de automóviles.

第 7 章
走向成熟

这款跑车在内部被称为 991，它代表着 911 发展史中最伟大的技术飞跃。几十年来，911 一直是同级车型的基准，这一代也不例外，新车型再次提升了世人对跑车性能与效率的评判标准。全新的悬挂结合加长轴距、加宽轮距、加大轮胎以及经过人体工程学优化的内饰，共同缔造了更具运动感且更为舒适的至尊驾驶体验。在技术方面，这款 911 车型充分体现了保时捷的“Intelligent Performance”理念，在耗油量进一步降低的同时，性能却实现了进一步的提升。基础款 Carrera 车型的发动机排量降低到了 3.4 升（但输出功率仍比第二代 997 高出 5 hp），并且利用钢/铝复合结构显著减轻了整备重量，其它不容错过的创新包括保时捷动态底盘控制系统（PDCC）和 7 速手动变速箱。这一代 991 的外观设计同样倍受赞誉。凭借平滑、舒展的车身侧面轮廓、动感的外型以及精心设计的细节，第七代保时捷 911 Carrera 与其前代车型一样，延续了 911 的个性基因，并重新定义了梦想跑车设计的基准。

ГЛАВÁ 7
ФАКТОР ЗРЕЛОСТИ

Вместе с получившим внутризаводское обозначение 991 спортивным автомобилем компания Porsche сделала самый большой шаг в истории 911-го. 911-й на протяжении многих лет был эталоном в своем классе, а его новое поколение еще выше подняло планку технических возможностей и эффективности. Совершенно новая ходовая часть с измененной колесной базой, более широкой колеей и мощными шинами, а также оптимизированный с точки зрения эргономики салон обеспечивают еще более спортивные ощущения от поездки при большем комфорте. Техническая “начинка” 911-го отражает концепцию Porsche Intelligent Performance: еще меньше расхода топлива, еще больше мощности. Так, например, благодаря сокращению рабочего объема у базовой модели Carrera до 3,4 литра (тем не менее прибавка в мощности по сравнению с 997/II составила 5 л.с.) и комбинированной конструкции (из стали/алюминия) удалось добиться значительного снижения массы автомобиля. Среди других новинок система подавления кренов Porsche Dynamic Chassis Control и семиступенчатая механическая КПП. Больших похвал заслужил также дизайн серии 991. Приземистый, вытянутый силуэт, энергичные формы и точные детали придают также и седьмому поколению Porsche 911 Carrera типичный для 911-го внешний вид и одновременно устанавливают новые масштабы в автомобильном дизайне.

911 CARRERA COUPÉ

2007

Ein wichtiger Bestandteil des Mythos 911 ist das zeitlose Design der Baureihe. So mancher erkennt darin sogar das »Idealmaß im Sportwagenbau«. Die zeitgemäße Weiterentwicklung der Form ist eine stetige Herausforderung für die Porsche-Designer.

The timeless design of the series is a vital element of the 911 myth. Many even consider it to have the “ideal dimensions of a sports car.” Refining them to move with the times is a constant challenge for Porsche’s designers.

Le design intemporel de la famille des 911 constitue l’un des éléments qui font le mythe de cette gamme. D’aucuns considèrent même la forme de la « Onze » comme la « dimension idéale » de la voiture de sport. Faire évoluer ce design, l’adapter aux exigences de chaque époque, c’est un défi permanent que relèvent avec brio les stylistes de Porsche.

El diseño intemporal es una parte esencial del carácter mítico del 911. No son pocos los que consideran que refleja las «proporciones ideales de un coche deportivo». La modernización de las clásicas formas, sin alterar el concepto estético básico, constituye un reto que constantemente deben superar los diseñadores de Porsche.

911 之所以成为传奇，其历久弥新的设计是一个重要原因。有些人甚至将它誉为“跑车造型的理想比例”。推动 911 的外型设计向前发展是保时捷设计师们时刻面临的挑战。

911 CARRERA COUPÉ

2007

Die visuelle Botschaft des 911 ist entscheidend für die gesamte Markenidentität von Porsche. Denn auch für alle weiteren Baureihen der Marke Porsche ist der 911 die zentrale Referenz.

The visual message of the 911 is critical for Porsche's entire brand identity, since the 911 is also the central point of reference for all other Porsche models.

Le message visuel de la 911 détermine l'identité de Porsche. La 911 est en effet la référence de la marque pour tous les autres modèles.

La imagen que expresa el diseño del 911 es un factor decisivo para la identidad de la marca Porsche. Por ello, todas las demás series de modelos de la marca tienen por referencia al 911.

911 所传达的视觉讯息对整个保时捷品牌的个性举足轻重，因为保时捷的所有其他车型在设计上都与 911 有着千丝万缕的联系。

911 CARRERA COUPÉ

2009

Die Interieur-Philosophie gilt bei Porsche baureihenübergreifend und ist durch charakteristische Stilelemente gekennzeichnet. Ein Beispiel ist die allen aktuellen Porsche-Baureihen gemeinsame, ansteigende Mittelkonsole.

Porsche's interior philosophy infuses all of its model series and is characterized by specific brand style elements. One current example is the rising centre console common to all Porsche models.

La philosophie du design de l'habitacle s'applique chez Porsche de manière homogène à toutes les séries de modèles. Parmi les éléments de style typiques communs à tous les modèles : la console centrale « ascendante ».

El concepto del habitáculo de Porsche se aplica en todas las series de modelos de la marca y está caracterizado por elementos estilísticos inconfundibles. La consola central ascendente, que comparten todos los modelos actuales de Porsche, es un ejemplo de esa consistencia.

保时捷的内饰设计理念贯穿各个车型系列，通过鲜明的设计风格得以体现。目前保时捷各款车型所采用的抬高的中控台设计便是一例。

911 CARRERA COUPÉ

2012

Michael Mauer, Leiter Style Porsche, und sein Team aus der Porsche Design-Abteilung beim Gruppenfoto mit dem neuen Porsche 911 im Mai 2012.

Style Porsche Director Michael Mauer and his team from the Porsche Design department in a group shot with the new Porsche 911 in May 2012.

Michael Mauer, responsable de Style Porsche, et son équipe du département design de Porsche, avec en vedette la nouvelle Porsche 911 en mai 2012.

Michael Mauer, director de Style Porsche, y los integrantes del equipo del departamento de diseño posan junto al nuevo Porsche 911 en mayo de 2012.

2012 年 5 月保时捷总设计师毛迈恪（Michael Mauer）和他的设计团队与新款 911 合影。

911 CARRERA COUPÉ

2011

Die im Herbst 2011 präsentierte 911-Generation 991 war eine komplette Neuentwicklung, die sich schon optisch durch eine breitere Frontpartie, eine neue Scheinwerferform und deutlich größere Lufteinlässe vom Vorgänger abhob.

The 911 generation presented in the autumn of 2011 was a completely new development, whose wider nose, new headlights and much larger air intakes set it apart from its predecessor.

Présentée à l'automne 2011, la génération 991 apporte une voiture complètement nouvelle. Au premier coup d'œil, l'avant élargi, la forme nouvelle des phares et les entrées d'air nettement augmentées la distinguent de sa devancière.

El tipo 991, la nueva generación del 911 presentada en otoño de 2011, es un coche completamente nuevo que se distingue por su parte frontal más ancha, la nueva forma de sus faros y, además, por entradas de aire más grandes que las de su antecesor.

2011 年秋，经过全新打造的 991 系列 911 面世。凭借其加宽的前脸、全新造型的大灯，结合明显增大的进气口，与前代车型的区别一目了然。

911 CARRERA S COUPÉ

2011

In dieser aufwändigen Studioaufnahme eines 911 Carrera S Coupé kommt die gleichermaßen dynamische wie elegante Formensprache des neuen Elfers besonders eindrucksvoll zur Geltung.

This studio shot of a 911 Carrera S Coupé took some effort, but shows the new model's dynamic yet elegant form to very good advantage.

Cette mise en scène onéreuse de la 911 Carrera S Coupé souligne avec force le dynamisme et l'élégance de la nouvelle Onze.

Esta sofisticada fotografía del 911 Carrera S realza acertadamente las formas dinámicas y elegantes del nuevo 911.

在摄影棚内拍摄的这张 911 Carrera S Coupé 照片大费周章，终于完美呈现出新款 911 富于动感而又优雅迷人的造型语言，令人眼前一亮。

911 CARRERA S COUPÉ

2011

Die Außenspiegel des 991 wurden an der oberen Türkante und nicht mehr im vorderen Bereich der Seitenfenster montiert. Ein Merkmal, das zuletzt die 993-Baureihe auszeichnete.

The 991's outside mirror is mounted to the upper edge of the door, instead of to the forward area of the side window as before. This characteristic was most recently found on the 993 series.

Le rétroviseur de la 991 est désormais monté sur le haut du montant de la portière et non plus à l'avant des vitres latérales. C'était l'un des signes distinctifs de la série 993.

Los espejos retrovisores exteriores del 991 están montados en el canto superior de la puerta, y ya no delante de las ventanas laterales. Este es un rasgo de diseño que anteriormente se aplicó en el tipo 993.

991 系列车外后视镜基座位于门板上，而不像前代车型一样固定在侧窗上。这也是 993 系列的设计特征之一。

911 CARRERA S COUPÉ

2011

Zeitgleich mit dem 911 Carrera debütierte der 911 Carrera S. Mit einer Leistung von 400 PS und 3.8 Litern Hubraum bot er noch mehr Dynamik als der 350 PS starke 911 Carrera mit 3.4 Liter-Triebwerk.

The 911 Carrera and the 911 Carrera S debuted simultaneously. With its 400 hp and 3.8 litre displacement, the S model was even more dynamic than the 350 hp, 3.4 litre 911 Carrera.

La première de la 911 Carrera S se fait au même moment que celle de la 911 Carrera. Avec ses 400 ch et une cylindrée portée à 3.8 litres, elle offre une conduite encore plus dynamique que la 911 Carrera équipée d'un 3.4 litres de 350 ch.

El 911 Carrera S se estrenó junto con el 911 Carrera. Gracias a su potencia de 400 CV y su propulsor de 3.800 cc, este modelo es aún más dinámico que el 911 Carrera con motor de 3.400 cc y potencia de 350 CV.

与 911 Carrera 同时亮相的还有 911 Carrera S。后者搭载 400 hp、3.8 升排量发动机，与 911 Carrera 的 350 hp、3.4 升发动机相比，更具运动爆发力。

911 CARRERA COUPÉ

2011

Das neue 911 Carrera Coupé im November 2011 auf dem Flugplatz in Santa Maria, USA. Ganz in der Nähe, in Santa Barbara, fand zu diesem Zeitpunkt die Pressevorstellung des 991 statt.

The new 911 Carrera Coupé in November 2011 at the airfield in Santa Maria, California. The press presentation of the 991 was held around this time in nearby Santa Barbara.

La nouvelle 911 Carrera Coupé en novembre 2011 à l'aéroport de Santa Maria, USA. Tout près d'ici, à Santa Barbara, la 991 est présentée aux journalistes du monde entier au moment même où cette photo est prise.

El nuevo 911 Carrera en noviembre de 2011 en el aeropuerto de Santa María, EE.UU. En esas mismas fechas se organizó la presentación de prensa en Santa Bárbara, muy cerca del aeropuerto.

停放在美国加州圣玛丽亚机场停机坪上的新款 911 Carrera Coupé。此时，991 系列的媒体发布会正在离此不远的圣芭芭拉举行。

911 CARRERA COUPÉ

2011

Auf dem Flugplatz in Santa Maria konnten die Bremsen des 991 einmal mehr Effektivität und Leistung demonstrieren. Die Verzögerung von 200 auf 0 km/h absolviert der neue 911 in 4,7 s.

The brakes of the 991 had another opportunity to demonstrate their performance and effectiveness at the Santa Maria airfield. They took the new 911 from 124 to 0 mph in 4.7 seconds.

Les pistes de l'aéroport de Santa Maria permettent de démontrer une fois de plus la performance et l'efficacité des freins de la 991. La nouvelle 911 décélère de 200 à 0 km/h en 4,7 s.

Los frenos del 991 demostraron una vez más su gran eficiencia y rendimiento en las pistas del aeropuerto de Santa María. El nuevo 911 es capaz de frenar de 200 km/h a 0 km/h en apenas 4,7 segundos.

在圣玛丽亚机场，991 制动系统的卓越性能再次得以展示。从时速 200 km/h 减速到 0 仅需 4.7 秒。

911 CARRERA COUPÉ

2011

Der glattflächige, vollständig verkleidete Unterboden verhilft den Elfern der 991-Baureihe zu noch besseren aerodynamischen Qualitäten.

The smooth, fully-clad underbody gave the 991 Elevens even better aerodynamics.

Le plancher lisse et complètement couvert de la génération 991 lui permet d'améliorer encore ses qualités aérodynamiques.

Los bajos completamente lisos y recubiertos consiguen que el 911 tipo 991 tenga cualidades aerodinámicas aún mejores.

991 系列车型安装了全封闭的平滑车底护板，其空气动力学性能更为出众。

911 CARRERA COUPÉ

2011

Diese Rohkarosserie zeigt den Karosserieaufbau des 991. Die verschiedenen Farben verdeutlichen den Einsatz von Stählen unterschiedlicher Festigkeiten und Aluminium. Die intelligente Leichtbauweise reduzierte das Gewicht im Vergleich zum Vorgänger um 35 kg bei erhöhter Steifigkeit.

This body-in-white shows the body structure of the 911. The different colours show where aluminium and steels of different strengths are used. With its intelligent lightweight design, it was 35 kg lighter than the predecessor version, yet stiffer.

Cette caisse brute fait ressortir les structures de la carrosserie de la 991. Les aciers de qualité et de rigidité diverses ainsi que l'aluminium sont matérialisés par des couleurs différentes. La construction légère « intelligente » permet de réduire le poids de 35 kilos par rapport au modèle précédent, tout en augmentant la rigidité.

Esta carrocería permite apreciar los materiales utilizados en el 991. Los diversos colores representan diferentes aceros de varios grados de solidez y, además, piezas de aluminio. El uso inteligente de materiales ligeros permitió reducir el peso en 35 kilogramos en comparación con el modelo antecesor.

照片中的白车身展示了 991 车型的车身结构。车身各个部位所使用的不同强度的钢材和铝材用不同颜色表示。通过采用智能轻质结构，新款 911 的重量比前代车型降低了 35 kg，同时增强了车身刚性。

911 CARRERA S COUPÉ

2011

Schnittmodell des 911 Carrera S Coupé von 2011. Der Motor mit 3.8 Liter Hubraum und 400 PS erreicht mit PDK-Getriebe einen Verbrauch kombiniert von 8,7 l/100 km. Dies wird unter anderem durch die Start-Stopp-Funktion erreicht.

Cutaway model of the 911 Carrera S Coupé from 2011. With PDK dual clutch transmission, 3.8 l displacement and 400 hp, its fuel consumption was just 8.7 l/100 km (27 mpg). This was achieved in part by means of the start-stop function.

Maquette en coupe de la 911 Carrera S Coupé de 2011. Le moteur de 3.8 l développe 400 ch. Avec sa transmission PDK, il brille par une consommation de 8,7 l/100 km en cycle combiné, exploit que permet notamment la fonction Start Stop automatique.

Modelo seccionado del 911 Carrera S del año 2011. Con el motor de 3.800 cc y 400 CV, así como con la caja de cambios de doble embrague PDK, el consumo en ciclo de conducción combinado es de 8,7 l/100 km. Este consumo también es resultado de la función Start-Stop.

2011 年，911 Carrera S Coupé 的剖面模型。该车型搭载 400 hp 的 3.8 升发动机，配合 PDK 双离合器变速箱，百公里油耗仅为 8.7 升。如此卓越的燃油经济性是通过运用自动起动/停止功能等措施实现的。

911 CARRERA S COUPÉ

2011

Das Schnittmodell des 911 Carrera S gewährt Einblick in das Innenleben des neuen Elfers. Bereits serienmäßig verfügt der 911 Carrera S über 20-Zoll-Räder, die Rollwiderstand, Handling, Abrollkomfort und Bremsweg deutlich verbessern.

This cutaway model of the 911 Carrera S shows the inner workings of the new Eleven. The 20 inch wheels are standard equipment which significantly reduced its rolling resistance and braking distance, while improving handling and rolling comfort.

Cette maquette de la 911 Carrera S laisse entrevoir le cœur de la nouvelle Onze. Cette 911 Carrera S est dotée en série de jantes 20 pouces qui apportent une très nette amélioration côté résistance au roulement, confort de roulement, maniabilité et tenue au freinage.

El modelo seccionado del 911 Carrera S permite apreciar las entrañas del nuevo 911. El 911 Carrera S incluye de serie ruedas con llantas de 20 pulgadas que logran reducir perceptiblemente la resistencia de rodadura y la distancia de frenado, además de aumentar la maniobrabilidad y el confort del coche.

911 Carrera S 的剖面模型令新款 911 的内部奥妙一览无余。20 英寸车轮现已成为 911 Carrera S 的标准配置，从而极大地降低了滚动阻力和制动距离，同时改善了操控性和驾乘舒适性。

911 CARRERA S COUPÉ

2011

An den roten Bremssätteln konnte man bereits frühere 911 Carrera S leicht erkennen. Diese inzwischen traditionelle optische Unterscheidung begann mit dem Boxster S im Jahre 1999.

911 Carrera S cars had for some time been easy to recognize by their red brake calipers. This visual tradition started with the 1999 Boxster S.

C'est à leurs étriers de frein rouges que se reconnaissaient facilement les Carrera S, même des générations précédentes. Ce signe distinctif devenu un classique a été lancé sur le Boxster, en 1999.

Las mordazas de color rojo distinguieron a los modelos 911 Carrera S desde varias generaciones anteriores. Esta diferenciación óptica, entretanto ya tradicional, empezó con el Boxter S del año 1999.

红色的制动卡钳让人一眼就可以认出这是一台 911 Carrera S。这一外观上的显著特征从 1999 年的 Boxster S 开始，一直延续了下来。

911 CARRERA S COUPÉ

2011

Ein weiteres Identifikationsmerkmal des 911 Carrera S sind die zweiflutigen Abgasendrohre. Dieses Charakteristikum wurde 2004 mit dem 997 eingeführt.

The dual exhaust pipes are another distinguishing mark of the 911 Carrera S, which were introduced in 2004 with the 997.

Un autre moyen d'identifier la 911 Carrera S : les doubles sorties d'échappement présentées pour la première fois en 2004 sur la 997.

Otro distintivo característico del 911 Carrera S son los dos tubos terminales dobles del escape. Este rasgo se impuso en el año 2004 con el 997.

911 Carrera S 的另一个识别特征是其双排气尾管，这个设计自 2004 年的 997 系列开始采用。

911 CARRERA COUPÉ

2011

Walter Röhrl mit dem neuen 911 Carrera Coupé. Seit den neunziger Jahren ist der zweifache Rallye-Weltmeister nicht nur Repräsentant von Porsche, sondern auch in die Entwicklung von Neufahrzeugen eingebunden.

Walter Röhrl with the new 911 Carrera Coupé. Since the nineties, this two-time rally world champion has acted as a Porsche representative and also been involved in the development of new models.

Walter Röhrl et la nouvelle 911 Carrera Coupé. Deux fois champion du monde de rallye, il ne se contente pas de représenter Porsche, il est également associé à l'étude et au développement des nouveaux véhicules de la marque.

Walter Röhrl con el nuevo 911 Carrera. El dos veces campeón mundial de rallye no solamente es representante de la marca Porsche desde la década de los años noventa, también está involucrado en el trabajo de desarrollo de nuevos modelos de la marca.

Walter Röhrl 和新款 911 Carrera Coupé。这位国际拉力赛双料冠军自上世纪 90 年代以来不仅担任保时捷的代言人，同时也积极参与了新车的研发。

911 CARRERA S COUPÉ

2011

Auch der 24-fache Surf-Weltmeister Robby Naish ist ein Fan der Marke Porsche und des neuen 911.

24-time surfing world champion Robby Naish is also a fan of the Porsche brand and the new 911.

Robby Naish, 24 fois champion du monde de planche à voile, est lui aussi fan de la marque Porsche et de la nouvelle 911.

También el 24 veces campeón mundial de surf Robby Naish es un admirador de la marca Porsche y del nuevo 911.

曾经 24 次夺得世界冲浪比赛冠军的 Robby Naish 也是保时捷品牌和新款 911 的爱好者。

911 CARRERA COUPÉ

2011

Aus dieser Perspektive – aufgenommen vor dem Porsche-Museum in Zuffenhausen – sind die neuen Bugleuchten, die breitere Front und die vergrößerten Lufteinlässe des 991 deutlich zu erkennen.

From this perspective, taken in front of the Porsche Museum in Zuffenhausen, the new front lights, wider nose and larger air intakes of the 991 can be clearly seen.

Cet angle de prise de vue – réalisé devant le musée Porsche à Zuffenhausen – fait ressortir les nouvelles optiques, l'avant élargi et les prises d'air augmentées de la 991.

Desde esta perspectiva se aprecian bien los nuevos grupos ópticos frontales, el mayor ancho de la parte frontal y las entradas de aire de mayor tamaño del 991, fotografiado delante del museo de Porsche en Zuffenhausen.

这张照片摄于祖文豪森的保时捷博物馆前，从这个角度可以清楚看到 991 系列全新大灯、加宽的车头和扩大的进气口。

911 2.0 COUPÉ / 911 CARRERA S COUPÉ

2011

Dieses 911 Carrera S Coupé traf in der Werkstatt des Porsche-Museums auf seinen Urahn, ein 911 2.0 Coupé aus dem Jahre 1965. Trotz mehr als vier Jahrzehnten Altersunterschieds wird die Verwandtschaft der beiden Elfer deutlich.

In the workshop of the Porsche Museum this 911 Carrera S Coupé met its distant ancestor, a 911 2.0 Coupé from 1965. Despite the more than four decades between them, the two Elevens bear a clear family resemblance.

La 911 Carrera S Coupé à la rencontre de son aïeule, la 911 2.0 Coupé de 1965, à l'atelier du musée Porsche. Malgré la différence d'âge, de quatre décennies, les liens de parenté entre les deux Onze sautent aux yeux.

En el taller del museo de Porsche, este 911 Carrera S se encontró con un lejano antepasado: un 911 2.0 Coupé del año 1965. A pesar de los más de cuarenta años que los separan, el parentesco entre los dos 911 es evidente.

911 Carrera S Coupé 在保时捷博物馆的维修车间巧遇老前辈——一台诞生于 1965 年的 911 2.0 Coupé。尽管年龄相差 40 多岁，但这两台 911 之间的亲缘关系仍然相当明显。

911 CARRERA COUPÉ

2011

911 Carrera Coupé von 2011, aufgenommen am Porscheplatz in Zuffenhausen. Der Carrera ist an den 19-Zoll-Rädern, einzelnen Abgasendrohren und schwarz beschichteten Bremssätteln zu erkennen.

A 2011 911 Carrera Coupé, shown at Porsche in Zuffenhausen. The Carrera can be recognized by its 19 inch wheels, single exhaust pipes and black brake calipers.

911 Carrera Coupé de 2011, prise à la Porscheplatz de Zuffenhausen. Signes distinctifs : jantes 19 pouces, sorties d'échappement et étriers de freins noirs.

911 Carrera del año 2011, fotografiado en la Plaza Porsche en Zuffenhausen. El Carrera se distingue por tener llantas de 19 pulgadas, dos tubos terminales individuales y mordazas con recubrimiento de color negro.

2011 年在祖文豪森保时捷广场上拍摄的 911 Carrera Coupé。通过 19 英寸车轮、单尾管和黑色涂漆的制动卡钳可以辨认出来。

911 CARRERA S

2011

Der Motor des 911 Carrera S zeichnet sich durch Innovationen wie VarioCam Plus und Direkteinspritzung aus. Gegenüber dem Vorgängermodell wurde die Leistungssteigerung insbesondere durch eine Reduzierung der Ladungswechselverluste und eine Anhebung der Drehzahl erreicht.

The engine of the 911 Carrera S features innovations like VarioCam Plus and direct injection. Thanks especially to its reduced pumping loss and higher engine speed, it has higher performance than its predecessor.

Le moteur de la 911 Carrera S se distingue par ses innovations comme le VarioCam Plus et l'injection directe. L'augmentation de la puissance par rapport au modèle précédent provient notamment de la réduction des pertes dues aux variations de charge et de l'augmentation du régime moteur.

El motor del 911 Carrera S se distingue por su innovador sistema VarioCam Plus y la inyección directa de gasolina. El aumento de la potencia en comparación con el modelo antecesor se consiguió especialmente reduciendo las pérdidas durante los cambios de solicitación y ampliando el margen de revoluciones.

911 Carrera S 的发动机采用 VarioCam 升级版系统和燃油直喷等创新技术，与前代车型相比，减少了换气损失并提高了转速，发动机功率也因此提高。

911 CARRERA S CABRIOLET

2011

Das Interieur der Generation 991 wurde völlig neu gestaltet. Das Design der Mittelkonsole orientierte sich dabei am Carrera GT, der diese Form seinerzeit vorweg nahm.

The interior of the generation 991 was completely re-designed. The central console is now reminiscent of the Carrera GT, which pioneered the design all those years ago.

L'habitacle de la 991 fait peau neuve : le design de la console centrale suit celui de la Carrera GT, premier véhicule, à l'époque, à afficher cette forme ascendante.

La configuración del habitáculo de la generación 991 es completamente nueva. El diseño de la consola central se asemeja a la del Carrera GT que, en su momento, anticipó esa forma.

991系列的内饰进行了重新设计。中控台的设计灵感来自 Carrera GT，其造型与这款传奇车型如出一辙。

911 CARRERA S COUPÉ

2011

Auch vom neuen 911 Carrera S Coupé gab es wieder eine Phantomzeichnung, in der die Details des 400 PS starken Elfers zu erkennen waren. Trotz gesteigerter Motorleistung konnten die Verbrauchswerte gegenüber dem Vorgänger-modell 997 deutlich gesenkt werden.

A phantom drawing was also made of the new 911 Carrera S Coupé, showing details of this 400 hp Eleven. Despite its higher engine power, it used noticeably less fuel than its predecessor, the 997.

Pour la 911 Carrera S Coupé, les stylistes de Porsche réalisent à nouveau un portrait robot où l'on retrouve les détails de cette Onze de 400 ch. Malgré une puissance moteur en hausse, la consommation reste nettement en-deçà des valeurs de sa devancière, la 997.

Dibujo transparente del 911 Carrera S Coupé que deja a la vista los detalles del 911 de 400 CV. A pesar de su motor más potente, consume menos que el 997, el modelo que le antecedió.

新款 911 Carrera S Coupé 的透视图，展示了这台输出功率高达 400 hp 的 911 车型的内部细节。尽管发动机功率提升，油耗相比之前的 997 系列却明显降低。

911 CARRERA S COUPÉ

2011

Ein 911 Carrera S Coupé im Oktober 2011 mit geöffnetem Schiebedach auf dem Stilfser Joch. Das Schiebedach des 911 verfügte über einen neuen, raumsparenden Öffnungsmechanismus für optimale Kopffreiheit in geschlossenem Zustand.

A 911 Carrera S Coupé in October 2011 with open sunroof at the Stilfser Joch pass. This 911 sunroof had a new, space-saving opening mechanism for maximum headspace when closed.

Une 911 Carrera S Coupé avec le toit ouvert en octobre 2011, au col du Stilfser Joch en Autriche. Le toit ouvrant de la 911 bénéficie désormais d'un mécanisme inédit, très peu encombrant, qui assure une grande hauteur sous le pavillon.

Un 911 Carrera S en Paso Stelvio en octubre de 2011, con el techo solar abierto. El techo corredizo cuenta con un nuevo mecanismo más compacto para que, estando cerrado, la distancia hasta las cabezas sea óptima.

2011 年 10 月，一台打开了天窗的 911 Carrera S Coupé，摄于意大利斯泰尔维奥隘口。新款 911 的天窗配备了节省空间的全新开合装置，保证在天窗闭合时，驾乘者享有充足的头部空间。

911 CARRERA CABRIOLET

2011

Diese inszenierte Fahraufnahme des 911 Carrera Cabriolets für Werbezwecke vermittelt Spaß und Genuss am offen Fahren ganz besonders plakativ.

This staged advertising shot of the 911 Carrera Cabriolet communicates the fun and enjoyment of top-down driving in a very eye-catching way.

Mise en scène de la 911 Carrera Cabriolet pour une publicité – dynamisme et plaisir de conduite à ciel ouvert sont à l'affiche...

Esta foto publicitaria escenificada con el 911 Carrera Cabriolet en movimiento permite apreciar claramente cómo se disfruta conduciendo al aire libre con la capota abierta.

用于广告制作的 911 Carrera Cabriolet 行驶中的照片，以浓墨重彩的风格渲染了敞篷驾驶驰骋的畅快享受。

911 CARRERA S CABRIOLET

2012

Im Frühjahr 2012 legte Porsche mit den Cabriolets der 991-Baureihe nach. Wesentliche Neuerungen der 991-Baureihe sind der um 10 cm längere Radstand sowie die deutlich breitere Spur der Vorderräder. Hieraus ergibt sich eine höhere Spur- und Wankstabilität.

In the spring of 2012 Porsche added Cabriolets to the 991 series. New to this series were principally the 10 cm longer wheelbase and the notably wider track of the front wheels, giving higher tracking and roll stability.

Au printemps 2012 Porsche lance les versions décapotables de la série 991. Innovation principale de la série 991 : l'empattement augmenté de 10 cm et la voie avant sensiblement élargie. Ces deux modifications permettent de perfectionner les deux aspects de stabilité directionnelle et antiroulis.

Porsche agregó el descapotable del tipo 991 en la primavera del año 2012. La nueva serie 991 se distingue principalmente por tener una distancia entre ejes 10 cm mayor, así como una mayor distancia entre las ruedas delanteras. Estas dos modificaciones redundan en una mayor estabilidad longitudinal y lateral del coche.

2012 年春，Cabriolet 车型上市，保时捷 991 系列再添新成员。新款 991 系列的轴距增长了 10 cm，前轮距明显加宽，因此提高了行驶稳定性和转弯动态性能。

911 CARRERA S COUPÉ

2012

Blick in die Produktion eines 911 Carrera S Coupé in Stuttgart-Zuffenhausen.

A look at the 911 Carrera S Coupé production line in Stuttgart-Zuffenhausen.

Aperçu de la production d'une 911 Carrera S Coupé à Stuttgart-Zuffenhausen.

Un 911 Carrera S en la línea de montaje en Stuttgart-Zuffenhausen.

斯图加特一祖文豪森 911 Carrera S Coupé 的生产现场。

911 CARRERA S CABRIOLET

2012

Auch das Windschott des neuen Cabriolets wurde neu konstruiert und erstmals fest in den Fondbereich integriert. Per Knopfdruck lässt es sich mit Hilfe eines zentralen Elektroantriebs bequem betätigen.

The wind deflector of the new Cabriolet was redesigned and firmly integrated in the rear of the car for the first time. It can be raised and lowered electrically at the press of a button.

Le coupe-vent du nouveau cabriolet est également tout neuf. Pour la première fois, il est encastré au fond du véhicule. Un moteur électrique situé en position centrale, actionnable par un simple bouton, assure le déploiement de la capote.

También el deflector del nuevo descapotable es distinto y está integrado por primera vez en la parte posterior. Su accionamiento es muy sencillo, pues basta pulsar un botón para poner en funcionamiento el correspondiente motor eléctrico.

新款 Cabriolet 车型的挡风板也经过重新设计，首次整合在车辆后部。只需按下按钮，便可通过中央电机，轻松控制挡风板升降。

911 CARRERA CABRIOLET

2012

Eine Armada von 911 Carrera Cabriolets wartete bei der Pressevorstellung auf Gran Canaria im Februar 2012 auf ihre Testfahrer. Aus dieser Perspektive gut zu erkennen ist die veränderte Form der Frontscheinwerfer des 991.

An armada of 911 Carrera Cabriolets waiting for their test drivers at a February 2012 press presentation on Gran Canaria. The changed shape of the 991's headlights can be easily recognized from this perspective.

Une vraie armada de 911 Carrera Cabriolet attend les pilotes en février 2012, au moment de la présentation à la presse de la nouvelle vedette, à Grande Canarie. On reconnaît bien ici les nouveaux projecteurs de la 991.

Fila de modelos 911 Carrera Cabriolet a la espera de los pilotos de pruebas durante la presentación de prensa en Gran Canaria en febrero de 2012. Desde esta perspectiva se aprecia claramente la forma modificada de los faros del 991.

2012 年 2 月，在西班牙大加那利岛举行的媒体发布会上，911 Carrera Cabriolet 组成的庞大车队正静待试驾者的到来。从这个角度可以清楚看出 991 系列的大灯造型发生了改变。

911 CARRERA S CABRIOLET

2012

Ein 911 Carrera S Cabriolet im April 2012 beim Tankstopp auf Gran Canaria. Bei einem Durchschnittsverbrauch von 8,7 Liter/100 km (mit PDK) und einem Tankinhalt von 64 Litern ermöglichte der offene Elfer eine Reichweite von mehr als 700 Kilometern.

A 911 Carrera S Cabriolet in April 2012 stopping for fuel on Gran Canaria. With an average consumption of 8.7 litres per 100 km (with PDK) and a tank capacity of 64 litres, this Eleven convertible has a range of over 700 kilometres.

Une 911 Carrera S Cabriolet au moment de faire le plein à Grande Canarie en avril 2012. La consommation moyenne de 8,7 l/100 km (avec PDK) et les 64 litres de capacité du réservoir assurent à cette décapotable une autonomie de plus de 700 km.

Un 911 Carrera S Cabriolet en una gasolinera de Gran Canaria en abril de 2012. Considerando el consumo promedio de 8,7 litros a los 100 km (con PDK) y el depósito de 64 litros, el 911 descapotable tiene una autonomía superior a los 700 kilómetros.

2012 年 4 月，一台 911 Carrera S Cabriolet 在大加那利岛上等待加油。配备 PDK 双离合器变速箱的车型百公里平均油耗为 8.7 升，也就是说，当容量 64 升的油箱加满后，这台 911 可以一口气跑上 700 多公里。

911 CARRERA CABRIOLET

2012

Ein 911 Carrera Cabriolet in der Farbe Lichtgrün wartet in der Wagenauslieferung in Zuffenhausen auf seinen neuen Besitzer.

A 911 Carrera Cabriolet in Light Green waits in the Zuffenhausen car delivery area for its new owner.

Une 911 Carrera Cabriolet vert clair attend son nouveau propriétaire au département livraison de Zuffenhausen.

Un 911 Carrera Cabriolet de color verde luminoso aguarda a su nuevo propietario en la central de entrega de coches de Zuffenhausen.

一台浅绿色涂装的 911 Carrera Cabriolet 在祖文豪森的交车大厅里静候主人的到来。

911 CARRERA S CABRIOLET

2012

Die Verdeckmechanik der 911 Cabriolets besteht fast vollständig aus Aluminium und Magnesium. Zusammengefaltet baut es mit 230 mm Höhe und 550 mm Länge äußerst kompakt.

The top raising and lowering mechanism of the 911 Cabriolet is made almost entirely of aluminium and magnesium. When folded it is extremely compact, only 230 mm high and 550 mm long.

Le mécanisme de la capote de la 911 Cabriolet est fabriqué presqu'en totalité en aluminium et en magnésium. Une fois replié, l'encombrement n'est que de 230 mm en hauteur et de 550 mm en longueur.

El mecanismo de la capota del 911 Cabriolet es casi completamente de aluminio y magnesio. Una vez plegada la capota, apenas ocupa un espacio de 230 mm de altura y 550 mm de largo.

911 Cabriolet 顶篷的机械装置几乎全部由铝镁金属制成。收起时，整套机械装置高度仅为 230mm，长 550 mm，十分紧凑。

911 CARRERA CABRIOLET

2012

Das Verdeck des neuen 911 Carrera Cabriolets wurde komplett neu konstruiert und erreicht jetzt nahezu die Dachlinie des Coupés. Es kann innerhalb von nur 13 Sekunden bis zu einer Geschwindigkeit von 50 km/h geöffnet und geschlossen werden.

The top of the new 911 Carrera Cabriolet was completely redesigned to almost reach the Coupé roofline. It opens and closes in just 13 seconds at speeds of up to 31 mph.

La capote de la nouvelle 911 Carrera Cabriolet, complètement réétudiée, correspond désormais parfaitement à la ligne du toit du coupé. Elle s'ouvre et se ferme en seulement 13 secondes, jusqu'à une vitesse de 50 km/h.

La forma de la capota del nuevo 911 Carrera Cabriolet es completamente nueva y es ahora casi igual a la del techo del coupé. La capota puede abrir y cerrarse en apenas 13 segundos a una velocidad de hasta 50 km/h.

新款 911 Carrera Cabriolet 的顶篷经过全新设计，基本与 Coupé 车型的车顶线条吻合。在时速 50 km/h 以下时，顶篷可在 13 秒内完全打开或关闭。

911 CARRERA 4 CABRIOLET

2012

Ende 2012 kam der 911 Carrera 4 der neuen Generation 991 auf den Markt. Seit Einführung des Allradantriebs beim Elfer im Jahr 1988 ist dies bereits die fünfte Generation der vierradgetriebenen 911.

The new Generation 991 of the 911 Carrera 4 came on the market in late 2012. It was the fifth generation of four-wheel drive 911s since the original introduction of the all-wheel drive Eleven in 1988.

La 911 Carrera 4 de la nouvelle génération 991 arrive sur le marché vers la fin de l'année 2012. C'est déjà la cinquième génération des 911 à quatre roues motrices depuis 1988, année de l'introduction de la transmission intégrale pour la 911.

El 911 Carrera 4 de la nueva generación 991 se lanzó al mercado a finales del año 2012. Desde que se introdujo el sistema de tracción total en el 911 en el año 1988, esta es ya la quinta generación del 911 con tracción en las cuatro ruedas.

2012 年底，991 系列的 Carrera 4 车型上市。这是自 1988 年四驱版本推出以来的第五代四轮驱动 911 车型。

911 CARRERA 4 CABRIOLET

2012

Aus 162 Einzelbildern verschiedenster 911 entstand im Jahr 2012 dieses Fotokunstwerk, das die Heckansicht des neuen 911 der Baureihe 991 zeigt.

This piece of photo art was made in 2012 using 162 individual shots of all sorts of 911s. It shows the rear of a new 991 series 911.

162 photos d'une multitude de 911 auront permis en 2012 de réaliser cette œuvre d'art qui représente l'arrière de la nouvelle 991.

Esta fotografía artística del año 2012, que muestra la zaga del nuevo 911 tipo 991, está compuesta por 162 fotografías individuales.

这幅摄影艺术作品诞生于 2012 年，由 162 张各种型号的 911 的照片组合而成，呈现了新款 991 系列车型的后视效果。

911 CLUB COUPÉ

2012

Designskizze des 911 Club Coupé von 2012, gezeichnet von Porsche-Designer Grant Larson.

A design sketch of the 2012 911 Club Coupé by Porsche designer Grant Larson.

Croquis de style pour la 911 Club Coupé de 2012, de la main de Grant Larson, styliste chez Porsche.

Esbozo del diseño del 911 Club Coupé del año 2012, dibujado por Grant Larson, diseñador de Porsche.

保时捷设计师 Grant Larson 绘制的 2012 年款 911 Club Coupé 车型的草图。

911 CLUB COUPÉ

2012

911 Club Coupé 2012 in der Sonderausstellung »60 Jahre Porsche Clubs« im Porsche-Museum. Als Basis für das Club Coupé diente der Porsche 911 Carrera S, der mit einer umfangreichen Individualausstattung veredelt wurde.

2012 911 Club Coupé as part of the "60 Years of Porsche Clubs" special exhibition at the Porsche Museum. The Club Coupé was based on the Porsche 911 Carrera S and upgraded with extensive special features.

Une 911 Club Coupé 2012 est présentée au musée Porsche lors de l'exposition temporaire « Soixante ans des Clubs Porsche ». Cette Club Coupé est réalisée sur la base de la 911 Carrera S, à laquelle s'ajoute une liste impressionnante d'options et d'équipements spéciaux.

El 911 Club Coupé del año 2012 en la exposición especial «60 años clubes de Porsche» en el museo de la marca. El Club Coupé se basó en el Porsche 911 Carrera S, mejorado con numerosos equipos opcionales para la personalización de los coches de la marca.

2012 年款 911 Club Coupé 在保时捷博物馆举办的 "保时捷俱乐部 60 周年" 专题展览上展出。这款 Club Coupé 以保时捷 911 Carrera S 为基础打造，增加了大量个性化配置，彰显其不凡品质。

911 CLUB COUPÉ

2012

Im Rahmen einer Feier anlässlich des Jubiläums »60 Jahre Porsche Clubs« präsentierte Porsche das 911 Club Coupé. Das Sondermodell wurde lediglich 13 Mal gefertigt.

Porsche presented the 911 Club Coupé at a celebration for the "60 Years of Porsche Clubs" anniversary. Just 13 of this special model were made.

Présentation de la 911 Club Coupé dans le cadre d'une réception à l'occasion des « Soixante ans des Clubs Porsche ». Cette édition spéciale ne sera construite qu'en treize exemplaires.

Porsche presentó el 911 Club Coupé durante el evento organizado con motivo del aniversario «60 años clubes de Porsche». De este modelo especial únicamente se fabricaron 13 ejemplares.

在"保时捷俱乐部 60 周年"的庆祝活动上，保时捷隆重推出了这款 911 Club Coupé 车型。这个特别版本仅仅生产了 13 台。

911 CARRERA COUPÉ

2012

Schon immer war ein Porsche 911 auch ein Kindertraum, was diese Werbeanzeige aus dem Jahr 2012 in England einmal mehr unterstreicht.

The Porsche 911 was always a dream car for children, as this 2012 English advertisement underlines once again.

Depuis toujours, la Porsche 911 fait rêver les enfants. Cette publicité de 2012, affichée en Angleterre, traduit bien ces rêves nostalgiques.

El Porsche 911 siempre fue un coche de ensueño para los niños. Así lo confirma este aviso publicitario inglés del año 2012.

保时捷 911 是许多人儿时的梦想——2012 年的这则英国广告再次印证了这一点。

911 CARRERA COUPÉ

2012

Im Januar 2012 posierten vier Porsche 911 Carrera der Generation 991 im arabischen Dubai für ein Gruppenfoto.

In January 2012 four generation 991 Porsche 911 Carreras posed for a group photo in Dubai.

Quatre Porsche 911 Carrera génération 991 posent pour une photo de groupe à Dubaï en janvier 2012.

Cuatro Porsche 911 Carrera de la generación 991 posando en 2012 en el circuito árabe de Dubái.

2012 年 1 月，4 台 991 系列的 911 Carrera 在迪拜合影。

911 CARRERA 4 COUPÉ / 911 CARRERA 4S COUPÉ

2012

Ein 911 Carrera 4 und ein 911 Carrera 4S trafen sich im November zu einem Fotoshooting in England. Bei typisch englischem Wetter, versteht sich.

A 911 Carrera 4 and a 911 Carrera 4S met in November in England for a photoshoot. The weather was classically English.

L'Angleterre en novembre – météo so British au rendez-vous pour cette séance photo avec une 911 Carrera 4 et une Carrera 4S.

Sesión fotográfica con el 911 Carrera 4 y el 4S en Inglaterra. Se sobreentiende que con las condiciones climatológicas propias del país.

911 Carrera 4 和 911 Carrera 4S 在 11 月份的英国相约出镜。背景当然离不了阴雨连绵的英国天气。

911 CARRERA 4S COUPÉ / 911 CARRERA 4 CABRIOLET

2012

Sowohl das 911 Carrera 4S Coupé wie auch das 911 Carrera 4 Cabriolet zieren jeweils das durchgängige rote Leuchtband am Heck. Ein Stilmittel, das Porsche bereits Mitte 1973 mit Erscheinen der G-Serie einführte und heute kennzeichnend für die allradgetriebenen 911 ist.

Both the 911 Carrera 4S Coupé and the 911 Carrera 4 Cabriolet feature the solid brake light bar on the rear. Porsche introduced this styling touch in 1973 with the G Series, and today it is a distinctive mark of the all-wheel drive 911.

La 911 Carrera 4S Coupé et la 911 Carrera 4 Cabriolet sont parées à l'arrière de cette bande lumineuse qui intègre tous les feux. C'est un élément de style que Porsche introduit dès 1973 avec la série G et qui distingue aujourd'hui tous les véhicules 911 à quatre roues motrices.

Tanto el 911 Carrera 4S como el 911 Carrera 4S Cabriolet tienen un listón rojo luminoso ininterrumpido en la zaga. Un elemento estilístico que Porsche introdujo a mediados del año 1973 con la serie G y que actualmente identifica a los modelos del 911 provistos de tracción total.

911 Carrera 4S Coupé 和 911 Carrera 4 Cabriolet 的尾部均带有一条红色灯带。早在 1973 年年中推出 G 系列时，保时捷便开始采用此装饰元素，如今它已成为所有四驱版 911 的标志。

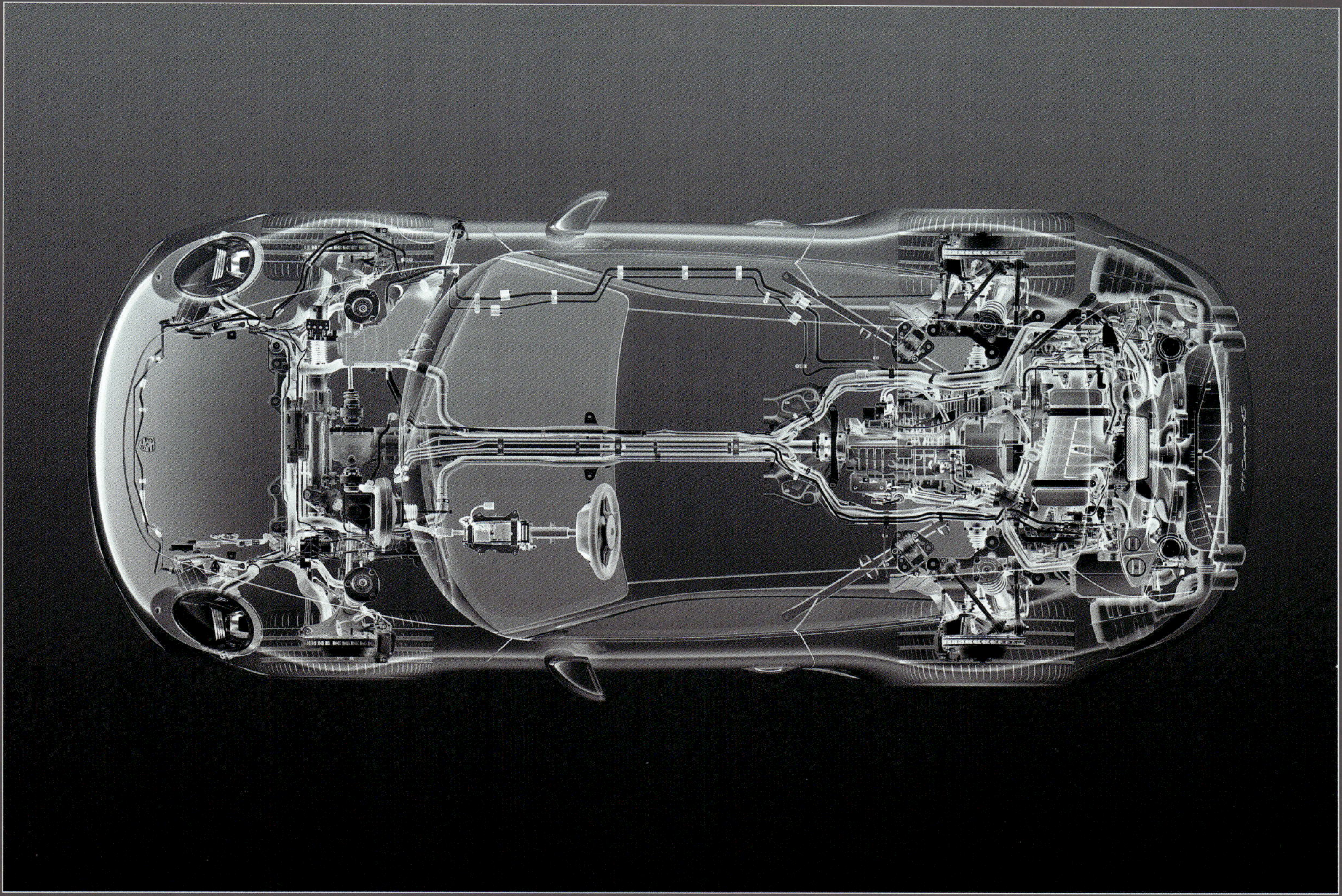

911 CARRERA 4S COUPÉ

2012

Röntgendarstellung eines 911 Carrera 4S. Die neuen Allrad-Elfer sind mit dem Porsche Traction Management (PTM) der jüngsten Generation ausgestattet.

X-ray view of a 911 Carrera 4S. The new all-wheel Elevens are equipped with the latest generation Porsche Traction Management (PTM).

Radiographie d'une 911 Carrera 4S. Les nouvelles 911 à transmission intégrale sont équipées de la dernière génération du système PTM (Porsche Traction Management).

Imagen transparentada del 911 Carrera 4S. Los nuevos 911 con tracción total están provistos del sistema de gestión de la tracción PTM (Porsche Traction Management) de última generación.

911 Carrera 4S 的透视图。新款四驱 911 车型配备了最新一代的保时捷牵引力控制管理系统（PTM）。

911 CARRERA COUPÉ

2012

Traktionsprobleme waren für den Elfer schon immer ein Fremdwort. Für die 991-Modelle hielt Porsche Tequipment zudem von Beginn an die richtige Winterbereifung parat, wie diese Anzeige für den US-Markt belegt.

Traction was never an issue for the Eleven. For the 991 models Porsche Tequipment had the right winter tyres ready from the start, as this advertisement for the US market shows.

Problèmes de traction? La Onze n'en a jamais connu ! D'ailleurs, comme le montre cette publicité pour le marché américain, Porsche Tequipement propose d'entrée de jeu les bons pneumatiques hiver pour la 991.

El 911 nunca tuvo problemas de tracción. Porsche Tequipment ofreció desde un principio neumáticos de invierno apropiados para el 991, tal como demuestra este aviso publicitario estadounidense.

充足的抓地力对于 911 来说从来不是问题。正如这则美国市场发布的广告所述，保时捷精装配件系列从一开始就为 991 系列准备了合适的冬季轮胎。

911 CARRERA COUPÉ

2012

Ein 911 Carrera Coupé auf den Straßen von Tokio im September 2012. Im Hintergrund ist der imposante »Sky Tree«-Wolkenkratzer zu erkennen.

A 911 Carrera Coupé on the streets of Tokyo in September 2012. The imposing "Sky Tree" skyscraper can be seen in the background.

Une 911 Carrera Coupé sur les routes de Tokyo en septembre 2012. A l'arrière-plan : le Sky Tree, l'un des gratte-ciels les plus impressionnants de la capitale japonaise.

Un 911 Carrera en las calles de Tokio en septiembre de 2012. Al fondo, el impresionante rascacielos »Sky Tree«.

2012 年 9 月，一台 911 Carrera Coupé 行驶在东京街头。背景中是高高矗立的东京晴空塔。

911 CARRERA COUPÉ

2012

An diesem 911 ist die Keramikbremse gut zu erkennen, die als Sonderausstattung angeboten wird. Ausschließlich die PCCB-Anlage verfügt über die in Gelb beschichteten Bremssättel.

The ceramic brake of this 911 can be easily seen and is offered as an option. Only the PCCB system has the yellow coated brake calipers.

On reconnaît bien sur cette 911 les freins en céramique proposés en option. Seul le système de frein PCCB est doté de ces étriers de freins peints en jaune.

En este 911 se aprecian claramente los frenos de cerámica, ofrecidos como equipo opcional. Únicamente el sistema de frenos PCCB cuenta con mordazas de color amarillo.

从这张照片上可以清楚地看到选装的陶瓷制动系统。只有保时捷陶瓷复合制动系统（PCCB）才配有黄色涂漆的制动卡钳。

911 CARRERA COUPÉ

2012

Mit der kompletten Neukonstruktion des 991 ging auch eine deutlich verbesserte Beleuchtung mit optimierter Lichtausbeute, gleichmäßigerer Ausleuchtung und serienmäßigem LED-Tagfahrlicht einher.

The complete redesign of the 991 included noticeably improved lighting with better light output, more even illumination and standard LED daytime running lights.

Les ingénieurs de Porsche ont profité de la révision complète de la 911 pour augmenter très sensiblement le rendement lumineux des phares de la 991 : la route est éclairée de manière plus homogène, et les feux de jour sont à LED de série.

El 991 completamente nuevo incluye un sistema de iluminación optimizado, de mayor eficiencia lumínica, iluminación de mayor alcance y más homogénea, además de luz de conducción diurna de diodos luminosos de serie.

全新 991 系列的照明系统全面升级——照明效率更高、光线分布更均匀、LED 日间行车灯作为标准配置提供。

911 CARRERA COUPÉ

2012

Klare Linien, große Tradition: Ein 911 Carrera Coupé im September 2012 vor der berühmten Tempelanlage im Tokioter Stadtteil Asakusa.

A grand tradition of clean lines: A 911 Carrera Coupé in front of the famous temple area in the Asakusa area of Tokyo in September 2012.

Sobriété des lignes, importance de la tradition : Une 911 Carrera Coupé en septembre 2012 devant le célèbre temple bouddhiste du quartier Asakusa à Tokyo.

Nítido trazado de las líneas que albergan una gran tradición. Un 911 Carrera en septiembre de 2012 delante del famoso templo del distrito de Asakusa de Tokio.

线条简约，传统深厚——2012 年 9 月，一台 911 Carrera Coupé 停放在东京浅草区著名的浅草寺前。

911 CARRERA COUPÉ

2012

911 Carrera Coupé von Januar 2012, aufgenommen in England – natürlich als Rechtslenker!

A 911 Carrera Coupé in January 2012 in England – naturally with right-hand steering!

Une 911 Carrera Coupé de janvier 2012, photographiée en Angleterre – avec conduite à droite, bien évidemment…

911 Carrera Coupé de enero de 2012. Fotografía tomada en Inglaterra y, lógicamente, el coche tiene el volante en el lado derecho.

2012 年 1 月在英国拍摄到的 911 Carrera Coupé——当然是一台右舵车型!

911 CARRERA S COUPÉ

2012

Das Fotomotiv dieser Anzeige der Porsche Sport Driving School für den französischen Markt wurde 2012 in Le Mans aufgenommen. Bereits seit 1951 startet Porsche dort in ununterbrochener Folge beim legendären 24-Stunden-Rennen.

The photo used in this Porsche Sport Driving School advertisement for the French market was taken in Le Mans in 2012. Porsche has run in this legendary 24 hour race every year since 1951.

La photo pour cette annonce de l'école de conduite sportive Porsche, destinée au marché français, a été prise au Mans en 2012. Depuis 1951, Porsche n'a jamais raté le départ des légendaires 24 Heures.

La fotografía de este aviso publicitario francés de la escuela de conducción deportiva de Porsche se tomó en 2012 en Le Mans. Porsche participa en ese circuito en la legendaria carrera de resistencia de 24 horas desde el año 1951.

2012 年，为了在法国市场宣传运动驾驶体验，保时捷在勒芒赛道拍摄了这张照片。保时捷自 1951 年起就开始征战富有传奇色彩的勒芒 24 小时耐力赛，从未中断。

911 CARRERA S COUPÉ

2012

Geschichte widerhole sich nicht, heißt es landläufig. Beim Porsche 911 könnte man auch anderer Meinung sein, wie diese 2012 in Nebraska, USA, erschienene Anzeige belegt.

They say history doesn't repeat itself, but the Porsche 911 might convince you differently, as shown by this advertisement from 2012 which appeared in Nebraska, USA.

L'histoire ne se répète pas, veut-on nous faire croire. S'agissant de la Porsche 911, on peut ne pas partager cet avis. Cette annonce parue en 2012 au Nebraska (USA) le confirme.

Se suele decir que la historia no se repite. Pensando en el Porsche 911, bien podría afirmarse lo contrario. Así lo afirma este aviso publicitario de Nebraska (EE.UU.) de 2012.

人们常说，历史不会重演。然而保时捷 911 却打破常规，促使人们改变了这一观念——2012 年美国内布拉斯加州发布的这则广告印证了这一点。

911 CARRERA S COUPÉ

2012

»Identitätsfindung in drei Ziffern. Der neue 911« Diese deutsche Werbeanzeige aus dem Jahr 2012 thematisiert den Mythos der legendären Ziffernfolge 9-1-1.

“Find your identity in three digits. The new 911”. This German advertisement from 2012 plays off the myth of the legendary 9-1-1 numbers.

Trois chiffres qui définissent une identité : celle de la nouvelle 911. Publicité allemande de 2012 axée sur le mythe des trois chiffres : 9-1-1.

«Identidad definida por tres cifras. El nuevo 911». El aviso publicitario alemán del año 2012 hace referencia al mito que representan los números 9-1-1.

“新款 911，三个数字书写的自我传奇。”——9-1-1 这串神奇的数字，构成了这则 2012 年德国广告的主题。

911 CARRERA 4S CABRIOLET

2012

Der Ausbund an Fahrspaß, hoher Dynamik und zügellosem Frischluft-Genuss spiegelt sich auch in dieser Anzeige für das neue 911 Carrera 4 Cabriolet im Jahre 2012 wider.

The abundant driving fun, sheer dynamism and unrestrained fresh air enjoyment of the new 911 Carrera 4 Cabriolet are reflected in this 2012 advertisement.

Autre publicité pour la nouvelle 911 Carrera 4 Cabriolet exaltation du plaisir de conduire, du dynamisme et de la joie de rouler cheveux au vent.

El aviso publicitario del nuevo 911 Carrera 4 Cabriolet del año 2012 refleja la máxima expresión del placer de conducir un coche muy dinámico con la capota abierta.

无论驾驶乐趣、强劲动感，还是清风拂面的纵情享受——新款 911 Carrera 4 Cabriolet 在各方面均可称为典范。2012 年的这则广告就这一主题做了详尽的阐释。

911 CARRERA S COUPÉ

2012

Diese Anzeige für den 911 Carrera erschien 2012 in Florida/USA. Mit der Rennstrecke von Daytona besitzt der US-Bundesstaat einen der berühmtesten Rennkurse der Welt, auf dem Porsche schon zahlreiche Siege feiern durfte.

This ad for the 911 Carrera came out in 2011 in Florida. The Daytona course in that state is one of the world's most famous, and Porsche has won many victories there.

Cette annonce pour la 911 Carrera est passée en 2012 en Floride (USA). C'est ici que se trouve l'un des circuits les plus célèbres du monde – Daytona. Porsche y a remporté de nombreuses victoires.

Este aviso publicitario del 911 Carrera se publicó en Florida (EE.UU.) en el año 2012. El circuito de Daytona, uno de los más conocidos del mundo, se encuentra en este estado norteamericano. Porsche pudo festejar allí numerosas victorias.

2012 年在美国佛罗里达州发布的 911 Carrera 的广告。佛罗里达州的戴通纳赛道是全球最富盛名的赛道之一，保时捷曾多次在此夺冠。

911 CARRERA S COUPÉ

2012

Ein 911 Carrera S Coupé in Dubai. Der spektakulären Leuchtkulisse begegnete der Elfer hier mit eingeschaltetem Fahrlicht und illuminiertem Innenraum.

A 911 Carrera S Coupé in Dubai. It responds to the spectacular backdrop of light with its own driving lights and illuminated interior.

Une 911 Carrera S Coupé à Dubaï. La Onze se confronte à ce panorama lumineux spectaculaire avec ses feux allumés et l'habitacle éclairé.

Un 911 Carrera S en Dubái. El 911 con los faros encendidos y la luz del habitáculo prendida, sobre el espectacular telón de fondo de las modernas edificaciones iluminadas.

在迪拜梦幻般的夜景下，一台 911 Carrera S Coupé 打开了大灯和车内照明，与壮观奇丽的灯海交相辉映。

911 CARRERA S COUPÉ

2012

Zwei 911 Carrera S Coupés beim abendlichen Fotoshooting im Januar 2012 am Porscheplatz in Stuttgart-Zuffenhausen. Rechts das Werk 2, links die Porsche Werksniederlassung.

Two 911 Carrera S Coupés on an evening photoshoot in January 2012 at the Porscheplatz in Stuttgart-Zuffenhausen. On the right is Works 2, on the left the Porsche works dealership.

Deux 911 Carrera S Coupé lors d'une séance photo nocturne à Stuttgart-Zuffenhausen. A droite l'usine 2, à gauche la concession Porsche de l'usine.

Dos 911 Carrera S al atardecer, un día de enero de 2012 en la Plaza Porsche en Stuttgart-Zuffenhausen. A la derecha, la planta 2 de Porsche; a la izquierda, la filial de Porsche.

2012 年 1 月，在斯图加特-祖文豪森的保时捷广场上，拍摄夜色中的两台 911 Carrera S Coupé。背景中左边是保时捷第二工厂，右边是一家直营保时捷中心。

911 CARRERA 4S COUPÉ

2012

Ein Höchstmaß an Fahrdynamik bietet der Porsche 911 seit Generationen nicht nur auf trockenem Asphalt, sondern auch auf Eis und Schnee. Besondere Elfer-Erlebnisse vermittelt diesbezüglich die Porsche Sport Driving School wie hier in Finnland mit einem 911 Carrera 4S Coupé.

For generations, the Porsche 911 has offered the highest level driving dynamics on dry asphalt as well as on ice and snow. The Porsche Sport Driving School offers special Eleven experiences, like here in Finland with a 911 Carrera 4S Coupé.

Depuis des générations, la Porsche 911 offre un maximum de dynamisme non seulement sur routes sèches, mais aussi sur neige et verglas. A cet égard, l'école de conduite sportive Porsche offre une expérience de la Onze bien particulière – comme le montre cette scène avec une 911 Carrera 4S Coupé en Finlande.

Todas las generaciones del 911 se distinguieron por máximo dinamismo, no solamente sobre asfalto, sino también sobre hielo y nieve. Asistiendo a uno de los cursos de la escuela de conducción deportiva de Porsche pueden experimentarse sensaciones extraordinarias en condiciones invernales. Como en este caso, con un 911 Carrera 4S en Finlandia.

一代又一代的 911，不仅能在干燥的沥青路面上飞速疾驶，也能在冰天雪地里纵情驰骋。保时捷运动驾驶体验所传递的是非同寻常的 911 体验。瞧，这就是 911 Carrera 4S Coupé 在芬兰的冰雪世界纵横的画面。

911 GT3 CUP

2013

Für den Supercup 2013 entstand der 911 GT3 Cup. Sein Motor leistet 460 PS aus 3.8 Litern Hubraum und damit 10 PS mehr als sein Vorgänger. Die Bremsanlage wurde neu entwickelt und verzögert nun mit 380 mm großen Bremsscheiben.

The 911 GT3 Cup was developed for the 2013 Supercup. Its 3.8 litre engine developed 460 hp, 10 more than its predecessor. The brake system was newly designed and now stopped the car using 380 mm brake discs.

La 911 GT3 Cup est conçue pour la Supercup 2013. Le moteur de 3.8 l, développe 460 ch, soit 10 de plus que son prédécesseur. Le système de freinage est remanié et désormais doté de disques de 380 mm.

El 911 GT3 Cup, creado para la Supercup 2013. Su motor de 3.800 cc tiene una potencia de 460 CV, 10 CV más que su antecesor. El sistema de frenos es nuevo y ahora cuenta con discos de 380 mm.

这款 911 GT3 Cup 赛车专为 2013 年度保时捷超级杯赛事（Porsche Supercup）打造，搭载 3.8 升发动机，输出功率可达 460 hp，相比前代车型提高了 10 hp。制动系统经过全新开发，采用直径 380 mm 的制动盘，制动性能更加卓越。

911 GT3 CUP

2013

Bei der Entwicklung des 911 GT3 Cup ging die Steigerung der Performance mit noch mehr Sicherheit für den Fahrer einher. So erhielt er unter anderem auch einen neuen Rennschalensitz, der im Kopf- und Schulterbereich besonders ausgeformt ist.

When developing the 911 GT3 Cup, as much attention was paid to boosting driver safety as to boosting performance. Amongst other things, this meant a new racing bucket seat with a specially shaped head and shoulder area.

La conception de la 911 GT3 Cup permet non seulement d'augmenter les performances, mais aussi d'améliorer la sécurité du pilote. Le nouveau siège baquet de course bénéficie d'un profil inédit au niveau de la tête et des épaules.

El trabajo de desarrollo del 911 GT3 Cup se dedicó a aumentar las prestaciones del coche y, a la vez, ofrecer al conductor un mayor nivel de seguridad. Entre otros, cuenta ahora con una butaca de carreras que ofrece una mayor sujeción lateral a la altura de la cabeza y de los hombros.

911 GT3 Cup 赛车在研发中兼顾赛道性能和车手安全两个方面。专为新款赛车配备的新型座椅，在头部和肩部采用了特别设计。

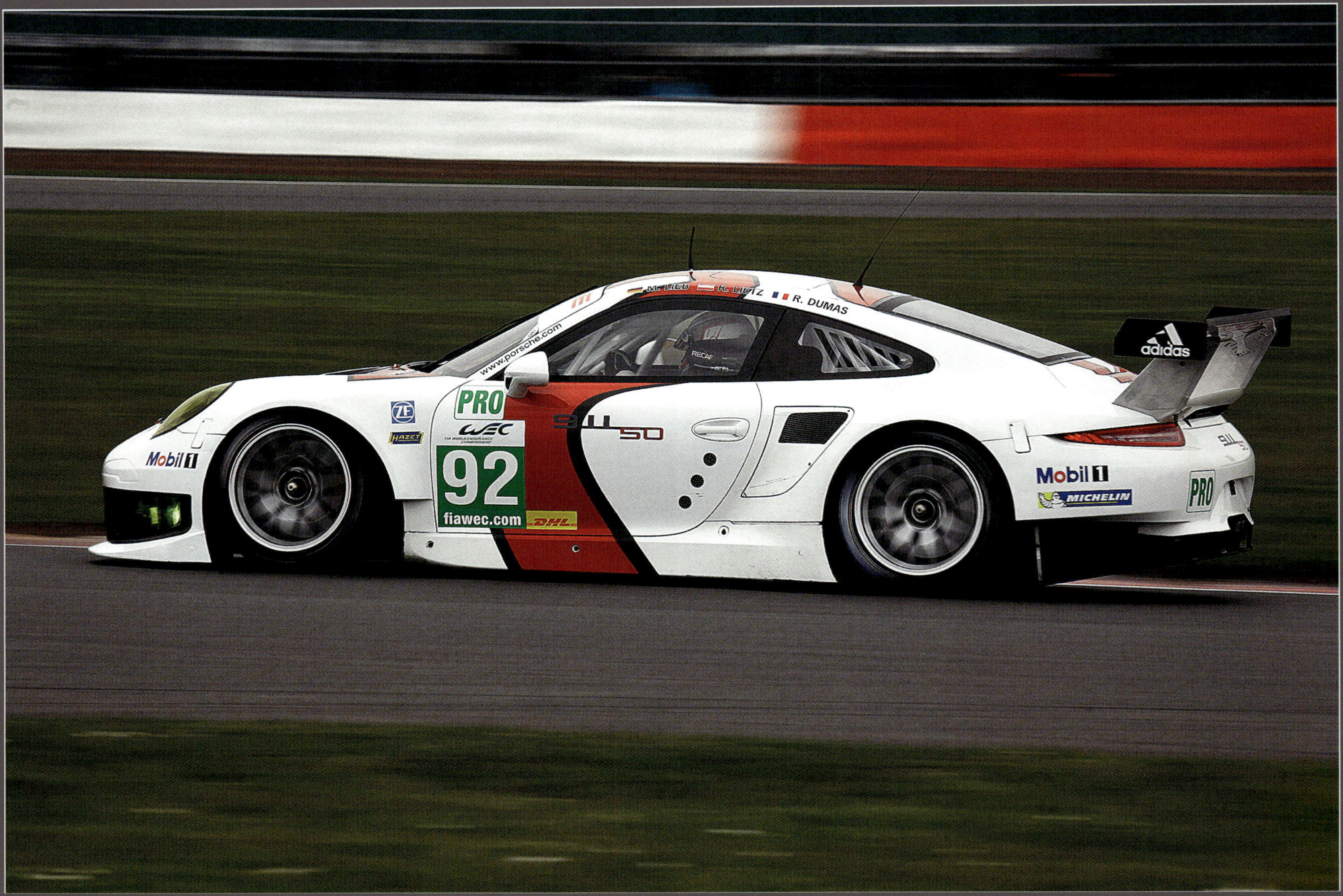

911 RSR

2013

Der neue 911 RSR auf Basis des 991 wurde konsequent als Rennfahrzeug entwickelt. Insbesondere den Abtriebswerten kam hier eine wesentliche Bedeutung zu.

The new 991-based 911 RSR was designed with a rigorous focus on racing, and negative lift got special attention.

Conçue sur la base de la 991, la nouvelle 911 RSR est un bolide sans compromis. L'appui aérodynamique revêt une importance toute particulière.

El nuevo 911 RSR sobre la base del 991 fue concebido desde un principio y de manera consecuente como coche de carreras. Se le concedió especial importancia al aumento de la presión aerodinámica sobre los ejes.

以 991 为基础开发的新款 911 RSR，是一架不折不扣的赛道机器，获得理想的下压力数值是它孜孜不倦的追求。

911 RSR

2013

Der 911 RSR im April 2013 beim ersten Lauf in Silverstone. Als Nachfolger des erfolgreichen 911 GT3 RSR, mit dem Porsche-Kundenteams seit 2004 zahlreiche Siege und Titelgewinne feierten, zeichnet er sich durch konsequenten Leichbau und eine ausgefeilte Aerodynamik aus

The 911 RSR in April 2013 on its first run at Silverstone. As the successor to the high-performing 911 GT3 RSR, with which Porsche customer teams had won many victories and titles since 2004, it was rigorously designed for low weight and sophisticated aerodynamics.

La 911 RSR en avril 2013, lors de sa première course à Silverstone. Héritière de la légendaire 911 GT3 RSR qui avait valu tant de succès aux équipes des clients Porsche depuis 2004, elle brille par sa construction résolument légère et une aérodynamique poussée à l'extrême.

El 911 RSR se estrenó en abril de 2013 en Silverstone. El sucesor del 911 GT3 RSR, con el que varias escuderías de clientes de Porsche lograron ganar numerosas carreras y hacerse de varios títulos desde 2004, se distingue por el uso consecuente de materiales ligeros e ingeniosas soluciones aerodinámicas.

2013 年 4 月，新款 911 RSR 首次出征银石赛道。自 2004 年问世以来，911 GT3 RSR 便为保时捷客户车队夺得多次胜利，战绩显赫。新款车型将轻量化做到每个细节，其空气动力学性能卓越非凡。

911 RSR

2013

Der neue 911 RSR der Generation 991 wurde 2013 exklusiv bei der WEC (World Endurance Championship) eingesetzt. Im Jubiläumsjahr des Elfers ist er im Design »50 Jahre Porsche 911« lackiert.

In 2013 the new 991 Generation 911 RSR was used exclusively at the WEC (World Endurance Championship). In this anniversary year of the Eleven, it is painted in the “50 Years of the Porsche 911” design.

La nouvelle 911 RSR de la génération 991 est alignée en exclusivité en 2013 dans les courses du WEC (Championnat du monde d’endurance). A l’occasion de l’anniversaire de la Onze, elle est peinte aux couleurs des « 50 ans de Porsche 911 ».

El nuevo 911 RSR de la generación 991 fue utilizado en el año 2013 exclusivamente en el WEC (World Endurance Championship). En el año del aniversario del 911 lleva los colores conmemorativos que festejan los «50 años Porsche 911».

这台 991 系列的 911 RSR 仅用于参加 2013 年度世界耐力锦标赛（WEC)，为庆祝 911 诞生 50 周年，特别采用了“保时捷 911 50 周年” 涂装。

911 RSR

2013

Der 911 RSR 2013 beim Boxenstopp anlässlich der Fahrtests auf der französischen Rennstrecke Paul Ricard. Besonders effizient arbeitet der zentral im Vorderwagen platzierte Kühler, besonders beeindruckend ist die immense Spur- und Karosseriebreite des Langstrecken-Renners.

The 911 RSR in 2013 at a pit stop during drive testing on France's Paul Ricard racetrack. The radiator in the front centre is especially efficient, and the immense track and body width of this long-distance racer are particularly impressive.

Arrêt dans les stands de la 911 RSR 2013 au moment des essais sur le circuit Paul Ricard. Le radiateur, situé en position centrale à l'avant du véhicule, est particulièrement efficace. Ce bolide d'endurance impressionne par les dimensions énormes de ses voies et de sa carrosserie.

El 911 RSR 2013 en pits durante las pruebas realizadas en el circuito francés Paul Ricard. El radiador montado en la parte central delantera del coche es especialmente eficiente. Impresiona la gran distancia entre ruedas y el enorme ancho de la carrocería de este coche para carreras de resistencia.

2013 年 911 RSR 在法国保罗里卡德（Paul Ricard）赛道上试车时的进站照片。这台长跑高手安装在车辆前端中央的冷却器效率极高，宽轮距和宽体车身令人印象深刻。

911 GT3

2013

Im Jubiläumsjahr des Elfers schlug Porsche jetzt ein neues Kapitel für rundstrecken-taugliche Hochleistungssport-wagen auf. Die fünfte Generation des 911 GT3 übernimmt als vollständige Neuentwicklung die Pole Position unter den reinrassigen Porsche-Serien-sportwagen mit Saugmotor.

For the anniversary of the Eleven, Porsche is opening a new chapter in race-worthy high-performance sports cars. The fifth generation of the 911 GT3 is totally redeveloped, and has taken the pole position among Porsche's purebred series production sports cars with naturally aspirated engines.

A l'occasion de l'anniversaire de la Onze, Porsche ouvre un nouveau chapitre pour les sportives hautement performantes et adaptées aux ovales. En pole position parmi les bolides Porsche de série à moteur atmosphérique: la cinquième génération de la 911 GT3.

En el año del aniversario del 911 se abre un nuevo capítulo para los modelos de altas prestaciones aptos para competir en circuitos de carreras. La quinta generación completamente nueva del 911 GT3 ocupa el primer lugar en la parrilla de salida de los deportivos de serie de Porsche con motor de aspiración.

时值 911 50 周年之际，保时捷开启了高性能跑车研发的新篇章。在众多配备自然进气发动机的保时捷纯正血统量产跑车中，第五代 911 GT3 取得了首发位置。

911 GT3

2013

Der neue 911 GT3 bietet exorbitante Motor- und Fahrleistungen: 475 PS, 0–100 km/h in 3,5 Sekunden und 315 km/h Höchstgeschwindigkeit. Erstmals erhielt der 911 GT3 eine aktive Hinterradlenkung, welche Agilität und Stabilität nochmals deutlich verbesserte.

The new 911 GT3 offers exorbitant engine and driving performance: 475 hp, 0 to 60 mph in 3.5 seconds, 197 mph top speed. It is the first with active rear-wheel steering, giving it notably better agility and stability.

La nouvelle 911 GT3 déborde de puissance et affiche des performances à couper le souffle : 475 ch, 0 à 100 km/h en 3,5 secondes et 315 km/h en pointe. C'est la première 911 GT3 à direction active de l'essieu arrière, qui apporte un gain notable d'agilité et de stabilité.

El nuevo 911 GT3 tiene un propulsor extremadamente potente y sus prestaciones son impresionantes: 475 CV, aceleración de 0 a 100 km/h en 3,5 segundos y velocidad máxima de 315 km/h. El 911 GT3 tiene por primera vez un sistema de dirección activa en las ruedas posteriores para acrecentar considerablemente la agilidad y estabilidad del coche.

新款 911 GT3 的发动机数据和驾驶性能令人瞠目结舌——输出功率 475 hp、零到百公里加速仅需 3.5 秒、最高时速可达 315 km/h。保时捷首次为 911 GT3 配备了后桥主动转向系统，从而再次大幅提升了操控灵活性和稳定性。

911 TURBO COUPÉ

2013

Passend zum 40-jährigen Jubiläum des 911 Turbo präsentierte Porsche mit der neuen Generation des 911 Turbo und Turbo S die technologische und fahrdynamische Spitze der Elfer-Baureihe.

Marking the 40th anniversary of the 911 Turbo, Porsche presented the new technological and driving dynamism culmination of the Eleven range with the latest generation of the 911 Turbo and Turbo S.

Un beau cadeau d'anniversaire : pour les 40 ans de la 911 Turbo, Porsche présente la nouvelle génération des 911 Turbo et Turbo S – porte-étendard des 911 pour la technologie et la dynamique de conduite.

Coincidiendo con el 40 aniversario del 911 Turbo, Porsche presentó la nueva generación del 911 Turbo y Turbo S, los modelos tope de la gama 911 por su avanzada tecnología y su comportamiento dinámico.

正值 911 Turbo 面世 40 周年之际，保时捷不失时机地推出了新一代 911 Turbo 和 Turbo S——911 系列中技术和驾驶性能的巅峰之作。

911 TURBO COUPÉ

2013

Neuer Allradantrieb, aktive Hinterachslenkung, adaptive Aerodynamik, Voll-LED-Scheinwerfer und der bis zu 560 PS starke Sechszylinder-Boxer mit doppelter Turboaufladung untermauern die Rolle der neuen 911 Turbo-Generation als Technologieträger.

New all-wheel drive, active rear axle steering, adaptive aerodynamics, all-LED headlights and a six-cylinder boxer engine with up to 560 hp and dual turbocharging fit the new 911 Turbo generation for its role as technological standard-bearer.

Nouvelle transmission intégrale, direction active de l'essieu arrière, aérodynamique adaptative, phares à LED et un moteur flat six à double turbocompresseur développant jusqu'à 560 ch : voilà ce qui fait de la nouvelle génération des 911 Turbo un véritable laboratoire de technologie.

Los modelos turbo de la nueva generación del 911 son portadores de la tecnología más avanzada. Así lo confirman el sistema de tracción total, la dirección activa en las ruedas traseras, los elementos aerodinámicos de adaptación automática, los faros de diodos luminosos y el motor bóxer de seis cilindros de hasta 560 CV con doble carga turbo.

全新四驱系统、后桥主动转向系统、自适应空气动力学系统、全 LED 大灯、输出功率高达 560 hp 的水平对置六缸双涡轮增压发动机——各种顶级配置令新一代 911 Turbo 处于技术领先地位。

911 SONDERMODELL »50 JAHRE 911«

2013

Den 50. Geburtstag des Elfers feiert Porsche auf der Internationalen Automobilausstellung (IAA) in Frankfurt mit einem ganz besonderen Sondermodell, dem Porsche 911 »50 Jahre 911« .

Porsche celebrates the 50th birthday of the Eleven at the International Motor Show (IAA) in Frankfurt with a very special model, the "50 Years of the 911" Porsche 911.

Rien d'étonnant à ce que Porsche célèbre le 50ème anniversaire de sa Onze au Salon international de Francfort (IAA), et ce avec un modèle spécial tout à fait particulier : la Porsche 911 « 50 ans de 911 ».

Porsche festeja el 50° aniversario del 911 en el salón internacional del automóvil de Fráncfort (IAA) con un modelo muy especial de edición limitada: el Porsche «50 años 911».

为了庆祝 911 诞生 50 周年，保时捷在法兰克福国际车展（IAA）上隆重推出了极具特殊意义的特别版车型——保时捷 911 50 周年纪念版。

911 SONDERMODELL »50 JAHRE 911«

2013

Wie der Ur-Elfer ist die Jubiläumsausgabe des 911 Carrera S ein Coupé mit Sechszylinder-Boxermotor im Heck und Hinterradantrieb. Die wertvolle Edition ist auf 1963 Exemplare limitiert, die Jahreszahl der 911-Weltpremiere.

Like the first 911, the anniversary edition of the 911 Carrera S is a Coupé with six-cylinder rear boxer engine and rear-wheel drive. This valuable edition is limited to 1963 cars to mark the year the 911 first came out.

Comme la toute première 911, le modèle anniversaire de la 911 Carrera S est un coupé équipé d'un moteur boxer à six cylindres à plat placé à l'arrière et à propulsion. Une édition hors norme, limitée à 1963 exemplaires, année de la sortie de la première 911.

Al igual que el 911 original, la edición especial del 911 Carrera S, que se ofrece con motivo del aniversario, es un coupé con motor bóxer de seis cilindros y tracción trasera. De este valioso modelo de edición limitada se ofrecerán únicamente 1963 ejemplares. Esta cantidad equivale al año del estreno mundial del primer 911.

与首款 911 车型一样，50 周年纪念版 911 Carrera S 采用硬顶车身设计，搭载后置的水平对置六缸发动机，采用后轮驱动。该纪念版车型极具收藏价值，全球限量 1,963 台，与 911 问世的年份数字相呼应。

911 CARRERA S COUPÉ »50 JAHRE 911«

2013

Auch im Innenraum finden sich Referenzen an den Ur-Elfer: Die Stoff-Mittelbahnen der Leder-/Stoff-Sitze zitieren das in den 1960er-Jahren gängige »Pepita«-Karo-Muster. Das Voll-Leder-Interieur trägt die Farben achatgrau oder schwarz mit Ziernähten teilweise in Kontrastfarbe.

The interior also pays its respects to the original Eleven. The cloth midsections of the leather and cloth seats quote the "Pepita" plaid popular in the 60s. The all-leather interior is in Agate Grey or Black with decorative seams, some in contrasting colours.

Côté habitacle, c'est également la première 911 qui renaît : les parties centrales des sièges, en tissu, rappellent le célèbre décor pied-de-poule particulièrement apprécié dans les années soixante. L'intérieur tout cuir, par contre, est proposé en gris agate ou noir, avec surpiqûres en contraste.

También el habitáculo incluye reminiscencias del 911 original. La franja central de la tapicería de los asientos de piel y tejido recuerda al diseño de rombos usual en la década de los años sesenta. El equipamiento completo de piel del habitáculo es de color gris ágata o negro con costuras embellecedoras, en parte de color contrastante.

纪念版在内饰上也借鉴了首款 911 的设计——真皮/织物座椅的中心采用织物面料，带有 60 年代流行的 "千鸟格" 图案。全真皮内饰采用玛瑙灰色或黑色，部分表面带有对比色装饰缝线。

911 CARRERA S COUPÉ »50 JAHRE 911«

2013

Tradition verplichtet: Die Beschriftung der Instrumente des Sondermodells ist wie vor 50 Jahren grün, die Zeiger weiß und die Achsen sind mit silbernen Kappen abgedeckt.

The tradition lives on: Like 50 years ago, the lettering on the instruments of the special edition is green, the needles white and the axes capped in silver.

Tradition oblige : du vert pour les instruments de bord de ce modèle anniversaire, comme il y a cinquante ans, du blanc pour les aiguilles et de l'argenté pour les cache moyeux.

Fiel a la tradición: las escalas y los números de los instrumentos del modelo especial son de color verde, las manecillas son de color blanco y las tapas de los cubos de las ruedas son de color plateado, tal como hace 50 años.

纪念版的仪表盘同样采用 50 年前首款车型上使用的绿色数字和刻度，指针也是白色，指针转轴的帽盖仍然采用银色——传统元素在纪念版的设计中随处可见。

911 TURBO CABRIOLET

2013

Die charakteristischen, weit ausladenden hinteren Kotflügel sind beim 911 Turbo nochmals 28 mm breiter als bei den Carrera-Modellen mit Allradantrieb. Besonders eindrucksvoll zur Geltung kommen sie bei geöffnetem Verdeck.

The characteristic projecting rear wings are 28 mm wider on the 911 Turbo than on the Carrera models with all-wheel drive. They look particularly impressive when the soft top is open.

Les ailes arrière de la 911 Turbo, au galbe si caractéristique, ont encore gagné 28 mm en largeur par rapport aux modèles Carrera à transmission intégrale. Elles sont particulièrement bien mises en valeur quand la capote est ouverte.

Los protuberantes guardabarros traseros característicos del 911 Turbo son 28 mm más anchos que los de los modelos Carrera con tracción total y resultan especialmente atractivos con la capota abierta.

相较于四轮驱动版Carrera车型，911 Turbo特有的突出式尾翼加宽了28 mm。特别是在软顶打开时，尾翼显得非常引人瞩目。

911 TURBO S COUPÉ

2013

Ein 560 PS starker Sechszylinder-Boxermotor mit Bi-Turboaufladung, ein komplett neues Leichtbau-Chassis, aktive Hinterachslenkung und auf 20 Zoll vergrößerte Räder lassen den 911 Turbo S in weniger als 7:30 Minuten um die Nürburgring-Nordschleife sprinten.

A 560 hp six-cylinder flat engine with twin turbo charging, a completely new lightweight chassis, active rear-axle steering and larger 20-inch wheels allow the 911 Turbo S to sprint around the North Loop of the Nürburgring in less than 7 minutes and 30 seconds.

Avec son moteur six cylindres à plat bi-turbo de 560 ch, un châssis allégé entièrement nouveau, des roues arrière directrices actives et des jantes portées à 20", la 911 Turbo S est capable de parcourir la boucle Nord du Nürburgring en moins de 7' 30".

El potente motor bóxer biturbo de seis cilindros y 560 CV, el chasis de construcción ligera completamente nuevo, la dirección independiente activa sobre el eje trasero y las grandes llantas de 20 pulgadas hacen que el 911 Turbo S logre realizar el sprint al anillo norte de Nürburgring en menos de 7:30 minutos.

560 hp六缸水平对置式双涡轮增压发动机、全新的轻质底盘、主动后桥转向搭配更大的20英寸车轮，使得 911 Turbo S在纽博格林北环赛道上的单圈成绩突破了7分30秒大关。

PORSCHE 911 TARGA 4

2014

Mit dem neuen 911 Targa führt Porsche eine Tradition fort. Die jüngste Generation der extravaganten 911-Variante verbindet erstmals die klassische Targa-Idee mit modernstem Dachkomfort.

Porsche continued a tradition in the new 911 Targa. The latest generation of the extravagant 911 version was the first to combine the classic Targa idea with the convenience of a highly advanced roof system.

La 911 Targa s'inscrit dans une tradition de longue date chez Porsche. La nouvelle génération de cette 911 extravagante concilie pour la première fois le concept de la Targa classique et le confort le plus moderne.

Porsche continuó la tradición con el nuevo 911 Targa. La generación más reciente de la extravagante variante del 911 combina, por primera vez, el concepto clásico Targa, desarrollado por Porsche, con una vanguardista y confortable tecnología de techo.

在新款 911 Targa上，保时捷延续了一个传统。最新一代 911极尽奢华，是首款将经典Targa理念与超先进车顶系统的操控便捷性相结合的车型。

PORSCHE 911 TARGA 4

2014

Die Rückkehr zum ursprünglichen Konzept mit dem charakteristischen, feststehenden Targa-Bügel lässt den Mythos 911 Targa in den neuen Modellen weiterleben. Sie führt die Targa-Tradition mit einem innovativen Dachkonzept fort.

A return to the original concept – with the characteristic, fixed Targa bar – gives new life to the 911 Targa legend in the new models. It continues the Targa tradition with an innovative roof concept.

Le retour à l'arceau Targa fixe, caractéristique du concept original, fait revivre le mythe 911 Targa au sein de la nouvelle gamme 911. Le système de toit innovant s'inscrit dans la grande tradition Targa.

El retorno al concepto original con el arco Targa fijo característico permite seguir viviendo al mito 911 Targa en los nuevos modelos continuando la tradición Targa con un innovador concepto de techo.

不忘初心，再现独具特色的固定式Targa杆设计，为新款 911 Targa注入了新的生命力。它以创新的车顶设计理念重新诠释了Targa传统。

PORSCHE 911 TARGA 4S

2014

Spitzenmodell ist der 911 Targa 4S mit 400 PS aus 3.8 Litern Hubraum. Er ist bis zu 296 km/h schnell und beschleunigt mit PDK und Sport Chrono-Paket auf 100 km/h in 4,4 Sekunden.

The top model is the 911 Targa 4S with 400 hp developed from 3.8 litres of engine displacement. It has a top speed of 183 mph and accelerates to 62 mph in 4.4 seconds with PDK and the Sport Chrono package.

Le modèle haut de gamme de la famille Targa est la 911 Targa 4S, affichant une puissance de 400 ch pour une cylindrée de 3,8 l. Pouvant atteindre une vitesse maximale de 296 km/h, elle passe de 0 à 100 km/h en 4,4 s (avec boîte PDK et pack Sport Chrono).

El modelo superior es el 911 Targa 4S de 400 CV de potencia y una cilindrada de 3.8 litros que alcanza una velocidad máxima de hasta 296 km/h acelerando de 0 a 100 km/h en solo 4,4 segundos, equipado con el cambio de doble embrague PDK y el paquete «Sport Chrono».

顶配车型911 Targa 4S配备3.8升发动机，输出功率为400 hp。该车搭载PDK变速箱和Sport Chrono组件，最高时速达296 km/h，从静止加速到100 km/h仅需4.4秒。

PORSCHE 911 TARGA 4S

2014

Die breite Spur der Hinterachse sorgt für besonders hohe Kurvenstabilität auch bei kraftvoller Beschleunigung. Der 911 Targa 4S ist grundsätzlich mit dem Porsche Active Suspension Management (PASM) ausgerüstet.

The broad rear track width gives the car very good cornering stability, even with powerful acceleration. The 911 Targa 4S model is equipped with Porsche Active Suspension Management (PASM) as standard.

La voie arrière large assure une stabilité particulièrement élevée en virage, y compris lors d'accélérations puissantes. La 911 Targa 4S est équipée du système Porsche Active Suspension Management (PASM).

El gran ancho del eje trasero ofrece una gran estabilidad especialmente en las curvas, incluso si se toman a gran velocidad. El modelo 911 Targa 4S equipa de serie el sistema Porsche Active Suspension Management (PASM).

宽后轮距设计，即使在猛烈加速时也可确保极好的过弯稳定性。911 Targa 4S车型标配保时捷主动悬挂管理系统（PASM）。

911 CARRERA GTS COUPÉ

2014

430 PS Leistung, Sport Chrono-Paket und das aktive Dämpfersystem PASM mit zehn Millimeter Tieferlegung sind einige der technischen Zutaten des 911 Carrera 4 GTS für noch mehr Fahrdynamik und Fahrspaß.

430 hp of power, the Sport Chrono package and the PASM active damping system with a ten millimetre lower ride height are some of the technical ingredients of the 911 Carrera 4 GTS that create even greater driving dynamics and driving fun.

Puissance de 430 ch, pack Sport Chrono et système d'amortissement actif PASM, voilà quelques-uns des ingrédients techniques prévus pour insuffler encore plus de dynamisme et de plaisir de conduire à la 911 Carrera 4 GTS.

Algunas de las características técnicas que le confieren al 911 Carrera 4 GTS mayor dinamismo y placer de conducción son una potencia de 430 CV, el paquete «Sport Chrono» y el sistema activo de amortiguadores PASM con un chasis rebajado en 10 mm.

911 Carrera 4 GTS的技术亮点包括430 hp强大功率、Sport Chrono组件以及让离地间隙降低10 mm的PASM主动减震系统，从而赋予车辆更为出色的驾驶动态以及更多驾驶乐趣。

911 CARRERA GTS COUPÉ

2014

Als sportlichste 911 Carrera sind die neuen GTS-Sportwagen auf den ersten Blick zu erkennen. Jeder 911 Carrera GTS hat die Karosserie der Allrad-Modelle mit den verbreiterten Radhäusern über den Hinterrädern.

The new GTS sports cars can be made out at first glance as the sportiest 911 Carrera vehicles. Each 911 Carrera GTS has the same body as the all-wheel drive models with flared wheel arches over the rear wheels.

Les nouvelles GTS se reconnaissent immédiatement comme étant les 911 Carrera les plus sportives. Toutes les 911 Carrera GTS héritent de la carrosserie des modèles quatre roues motrices avec des passages de roue arrière élargis.

Los nuevos deportivos GTS pueden reconocerse a primera vista como las versiones 911 Carrera más deportivas. Todos los modelos 911 Carrera GTS disponen de la carrocería de los modelos con tracción total con las anchas vías de las ruedas traseras.

只需一眼，就能看出新款GTS跑车是运动性能最强的911 Carrera。每一款911 Carrera GTS都拥有与四轮驱动车型相同的车身以及外张的后轮拱罩。

911 CARRERA 4 GTS COUPÉ

2014

Die spezielle Bugverkleidung und abgedunkelte Bi-Xenon-Scheinwerfer prägen die Frontansicht. Schwarz lackierte Leisten auf dem spezifischen GTS-Lufteinlassgitter und schwarz verchromte Endrohre charakterisieren das GTS-Heck.

Special front trim and smoked bi-xenon headlights define the front view. Black painted trim strips on the model-specific GTS air intake screen and black chrome tailpipe trims characterise the rear of the GTS.

Le visage est marqué par un habillage avant spécifique et des projecteurs Bi-Xénon teintés. La poupe se caractérise par des baguettes peintes en noir sur la grille d'entrée d'air spécifique GTS et des sorties d'échappement chromées noires.

El revestimiento especial del frontal y los faros bixenón oscurecidos son los rasgos distintivos del frontal. Los perfiles de color negro sobre las entradas de aire especificas GTS y los tubos de escape cromados de color negro son rasgos distintivos de la zaga.

特殊的前部饰件和烟熏色双氙气大灯组成前脸的独有特色。该车专属的GTS进气口格栅上带有涂黑色漆的饰条，搭配黑色镀铬尾管饰件，令GTS车型后部显得极具个性。

911 CARRERA 4 GTS CABRIOLET

2014

Fahrer und Beifahrer sitzen im exklusiven Interieur mit Alcantara auf Sportsitzen in Lederausstattung, deren Mittelbahnen analog zu den anderen GTS-Modellen von Porsche aus Alcantara bestehen.

The driver and front passenger sit on leather-upholstered sport seats in an exclusive interior with Alcantara. The centre panels of the seats are Alcantara as in other GTS models from Porsche.

Dans l'habitacle habillé d'alcantara, le conducteur et le passager avant sont assis sur des sièges Sport en cuir, dont la bande centrale est en alcantara, comme sur les autres modèles GTS de Porsche.

En el exclusivo interior, el conductor y el acompañante ocupan asientos deportivos de cuero cuyas bandas centrales, al igual que en otros modelos GTS de Porsche, se han revestido con cuero Alcantara.

驾驶者和前排乘客侧真皮运动型座椅，搭配优质Alcantara内饰。与其他保时捷GTS车型一样，座椅中心部分采用Alcantara面料。

911 RSR

2014

Für 2014 wurde der GT-Renner aus Weissach, der sich durch konsequenten Leichtbau und eine ausgefeilte Aerodynamik auszeichnet, in vielen Bereichen weiter verbessert. Mit Erfolg: Als Klassensieger bei den 24 Stunden von Daytona startete er eindrucksvoll in die Saison 2014.

The GT racer from Weissach, which exhibits systematic lightweight design and refined aerodynamics, was improved in many areas for 2014. And with success: It began the 2014 season with a class victory at the 24 Hours of Daytona.

Améliorée sur de nombreux points, l'édition 2014 de la sportive de Weissach bénéficie d'un allégement systématique et d'un profilage aérodynamique affiné. Des choix validés par la victoire de catégorie remportée aux 24 Heures de Daytona au début de la saison 2014.

El exitoso GT de Weissach, que se caracterizaba por su construcción ligera y una aerodinámica perfeccionada, fue optimizado en 2014 en muchas áreas. Con éxito: como demuestra su impresionante temporada 2014 en las 24 Horas de Daytona, en la que consiguió la victoria en su clase.

魏斯阿赫工厂于2014年生产的GT赛车，采用系统化轻质设计，根据空气动力学原理进行了优化，多个地方均经过改进。2014赛季伊始，该车就在戴通纳24小时耐力赛中获得同级别冠军。

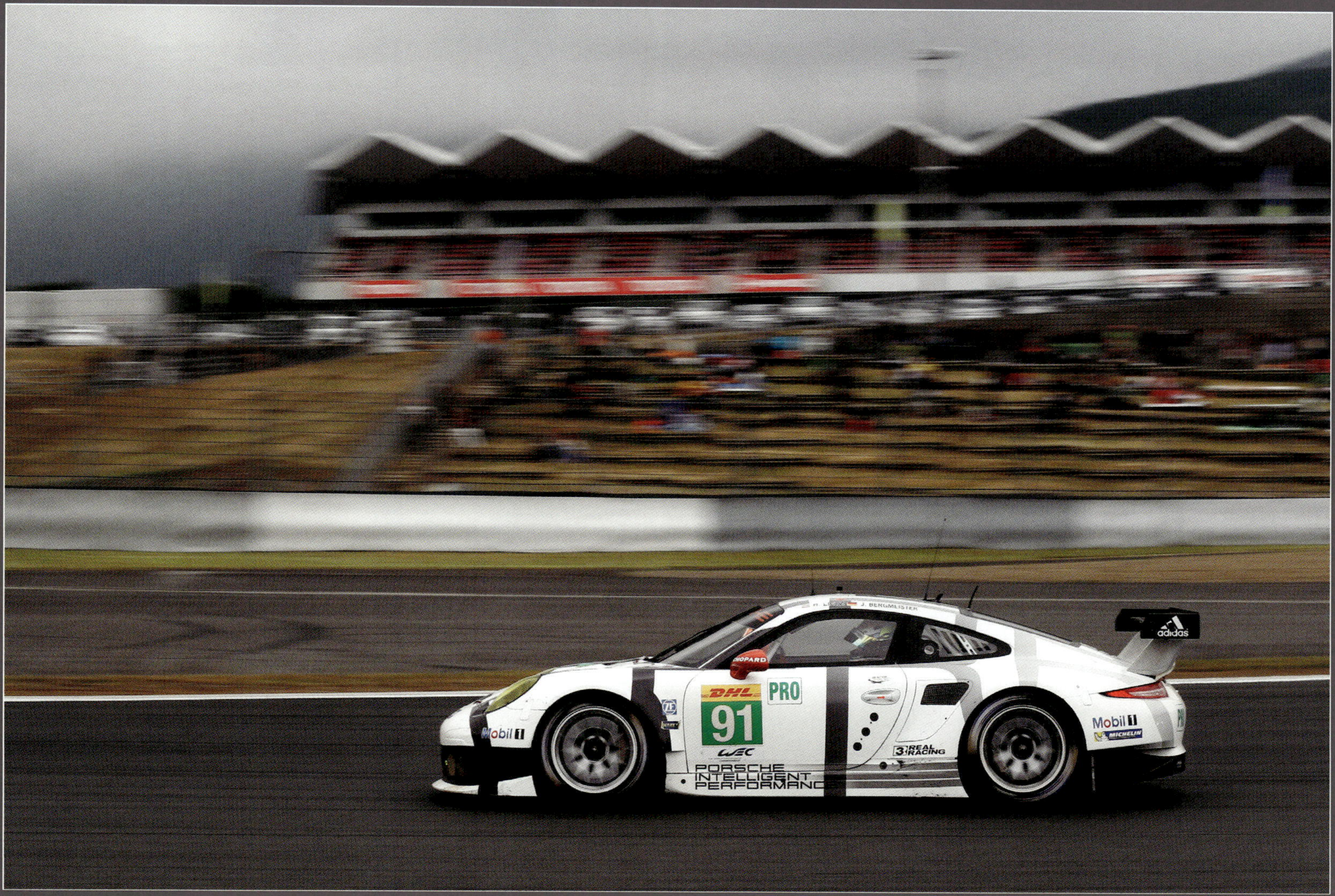

911 RSR

2014

Für die Saison 2014 wurde der 911 RSR konsequent weiter verbessert. So sorgen das überarbeitete Bugteil und der neue Heckflügel für eine optimierte Aerobalance und dadurch für mehr Stabilität in schnellen Kurven.

The 911 RSR was systematically further improved for the 2014 season. For instance, the redesigned front body and new rear wing provided optimised aero balance and thereby greater stability in fast cornering.

La 911 RSR a bénéficié d'améliorations systématiques pour la saison 2014. L'avant remodelé et le nouvel aileron arrière optimisent l'équilibre aérodynamique pour plus de stabilité dans les virages rapides.

El 911 RSR se ha perfeccionado consecuentemente para la temporada 2014. El frontal perfeccionado y el nuevo alerón trasero contribuyen a optimizar el equilibrio aerodinámico. El resultado es una estabilidad mayor en las curvas.

为了迎战2014赛季，911 RSR经过了进一步的系统化改进。例如，重新设计的前部车身和新尾翼优化了空气动力学平衡，可让车辆在快速转弯时更加稳定。

911 TURBO S EXCLUSIVE GB EDITION

2014

Im Jubiläumsjahr des 911 Turbo setzt Porsche Exclusive eine auf 40 Sonderfahrzeuge limitierte Serie des 911 Turbo S Exclusive GB Edition für den Markt Großbritannien um.

In the anniversary year of the 911 Turbo, Porsche Exclusive introduced a limited edition model designed specifically for the market in Great Britain: the 911 Turbo S Exclusive GB Edition, whose production was limited to 40 units.

Pour célébrer l'anniversaire de la 911 Turbo, Porsche Exclusive propose une édition spéciale limitée à 40 exemplaires pour la Grande-Bretagne : la 911 Turbo S Exclusive GB Edition.

En el año del aniversario del 911 Turbo, Porsche Exclusive creó una serie limitada a 40 unidades del 911 Turbo S Exclusive GB Edition para el mercado de Gran Bretaña.

在 911 Turbo 周年纪念之际，保时捷独家配件（Porsche Exclusive）专为英国市场推出了一款限量版车型：911 Turbo S Exclusive GB Edition。该车限量生产40台。

911 TURBO S EXCLUSIVE GB EDITION

2014

Das Design der 911 Turbo S Exclusive GB Edition orientiert sich an klassischen Designmerkmalen des ersten 911 Turbo aus dem Jahr 1974.

The design of the 911 Turbo S Exclusive GB Edition is oriented toward the classic design characteristics of the first 911 Turbo from the year 1974.

Le design de la 911 Turbo S Exclusive GB Edition s'inspire des éléments stylistiques classiques de la première 911 Turbo de 1974.

El diseño del 911 Turbo S Exclusive GB Edition se basa en las características de diseño clásicas del 911 Turbo original del año 1974.

911 Turbo S Exclusive GB Edition 的设计沿袭了1974年第一代911 Turbo的经典设计特征。

911 CARRERA S »MARTINI RACING EDITION«

2014

Anlässlich der Rückkehr von Porsche nach Le Mans 2014 präsentiert Porsche Exclusive einen limitierten Elfer im traditionellen Martini-Racing-Design der 1970er Jahre.

To mark the return of Porsche to Le Mans in 2014, Porsche Exclusive presents a limited edition 911 in the traditional 1970s Martini Racing design.

Pour le retour de Porsche au Mans en 2014, Porsche Exclusive présente une 911 en édition limitée dans le design traditionnel Martini Racing des années soixante-dix.

Con motivo del regreso de Porsche a Le Mans 2014, Porsche Exclusive presenta un modelo 911 de edición limitada en el tradicional diseño Martini-Racing de los años 70.

为了纪念2014年保时捷回归勒芒耐力赛，保时捷独家配件（Porsche Exclusive）推出了再现上世纪七十年代Martini Racing赛车设计的限量版911。

911 CARRERA S »MARTINI RACING EDITION«

2014

Das auf 80 Einheiten limitierte Sondermodell zollt legendären Porsche-Rennfahrzeugen wie dem 917 oder dem 935 »Moby Dick« Tribut und wird ausschließlich in ausgewählten Märkten Europas, in China, Japan und in Lateinamerika vertrieben.

The special edition limited to 80 units pays tribute to legendary Porsche race cars such as the 917 or the 935 "Moby Dick" and is sold exclusively in selected European markets, in China, Japan and in Latin America.

Limitée à 80 exemplaires, cette édition spéciale rend hommage aux légendaires voitures de course Porsche qu'ont été la 917 ou la 935 « Moby Dick ». Elle est disponible uniquement sur quelques marchés d'Europe, en Chine, au Japon et en Amérique latine.

El modelo especial limitado a 80 unidades rinde tributo a los legendarios bólidos de Porsche como el 917 o el 935 «Moby Dick», y sólo se comercializa en determinados mercados europeos, así como en China, Japón y Latinoamérica.

这款特别版车型限量发售80台，致敬了917和935 "Moby Dick" 等富有传奇色彩的保时捷赛车，仅在部分欧洲市场、中国、日本和拉丁美洲发售。

911 CARRERA GTS COUPÉ / 911 CARRERA GTS CABRIOLET / 911 CARRERA 4 GTS COUPÉ / 911 CARRERA 4 GTS CABRIOLET

2014

2014 sorgt die zweite Generation des 911 Carrera GTS sowohl als Coupé als auch als Cabriolet und Allradler für noch mehr Fahrspaß. Alle vier Derivate erreichen höhere Endgeschwindigkeiten von über 300 km/h, der Verbrauch bleibt aber auf dem Niveau des 911 Carrera S.

In 2014 the second generation of the 911 Carrera GTS offers even more driving fun as a coupé, a cabriolet and as an all-wheel drive version. All four derivatives reach higher top speeds of more than 186 mph, but fuel consumption remains at the level of the 911 Carrera S.

En 2014, la 911 Carrera GTS deuxième génération procure encore plus de plaisir de conduite, que ce soit dans sa forme Coupé ou Cabriolet ou bien en version quatre roues motrices. Si les quatre déclinaisons voient leur vitesse maximale augmenter au-delà des 300 km/h, leur consommation reste au niveau de la 911 Carrera S.

Las versiones coupé, cabriolet y con tracción total de la segunda generación del 911 Carrera GTS aumentan el placer de conducción en 2014. Las cuatro versiones son más rápidas y alcanzan velocidades superiores a 300 km/h manteniendo las tasas de consumo al nivel de las del 911 Carrera S.

2014年，第二代911 Carrera GTS推出硬顶版、敞篷版和四轮驱动版，为客户带来更多驾驶乐趣。所有四款车型的最高时速均超过186 mph，但耗油量仍与911 Carrera S持平。

911 GT3 RS

2015

Maximale Motorsport-Technologie auf der Straße. Besonderes Erkennungszeichen des 911 GT3 RS mit vier Liter Hubraum und Sechszylindermotor sind die einzigartigen vorderen Radhausentlüftungen, die bis in den oberen Bereich der Kotflügel reichen und den Abtrieb an der Vorderachse erhöhen.

Maximum motorsport technology on the road. A special identifying feature of the 911 GT3 RS with a displacement of four litres and a six-cylinder engine is the unique front wheel arch air vents that extend into the upper section of the wings and increase downforce at the front axle.

Le maximum de la technologie de compétition sur la route. Dotée d'un moteur six cylindres de quatre litres, la 911 GT3 RS se reconnaît particulièrement à ses évacuations d'air spécifiques sur les passages de roues avant, qui se prolongent jusque dans la partie supérieure des ailes et accroissent la déportance au niveau de l'essieu avant.

Tecnología punta del automovilismo de competición en la calle. Los rasgos característicos del 911 GT3 RS con una cilindrada de cuatro litros y un motor de seis cilindros son los singulares elementos de ventilación de los pasos de rueda que se extienden hasta el área superior de los guardabarros y optimizan la fuerza descensional del eje delantero.

赛车技术最大化地应用于公路跑车。搭载4.0升6缸发动机的911 GT3 RS的一大特点是，延伸到翼子板上部的独特前车轮拱罩出风口提高了前桥下压力。

911 GT3 RS

2015

Mit dem neuen 911 GT3 RS überwindet Porsche erneut die Grenze zwischen Sportwagen und Rennfahrzeug. In ihm steckt das Höchstmaß an Motorsport-Technologie, das aktuell in einem alltagstauglichen 911 mit Straßenzulassung möglich ist.

With the new 911 GT3 RS, Porsche once again overcomes the boundaries between sports car and race vehicle. It contains the maximum of motorsport technology that is currently feasible in a street-legal 911 offering everyday practicality.

La nouvelle 911 GT3 RS gomme un peu plus les frontières entre voiture de sport et voiture de course. Elle est équipée de la plus haute technologie de sport automobile actuellement disponible pour une 911 homologuée pour la route et polyvalente.

Con el nuevo 911 GT3 RS Porsche rebasa nuevamente el límite entre los deportivos y los coches de carreras. Este modelo encierra la tecnología punta del automovilismo de competición que actualmente es posible realizar en un 911 de uso cotidiano con homologación para circular por carreteras.

新款 911 GT3 RS 的推出让保时捷再次突破了跑车与赛车之间的界限。在适合日常驾驶的公路版911中，该车最大限度地应用了当前可用的赛车技术。

911 GT3 RS

2015

Knowhow aus dem Motorsport ist der Schlüssel für die Spitzen-Performance. Angetrieben wird der 911 GT3 RS von einem Vierliter-Sechszylindermotor mit 500 PS und 460 Newtonmeter Drehmoment, kombiniert mit einem speziell entwickelten PDK-Getriebe.

Motorsport know-how is the key to its peak performance. The 911 GT3 RS is powered by a four-litre six-cylinder engine with 500 hp and 460 Newton-metres of torque and is paired with a specially developed PDK transmission.

Le savoir-faire issu du sport automobile est la clé pour obtenir des performances ultimes. La 911 GT3 RS est propulsée par un six-cylindres de 4,0 l développant 500 ch et délivrant un couple de 460 Nm, associé à une boîte PDK de conception spécifique.

El knowhow procedente del automovilismo de competición es la clave para un rendimiento superior. El 911 GT3 RS equipa un motor de seis cilindros y cuatro litros, combinado con un cambio PDK de especial desarrollo, que entrega una potencia de 500 CV y un par de 460 Nm.

赛车技术是造就其巅峰性能的关键。911 GT3 RS 搭载4.0升六缸发动机，能够产生500 hp的最大功率和460 Nm的最大扭矩，动力由专门开发的PDK变速箱传输。

911 TURBO COUPÉ

2015

Porsche Exclusive bietet für den 911 Turbo und Turbo S ein „Aerokit Turbo“ an. Neben der ansprechenden Optik hatte vor allem die aerodynamische Funktionalität oberste Priorität bei der Entwicklung.

Porsche Exclusive offers an „Aerokit Turbo“ for the 911 Turbo and Turbo S. Along with appealing looks, aerodynamic functionality was a top priority in its development.

Porsche Exclusive propose un kit « Aero Turbo » pour la 911 Turbo et la Turbo S. Hormis l'aspect esthétique, les qualités aérodynamiques ont reçu une attention particulière au cours du développement.

Porsche Exclusive ofrece un «Aerokit Turbo» para los modelos 911 Turbo y Turbo S. La prioridad de los diseñadores en el desarrollo del modelo no era solamente crear un atractivo diseño, sino también una funcionalidad aerodinámica.

保时捷独家配件（Porsche Exclusive）为911 Turbo和Turbo S提供了“涡轮增压空气动力组件”。在开发过程中，除了让外观更具吸引力之外，空气动力学功能性是最优先考虑的因素。

911 TURBO COUPÉ

2015

Bestandteil des Performance-Pakets sind eine Frontspoiler-Blende und eine völlig neue Heckdeckel-Konstruktion mit einem feststehenden Heckbürzel mit seitlichen Winglets sowie einem ausfahrbaren und verstellbaren Heckflügel.

Components of the performance package are a front spoiler panel and an entirely new rear lid design with a fixed trailing edge that features lateral winglets as well as an extendible and adjustable rear wing.

La pack Performance inclut un becquet avant et un capot arrière de conception entièrement nouvelle avec un aileron arrière escamotable et réglable, reposant sur une base fixe dotée de winglets latéraux.

Uno de los componentes del paquete Performace son los paneles de los parachoques delanteros y una construcción de la puerta del maletero completamente nueva con un alerón trasero fijo tipo «cola de pato» con Winglets laterales y un alerón trasero escamoteable.

配备一系列高性能部件，例如前扰流板、在固定式后缘上带有横向小翼的全新设计后盖以及可伸出并可调节的尾翼。

911 GT3 R

2015

Auf Basis des Seriensportwagens 911 GT3 RS hat Porsche einen Kundensport-Rennwagen für die weltweiten GT3-Serien konstruiert: Den 911 GT3 R. Der Motor ist weitgehend identisch mit dem Hochleistungs-Serienaggregat des straßenzugelassenen 911 GT3 RS.

Starting with the 911 GT3 RS production sports car, Porsche built a customer sport race car for the worldwide GT3 series; it is the 911 GT3 R. The engine is largely identical to the high-performance production engine of the street-legal 911 GT3 RS.

Sur la base de la 911 GT3 RS de série, Porsche a conçu une voiture de course destinée aux séries GT3 internationales de la compétition clients. Le moteur de la 911 GT3 R est pour l'essentiel identique au bloc de série haute performance de la 911 GT3 RS homologuée pour la route.

Porsche ha construido un coche de carreras para los clientes para las series GT3 mundiales en base al deportivo de serie 911 GT3 RS: el 911 GT3 R. El motor del modelo es casi idéntico al motor de alto rendimiento de serie del 911 GT3 RS con homologación para circular por carretera.

保时捷以 911 GT3 RS 量产跑车为基础，针对全球GT3系列赛事打造了客户专属的运动赛车：911 GT3 R。该车大比例地采用了公路版911 GT3 RS 搭载的高性能量产发动机的部件。

COSWORTH

911 GT3 R

2015

Entwicklungsschwerpunkte des über 500 PS starken GT3 R waren Leichtbau, aerodynamische Effizienz, Verbrauchsreduzierung, Fahrbarkeit, Sicherheit sowie die Reduzierung der Service- und Ersatzteilkosten.

Focal points in developing the GT3 R with its over 500 hp of power were: lightweight design, aerodynamic efficiency, reduced fuel consumption, driveability, safety and reduced service costs and replacement part costs.

Les efforts de développement de la GT3 R, développant plus de 500 ch, ont porté plus particulièrement sur la construction allégée, l'efficacité aérodynamique, la réduction de la consommation, la praticabilité et la sécurité, sans oublier la réduction du coût de la maintenance et des pièces de rechange.

Los puntos principales del desarrollo del GT3 R de 500 CV de potencia eran la construcción ligera, la eficiencia aerodinámica, la reducción del consumo, la facilidad de conducción, la seguridad y la reducción de los costes de servicio y las piezas de repuesto.

在开发输出功率超过500 hp的GT3 R时，重点在于：轻质设计、空气动力学效率、低油耗、驾驶性能、安全性以及低服务成本和替换件费用。

911 CARRERA BLACK EDITION

2015

Ganz in schwarz unterstreicht das Sondermodell sowohl als Coupé- als auch als Cabriolet- und Allradversion die Zeitlosigkeit der Porsche-Sportwagen. Modern ist die Ausstattung: das Porsche Communication Management mit Navigationsmodul ist ebenso Teil der Serienausstattung wie die LED-Hauptscheinwerfer inklusive Porsche Dynamic Light System Plus.

All in black the special model underlines the timelessness of Porsche sports cars as a coupé, a cabriolet and an all-wheel drive version. The equipment is modern: the Porsche Communication Management with navigation module is included in the standard specification, as are LED headlights including Porsche Dynamic Light System Plus.

Dans sa livrée noire, cette édition spéciale incarne le caractère intemporel des voitures de sport Porsche, que ce soit en version coupé, cabriolet ou avec transmission intégrale. Les équipements sont modernes : le Porsche Communication Management avec module de navigation est présent de série, tout comme les phares à LED avec fonction Porsche Dynamic Light System Plus.

El modelo especial de color negro acentúa la intemporalidad de los deportivos Porsche también como versión coupé, cabriolet y con tracción total. Equipamiento vanguardista: el «Porsche Communication Management» con módulo de navegación forma parte del equipamiento de serie, como los faros principales de LED incluido el sistema «Porsche Dynamic Light System Plus».

这款全黑特别版车型突出了保时捷硬顶跑车、敞篷跑车和四轮驱动跑车的经典魅力。其配置也非常先进：带导航模组的保时捷通讯管理系统（PCM）以及带保时捷动态照明系统升级版的LED大灯均作为标准配置提供。

911 RSR

2015

Das Team Dempsey Proton Racing bestreitet 2015 mit einem 911 RSR und dem Fahrer-Trio Patrick Dempsey, Patrick Long und Marco Seefried erstmals die komplette Sportwagen-Weltmeisterschaft WEC.

In 2015, Team Dempsey Proton Racing competes in the entire world endurance championship for sports cars (WEC) for the first time with a 911 RSR and a trio of drivers: Patrick Dempsey, Patrick Long and Marco Seefried.

Réunie autour du trio Patrick Dempsey, Patrick Long et Marco Seefried au volant de la 911 RSR, l'écurie Dempsey Proton Racing dispute pour la première fois la totalité du Championnat du monde des voitures de sport WEC en 2015.

El equipo Dempsey Proton Racing participa, por primera vez, con un 911 RSR y los tres pilotos Patrick Dempsey, Patrick Long y Marco Seefried en el Campeonato Mundial de Resistencia WEC completo que se celebra en 2015.

2015年，Dempsey Proton Racing车队首次携911 RSR参加了全部跑车世界耐力锦标赛（WEC），共有三位车手：帕特里克·登普西（Patrick Dempsey）、帕特里克·朗（Patrick Long）以及马可·西弗莱德（Marco Seefried）。

911 RSR

2015

Patrick Dempsey hat mit Porsche bei den 24 Stunden von Le Mans seinen größten Erfolg als Rennfahrer gefeiert. Mit seinem 911 RSR kam der US-Schauspieler als Zweiter der Klasse GTE-Am ins Ziel.

Patrick Dempsey celebrated his greatest success as a race car driver with Porsche at the 24 Hours of Le Mans. The US actor finished second in the GTE-Am class driving his 911 RSR.

Patrick Dempsey a remporté avec Porsche son plus grand succès à ce jour aux 24 Heures du Mans. L'acteur américain s'est en effet classé deuxième de la catégorie GTE Am avec sa 911 RSR.

Patrick Dempsey celebró su mayor victoria como piloto a bordo de un Porsche en las 24 Horas de Le Mans. El actor norteamericano llegó a la línea de meta en segunda posición en la clase GTE-Am con su 911 RSR.

美国演员帕特里克·登普西（Patrick Dempsey）驾驶保时捷 911 RSR 赛车在勒芒24小时耐力赛获得其职业生涯中最好成绩，在GTE-Am级比赛中获得了第二名。

911 CARRERA GTS CLUB COUPÉ

2015

Das Sondermodell 911 Carrera GTS Club Coupé »60 Years Porsche Club of America« wurde auf nur 60 Einheiten limitiert. Das seltene Modell konnte ausschließlich von Mitgliedern des Porsche Club of America (PCA) erworben werden.

The limited edition 911 Carrera GTS Club Coupé "60 Years Porsche Club of America" model was limited to just 60 units. The rare model could be ordered exclusively by members of the Porsche Club of America (PCA).

L'édition spéciale 911 Carrera GTS Club Coupé « 60 Years Porsche Club of America » est limitée à 60 exemplaires et seulement accessible aux membres du Porsche Club of America (PCA).

El modelo especial 911 Carrera GTS Club Coupé «60 Years Porsche Club of America» se ha limitado a 60 unidades. Este modelo exclusivo solo pudo ser adquirido por los miembros del Porsche Club of America (PCA).

这款限量版 911 Carrera GTS Club Coupé“美国保时捷俱乐部60周年”纪念车型仅限量生产60台，仅供美国保时捷俱乐部（PCA）会员订购。

911 CARRERA GTS CLUB COUPÉ

2015

Neben der Sonderfarbe »Club Blau« zeichnet sich das Club Coupé durch ein höchst umfassendes Ausstattungspaket aus. Eine Besonderheit sind dabei die 20 Zoll-Sport Classic Räder mit poliertem Felgenstern.

Along with the special colour "Club Blue", the Club Coupé is also distinguished by a highly comprehensive features package. A highlight: the 20-inch Sport Classic wheels with a polished rim spider.

En plus de la couleur spéciale « Bleu Club », le Club Coupé se distingue par un pack d'équipements très complet. Les jantes 20" Sport Classic à étoile de jante polie sont particulièrement remarquables.

Adicionalmente al color especial «Club Blau», el Club Coupé se caracteriza por disponer de un paquete de equipamiento extremadamente amplio. Uno de los detalles más llamativos son sus llantas deportivas Sport Classic de 20 pulgadas con embellecedores pulidos.

Club Coupé采用“俱乐部蓝”特殊颜色车身漆，配置非常全面，极为与众不同。其中值得一提的是带抛光轮辐的20英寸Sport Classic车轮。

911 CARRERA COUPÉ

2015

Die zweite Auflage des 911 Carrera der Generation 991 bekommt ausschließlich Turbo-Motoren mit 20 PS mehr Leistung bei weniger Verbrauch. Das maximale Drehmoment der neuen Motorengeneration steht nun von 1.700/min bis 5.000/min konstant zur Verfügung.

The second edition of the 911 Carrera generation 991 is fitted exclusively with turbo engines with output increased by 20 hp coupled with lower fuel consumption. The maximum torque of the new engine generation is now available constantly from 1,700 rpm to 5,000 rpm.

La deuxième édition de la 911 Carrera génération 991 embarque exclusivement des moteurs turbos plus puissants de 20 ch pour une consommation en recul. Le couple maximum délivré par la nouvelle génération de moteurs est disponible à niveau constant de 1 700 à 5 000 tr/min.

La segunda edición del 911 Carrera de la generación del 991 está equipada exclusivamente con motores turbo que ofrecen una potencia mayor de 20 CV y un consumo menor. El par máximo de la nueva generación de motores se mantiene constante entre 1.700 rpm y 5.000 rpm.

第二代 911 车型编号为991，配备了油耗更低、功率更高（增加了20 hp）的专属涡轮增压发动机。新一代发动机可在1,700 rpm至5,000 rpm转速区间提供最大扭矩。

911 CARRERA CABRIOLET

2015

Bei aller Sportlichkeit bleibt der Porsche 911 weiterhin alltagstauglich. Dank eines hydraulischen Liftsystems mit integrierten Hubzylindern steigt die Bodenfreiheit unter der Buglippe auf Knopfdruck um 40 mm und überwindet damit mühelos steile Garagenausfahrten.

Despite its sportiness, the Porsche 911 retains its everyday practicality. Thanks to a hydraulic lift system with integrated lifting cylinders, ground clearance at the front spoiler lip is increased by 40 millimetres at the press of a button, enabling it to master steep garage exits with ease.

Toute sportive qu'elle est, la Porsche 911 reste facile à vivre au quotidien. Grâce à un système de levage hydraulique avec vérins intégrés, il suffit d'appuyer sur un bouton pour relever la garde au sol de 40 mm au niveau de la lèvre avant et franchir sans encombre les sorties de garage inclinées.

A pesar de su enorme deportividad, el Porsche 911 sigue ofreciendo una alta utilidad cotidiana. Gracias al sistema hidráulico de elevación con cilindros elevadores integrados, la distancia al suelo debajo del labio frontal aumenta en 40 mm con la pulsación de un botón resolviendo fácilmente las salidas de garaje empinadas.

保时捷911兼具出色的运动性与日常实用性。凭借带一体式回程缸的液压举升系统，只需按一下按钮，前扰流唇的离地间隙就能提高40 mm，使其轻松出入陡峭的停车场进出口。

911 CARRERA S COUPÉ

2015

Noch stärker ist der 911 Carrera S. Seine 420 PS resultieren aus Turboladern mit geänderten Verdichtern, einer spezifischen Abgasanlage und einer abgestimmten Motorsteuerung. Gleichzeitig ist er im Verbrauch 12 Prozent sparsamer als sein Vorgänger.

The 911 Carrera S is even more powerful. Its 420 hp comes from turbochargers with modified compressors, a specially designed exhaust system and engine management tuning. At the same time it consumes 12 per cent less fuel than the previous version.

La 911 Carrera S a encore gagné en puissance. Ses 420 ch résultent de la modification des compresseurs turbo, d'une ligne d'échappement spécifique et d'une gestion moteur ajustée. Dans le même temps, elle consomme 12 % de moins que sa devancière.

El 911 Carrera S es aún más potente. Sus 420 CV son el resultado de turbocompresores con compresores modificados, un sistema de escape específico y un mecanismo de mando del motor especialmente adaptado. Además, es más eficiente que el modelo anterior con una reducción del consumo en un 12 %.

911 Carrera S具有更加强劲的动力，高达420 hp，主要得益于压缩机经过改进的涡轮增压器、专门设计的排气系统和发动机管理系统调校。并且，其耗油量比上一代减少了12%。

911 CARRERA S CABRIOLET

2015

In Kombination mit dem optionalen Sport Chrono-Paket kann der Fahrer erstmals über einen Mode-Schalter am Lenkrad je nach Ausstattung sein ganz individuelles Fahrzeug-Setup von PASM, aktiven Motorlagern, PDK-Schaltstrategie und Sportabgasanlage konfigurieren.

In combination with the optional Sport Chrono package and depending on the equipment, drivers can use a mode switch on the steering wheel for the first time to configure their personal vehicle setup of PASM, active engine mounts, PDK shifting strategy and sports exhaust system.

S'il a commandé le pack Sport Chrono optionnel, le conducteur peut, pour la première fois, définir ses propres réglages en fonction des équipements installés, par exemple ceux du PASM, de la suspension active du moteur, ceux liés à la stratégie de changement de rapport de la boîte PDK et ceux de la ligne d'échappement Sport.

En combinación con el paquete opcional «Sport Chrono», el conductor puede realizar, por primera vez, su configuración personal (en función del equipamiento) del PASM, de los soportes del motor y de la estrategia de cambio del PDK, así como del sistema de escape deportivo a través de un selector de modo situado en el volante.

选装Sport Chrono组件和相应的装备后，驾驶者首次实现了使用方向盘上的模式开关对PASM、主动发动机支承、PDK换档策略和运动型排气系统进行个性化设置。

911 CARRERA 4 COUPÉ

2016

Mehr als jeder dritte Käufer eines 911 favorisiert den Sportwagen mit Allradantrieb. Der innovative Turbomotor des 911 Carrera 4 leistet mehr und verbraucht weniger, gleichzeitig steigert der weiterentwickelte Allradantrieb die Dynamik und Fahrsicherheit.

More than every third buyer of a 911 opts for the sports car with all-wheel drive. The innovative turbo engine in the 911 Carrera 4 produces higher power and consumes less fuel; at the same time the advanced all-wheel drive enhances dynamics and driving safety.

Dans plus d'un cas sur trois, les acheteurs d'une 911 optent pour le modèle à transmission intégrale. Le moteur turbo innovant de la 911 Carrera 4 est plus puissant et consomme moins, tandis que la transmission intégrale remaniée augmente le dynamisme et la sécurité.

Más de uno de cada tres compradores del 911 prefieren la versión con tracción total. El innovador motor turbo del 911 Carrera 4 ofrece más potencia y menos consumo. Al mismo tiempo, el sistema de tracción total perfeccionado mejora la seguridad de conducción y el dinamismo.

超过三分之一的911购买者选择了四轮驱动版。911 Carrera 4搭载的创新涡轮增压发动机能够产生更强大的动力，但耗油量却更低；同时，先进的四轮驱动系统增强了其动态性能和驾驶安全性。

911 CARRERA 4 CABRIOLET

2016

Die neuen Allrad-Modelle gewinnen durch die optionale aktive Hinterachslenkung aus dem 911 Turbo und dem 911 GT3 mehr Agilität. Der Wendekreis verringert sich um 0,4 Meter.

Thanks to optional active rear-axle steering adopted from the 911 Turbo and the 911 GT3, the new all-wheel drive models gain greater agility. The turning circle is reduced by 0.4 metres.

Les nouveaux modèles à transmission intégrale gagnent en agilité grâce aux roues arrière directrices en option, issues de la 911 Turbo et de la 911 GT3. Le diamètre de braquage s'en trouve réduit de 0,4 m.

Los nuevos modelos con tracción total son ahora más ágiles gracias a la dirección independiente activa sobre el eje trasero opcional del 911 Turbo y el 911 GT3. El radio de giro del volante disminuye en 0,4 metros.

由于选装了源自911 Turbo和911 GT3的主动后桥转向系统，这款全新四轮驱动车型获得了更出色的灵活性。其转弯直径减小了0.4 m。

911 CARRERA 4S COUPÉ

2016

Dank der Kombination mit dem jetzt elektrohydraulisch gesteuerten Allradantrieb beschleunigt das 911 Carrera 4S Coupé von Null auf 100 km/h in nur 3,8 Sekunden.

Thanks to the combination with all-wheel drive that is now controlled electro-hydraulically, the 911 Carrera 4S Coupé accelerates from 0 to 100 km/h in just 3.8 seconds.

Grâce à la transmission intégrale, désormais à commande électrohydraulique, la 911 Carrera 4S Coupé passe de 0 à 100 km/h en seulement 3,8 s.

Gracias a la combinación con el sistema de tracción total electrohidráulico, el 911 Carrera 4S Coupé acelera de 0 a 100 km/h en tan sólo 3,8 segundos.

结合如今采用电液控制方式的四轮驱动系统，911 Carrera 4S Coupé从静止加速至100 km/h仅需3.8秒。

911 CARRERA 4S CABRIOLET

2016

Ein Porsche 911 mit Allradantrieb verbindet Traktions- und Fahrsicherheit mit sportlicher Fahrdynamik. Beim 911 Carrera 4S Cabriolet verbessert sich dadurch die Spurtreue bei ausgeprägter sportlicher Fahrweise ohne Abstriche an Agilität zu fordern.

A Porsche 911 with all-wheel drive combines traction safety and driving safety with sporty driving dynamics. This improves the tracking stability of the 911 Carrera 4S Cabriolet with an extremely sporty driving style without compromising on agility.

Une Porsche 911 avec transmission intégrale concilie la sécurité d'une bonne traction et de la conduite avec un comportement dynamique sportif. La tenue de route de la 911 Carrera 4S Cabriolet s'en trouve améliorée en conduite très sportive, sans imposer de concessions sur la maniabilité.

Los modelos Porsche 911 con tracción total enlazan la seguridad de conducción y tracción con la dinámica de conducción deportiva. El 911 Carrera 4S Cabriolet mejora el seguimiento de la vía durante la conducción deportiva sin pérdidas de agilidad.

四轮驱动版保时捷911兼具出色的驱动安全性和驾驶安全性以及运动驾驶动态。因此，在极限运动驾驶状态下，911 Carrera 4S Cabriolet的循迹稳定性进一步提升，并且丝毫没有影响其灵活性。

911 TARGA 4

2016

Das Leuchtenband zwischen den Heckleuchten wird bei den Allrad-Modellen durch seine betont dreidimensionale Form besonders plastisch. Weitere Erkennungsmerkmale der gesamten neuen 911-Generation sind die Vierpunkt-Bremsleuchten, schalenlose Türgriffe und der neugestaltete Heckdeckel mit vertikalen Lamellen.

On the all-wheel drive models the light strip between the rear lights stands out with its pronounced three-dimensional design. Further distinguishing features of the entire new 911 generation are the four-point brake lights, door handles without recess covers and the redesigned rear lid with vertical louvres.

Sur les modèles à transmission intégrale, la bande lumineuse entre les feux arrière apparaît bien en relief du fait de sa forme tridimensionnelle accentuée. Parmi les autres signes distinctifs de la nouvelle génération de 911 figurent notamment les feux stop à quatre points, les poignées de porte sans coque et le capot arrière redessiné avec ses lamelles verticales.

La banda luminosa situada entre los faros traseros de los modelos con tracción total ofrece un aspecto especialmente plástico a través de su marcada forma tridimensional. Otros de los rasgos distintivos de la nueva generación del 911 son las luces de freno de cuatro puntos, los tiradores de las puertas sin empuñaduras y la nueva tapa del motor con láminas verticales.

在四轮驱动车型上，尾灯之间的灯条因其鲜明的三维立体造型而显得极为引人注目。全新一代911还有其他一些特点，例如四点式制动灯、没有凹槽的门把手以及经过重新设计、带有垂直格栅的后盖。

911 TARGA 4S

2016

Traditionell verbindet jede neue Motorengeneration von Porsche mehr Leistung mit weniger Verbrauch. Der 911 Targa 4S reduziert mit dem Porsche Doppelkuppplungsgetriebe (PDK) um 1,2 Liter deutlich auf 8,0 Liter/100 km.

Each new engine generation from Porsche traditionally combines greater output with lower consumption. With the Porsche Dual Clutch Transmission (PDK), fuel consumption of the 911 Targa 4S is greatly reduced by 1.2 litres to 8.0 litres/100km.

Chaque nouvelle génération de moteurs Porsche allie traditionnellement un gain de puissance et une réduction de la consommation. Dotée de la boîte à double embrayage PDK, la 911 Targa 4S consomme désormais 8,0 l/100 km, soit 1,2 l de moins !

Tradicionalmente, cada nueva generación de motores de Porsche ofrece una potencia mayor y un consumo menor. El 911 Targa 4S con el cambio Porsche Doppelkuppplung (PDK) reduce el consumo notablemente en 1,2 litros a 8,0 l/100 km.

保时捷发动机每次更新换代，都会在提高输出功率的同时降低耗油量。配备Porsche Doppelkupplung（PDK）保时捷双离合器变速箱的911 Targa 4S的耗油量减少了1.2升，仅为8.0 l/100 km。

911 TURBO COUPÉ

2016

Der 911 Turbo steht wie der 911 Turbo S auf Rädern der Dimension 9J×20 vorne und 11,5J×20 hinten. Beim 911 Turbo S zieren zudem sieben statt zehn Doppelspeichen die Felgen mit Zentralverschluss.

Like the 911 Turbo S, the 911 Turbo is fitted with wheels measuring 9J×20 at the front and 11.5J×20 at the rear. Furthermore, the 911 Turbo S features wheels with seven instead of ten twin spokes and a central lock.

La 911 Turbo, comme la 911 Turbo S, repose sur des jantes de dimensions 9J×20 à l'avant et 11,5J×20 à l'arrière. Sur la 911 Turbo S, les jantes à écrou central comptent maintenant sept doubles branches au lieu de dix.

Al igual que el 911 Turbo S, el 911 Turbo incorpora ruedas del tamaño 9J×20 delante y 11,5J×20 detrás. Las llantas del 911 Turbo S se caracterizan por sus siete radios dobles (en lugar de diez) con tapa central.

和 911 Turbo S一样，911 Turbo配备了9J×20前轮和11.5J×20后轮。此外，911 Turbo S用七辐轮圈设计取代了双十辐轮圈，并且增加了中央锁止装置。

911 TURBO CABRIOLET

2016

Alle 911 Turbo-Derivate verfügen über die so genannte Dynamic Boost-Funktion. Beim kurzen Lösen des Gaspedals bleibt der Ladedruck erhalten. Dadurch wird die Kraftstoffeinspritzung unterbrochen, die Drosselklappe bleibt aber offen. Der Motor kann somit verzögerungsfrei auf ein erneutes Gasgeben reagieren.

All 911 Turbo derivatives have a Dynamic Boost function. The charge pressure is maintained when the accelerator pedal is briefly released. The fuel injection is stopped, but the throttle valve remains open. The engine can therefore react to another press of the accelerator with virtually no delay.

Tous les modèles 911 Turbo disposent de la fonction Dynamic Boost qui maintient la pression de suralimentation en cas de bref relâchement de la pédale d'accélérateur. Ainsi, l'injection de carburant est coupée, mais le volet des gaz, lui, reste ouvert. Le moteur peut ainsi réagir sans délai à une nouvelle accélération.

Todas las versiones del 911 Turbo disponen de la función «Dynamic Boost». Cuando se levanta el pie ligeramente del acelerador, la presión de admisión permanece constante. Gracias a esto, aunque se interrumpe la inyección de combustible, la válvula de admisión permanece abierta. De este modo, el motor puede reaccionar sin retardo cuando se pisa nuevamente el pedal del acelerador.

所有 911 Turbo 的衍生车型均配备了动态增压功能。当暂时松开油门踏板时，车辆会保持增压压力。燃油喷射停止，但节气门保持开启。因此，发动机能够在踩下油门踏板的瞬间作出反应。

911 TURBO S COUPÉ

2016

Das Heckdeckelgitter ist beim 911 Turbo S dreiteilig ausgeführt: rechts und links mit längs angeordneten Lamellen und in der Mitte mit einem separaten Deckel für eine optimierte Luftansaugung des Motors.

The rear decklid cover has a three-part design on the 911 Turbo S: the right and left sections have longitudinal louvres and in the middle there is a separate lid for optimised engine air intake.

La grille d'aération de la 911 Turbo S se présente en trois parties : à gauche et à droite avec des lamelles, au centre sous la forme d'un cache distinct optimisant l'alimentation en air du moteur.

La rejilla de la puerta del maletero del 911 Turbo S se compone de tres partes: a la derecha e izquierda se ubican láminas verticales y en el centro una tapa individual para una aspiración de aire óptima del motor.

911 Turbo S的后盖分为三个部分：右侧和左侧部分带有纵向格栅，中间是一个独立的护罩，用于优化发动机的空气导流。

911 TURBO S CABRIOLET / 911 TURBO S COUPÉ

2016

Das Porsche Stability Management (PSM) der 911 Turbo-Modelle bietet einen neuen, separat zuschaltbaren PSM Sport-Modus. Er verfügt über eine deutlich stärkere Verschiebung der Eingriffsschwelle des PSM und erlaubt zum Beispiel auf dem Rundkurs ein noch näheres Herantasten an den Grenzbereich.

The Porsche Stability Management (PSM) of the 911 Turbo models has a new PSM Sport mode that is activated separately. The intervention threshold of the PSM is much higher here, allowing drivers with racing aspirations to get even closer to the performance limits – for example, on a circuit track.

Le Porsche Stability Management (PSM) des modèles 911 Turbo propose un nouveau mode Sport PSM activable séparément. Il dispose d'un décalage du seuil de déclenchement du PSM beaucoup plus important, ce qui permet d'explorer d'encore plus près les limites de la 911, notamment sur circuit.

El «Porsche Stability Management» (PSM) de los modelos 911 Turbo incorpora un nuevo modo «PSM Sport», conectable por separado, que ofrece un umbral de intervención del PSM más amplio y permite, por ejemplo, acercarse mucho más a los márgenes límite en los circuitos.

现在，911 Turbo车型所配备的保时捷稳定管理系统（PSM）带有一个可单独启用的新PSM Sport模式。在该模式下，PSM的干预阈值显著提高，能够让追求赛车体验的驾驶者挑战性能极限 – 例如在赛道上启用该模式。

911 R

2016

Der auf 991 Einheiten limitierte 911 R ist mit 1.370 kg das leichteste aktuelle Elfer-Modell und kommt direkt aus der Motorsport-Schmiede in Flacht. Die Antriebstechnik basiert auf dem 911 GT3 RS, das Fahrwerk kommt aus dem 911 GT3 und die dominierenden Materialien sind Carbon, Titan und Magnesium.

At 1,370 kg the 911 R built in a limited edition of 991 units is currently the lightest 911 model and comes straight from the motorsport workshop in Flacht. The drive technology is based on the 911 GT3 RS, the chassis comes from the 911 GT3 and the dominant materials are carbon, titanium and magnesium.

Limitée à 991 unités, la 911 R est, avec 1 370 kg, la 911 la plus légère de la gamme actuelle. Elle arrive directement des laboratoires du département sport de Porsche à Flacht. La motorisation est basée sur celle de la 911 GT3 RS, le châssis est issu de la 911 GT3 et les matériaux dominants sont le carbone, le titane et le magnésium.

El 911 R, con una edición limitada de 991 unidades, es el modelo 911 actual más ligero con un peso de 1.370 kg y llega directamente de la fragua del automovilismo de competición de la ciudad de Flacht. La técnica de propulsión se basa en la del 911 GT3 RS, el chasis procede del 911 GT3 y los materiales dominantes son de carbono, titanio y magnesio.

车重为1,370 kg的911 R是目前最轻的911车型，限量发售991台，由位于弗拉特的赛车维修车间直接打造。其驱动技术基于911 GT3 RS，底盘来自911 GT3，主要使用的材料为碳纤维、钛和镁。

911 R

2016

Sein Vorbild ist der straßenzugelassene Rennsportwagen 911 R von 1967, der bei Rallyes, bei der Targa Florio und bei Weltrekordfahrten eingesetzt wurde und durch konsequenten Leichtbau bestach – er wog gerade einmal 820 kg.

Inspired by the street-legal 1967 911 R race car which took part in rallies, the Targa Florio and in world record runs and boasted an impressive lightweight construction with a weight of just 820 kg.

Son modèle est la 911 R de 1967, voiture de course homologuée pour la route. Alignée en rallye, dans la Targa Florio et lors de tentatives de record mondial, elle impressionnait par sa construction allégée systématique puisqu'elle ne pesait que 820 kg.

Su ejemplo a seguir es el bólido 911 R de 1967, homologado para la carretera, que compitió en rallyes, en la Targa Florio y en carreras para batir el récord mundial llamando especialmente la atención por su consecuente construcción ligera –su peso era de sólo 820 kg.

设计灵感源自曾参加过多项拉力赛、塔格•佛罗热大赛并且创造世界纪录的公路版1967 911 R赛车，采用轻质结构，车重仅为820 kg。

PORSCHE

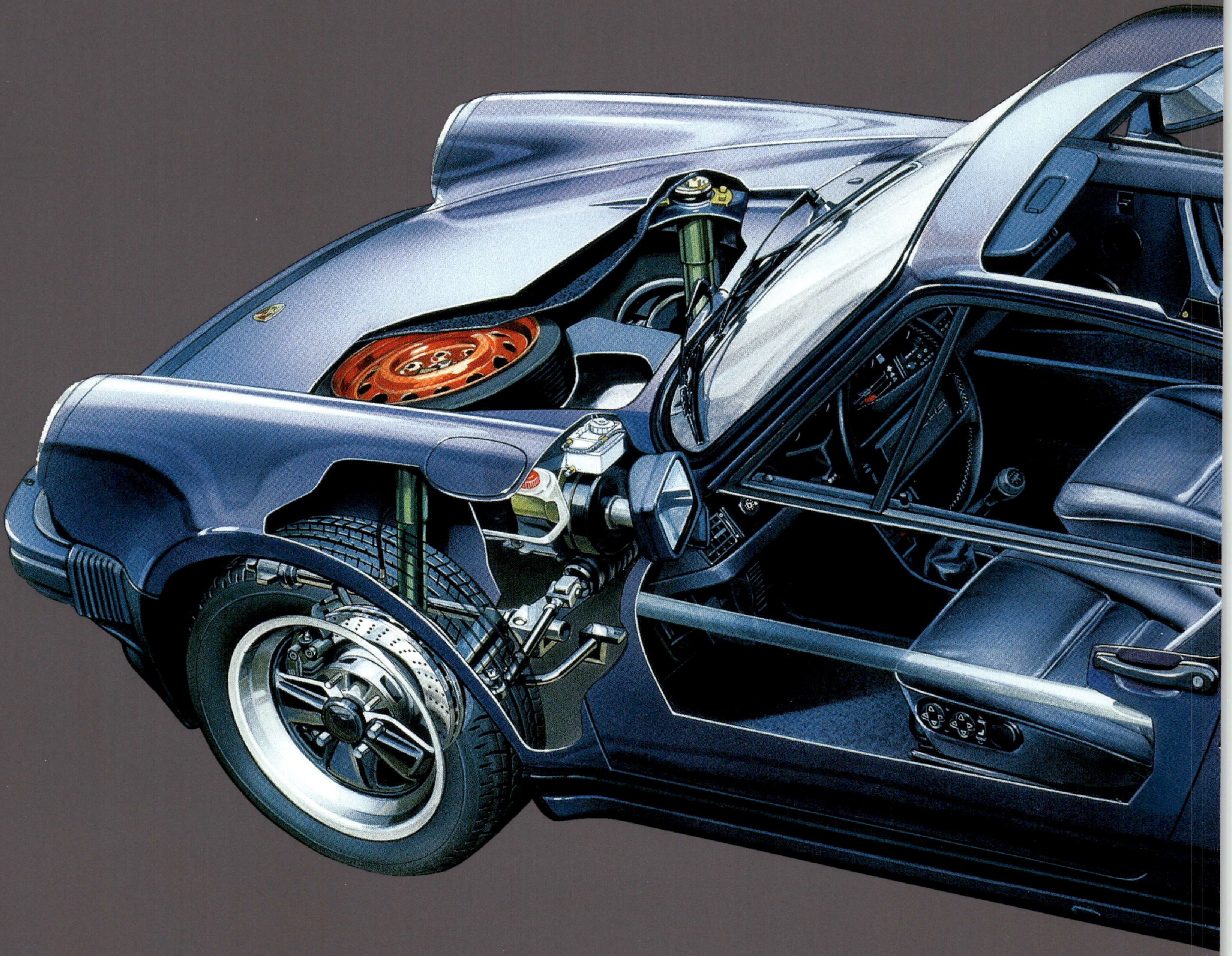

911 turbo

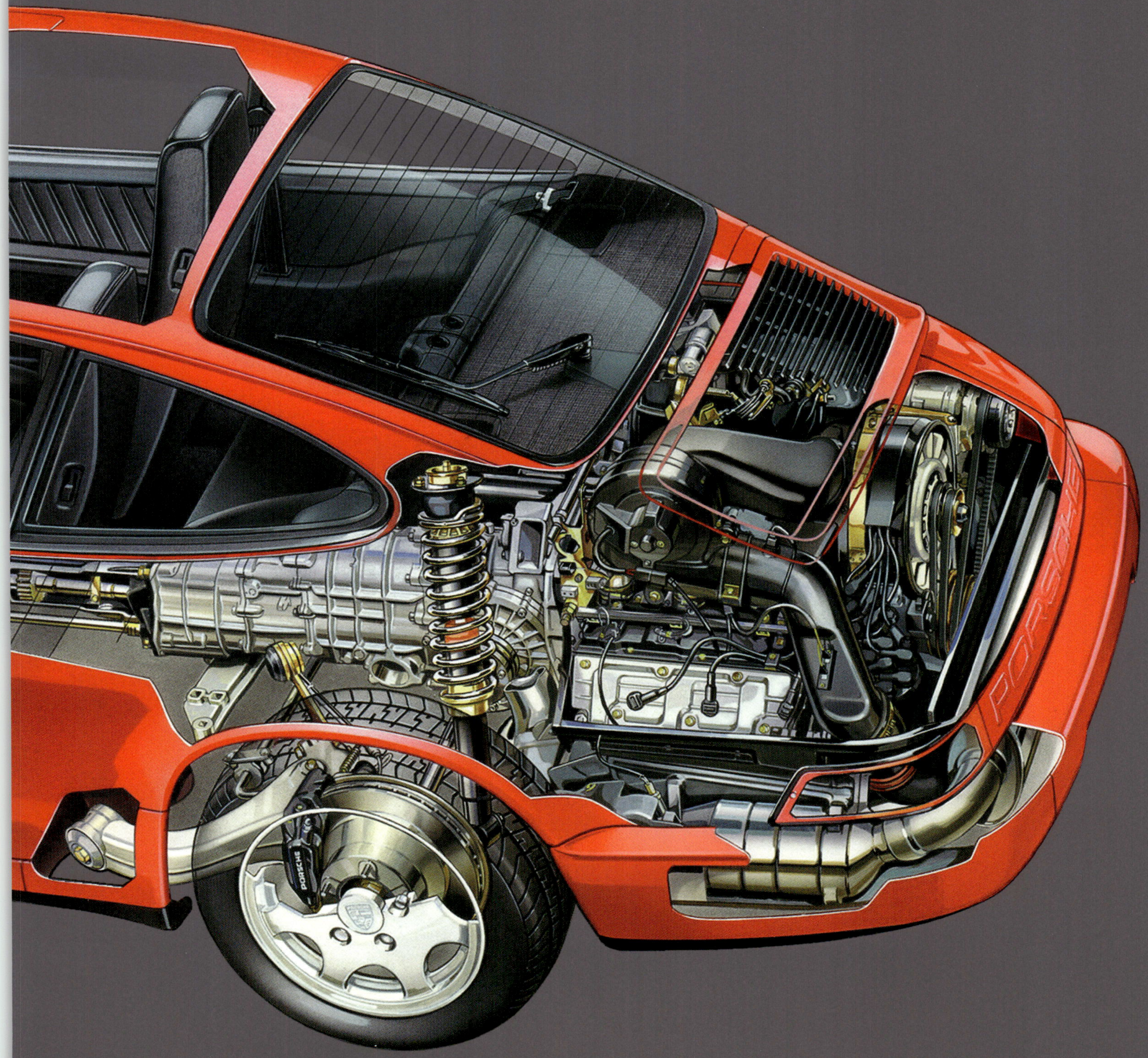
PORSCHE
PORSCHE

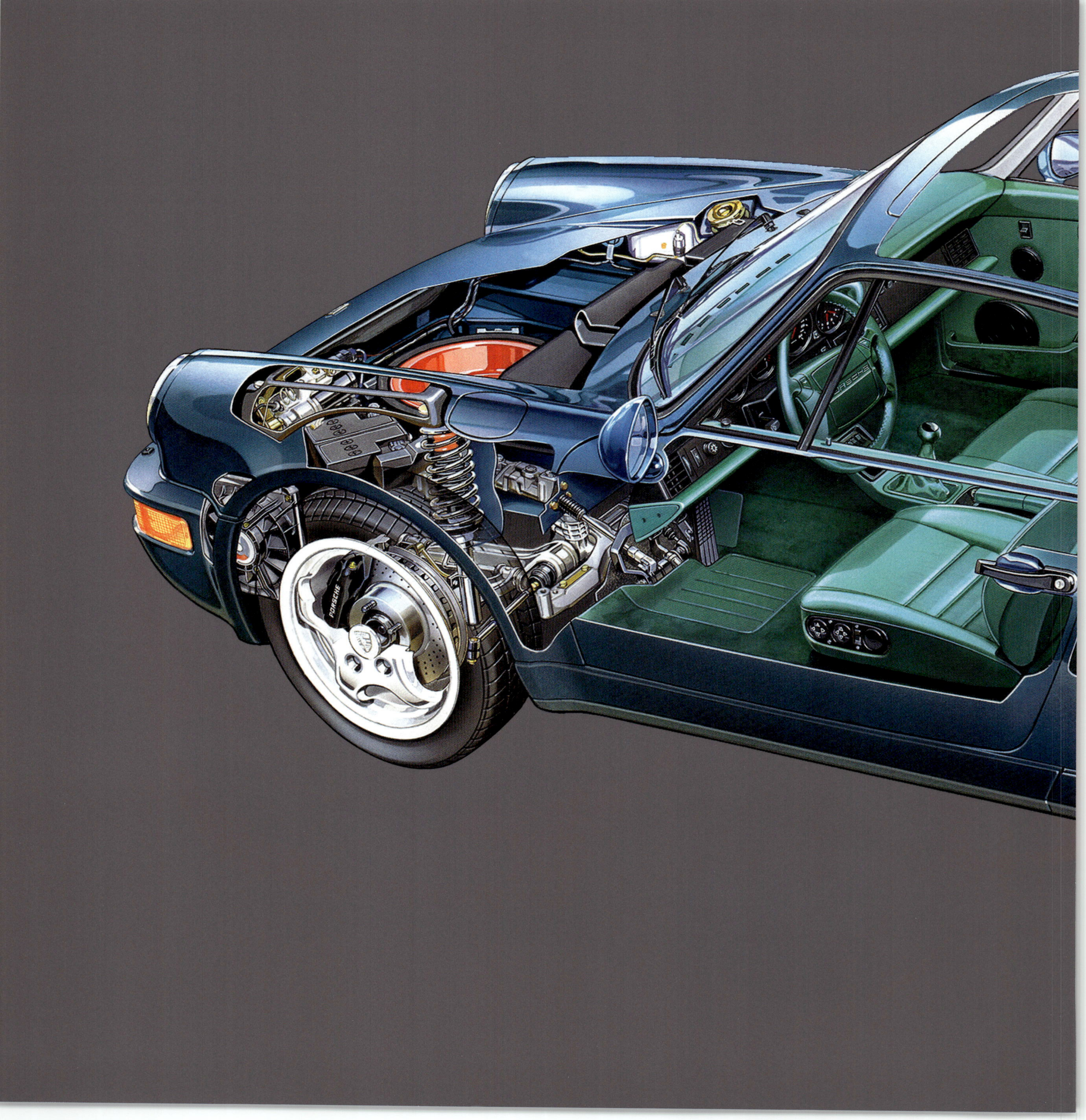
PORSCHE

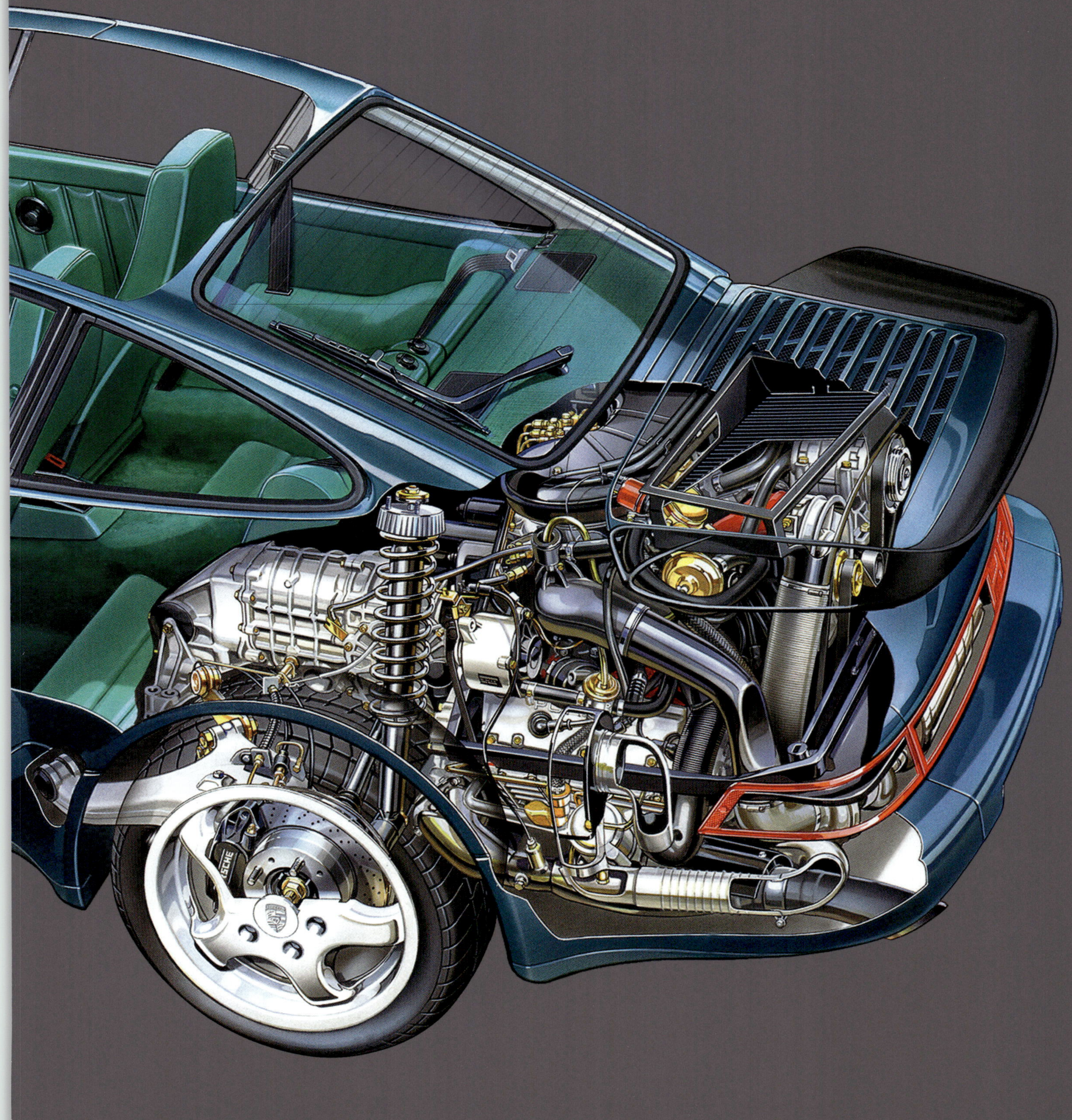

Carrera

IMPRESSUM

INHALT UND ABBILDUNGEN:
Dr. Ing. h.c. F. Porsche AG, Historisches Archiv
Eine Haftung des Autors oder des Verlages und seiner Beauftragten für Personen-, Sach- und Vermögensschäden ist ausgeschlossen.

ISBN 978-3-613-30831-2

2., überarbeitete und erweiterte Auflage 2016
Motorbuch Verlag, Postfach 103743, 70032 Stuttgart
Ein Unternehmen der Paul Pietsch Verlage GmbH & Co. KG
www.motorbuch-verlag.de

DESIGN UND HERSTELLUNG:
seidldesign.com

COVER ARTWORK:
Wolfgang Seidl

DRUCK UND BINDUNG:
Raff Media Group GmbH
Industriestraße 14
72585 Riederich

Printed in Germany

Motor buch Verlag